能靜居日記

(四)

能靜居記

日記二十八

八月己酉二十六日丙午 晴 午后滌師來談 謁侯中軍周漢英、蘇杞鍾鼎畊林均不值 謁侯王少巖亦不值 候杜小舫久談

接眉生十七日信

二十七日丁未 晴 中軍周漢英來候 滌師來談 寫眉生信（即發交杜小舫） 下午訪劉王張溥齋久談 傍晚始歸 得署

二十八日戊申 晴 早飯後到子密 聽甫處 要一畫見李少帥 作擬致東撫丁寶楨諫阻之咨 六月十五日賊之度運河在戴廟埧東軍統領王心安汛地 豈控被害人民 其過賊覓援 此次職將第之守因於河近海處有但淤數千里不能一築墻防護 逢于明廢横等長墻接出從河度灘以為要係沿灘以設守 其地最海神廟魚兒鋪等處 守之者係東軍之王心安也 二十日之賊改由此度過隄以沖出陸地營壘 改為民人所控 其言就地石佐常李疏則潮汛之以為遲 同之 後答此可解 此次則實東撫也 調王心安別用 提之者迄負王威謹 罪不敢 王心安 趙調 出其所統十餘

蓋懷寧乃王心安原防四叢之地，為以安衛二十餘里，付之王心安之四營，猶
力支撐，以張彼勢，雖難兼顧東南之間，賊已乘間而入，是賊謀更能陸
兩令住該諸將帶天恩將王心安別調移此，為王成謙有該軍職截拔云云
檄王心安駐紮集車被控之人，何以全無諸將防堵，當要之地，請其軒以激軍
黃者統領身任東南，何以不親督要區東北反西陵原之為罪將文道
其中唐蹇取巧，私有成謀，情弊顯然可見，李續宜淮軍諸將不守
驕而不務，斂之求先，寸隙封爭，功罪大局，了然不為寒心，庭言謂不以何
隔為然，李仍力主守運，以為不可失信諸將，中外定如為不移，憂益甚
矣。年侯滌帥來，久譚志之李帥，其深為之憂，李諸將惟延掃其意，叩集
之守，對錄使以去就爭之，今守局已改，何將就乎，令將去守，議守遂
隔不改，改以去就爭之乎，柳城無民之亡，風動三面去三，因而不一決為清也
相與失笑。師又曰李少荃此指藏之江淮之筆，丁撫憂去，業不住，非沈甫
奈官相曾荃去後，留仍為章郁和之法也，因今送交去與陳之請註銷
侯壽以極意之事為下，請銷極輕字樣，宮相為曾帥內匠殘存出之大不可去，勸李任聯

從習書為此困難妄以極輕之筆為下筆者極重字樣李少荃引以
相儆章太炎一時天然的材手為擬世文心余曰少帥章樣不順未發
能如師容忍師曰吾謹此文勤公此邵位西之言是下知之年
余已此一聯尚以邵南邵先誠如之言也師入少時學之宰詳僕西余記持
入示師吹為久藏為余書條幅一幀黃山谷長句末云大馬來再爭
篆月老從兄元下切余以為絕寫溝寫之之豪余因蘇陸詩亦
佳之有此境師曰然宋林人物無筆于一時唐陵身負者世所引據
段進勇買露七八筆時今古之士所得盛矣其事業對世大學人委余
曰宋人未嘗來功韓范之道段亦夏以為大帥守一隅我當我年世人把
一氏之為翻自相難撈小說老子胸中有甲兵萬數亦可知矣熟公
撤籬因之成之局迫守形之素雅屠邦色以示許直千載之下白之贊
人萄論文實夫恥己之不需信為姑之假鶴生得失一已于此師曰然
此觀狀果如是偽武之世向如郭大氏宋人所最稱左庸人指畢之不是
道其常疑程明道陸業隆熙寧間如朱子名臣言行錄一書為之

推本不正，猶貫開之之。其時獨生一幟，破之王安石，望野與諸賢對壘
溫公羽翼之，盛世論矣。即通鑑一書，直接以接之，以是勝耶？余因荊
公尚存春秋而斷爛朝報相比，有成之通鑑，溫公以為之補之，陳瑩
中者乃有留議之者，蘇氏為作從經為書何紀溫，閱史綜六經以之。子瞻
立朝，攻其所建，不相下，放林下，請議無從國是，一時朝臣即不免意見
紛亂，使溫公生于後此，其徒理當尤甚之。若于前者為地，易時則其檢之之
論，亦未可知也。惟荊公一時不為惇卞及京諸人繼紹，使不撓擇無廢
錄之人，千古得之論，此其正而後為絕耳，且常謂君子小人之爭分差別
無勿而遇廷爭議，一曰移之一毫私意，唯劾而有變，使之隔荊公
自因為懷忱改，其遷正陵設法逆蔡京之日，不以于春秋更尾耶
抑衡千古，只能結折衷之曰。再三首肯。余又問王船山議論更之
獨生破自古學誤之謬，使得信乘時，只有康濟之致，乎師曰：那不然甚
船山之說，行為宏深精而艱，論列使要，國事天下，為者可用之人
世人聰明才力不甚相懸，此時則役明此，因其則彼種立用人者，當是

甚宜為之山石能為大匠別生意木天台能名照之更出異人說
未竟余排手曰大哉此手相之言師撫掌大笑曰足下奈何撫人不備如
此方鼓掌次材官村一紙示師之錄之碾余曰此何物足下精之余訪
不敏師曰此是之言字也每器二箇一大椀一小椀三數凡五器不可攜之
然後定之陽宿余稱佩從陸因曰在師署中久未見常供中有鶴駕
亦合大睡否師曰要之往時人送皆不業今成風氣久不見人饋送矣即
紹陸亦每斤當清余曰與大陸二百年不可無此佳瓷鄉門師曰異他日撰
其墨錫皆作料也相與笑而散
接紫卿兒十九日信寄來代購和園買藝山瓷樽二種
又來少筌定保　　已往

二十九日乙酉晴　所居窗院中眾桂花開頗馥郁　戴子高來訪　吳摯
甫因蕭敬孚攜桐城人左經衡來訪　傍晚澥師來少譚
三十日丙戌晴　到吳摯甫處少坐　孫宇叢來少坐　澥師來譚　吳摯甫
因蕭敬孚攜桐城人來候　向識之

九月庚戌朔日辛亥晴 午后修師來久譚 下晡到熙園之處譚
玉晚歸
接廿八日家信
又六弟八月廿日信
又椒五弟八月十一日信
初二日壬子晴 下午吳稚甫孫字農薦其兄來謁 濬師來譚
是日微有寒意
接椒五弟八月廿二日信
又張純堂八月廿八日信
初三日癸丑晴 寄家信（印弟、曾弟附叙） 九兄信 信局（附寄曹貴） 寄人參二匣 龍井一付
六弟信（鄉叔附） 椒五信 澥六弟信 下午濬師來久譚 時余將泥師之於從
陸武昌一游 以先師之許之且為購得幕府書局二席 孫某自揀 專以
改派蘇州忠義局 加增薪水 以遂其卷冊之志云云 序意甚摯可感 閒論
三國事 師云孫權氣象究勝于曹操 余曰權與臣下亦多用術 晚年既

讀呂東萊陸宣諸篇惊論以為不盡忠告此文過于精密要無
視諸將傷瘢燭有功者以衛青擇諸將徽櫃不得不用之以濟賞罰之
窮自古創業之主聰明如是不足異若其人之疾雅時之思之又虛勞頻
遂究堅為突親是歲之兄女床第之愛孫以大雅師哭曰是又曰相識若之
既曰吾人家世金國保以身已區立饋千金鉅壽題母病時錢多為
君子納羅之山之孫以騰臣為高德將之晚輩先為劉震仙徒於前事
之皆英雄奉動也使在前國親與之際徐李靖徐勣明相得常之風
跡必及之悟我不達時進師撤身曰此運氣化其記也是不論興輿論
蜀運氣以為勞師恆以人生皆運氣為主七尺之身實以感運氣始有所
雅徑 是日疲少睡臨表風以飽之劇

初四日甲寅晴 張星鑑來久談翁附函舟賀十二日啟行 潞師來久談
之嚴樹森來 命以貴州布政司書來限候恭棊奏案覆奏改自請閒缺
於上 上諭嚴樹森著[illegible]疊次蘇疆臣當應不勝任于家事
仲華不親住家看安此陳翁即日查以霍安奏[illegible]國光如諒本棟事 日請

問鐵道手規避百巧寓懷古事思路識孫出精理之外碁事酬嘗法
雲雨之張凱易差遣委用云云 兩宮子弟嚴明大之嚴如一擺頭之
才擅姻詠益交識比儀然自託于清流與豫撫係內痛保朝中潤人。
如倭艮峯等古人以揚反陋甚不知然余問之大聲因問此招撫方宗誠
自立見所作信乎師曰方宗誠見識甚此公之短處所作余又問閻丹初敬銘
何如師曰甚闊之器品蘇藩樹森鄂藩厲因嚴如前蘇齋撫齋撫極可
為之官藩即斷不能也凡一督撫能之之若遺者皆有過人處余曰然師
又問揮涂山物以宦情淡乎余曰未知聞欲來師處一行山斗師笑頷之
毛寄雲為能之亦已督撫在位勞勞是動天地一舉足則從者如雲一出口
則諾者響動豈則兩像此雖寢則炬燭呈前此一物家從者須數人其小
轉燈數燭至之其能惜然否乎此人情也大氐人處境轉易自成壓
賢豈不為境奪哉仲尼亞聖顏子不改其樂禮此等乃是聖賢之能之
宗萬不免釋氏之說似也身是下華生我余上手曰師此言聖賢之言
也知此為讀書方為真讀向見釋氏之說亦尋得此乘千說萬說不外奏

以自心了孔孟釋老出之機，而不著境，尤貴不著不著境之心，故
在宇宙間實是了義，如不了義。師曰：足下見至此，論釋至矣，至如那
觀佛家經傳入余於筆，經論名師李余所重之宗範，即以呈閱。余又曰：人
之性以五親歷之境為論，似為貧賤為豪富貴賤，憶生年來屢之窮
餓之際，生之過半無合，而今奉送果受寬裕，則嘗競然鏡為魏，不可道
抑但近。師曰：足下天賦過高，第未充學力之故耳。近世少年人有與世換。余曰：恒
見師使余得用再勇，左右世役之人，以余氣弱不能敏發，則一憐憫之
未擒獨其朝心自問，斷斷不能，故不免望洋興嘆。師曰：此等人之末節也，何足異。
要當之潤人，不能不擇交，但勿過於令人難識；寬容不能不求人，亦勿過分全
貴氣骨，世人鮮為有識，韓文杜詩，氣慷太甚者，余以為寬其節等世人之徹（西僻求助于人，不氣骨自在）
也。余曰：師所言可謂言之蕭蕭道，能令鄙薄一洗。良久，師忽詢余家事，曰：令兄在
步營大軍乎？抑為政治乎？余曰：久未得信，當人傳言在沂州，昨聞李宜生言，少
華宮保曾欲家兄到陽接管其事，子亦文案，若生死猶未定，無熟人
孫不為善策，不知其何人之意。師曰：此必令兄厭行伍，欲自安耳，否則方元徽

嘉之謀余曰新繇若高標外間言其人雖若可信乎師曰詐人也與丁
日昌為同類所好而結儆事詐為善雖詐不能不取媚適曰安得有人
乎勇于本情君皆有大蔽存焉若輩知好錢權之為之養其事李少荃
直若輩雖甲不修全賴然亦極意以籠絡之又不可度見瘡痍甚矣用人之張
也　重親自古然必之空空而不獨今日足下以為何如余曰古人頗僻有甚乎今　如書
秋之世哉父與君忠不能盡之謠諑尤不足言挽人心使之默範國亦寧備之功
也師曰古人再醮亦見為常事今寡有未婚守節者然桑濮之風亦不絕
論其優劣何如余曰互有短長師笑曰免強斷獄也遂去　敬余來長談
登堂如去　作書懷何五首　書似湘鄉
將赴鄂謁武昌書感呈似湘鄉相侯師　五首
徽生曾荐稻粱謀恩重雖慙涕淚稠自昔聲名通北海也曾書札
到荊州乙卯歲師以序帶指余而與師世年世交尚未通寸楮　一身千里忘羈客八八秋風失暮愁便
令生見題作字他年飲水記源流
西風霜動雁聲高東閣秋清客思高千載于今親狄鄭一堂康日

有夢卑元侍哀鍼向契陽羅府盡畀託兩毛物于學門外
柳下挺如旧皆枝託前朝
節堂吹角每霜中佳日登眺好憶神情命也未託祿窺紀難強造作
詩人詩書自聖時哀饒肝腦群生待諸身形同化為無上蒿
一杯奠灑万家哀呼
數椽鋪窗草堂貫髮鯉射桃乞樹詩來業久安置皆分姓名
幸有大官知芸香卷軸邐鏈筆斐吟池塘憶鈞無為向青
杯春搖風煙空長歲孫枝
清求四石研結孤十載狂游夢已殊過去心情感悲泡影當年意
氣薄花鎧度低雲晴千帆迴落木風高一雁徂去鳥來無聊消你
湖亭原自有真意　玄山名詩去馬來舟前海月舉便无不下柳亭為下一轉
初晉乙卯雨窗善徽張伯卿而今君亦久違欲歸余許之寫舊
作倒呈並附詩呈滌師閱少逸卿玉曰詞好又詞極好又曰是下同於
獨步私名家如周邦彥等相繼是下杭余曰師譽太甚師曰是

先生喜李當生之頭兒歌小令甚愛之故作為先生書勸有傳奇
得古人佳處不意大令竟如此絕妙詩亦極高並為後有之不如詞
之冥也因録詩來因前於得曰爲謝甚元亮孫子諷誦余乞師兄私師
回更不向足下卻座逆笑可去
接鄧仲[illegible]八月二十五日作
初六日丙辰雨　朱軍門鰲來久談言接匯打仗亦用步隊為馬隊步卒包抄做
步隊必須堅守（渦濠）壁壘否則必為馬賊攻陷此時一敗則馬隊俱剿無剩
甚疾不若風雨（打）後皆用步對賊開仗營官之打畢賊時亦有不步對時不過
一人二人敢進能或逃竟其法使步隊之營兵與之事又沙場風塵將亂眾人
莫辨誰是官軍不若於快戰時其用步力輕為勢迅極傷人多不能殺官軍步（傳）者
必死余笑曰甚是軍用步隊須直戰而不能溜圍殲於陣人死命並進退等
亦只排排一字也墨鑑四並以步記之並可力爭體將有令敢退者聯接卿
團一清圍撐長於余曰此堅壁清野老法流逃不聽此宜令諸軍將我
為勝不費絲緣分地論圍不破則處斬之罰亦嚴是之賊無所得食處分

滅但恐非所長無不足耳墨館甚矣余言之子盍言之大府余曰僕
今日郵數數已屢陳焉足之不能用為有煩難未可知也 邵仲言
來余介之相國求消也 諸子盜襲甫少謙 游師來久談或饮一右
稼世大師曰余時常甚壞 覺葉皆不堪故欲得數小核盛葉朗醒回
耳今此大殘無用之 余曰甚有用 師問何用 余曰燒而殺魚細以□□飲
五六姊來也 師大笑曰誠有此笑矣 余曰至今年三十有六而童心方盛
奈何 師曰此正過人處 處因過從之時豈屑理轉之耶 且足下極多情
若有秋氣必不能堪之矣 余聞師言深佩其至當不移 師又曰今日一大笑
訟
事劉松岩身後有銀二万餘在蘇處存息 其族人無賴蘇之人素嘱劉
者為之謀 請之巢官為經理 異日能以歸其子 未敢不寄之 師晉允其請 今
日蘇府李銘皖詳文前引劉服官清正素廉與縉先輩湯文正張清恪之
為人可應下風之 劉有存款二万余 云之上下太不相當 竊見者無不嘖嘖 師
大言劉臧賦之時人之群接成書 臧劉墨批照撤則稱貪酷 臧以無恥身
之後 時勉如此語 至今無論甚不以為然 視其人無甚長處 若再身後宦

臺豐盈甚不異視矣余曰人是老實一路做上海猶為能樸實耐羞玉
臨日大負本能克堪也幽撫乎左蘇龕有比匯之累士論譁然要
錢起先似為不敢晚節大放厥辭亦有信之者可見擇交之所不
慎也立次帥貺馬褂置橘（不少豐即去）余取視（橘上家）佛青洋呢面布裡琵琶襟極短為小兒
寒士所不屑衣者為之太息不已 寄杜小舫信亦寄衛生寶丹紙 即發
初七日丁巳 晴 天氣清朗（下午陰雨）早起獨入內翠亭四望可見鱗鱗朝煙斂峯山
色遠近相映氣象甚佳懷抱為之大開 寄南宮信 即發 鄭仲信 即發
長吉妃作 印日發 寄鄭仲 王枝三作 仝上 周孫雲來候蓮舫相國步劉游帥
來書久談 余未能問談時事 蔣芗生被劾有令吳重熹書之說
因及李鴻章之得係竟偕一衙門將之衙門贊裁寄拜將外務到奧擬係
裁去語閱兩觀形諸奏牘為剛提篤摩每月千兩為舊運庫每日
千金作撥署中公用及報所載之資為諸其所屬負其息亦一筆斷絕
不能回憶左辦氏間焉頗好然其人太不可問周問丁日昌問亦厚
耕為保帥者曰徽有五風為楊程謝刺中府為矣保如姿吉其屬

各人飯椀我亦不依須知天下人飯椀當不能無此告他一飯椀他別尋
一飯椀于以來世者不過乃糊口之云云余默然聽之是貴真之因
過多謎師又來訪余僕言次有近寄世說李少堂問諸足下若說
李多內近蜀事僅有荊蕃從有之好氣象李作文云云意抑李（以國香臺所桃錯一段）
子也首録張之家（唐習亦之 防運之局）英稿（倪據亦 防運）之能殊未年免天下如此有何為不
能舍私之所可為之難余之問汝師撤自帝無身以臭見余之今免
殊如庭逕反把對鄭御委叟敬訖師曰近志藏不遂忍殊名年師宣劉
切之之師曰甚見之義之數之之而深之撤者矣余嘆感曰（此時局勢）鄭春降替
隨趣評多轉移如能衛錦不甚不以君為劇然亦之以棄問乃紀贶
求近近將有保護之者耶師曰然天下事皆與一理孔子曰能以世國家
誰能治之人皆自修為之何問他人即得務之棘中國如有人焉何患
其覺光陵所謂有人如近之文告之末争伊藤也能傲事不盡纏亦怯就三
者須乃反乃為有人余曰何獨天下事即一家一身未嘗不如此然之皆所
不讓撒撲不破正以為聖說也師因告余今日有佛蘭西傳教人來見林矣

斟酌四日譯吾近紀俘人氣珠襄城來中國者似亦皆俘卿之人或將
替手余問俄人有還東至師曰不知中國之志或在俄羅斯十四年下
余曰日本或為沒落之末必有大興作国之間海滨燬此似宜用
輪船剿滅師曰然

按八月二十五日寄信

又蔣步林八月廿六信

初八日戊午早晴下午陰雲 午後濮師來久譚 言沈師因豐秋雨清大開保
單近万餘人李自成郭讓夷趁時全殿此單乘其不安云云 下午到
關帝廟中一游 觀龍舟等處無好燈方價昂亦果該劇已演為久坐初枝
時始

初九日己未晴 到魏鄧宮家祝其祖太夫人九十壽誕 湯餅後返 至濮師
上房 又在廳上坐為眺覽久之 張小山來謁相國在宅吏 候見少刻 濮師
來步談而去 到黃子根 [illegible] 下午濮師來久譚 並一將明日吃魚
翊吉以又造示業草命證李闻啥者

按八月廿九日寄
又此卯先八月廿八日作
十日庚申晴到王子雲薛琳雲吳挑甫錄下寫畫一長吳敬常倪豹岑李季荃諸都滌師撿
飲餞行有饌甚豐賜讀諭先賜師自云未穿寒士之苦甫將求飯
而與卿解好金試破痒了旅匿家素貧皆祖考操持有應四時餘不足之于用常憶年
少年伊依歸閭祖考語先妣有曰甚人為官我家中宜照應迴白
勿問伊取用也至閭訓甚動嘗守清素以迄于今情服此一言也為
家中之於情守勿大自貶勤書子孫亦當一本相干真人生難得之福
[illegible]親族貧窘者甚多[illegible]難始修來一錢寧出身節
應仕心中不免缺陷慎將九年節省乎章完博將稍分內多做之事
一概做完使我此事得為我信書礎皆意想所不到 常十
謝世他好處一年常出痛人亦不負先是子平累久請遠想果自然余
日壁師殷遠是見積思之厚至家庭相諒孝孫逮者皆師清懂所
蓋上天報施之道康繼中此自然之數也恩遇集 侯安

十二成り余以冬前來也弟此少待渠另有一舟見候候劉比卿

少譚候黃卜春少譚候鄧仲之茲季少譚[初村(?)]略畧同隊師來

二次不值遂入內久譚師言[redacted]情[redacted]園地甚寬大跡

近官署將來必成农園今各擬先種竹樹~~中能不作~~與作以供日人

並必宜日[須發之段方可移植]精(?)其蘇子文心一爲歸梅那余笑你因問師做御山甚近

多亦有園池之概蘆院師所居間有大池並平師曰御問塘深所時有魯而

宅外一地閒架精其上識之者以爲似廟宇所覩居亦極拙陋爲典錢也

爲並指隣里之忘余問典錢若矣指居相爲若師曰予御中無大木

有必伐樹或居售爲~~樗~~傳多年之將人葬以爲盜多不能賣者弟

柳必經市價而之傳今者則慎爲武封之者皆松木如[以爲出七錢]家標人向值

一擔者值之銀二十擔收載運爲構其匡湘潭購沙木匠流三百餘里又有

旱者須棄換願債之不言矣信[redacted]~~不條~~買田債[以此]表年

有地無城並亦設帳比如有田一區已買得中難比如田責故必收物之手

已其人或未封或世亡屋不能則又係之於湘中以定成物者如李石湘最多

溪擘實田作書數信寄來，而人皆不以為言，其巧拙盡有如天壤者。

余曰：此正沅師處達處，五以為官族(?)物質產業乃恒情，豈乃毋寧拙拙。

不過損一時清名而已，究竟用心不僞，識薄雜俗，以實然眾天然亦有樂。

除了隱~~其娛不知所以然~~，師曰：此隱誠是也，如寄君何太拙矣。憶戊戌年

壽在所著在家[redacted]劫(?)剛(?)前婦賀氏，探(?)耕先生女也，喜爲宣(?)慶(?)其生母來視

之，並非婿為壽而至，家人亦所(?)僻世上篤(?)既白首坦(?)來白而求之下邑(?)

耶。對曰：荀(?)島(?)壽喜已為九十人，實未相問，不以為此。遊人時時，則果

有此人乎。北寅去其年，妻十斤，睢(?)然(?)紫絮一條(?)，何妨令人擔負而去之。人被麻劍

者，則今嘗奈以清穀劍上心(?)…，余大笑曰：沅師筆動

真是雖不可及。書之青史有人一擲百萬，眞以為之。因問師第四(?)都

謂曰(?)先生何如人。師曰：極(?)長(?)者人而好事者，功不在清議，則同(?)去(?)衛(?)有

獄訟務色不能決者，往往來訴，撒(?)蝦(?)而去之，劃(?)膝(?)者，以為願居有名(?)者(?)的

修身切(?)留(?)足下，視此以為居鄉宜乎不宜乎。余然(?)戲曰：師乎是則于(?)載(?)

無(?)盡(?)施(?)之世游耶。師又曰：吾久為故(?)廷(?)而不見，陸奈何方今多故湘中

人〻以為可危，而余第方徑情直行，以歛眾怨，故吾家人屢書乞來
任所，勸以為禍在眉睫，吾自惟禍福天定，豈可趨避，且既有禍亦何
忍獨避去，亦海疆子，畏外亦不能忘素，是下李勸我迎春，究竟迎
之之耶，不迎之之耶？余曰：五首師胃肉之憂，徹師之之寒之害矣，禍福識
不可避。此人事豈不盡？師為寒士計，家室之累必周到詳盡，且妻子雅
身外，仁者以親及疏，英廿傍此之理，備曾之剛全，則宜〻無于禍
患，為急棄先人之遺，亂世為何？如先迎妻子，擇立餘地，一旦有難，即之
布如拯之，使她來不致無于夫家，亦命耶？師竟物志，吾自返任
時責所，今年五月內即須請告，以旱災非成數之可急，未盡言之。雖
有大難之命，接辦科舉，又以提督鶴侶河防不守，請卓相迫，據未遑志
耳。今改迎春，是遠其志也，不可。余曰：師進退大計，兩相如，五屢言之矣
未言。今不得不為師一盡其說。今有愛人之(?)，不能忘之不可乎？今有僕
為主宰所倚，為家來立，外侮來之，仍妻之，而言不可乎？今有人父
老年幼，撫之嫁婦，生死繫於頸，嘗之不能可乎？師以為賢，請師自

記誠哉賢于師，師以為精力不及，孟則以由師万事不理，師而鼓之粗略
弟常有信言師之才使時近于俠，若始終之湘軍（諸）之亦有門户，師所知也
楊度蓋以師名動江表，（統）（政治師為楊代不行）速地勝且其致[illegible]為此民也，可常多勞，貴則第
上當則陶情時一人之所理掃，（即形勢可以半定，議者市概之士不可情捨而免）一旦而不代之，苦多偷年，二三年多，師甚
[illegible]節，歡任督副統甚，方當下屆人向已有托，牒不平廣無之，雖然敬者說
師論事而主當一新者，當自勸以上不可謂攙著大亂之進師，正時為收悔（[illegible]雨甚至雖伏我，兵千里所係一人，奉師令日去任，於日過前相為亂）
出負君父，下負黎庶，不亦晚乎。師而奏之，論者不發使此田里收復萬人
任一統。師試思師為統將，既敗之，且天下何天何以容師？師於師
此志，冊後無為威德之，千載之下必有遺憾。師曰吾下亦切如此，往哲動
心，更思惡生而自退，我自閑日，就吾不報，接家看稿皆不能繼，勸（力）積日
為又三矣，東得不能報以此負國負民，如吾生平兩君，吾下又何以為天
筆曰五視師力亦大，迨接家看稿二本，更為着念，自不度其餘，置之何
（好）不過小得詩本，于吳氏大怒，于千世毋守得小讓于一日，東得詞宣講求
但[illegible]嫌，佳事白及玄篇，不拯流矣，且東得亦將師生身師戚

以為今世書法高絕不大雕琢者誰人東坡耶怪師之篆隸耶師
掛壁書嘆曰此道中傳者雨亭為正人餘皆為人之學下品書高
拂案知其世者予方可何今日師勿辭此千古當然也人情之篆隸
祿此懈柔體為上者甫論世隸何時其見死為佛門人隱微之地如有點
取況可借凡席必出其實最倚處向人為遜其不能不用人之迹如是乃已
然人之如孔墨可曉求哉師曰吾所言主要向用心皆在此今又回來何論求不
可忽之今世陷實之吾鄉以乃人之陳如互笠書必曰汝果要我輩始然
何況凡俗以為不留任下筆一味撑節苗善本書所用無煞採字者
將大為偉之手下游從為嘉勍祝佐信之勉不可以計師曰此筆直錯
枉能使相真之從也誠無以為破真安不可以又奈何余只左師誠求可之
何患無人師曰只下今夕之言使我心意開豁更以日習接書矣
但若筆久承術習必有可氣素又要多人處東鄉吾察可遜託者會日
師書中世可有氣可染師以為是則利使家旅流布可也轉去其仰
國藩係可專有推據不可概論惡一卵之土可不憎恨書中之話危欄

亦未可為處也師又曰外間言吾者亦多弟何如余久不對師曰弟言之
吾足下先生為形頹耶余曰阮師性直而未來師舉動詳慎見解不同
乎心地則本處世間種種事機適直不世矣如是之觀擬了不藏惡不容惡
之慕親是所以遠不為以足計師曰去年秋吾進此城行署一日
余于甫解惝撫任田事不半見于辭色時余若豈應者直無地置容
目足下知之耶余曰未聞師曰足下素敏好經歡契乎余曰初未陳稷太
甚使楷然欠服據情迎接左待年侍如世間之悄小城之日因身先遂馬
隊斷後及到院師素到軼日保壁十九日李來成先鳥五路據其刑
詳叙事頗憫意殊上權必師曰余知嗟嘆容真言左右皆所楊年之後
雖得年今聞又用馮郎棟吾澤一若其人余曰聞阮師退去之切且以
為未必然退師曰必至以初接署世不利已十餘任此及印斂帥款初構
任意院之兄吾從矣一次材官駐接寢門時之又後矣一退 弟李翥岡生信 廿四日 晉 頓首
接四姊初六日信
又六姊日四信

十一日辛酉晴 詣師處行禮 候徐蔭軒見 取藏南宮拓九成宮華
嶽大觀河南興人迴異其碑中原闕字諸字宋人題名奧陸
楊凝式韭花帖上石本未見 徐叔子八縣甚慧 有成人之度 可喜也 候
承齋師談 候李雨亭布政 疾未瘳見 又候桂小坪不值 候楊石泉
孫雲錦朱春舫均談 晚郎蘭畹劉仲卿同年人路請臣來 候辭行
謝之 陳恩臣來久談 蔣若溪來久談 鄧伸之都統人來少談 傑
師來見 留飯去 下午路來少談 無甚可 孫詩蘇坦來少談
十二日壬戌陰 蔣壽山李紫璈來候辭行來久談 薛翔雲來 傑師來見 午留飯 後劉仲卿
來久談 傑師來少談去 傑晚設邀觀霞處少談 出初枝以又往談
余問師迎養決乎 師曰然 尚未有信 惟為將無是下一席之諄 寫入日記
查向以日記代家信 是年爲見之 自菊來她
十三日癸亥晴 到市中一走 鄧伸之來 以代福迎養言之 覺氣之 家書之
信晚發 寄信封 九兄信 合發 英林信 合發 笑舊徵來久談 和答 更來久談 哉
寫陽之遣 煙廿餘局 辦 何性泉來 候慶徽之女人 伯子夫人之弟也 晤 候蔣菝林不值

過訪悅翁久談。留鄭公武住十五宿付散。若日偉師入貢院鈐榜來

候至三鼓乃鈐出草榜見示，熟識者一人，頗為懊惱。

十四日甲子，晴。召初師來少談。蔣蓉生來久談。下午滌師來久談，言在貢

院鈐榜與曰上江學台朱九節坐次相比，時觀所閱墨俱不滿意，而所試官肇

止卒陋，九節引為笑。在號舍上見一酸字，至日笑之。今年榜所得士，正逢甲

子矣。師又言縣單祁門城，祁門城在山下，形勢局蹙，不可守，至與人言此城

出身所用不足稱之，邑人有知之者，以票稱於國初，而中御榜自來甚

年江西某人為縣令，造此城，垂百數十年無一人如其持政於此者不來

從之，又遂令於城造碉以資守衛，其後邑人改令於撰記，至此本

隨改作謠識，有詞云：城在西北城，第第出科在東南，為一節寄貴，永不

歇。自城改甲子科，祁門發去之人，今科改中二人，足見形家之言亦有之。

御答余曰，此段佳話宜勒石垣之祁門，為百年以後諸看碑之一證。師

粗笑而去。

梅壺甥初作字來，寄衣等及點心。

又紫兄初七（四）日信 字子來儕之弟
十五日乙丑 早雲陰雨後放晴 煩燠 早飯後詣李雨蒼來札答詣任蘇
庵 當整來也 久譚 言丁日昌初任時 極郡之語 以長洲蒯令德模
吳江沈令錫華貪橫不道 將加參斥 沈令聞風即上書求見 面遞
紅封一件 中藏五千串錢票一紙 另具一白摺 開列款目 指稱此項係在
任內公費餘款 請作修圍支用云云 以防丁不受 錢票郵寄 請問即呈此
帳 經丁接封拆看一一 不發 閱牒數行 即還 後向人云 沈令實郡安
才吾程畏 閱者無不為沈 蒯作偽 書小 私人 蒯之黨 陸樞督李鶴年
幕無幾 札於李園 丁既不能參沈 遂亦為蒯搆陷 我為蒯亦有饋送 則
本屬勤倒矣 蘇州亦舊董紳應皆為紳士濤 年緯汪 蔭根
中飽 丁亦有查出說 丁之世稿 青濤連送人參二次 上寄河枋一付
事亦中止 丁之心事 路人知之 程孤以聲餘官 自任 真妖 難免 同李
雨到妙相菴一坐 習拔樓一眺 仍至其寓 晡后回 坐甫定 滌師來
久譚 又及案亂 本多無黃之歎 異篋益云 沈浦至太無人 只不盡吻根

汪精助之罪惡蓋棺論不敢且陳孫生去家太遠家政無人為庇師
以家事不過之鄉耳我們為先生位置忠義為永久之策 惠寒忘改
該局若使以持先生門戶先生在鄭實第列與薪俸等等亦為貪腐
不兩得耶余曰師為寫此久家困窮無可救藥師此意只令愧無處
亦無年來往師及況師受先任我自以真面目沐先霖何如師曰是
下無先生又將以為以了之先生下既不能久為鄭在要盡為政務原則
竟去做官家無金錢且性情亦以謙人才先生下如出前為福原於大吏不無
所稱先生天下總須無聞學問經驗無不實二宗無實則實情者財為窄礙不
只無實則空又無所附意氣論否要則先生下亦將無敵惟實要討探未專
再能勉力使為全才余曰做官未必能了負累且一游家為干請者為怀之
況做官那愛鄉無以對知己不愛錢無以了一身進退然後後擔前後膝
于流俗亦何為耶且以花才可手負雲卻一入仕版責備必嚴再操師
筆牘以往彼有大吏即無路域之見同輩中能無側目耶故以做官為身
謀且常未見其可至政務本儒者之所當為 無關出處 師亦甚實二歎

尤為師弟不稱且行其嫡故即事師之親炙一二年且自稱穀
誕自問于學术一事不校自盡且何忍負師意耶至且平世不諳疎
憂於多違許師一一指誨保國中德望師口不見疎之甚有關繫至下
之見皆不課昨年誤計之過也

十六日丙寅晴甚暖 下午雲起雨大雪 送梅庵公行狀請條師更掃求代撰
神道碑 久坐 又到子密處 覩幣之文 久坐 訪戴子高 渠有意方外之行
詣寄少史為飯出 又訪李春帥 張小山 唐鶚甫 加世到 新建鄭庵 贈仰
卡 朝天宮收拙地勢極潤 欲守宗閑 為之有所無虧 出收訪鍾剛
已傳來華道聊共談 在後晡 爾律至 傍晚歸 聞滌師來 不值 遂入內 少
坐 明日為庶嘗宴 覽皇下設新筆 譯送帝 因師出一觀

十七日丁卯 大雨 辰後雨止 司午日見 接王霞軒和作 下午仍雨 主試 筆事畢 庶嘗宴以雨改移安于亦
東上蘇 序八篇 次序五篇 先述兩江 禮諭 並宴 新筆 人煩嫌持之 甚
且有頌贊 伍不肯 先修 遂之人 來鞠堂下 真戲劇也 陳和倉來
訪 以朱等編之 次冊為手為為舍庭冊 下午滌師來久談 言丁日昌在

下游官場無不怨怒若不做不下去余曰欲整吏風先宜自治可以資利的
進一旦在位操縱變幻何事不可為時行此人新人耳目其餘各人為媒之耶
師曰然彼須砥礪二十年或可從于清流余但師以為可今日情形吾欲
自好乎以無親之者在此挫一帝眼至於許年若以為斜即陷可宜陸
其術中耳毋使吏要官求若改舉上游之所貿匯而買之不能為然
之?為五年之答問師恆言求事得?若事在任事得不從何日下不
已師曰盛唐曰足下亦知其心耶丁之派皆少壯更好我才少壯擔任
一家要又暴露于外身居部館下職賞人為罷為為嚴財用無不精速
其又何恐不少避其意耶余曰然師若心知不偏極也之有識者皆知之加眼
師言之也師前微其風責彼自照其操切則以正論哉然可矣師曰可
見亦如此余曰李名有生異日則蘇果之任也不能和衷李且醜為其帝
府丁日一再職急相為卡負任理相去甚遠其即丁以隨少壯官保戲蘇居
每為李信來無佑函未留丁任日隆如也顧遺回年在後正閣
其親之之且亦為帝僕今一旦任其天下豈能甘心師曰此必然之勢

李才力卽逝于丁祐座則不多日卽爲證 李公事見究兩宗何經無常
府時不獲手雅子家萃經等皆得讀之 余曰多病生必世不見之子家師
曰督生舊子家則以其專事請託委請以爲之言之于吾之子蒔蔗
皆別求庸俗無可取 余問穆尚爲師曰好人心地頗惜也 余曰卿言是之
才以道所見則聞好真其人心試之係爲自道謂不下于李兩亭師少從吟
詩曰聞孫徽好學之識不深但其附性頗差 余曰何謂也師曰楊年在
兩家以是見其能脩事將以事教付之渠爲翻閱界合年那道時子家來
而叢鋤爲醒號 余已其附伊家中本家根娛戲設禍度般不得不納今
年伊向道之高抱歎不置 實則其人極有耐性非道懶習之比也 今又師之
求良吏道宗切以莫善儆植撲而用其英下游爲羅置者 不甚知名 舉係集其興行
世益不私家則有焙學之書 [struck] 往是其孫所其宜 師曰可 余又為王家
生求事師問何從識之此人無稍顧以何事見賞于其下 余曰初到東流
知係王處善先生子 言唐善先生于此處君安 嶺曰實精以世諳法略之一日
並舟而泊閒渠歸笑甚言甚是何事 則處善先生是日謁於此時

強袁也四五年一直(五)見其甚性有異遂予以字宋師曰此子可畏貴極也字雲
同一■余曰果然師已久剃有餓死之痛師既不能守墓來問經江防
出缺矣再之以擇秦總之甲師又回有遂言 寫王彥明作信 十九晨 馬封

補錄詞一首

長亭怨慢 秋日登羅寶山城樓作

甚千疊雲羅紆擾鼓蕩淨飈殘粒還斷似此清秋處人襟覺眺尋柔
鞴青山無理悲極浦帆雲飢鷺忍晚樹樓莫識了物(舟)天半一 傑觀
剩登臨勝地只見玉驄芳艸斜陽試訪捻高少一任閑人數敲閑眼一村
寂寂餘愁被元霜偷換指點舊舞風孤葉蕭寥嗟 城角夕陽正晚家將北來了
吟弄 共下

十八日晴不食 張西帆來候本年同考官也言兩主考荒陋世所罕
見批語白字連篇圍政圍健字皆書因字解元卷上批僅見之作誤
為僅見之作此類甚多余不復詳憶文卷不知(必論)其書甚格平正亦不載
賞云江南文運至此亦佳事也 到市中購衣物數事 順路至東寔 游師

邀入內久譚師微恙余爲遂風節食師出雨主奉兩邊檀帖見示視
句陵廣字叢畫精拙筆藏款通侯談通侯師曰江南二百餘年
孖豐此峯主來肅摛卷本余訛以張面帳所說曰此亦僅見之作也
師弟之摛去不下又良久出廣譚甫莘農耿卿人來候久譚仿房嬋秦陳楊
共筆詩久譚此日午正
接初七初九十一日客作
又寄佛見初十日作
又再答初九日作
十九日己巳陰雨夜大雨早飯後僧師邀入內共晨飯此于昨日約薬筆
微素少譚即去半刻僧師又來見邀屬為詩畫方因微去袁
散又譚良久出夜看素久譚傍晚回去初於時復偕僧師暇寂之出
微汗韵腹痛稍止又少譚出寫張寅堂作即寄玉山窩
二十日庚午陰雨早到僧師處久譚為述張芝生十年蘇常喪亂收殘未及
張國樑何桂清評乃劍芝眠本異雲之氣師閑所未聞曰殿如此等之案

知其委曲如此又述書家轉展流傳輕率師又為動色諮嗟良久

師由今日呃疾已稍減改于昨方為加味 仲偕來 陳和甫來訪 傍晚

復入侍滌師云今年下棋二局又審案公事稍勞時收煙針散 李眉生來

譚大久氣息懨懨服余今晨擬減之劑不能致余靜養為宜

寫四字作廿一卷 又六字書根 細物公作官封廿一幅 閱好作 因眷 滌師遺作利轉五一部

接六姊十四日信 寫家信寄嫡庶兩姑兩姊 即日發 郵寄蘇仙

二十一日辛未晴 晨侯滌師疾未愈 前一夜不寐 自言為譚甚劇如此哉

為延劉醫子藩附橘半白朮前子茯苓之劑 余不能戶之 子密

忘來候 初脈服 季雨來 王輔臣來候 旋去 伯愉來 春子相來候

過門 濤伊卿來 黎蓴齋來候 季雨復來 李眉生來候久譚

傍晚復入候滌師疾甚已服病如故 是日余本擬□□ 滌師留之

留談相

二十二日壬申晴 晨候滌師疾微減如昨 晨少譚出 張佑之來候

久譚 朱津堤家門雲卿湘人 顧彥 來候 晚復入候滌師 久譚

二十三日癸丑 半晴 下午風雪 早入候脩師疾未愈 一夜不眠 唇口起泡 知
蓋附之寶也 過勅授格格為 劉那階來候 傅潤伊卿少謙 蒙侯
無輔臣朱雲峯朱來晤 蒙侯張西帆少謙 蒙侯黎蒓齋不晤
之慕若徽少謙 蒙侯李若眉生劉那階 皆不晤 連節昂 脩師來
邀入內示 吳竹如侍郎所交之方 問何如 乘方意甚含蓄 方甚周 余
嫌其太重 甚為刪定之 因子密丞一紙 吳摯甫同 王對臣 劉安定之
安陽人 來候 不答 李少謙 同閱齋談人 赴張西帆 擬入夜乃歸
收到脩師處一條 見示新到 廷寄 因李年擬將 知到 經總理衙
門奏請飭下沿江沿海各將軍督撫各抒已見 詳悉密陳 僅十二
月摘為六个月以二為期 到摘單開誠布公 于十年前定約及屢年
辦理情形 書其要領 于日本如何接與要挾及寫約不肯處殷
之下 向聞有中外一家之說 師 已此指所謂大邦國者什此
中每失言使華困之國運是類不 弱 國之足則能困不止如生
主虎而救宗社危之變 究文之我小臣不足言 子宗忠孝情歸其道

是以保身保家天即使金人內變海陵被弒以全趙氏之宗祏並
是能非不可為後則又生世宗以休息之其婦女與聖人所以動保天命
也余曰師言得機之理深且會天心歷紀成敗之數並感通越五陵
矣皆有每推之天道誠實即是之說也
余又以劉河白茆一帶海盜為患頗甚請發
輪船若干艘捕剿以安行旅帝允行

二十四日甲戌 晴辰正入內作 早飯食兩 入候濮師疾少譚季雨來久坐 伯愷來 寫家信
即發 函遞 重錫信 金寄九先信 金發 袁子根徐薇垣來譚 初復四封 濮師來
久譚 痔患多年近不暇為那日矣 余屬靜養

二十五日乙亥 食 到濮師處久譚告以今日成行 師昨夜氣逆不成寐
蓋華蓋之藏本為心陽所灼助之以肝燥之亦清降其肝氣並
嗽不下於也 師又命疏方 余定降欽 無味不出 寫當今信 即發 並予寄
到子密熱甫 王子雲孫宇農陳小圃袁子根徐薇垣陸蓉高屠晉
卿薛雲階任樸齋多少譚 薛則也為未告以本心也 期物到宮中
視奴子叢川李定 不能入內 遣諭告以久譚 余勅濮師靜攝勿
親細務為 國家萬民保身此新師謠之又問靜攝之理 余請每

曰課一時或半時靜坐數息師曰心不能定奈何余曰人心皆若境
繫試擇密室匡床設几焚香一爐戒客將攀其時勿通事樂顏
之類皆不以入然後入室解帶端坐精然靜然皆亦物之象則心氣
自定日習既久則雖萬念之來皆可使意憑澄澈不稍累身爲
以入道紀之緣近修之法皆以一靜字入手矣僧禪引師深領
其說余飯出師後語記見九金弟聲以常爲我說之誤生之印
東能有同藉是下而於度心千指支其蓋浸之習余如諾以本
[redacted]既出賓安春奉使送之答書寄印井寶時爲肩候王
宣安不限又泰撫侯張佑之益侯程好之少譚其剛已宗弟亦宣傳
甫久譚屬剛已同赴肩貞傷晚習舟游師之同仰譚月卿龍全如
到樓談山下舟中又遣沈同二舟語日一日廿四人寫南生作鄭
遂長子根遂昭卿韜
二十六日丙子食下午放晴順風早發石頭城由小港經江東橋出速花堤未刻申過天
賺門申過三山傍晚過犢兒磯夜泊江陵鎮江口

二十七日丁丑 陰 順風 早發江陵鎮口 辰過栗洲 今名萬花山 午過烏江口 申過采石 酉刻金柱閘泊

二十八日戊寅 陰雨（微） 順風 早發 卯刻到東梁山 送譚月卿上岸入蕪湖 月卿陳姓 桂猴猾 月卿人篤實如其叔 因為淨慈長談 移下船 即發 辰刻過西梁山 巳刻到裕溪口 候彭雪琴宮保 久譚 坐船中（與西卿下船又尋訪 寫淨師信 卯發）議共茶 午後 李少帥 張雲城該論之 三人同余飯 飯後言宮保 又陳少譚 並（未刻 雪帥之談）囑畫梅一幅 辰刻二種 為余畫扇 （甚桃） 申刻舟行 傍晚到蕪湖（去五里泊下） 湖水急 風微 不得上 逆 泊野港

二十九日己卯 陰雨 逆風 出野港（不刻） 乞百丈過磯 舟人蘋接泥淦中 良久乃回 至四巳巳刻盡矣 遣剌探 其坐船 海云 候余不至 已先置巡 舟人停舟買米 守風一日 寫此書信（印惠 文甘島）

接張芝堂二十五日寄信

十月辛亥朔日庚辰晴順風早發蕪湖過螺螄磯廟已棲宇燬盡辰刻入三山夾巳刻過舊縣鐵山色濃淡數十層立帆下看之極江山之樂午至板子磯停舟候後支來驟改挂帆日夜泊須家壩亦夾江也江水至南上至此曲而向北故上水順風爲川過此必卸帆有小村市人煙頗繁會

初二日辛巳陰雨晡後晴順風甚微早發辰過丁家洲午過銅陵縣申至洋山磯水流急良久乃得上磯頭新建亭榭下繫長纜以便行舟余乙丑秋過此時猶未有也酉刻泊荷葉洲登岸訪李勉林觀察與錢劉諸人（陳年識之）久譚旋送余登舟又久譚實爲深月卿侄（勉林之壻予李寶）

初三日壬午晴逆風李勉林邀飲與爲友二人同席席午飲散至市中一觀下舟坐小划子登洋山磯眺覽磯上設救生局董事畢竹坡（子卿銅陵人）頗儒雅乃偕少坐至山頂不波亭四望豁然九華山在江南拔地万仞非江岸約七八十里江之南山之情一湖甚大不知名土人呼之謂吾家寨疑即鐵漢（或）灃湖也江湘間一堤直達梅根鎮此名甚古六朝設錢監于其地　寫　衣谷信（初九發）家京子松戴荷之信　附衣信

初四日癸未，陰雨無風。早發大通，舟不進，榜人刺篙行至梅根泊，有小
港，港之西小山濱江，頗幽之，阻雨不果。港東村市數千家，頗有盛會。
初五日甲申，陰雨，順風。連日陰曀（夜大雨），舲衣尚燥，今日頗快愜。早發梅根，到池州
未正，以天色沉黑，恐有大風，匠篙行未申已刻，過池州府城兩境，一境在
城東枕江濱，一境在城邊小山上。城東一湖水甚寬廣，羣山立上，諸之倫
其與瀛渠忽忽。未申間出烏沙夾，東岸江過太子磯，已起廟宇，西刺
過李陽，酉時到銅城，申一刻過烏境下泊，凡行百五十四里。
初六日乙酉，雨（夜大風）。早移舟大南門下，遣刺索爽于雲生丞少府，為僕院
鈔押寧來接，到雲生署久譚。改候竹莊，堅留下榻，遣役取行李
來。晚着邀之，同訪世兄幕中湘楷楓久譚。因與世叔家出示書
畫及若干種，譚微乙夜。
初七日丙戌，晴。驟寒，如衛薄毛裘褂。早竹莊來同飯久談。午間竹莊
觴余，同座湘楷楓看世侄，飲散，要遊新建之縣署，閱畢觀
亭在城中東南，臨眺燉暢，遂遊大觀亭，亦竹莊所無改，余來遊

尚物〔索字寫形〕不改結憶西江流山色之所繚繞，從佛還之大龍山

正蜀見坊仰立紫翠，西望極遠見潛岳~~木排□如~~山頂正方

〔蜀頂之積林〕次五一尖峰，如霞斗于地上，植刀鈞印，四望天柱峯也。江以外皖水

黃巴練湘五南彌望浩瀚，是蜀大觀之稱。坐稍頃，竹莊先生余候

蔣東垞少譚，又至齊生處，又候王雲岡少譚，又候李季荃〔鶴章，少荃宮〕

保之弟，不值。遂返臬署，與竹夏久譚。

初八日丁亥晴。早飯後，候丁怙生觀察，峻〔南昌人，字少峯，徽之〕，又候程雪岩大令，兆和〔商邱〕

人。並拙孫久譚，又候陳憬為大令，斌〔南昌人，卯科舉人，與陳為世交〕，不值。歸臬署。

蔣壽垞來，候久譚，因飯。石似梅來，候王雲岡來，候丁怙生

來，候切未見，到市中一游，喜及昔嫋世自逢，似梅摒因

到西門外，黃飯，信晚歸。季生指有自合，不致東，李季荃

來，候不值。

初九日戊子晴。陳憬為來候，少譚，與竹莊久譚，因飯，復出訪丁怙

生久譚，見並西林，未母甚好，步至衛中，遂訪陳憬為等候晚。

晤 寫阿方信 即發交竹莊 中堂信 彭宮保信 金眉生信 袁子振信

仝上 到胡雅楓來譚

初十日己丑 晴、竹莊早來 余邀因入內飯 蕭樹妃來久譚 下午訪

蔣莘畬 頃又譚 並偕往花似梅 又訪霞生久譚 後旋寓 寫家信 即發交竹莊

九兄信 今發 竹莊來譚 胡雅楓來譚

十一日庚寅 晴 竹莊來 邀入內同飯 因譚 丁恬生來候 久譚 午飯後辭

別竹莊 下舟 順候霞生 辭行 久譚 霞生于竹莊本兩相倚恃 及向

到縣欲為說情 漕帥不以為然 竹莊晤以其言揭之于眾 霞生益溫[illegible]

以竹莊不能為患 責讓之 此余言之漕帥 已許為江防 而竹莊惡為

市之不售 又別殆有所再轉 撓其事 人情難測如此 亦為一嘆 閱霞生

交李季荃觀察 蒙余甚切 一見如故 嘗出 竹莊處答候余 係晚乃出

囑余再往一譚 遂再候之 遭傾寫無餘 譚及捻蹤情形 運

防告急 余思兵事至精微 自古無不可為之理 歷觀往史 開創之

君 中興之佐 無不先遭挫衄敗 惟志氣堅定不為所撓 終以成業

今剿總與平粵賊部同一用兵為（賊謀立稱）趙長卿軍勢不日可以

變璧如叢剿羣者久之墨卷一旦取為考卷者法之文固未易見

入門也家西平宜為初定係勿求急效中外指摘付之弗問即隊收

利鈍亦委命于天惟但先求自保之策而後徐觀賊之破綻思以

制勝之方進攻計全局則先據之烟墩近[redacted]匠之之策屬然

陳之知之為自經踪迹閱下手是以行間已久而不日漸斯須便中道

達日來昭其意踐之神也李臺稱歡錫綬不足坐挹稿差李

臺即起楚之將鄭平相抱為別李即下船蔣貴依來俟不能[redacted]

寫竹莊信並與伊妹璧娘賀禧玉英等而近 夜下悵坐信飲來話舟（吾宮笑殊揖別至舟送行師宮證相嗣長文亟）

中因上大親亭設自暢譚悵坐于乙卯別立 李海吉夕伯平江祭作

時賓客時事曾出命案看急幣史時[redacted]（宮報截）[redacted]之生指之十二年矣 決別（誦手證言忽奴嫣同心淒狀傍）

收踪海甚急挺外江流方昨月明如畫旌旗夾道馬鳴蕭蕭[redacted]

兩夜下舟性生逃下艙側如有悵生工擔為舊夢修師氣甚似

樓竹莊布如信

又寄生本日信已委屢兒問知

十二日辛卯 早以南風停午北風大作 舟守風不行 遣安之至大觀亭一（寫寄生信留底）

游 早飯後先至亭候之 將午乃至 攜[illegible]并看其題于亭中

下晡伊又送下舟 為敘一刻乃去 [illegible]

十三日壬辰 [illegible] 立冬 風順而微 早發 [illegible]午已[illegible]石磯 申刻已吉陽 舟人言[illegible]

挽久 著至東流 為三十里 泊余蓋不行此路五年矣 舟中閱宋書 [illegible]

宋高祖征盧循自驛大雷為書王仲德以取艦二百挽吉陽 [illegible]

言[illegible]等舉兵 [illegible]

雖以二百華[illegible] [illegible]

登山而望如猶閱水上金枝[illegible]

十四日癸巳 晴 順風 早發吉陽湖 巳刻過東流縣 未刻過華陽鎮入口 候津

吏驗票 放行 申過馬當山 將入馬當夹江 西寬數十里 四望 辛丑

冬暮過此 被風猶為心悸 馬當山在夹內四十餘里 石壁臨流高數十

丈 磯下水湧 惴惴瀾漩如鏡 惟江西使耳 又行五六里 天已泊 立篷

皆對[illegible] 日懸鉅 萬山皆[illegible] 真暮色畫圖也（[illegible]）

十五日甲午 晴 逆風 早發 巳刻到澎浪磯 與小孤對峙 山高[illegible]丈 而依

山行仰望不覺天半也。幾已抵北岸小洞，命棹小舟登小孤山上
絕頂。自江面至頂上亭凡五百五十級，級尺以來，蓋四十丈矣。江流西來，雖
山十餘里，折而直北，山嘴橫衝，匯山後十餘里，分三支，橫流直北，至二支東
北，世界折來蹊也（怪石高下），水如奔馬，觸山石回旋，辟易十餘里，從崖下者為漩渦
磯，風挽洄瀾，而逆流與水相軋，澎湃自起，微風即浪數尺，真天險也。舟
過者皆肅然鼓鑼打爆竹，鳴不絕于耳。山腰有祠祀小姑神，余暑
年登山止因此。洲上石級十級，即至頂，叢篠夾路，陡窄不易行（山頂前有石墨混茫一色，南岸北岸）
（山突入江，重重磯石，勢不可見年名）
沙外一洲，寬廣可數十里，孝子壽州，宿于舟。下山迴舟，已未申
間，舟次八數里，泊北岸野港，距打津三里，壬戌閏月迎周氏妹至
守風此兩日，老僕李宜病篤，為贖藥于城中，爆竹，是夜月甚皎，登
篷背眺至己度，諷弄篇什，鄰舟數十艘皆推篷起視，乃笑而
下

登小孤山

一柱中流迴，巍然江萬派來。波濤際天下，洲渚送帆開。峽束蛟龍

怒匡盤鷹隼雲經過鐵橫翠青史欲悲哀

十六日乙未 晴 南風 舟不行 早飯後到彭澤縣城一游 距泊處三里 行平野中 右江左山 齊襄天出城 居山塢 像垣色高 廢四五 頗有樓概 諸山亦作彼削 廬原江口一要 而不可登 而遍問泊處于土人 則已官楊港也 午刻返舟

十七日丙申 晴 逆風 晨發 風高可過彭澤縣 沙嘴 仍以縴行 午正雲磯少泊 息力 齊手逆撐而上 傍晚泊時家渡 彭澤湖口之間也 江岸高木頗有存者 泊處高柳參天 丹楓照映山拼茶色 大異此沿途所未有 雷磯石頗奇 如飯覆座 黑石成緒 對岸一洲 者之地 名當即古之桑落洲 其說云 桑落洲在宿松之九江以 又云在九江下 接九江縣界 當即今湖口 稱但失桂鄉洲之地 彼處江水支流 四道夏秋水兆不涸 故有此名 此岸屬宿松一港通龍湖 在此洲對岸 今名橫壩 陝金此剎甚近九江之地

十八日丁酉 晴 逆風 夜大風異常 早發 辰刻到流泗橋對岸少停 洲上有小市 上岸散步 牽午後行 申刻過姑磯 牽挽頗苦 酉刻到湖口石鐘

山下泊。偕丁並山鎮軍（鄱陽人，十一年出識）同登山，草草一游。復至其家少啖。

下舟，又移上石鐘山山内。寫家信（即發，托竹莊投遞）。寫竹莊信（即寄，並丁並山）。夜丁並

山來答候，少譚，留晚飯。

十九日戊戌　晴，風順而過大，舟仍不行。早出，入城南門，登石鐘山，游已數矣，

年生此間，近年最幽。房有危樓，樓前隱樓皆西挾，全風盛窗户不

能避。現在知縣蘇坡仙樓、小榭，向水晶宮，洞達可坐，又臨層軒，太坦。早

官窗正南向，見鄱湖、挑山，以後不如前，房室窗窄，出城上見面所三處

送目清爽。舍最勝之處，而所此窗標不設，要費甚大，至兩倍日所費，

頗無情，粉六百數年之感。異現居至小，必換大扁三四，依壁看守樓

帳不知紀極。雪琴司馬筆也。所有畫之癖，世皆貴其人，亦足之華

下頗踏而無雜，無頌。過江山勝處，必題詩扁，又不知吳城望湖亭過

有字体蒙之請。將午，返舟，丁並山來邀飲，勉之。申刻席散，出返舟

出城，游上石鐘巖洞中，空盤曲，穿山腹出，約十丈許。其人辭不可行，大石前

中流空，中有多竅，昔即此上石鐘，與下石鐘並峙，稱為山（不可以吹石又）試云與世爾

西山洞倚大溪口者是也今西山洞無為城無港亦無大石陵谷變遷不可考

已無矣傍晚風息棹小舟至對岸指家湖訪何丹臣（戍五，巴陵人，少年舊識）少譚

欲過從望故送登舟收纜至山麓乃去

二十日己丑晴順風早發舵劃至烏石磯有麻石生水中如欄江磯故名行

旅病午過四望磯未刻（由河）到九江城泊舟候驗着人登岸郵寄入城大游

城外洋行街富順之歐陽渭南鄭生東卿王枚諸伏皆在焉而市居如

猶憶元年至此時為大營沿江無隙地矣

二十一日庚子晴（晨微雨午後）西南風舟不行

二十二日辛丑晴西南風舟不行

二十三日壬寅晴順風早發九江辰刻至二套口候驗即行午刻至龍平為

九江府屬北岸過此（即黃梅縣屬）南岸過富池口（建）康即（武昌）縣屬矣午向至武穴候驗

即行江市繁會約數千戶今春為賊所及以前尤盛酉刻到蘭溪塘

泊（對）岸山勢枕江而臥峰岫突兀按壺則瑞昌之馬背山近之其於是

鄂

是日行凡百四十里

二十四日癸卯 晴 順風甚微 早發 夜過田家鎮小泊 江自武穴以上夾岸（申刻到蘄州泊城外桂上塘）

皆山水至漸窄至蘄州而山峽始開 放觀清淵之陂 中間以田家錯峙

山岸之半壁山最為險隘 江流僅一線 保山勢直壓中灣 山川迴薄 長

用兵之地也 粵賊于此橫鐵鏈以禦舟 對江南岸夾繫鏈之樁櫱為

立今已亡之矣 江岸上叢壘稜稜之隱以溝通土坡凹凸如器圍之竅竅

觀之當年壘也 田家鎮之對面 水師鏖戰于此 殲賊以万計 江流

嗚咽如聞戰聲焉 畢祥帝川道安彭忠公望旦之處 蘄州城

據江岸高阜 蜿蜒峻上 岸入城內一游 人居第市小巷 有市左城北門外

玉蘭觀 對眺觀之龍頭尾以采如常形 昭寓九之以便遊

不果 傍晚下舟 曾微赤風氣 有小篆閒土人了今年春松氣至此

城外數里云

二十五日甲辰 晴 逆風 早發 雇棧午後至潯源以下 僅二十里耳

采、書樂意所載古辭及魏武文二帝之作 皆以詩之二字標題而下分譯行

之義 如蓋謂經謂秋胡行善哉行等皆一義 而曹氏作□山詞曲之首

闢此梁府之鄰卡以避至江南經霞烏生雞鳴度關山陌上來等
乃頌世詞第其篇意凡一律句法皆不了解耳

二十六日乙巳晴逆風早發行半里風威還泊津源以上岸散步村市甚少
十家小溪四曲山勢平行溪水開內通津源湖則此去大冶縣凡三四十里

津源湖泊

津源小泊去垂來日暖蘄春雲樹開草笠向江吹浪急野航更
客鼓搖四十艘帆槳爭馳鷺百族鴨鳩立竿精未盡驚之乃
十年夜深燈燼日光細

二宋在　補錄舟日山七之作

高詠人何在新野陽雅宮歸已陳如何李供奉翻憶謝將軍白渚波
流改黃山草木新十年無限事百感有遺民

二十七日丙午晴順風青芝好黃綾從微早發午至西塞山山一磯橋江即道士洑也山形
陡峭千巖據其後殺色料山奴伏史之孫印鑿黃組于此
收載張子和溪父之詩英風逸歡而不可見真身之著其適其適

安知有此世後世之士讀而之亦自抒寫而已何必必其有無耶

是編即以殼為料舟公詩淵為料不知何所昉

奉寄湘帆相侯師

鍾鼓齊堂衛上擔蕭蕭丈室動衣襟金章雲而五台相木榻風燈

一老僧不代羅幢名跡在相忘直造此心無自憐劍氣空盤鬱

但對鷗門道已眠

二十八日丁未晴順風早發經大關下已過不向回風磯人中見南陵以下北岸內過羨山江中

之洲舟回說係子之府逾安慶此或曰係洲午刻遠過巴河以或云周勝平

于巴立不此而他聚紛不可參[illegible]申過武昌稱謂樊山者則余蓋主

成臣月雪中見之細山峯矣夜泊黃州城東五里侯津要未題

因不行黃州山岸樊口燈火不讀擬祝坡仙明日再猶爭之行一游

雪堂故址

二十九日戊申晴逆風移舟鄂城泊南門步登土陵東望一小阜上有叢

祠殿松念此必東坡故地耶趨而往則為真武祠問廟祝雪堂東坡所

並石經巷向赤嶼聚寶山則知之遂倩卷導入一字門穿城過
市之植穿巷出清源門西門也繞城而北約一里許土山附城高僅數十
尺有庵、狀極寮者曰幽赤嶼廟也訪二賦堂蘇子像不見見龍癡而
坐手劍指信者觀偉儀為之亞然徙披帷幕間有紙條寬不盈寸
書蘇文忠公[redacted]有十得東于清譜值
畫島為之燬于其失二廟便利議
實改塑求肖蘇公而以[redacted]蘇子附祀葉坡夫人必不惡此又塑孫李何
與陰西便耶
以崇禎十年宋實四年忠蓋氏君吳改但信赤嶼亭柳柯也
像與一祭于清諸但均[redacted]起視廊外有
碑字數通御墻內皆唐人題詠
以李固祠
山下內地蒼之表里便云收蒼時當
山足之山石峰嶂而界小不稱賦之所云夏陽巷還處郎柳文人之筆耳固
不可稽耶便又云雪堂快哉亭皆在城內西北隅府治中華東不在
而登月波樓即北門更登臨皋亭在南門行樓並城內皆毀蘇子
有刻石叢及餘碑皆胡文忠蒞師時徙之府門外諸太守親諸遺跡
以時明不果遂導城坳登聚寶山求所謂怪石供者頹榻滿地耶
一中院弄下山循田塍徑歸詢導者旁返舟臥

登澤山緘詠九華 補錄 初三日作

雲外九華出峯峯半雪飛 亂峭 秋林村郭午煙停 浪飛遙岑

與登高一醉 已覺名山遊 川水莫與蜀爭青

大旭亭借竹床床使登眺亭竹床而畫浮也 補錄初七日作

鑿昆吾赤地斷崖不可攀以風波助淒惋對此壯懷天闊杖衿抱

煙濤流髣髴使君有杯酒渾湯破楚歌

鄂城丁姓生峰軍嵳峻 遊東亭中賞月 補錄十一日作

高樓還煙出清宵對黃心江流空萬感明月動孤吟影亂翻旌尾

風絲再鐸音聽此傍日年四顧一[illegible]中行

石鐘山 補錄十九日作

[illegible]江湖合高空氣縱收此山為動氣似欲挽橫流石出知樓迴川

分界諸澤沉河悲折戟問家已千秋

赤嶺小詩二賦是蘇子遺象江山終於把次律安危

蘇建為詩家豐初實姿公誰人問之儒佑客但村風沙難煙波

遠近春城郭空山川自無慶寧蒼茫氣象衰也

詩成呂樊山告類

想見西山上理壇當年三辰屬旌旆四野擁戈鋌鼎玉書齋聊

鮮鱗蕭瑟林根一年度遠紫粉雨物無有聊之至江水自悠悠

三十日己雨晴順風　早發　午至圍場　未過葉家洲　傍晚至龍以張應

瑞昌道

十一月壬子朔日庚戌晴順風狂作四鼓舟子即發午時過五通夜刻泊

卧青山夾內風甚泊小港后刻復行柁師好不知風水之險于中流

遇險甚抱艙不知所為幸漸近岸舟步平穩候如前須刻

抵三十餘里正酉到漢口泊即上岸一行市居鱗櫛約十一年矣

去此時大異

初二日辛亥晴 正刻渡江謁沅浦宮保師 並晤劼剛及宮保次

子紀鴻靜臣 楊王鵬來（宮保為）外傳至下午辭寓同詹李李瑩

觀察印子信（先生遊衛之）抱四人 劼剛畢寫宮保以疾請去已奉 俞旨

不日即行 飯後候張甫錫 到中秋起了少頃 復赴城過舟 寫

滌師信（初二發 交劼剛） 沅帥（嗟差若不知）限屋三處迤地樓高敞面對西山庭閣[illegible]日無妄為災

（轟藥、千萬處，初生黃岸尼如擲換全城，燒毀屋廿餘，死者千人）

初三日壬子晴 度江候候劼剛送行 並候紹小宋方伯 陳李申

甫臺訪久譚 旋入（舟）武昌門 至恩外 到下榻即出 遇親兵[illegible]

行李 候曾沅帥二子 紀仰 紀瑞 劉曾紀官 少譚 過寓 寸晤外

益邀陳孫來久譚 夜同御楊晴渡 史彭庵 王子卿

劉子明（沈帅已補）王子金（津陽府）世綿人 來謁 二樓書中擬去

初四日晨丑（走訪劉公時）寓家住初九 黃（翼芝相送）度江候黃冠北久譚 返汝候何

小宋布政 加奚犧中丞 之未久譚 返謝客 遣拜（奉賢人） 又候丁桂舞

姜春浦（福保同里人 仙音之孫之甥）妹夫得 又候李中丞 遣使加笑贊外

（十一年 去此謝）

擇湘蕩 十年未晤 返家 下午陪甫坪 設飯 同席中好 孫蘇齋等

王庭乃散

接閩好十月 日信

初五日甲寅 晨雨即止晴 謁沈浦官保久譚 沈公云吾此時清議 以為何

如余對專論時報 近輕視置事 旋師其所議 又向嗚咽 但此不

出五年 余已大臣 受恩深重 自視國事如家事 師今出不擬下

工不得已而始則可 若經紀益深 則君側而既無 林泉借之身計

從去人 萬難之悅矣 公深之 主上親政 朝局大明 果如是則之亦

不致自盡吾所 老於林下可也 余世惟遂出 候罷炭炭觀察 去

遣拜 葉少譚 謁李筱荃制府 輪章（少荃之兄 丙辰鄉試錄弟）久譚 候吳大

季莲祀斋不晤　候禹湖三冯浮卿少谭　候回御史梓楣　刘
子以趋未晤　到申甫处少谭　回寓过彦泽招饮　饮散偕吴拜
未归　彦泽李莘甫暨崇福山一谈

接懰仲十月卅一信

初六日己卯　晴　朱梓甫来香候少谭　同吴拜申甫　彦泽　莘甫　张
杉亭　登黄鹤楼　余谓胡文忠祠　联语亦久（章子）集杜偶益伤为
不获一过　时事如此　天夺伟人　不禁怆然　照佛回请某某饮
设酌楼顷非读楼为韦建不必之建寺　前事不作矣　返寓假
的中好彦泽华陵来谭　冯浮卿来同之香候不值　下午浮卿
陈来访　为（吴）大人张仲远之（兄）也　光浙人相着　同年（）来　彦泽处

接十月初一、家信　相见
又泥子寅九月廿六日来书
又毛梦钱十月廿七日信

初七日丙辰　晴　同吴拜申甫处久谈　见其宝墨甚（）朱宝（）青小
楷千文叶书逃脱异物也　返寓　李申甫布政来香候　何小宋布

晚山色何久陰　陰擇亭　申刻偕壽甫　歎家同座吳彝彥澤

李新甫來辭南任恩甫吳甫左里中舊識席穀同見山一眺

初八日丁丑　晴　午飯後訪馮卿同御樓時度　寫家信初九發寄男孫單

處與信交之作全覆　附李信附敘鶴年仲信　如不發原函還　下午申刻華譚子

三鼓

初九日戊寅　晴　早飯後謁沅浦宮保久談釋老名理　宮保戌刻內出帘

為分草奈客星大臨種萬元下辦為覓應本一閱　盡談已到　明日即

節撫篆矣　至申刻不位返家同吳弟由訪李新甫晤

申刻又至申刻訪蘇由飯後塵柳大生華蘇會譚樹蔣康涛

張養門　返家　彥澤華譚申刻夜作書

初十日己卯　晴　黃雲北來老侄久談　寫子迎信　卯發李中甫　晚時信

左甫辛仲敏信　卯發陽東乾上　午刻到沅浦宮保處作送行適宜

保相兵即長符御新劍家久談宮保來同飯飯後辭返如

明日世風同不行再至海　候李中甫送行久譚時沅帥悉于

求郎為伯小宋方伯之復選擇十一日上任 賢石多病 邀留郎于撫

院合影易府世守至明日上卸移辻 候楊見山少謨 至孫太夫

人處不晤 返寓 趙史韓庵了振同庠年誼生 上白御 黃孫府及中

孫諸君

十一日庚申晴 赴沈浦官保丹翠道臺門 邀返 候伯小宋 賀其接

撫篆之喜 不晤 候釋庵愛見松巖亭 林尚如人 不晤 返寓 同孫

玉中 孫家又見趙楊晴度 家吃飯 傍晚歸

十二日辛酉晴 同孫姊訪任恩甫 張松巖少雲 下午赴 釋振 偕同

庠弟偉伯 舅姊之子女 言陝西來信白石二十餘擔 顏十八九擔 官皋

皆在潤州 始在潤北云云

十三日壬戌陰大風 早白銀渡江 風物丹不果 申孫來謨 楊見山來

為候久談

十四日癸亥晴 改候伯小宋中丞 少謨並識李玉階觀察明輝 江西人 若湖南釋之 又晤

彭吟卿 改候松巖亭 何不晤 返寓 飯後渡江 至潭口 赴寺 澤所

謝川好為小住偕蘀石輝丹潭水泛舟訪世恒故里披蓁乃可識其處
穀人過仲甫過其賬又晤萬人鮑輝丹潘魯亭也
十五日甲子晴 訪黃魁於久倩 獨游潭鼻市 着于獅江一亭 下午
返家 魁於東久談
十六日乙丑晴 偕黃少宗潭帥 又經京山人先君西成同年 久談 返家 少宗石倩
又久談 下午同過仲甫其照 鮑輝丹 游潭陽歸元寺 寺立大別之一
堤 經月湖中過堤墨 返潭陽郭村 食後跡寺 在其中 入寺瞻仰
遊跡晚課 梵音和雅 歷堞一條 日哺返旋 買小艇 度湖而南 水色殊靛
張山郭 參差其間 洞樁行走 雲隱三竺之間 抵家 陸彥頎 誌勤
來談 吳悅 呂偉伯 呂櫟生 新四之下 黃魁於東久談
十七日丙寅晴 先夫人誕日 設齋 淨財借施 助元寺衣衆 以即日成月本觀
往訪魁於謝川 下午魁於東返 寫彥陸信 呂甫信 交彥頎即發
寫阮甫宮保信 即寄孫魁於 申刻 梓起 澤川 輝丹 萬如子 汪福 守吉 滿
等偕飲舟來 下揚 阮鈺川 鮑輝丹 過仲甫 過其賬 呂偉伯 呂櫟生

埼己舟相送　舟名婺源　傻輪甚宏敞　戌刻舟行　夜半舟擱淺
倒車良久乃脫
十八日丁卯　有大逆風　平明至潯陽　辰正舒州　巳正武穴　午正九江停
舟岸旁乃可絕焉　我舟至上岸往觀　傍晚外媽　丑刻放行　寅刻
過小孤
十九日戊辰　晴　無風　平明過銅陵境　辰正荻港　巳正蕪湖　未正江寧
儀鳳門下舟　移小艇到城下　薄暮入城　進行李　投家卿　步訪剛之
正值聞孫進　彼將來　久譚至一鼓　來猶昨
二十日己巳　晴　早謁峰帥　久譚　訪袁子相　少譚　到聞孫家　無得晤　吳星
卷走訪聞孫家　飯後同步闌闠中　又同飲旗亭　同過笑宋　適達之
暨譚良久　仍得暢之來
二十一日庚午　晴　聞孫來　同茗于市　過家實甫年丈　沈愔甫來候
寫家信　於九信　即發　由驛遞　跋吳嗟字信　酬書寄笑　貴鶴林信　附二份作局　下午
到聞孫處　又華丁遂衣寄　晚飯後二鼓回家

二十二日辛未晴 寫吳竹莊信（卯發 寄遞） 張芝農信 仝上 陳和笙來候 子
循偕訪鐵丈寓與陽甫勤剛王協來袁子振 王朱暘 訪倪豹岑
聞松太夫人逝世 先是九月初移館湘師爲其母壽 都隨既往師曰倪太
夫人不久矣 家駿師主事向爲人書條屏等凡[illegible]下筆墨不
沁入不誠乎 蓋其人必不利之象 驗余謂張之主此 甫逾月而果致恙矣
事也 訪閣揆不遇 遇宗則之在家中 仍惕山來 衣谷亦來 傍晚邀閣
生名爲吳墨莊春年等錢于帝 先生 鄭仲光 李少臺寄信
主撫吳侍桂已于驚擾城外（爲撫城人所牲 鄉里之牙睡眼身孔 作此平流布函）[illegible]入奏之辭 亦俗樂類此 況敍傳
被僖奏 昨聞偉侍去年其人爲春少[illegible]尚人長庚爲辟帥所弄人此
二十三日壬申晴 巳刻地動 吳春年來 在此午飯 閣揆來 同候魏剛己
譯五二詩殺硇
二十四日癸酉晴 李雨來 同到帝旱食 沈愔甫來 同合穀 李雨訪閣
揆 並偕陳琴臣久譚 偕閣揆至興文同義莊 晚上訪王豫致臣
少譚始家

二十五日甲戌晴　濮師遣吾入内下橋仲宣李蓴與之來久談
閱孫來同至市中早飯　下午同仿刪之並唯李壬卿送李猊斷之
成飲偽飽散　閱女傳至余家譚良三鼓
二十六日乙亥晴　已刻到前門即遣奴子襆被入内與劭卿韓蓂久談
同至以國之第土山濟小池矣　王爲中濮師來少譚　王逸亭來　下午
錢劭卿已於飲同座閱孫壬卿楊純山初校場即罷
二十七日丙子晴冬至　上謁賀相國不見處　李雨亭來候早食以登候
沈情鈞次候程為雨郭符次候莫善徵場不晤次邠康晤仲宣
李蓴之正李次候朱漢槎筆門曾候陳和堂次候劉伯卿太守
場不晤晤戴蘧之于劉處次候杜小舫親家不晤次若候譚
臣（世年人）次若候楊子移親家孫少譚送帝濮師來久（又候朱春舫親家侯　見張邱劭卿於二不晤）
譚之對即罷之章職交新任查鄭從曾官文差送李用　又見
示霞陳僧將來宜揭稿以錢爲入覲遣使擬閩撫借款三屆可詳
撓碟一層宜許　鐵路電線内江輪船運漕兩地設川楸成層

斷不可許云云 措辭簡拗 到子密 棣香處一坐 子密云 足下書
持論侯之志何等拿尸其後 子密云 相國招中堂知難閱憐 該係吾使館國人偕云
窮關將皆苦虎 蓋曉指足下之意 足下已許盡則矣 余曰此八日中
互此我之耳 然彼國源源而來 中華大邦 反無一介之使 轉難矣
俗不亦慕朝廷 輕薄無之士哉 忠信可涉波濤 而誠因余何懼哉
足弟中國禮書猶之爲不棄 披荒所傳皆演例末流 以爲書之
不足 捨此大抵志之之所聽也 一笑而罷 傍晚劼剛來少譚
二十八日丁丑 晴 到兆鈞 象信卿 殿卿來 壺侯少譚 孟楊自邸來 閱家中書
慈雲壬拜來 閱錄事 即去 孟楊王拜生來 壺侯兆泉師少新
東萬譚而去 又同壬拜 著正 劼剛處少坐 劼剛邀臣王楊來邀立
同來余室 去後劼卿英美徽來老侯 少坐去 晚飯後同孟楊到劼剛家 未見
接十月十五十七十一月十三日家信
二十九日戊寅 陰 夜微雨 飄洒時不雨 雨有矣 到閣 孫處 出並晤至
楊及王莘臣吳木安又寄木安之信 信王誼卿 山東人 年 刻可

杜小舫處看三兩硯峯來候少譚 潘師來久譚 問鄧中丞
甚恙 吳摯甫來 劫剛來同至西園視劫剛葬 射識李健齋
先久 述菴先生之子 見提理衙門密函九月中條說論修好事宜 言外筆之硯似
多條之光駁之有成見在胸者 廣證博徵陳外收尾翼而實以分待
集之責復用心好深 全稿另抄
接張芑堂 二十五日信
三十日己卯晴 曾靜臣 王惕來 李健齋來 仍游妙相菴 不果 劫剛來
訪蘭孫 同早飯 市中同訪周攝雲少譚 又訪匡甫 吳春 米春舫來
若侯少譚
接劉 信

十二月癸丑朔日庚辰晴　未刻滌師來久譚　言及沈幼丹在京耤
辭謂其政頗甚橫兩日得閱札諭薦署撫事以一言不合立新
之與左季高為死黨　並自閩嗣錫光為左西安署薦目　果仲宜
封任湘撫今乍任耶　是年又載撤文局湘南人均無所謂
沈遂奮然因為前政幫辦凡湘人之失職者一概入局收留情
察沈在江西之初本修自好且有膽識吾常器之以任臣擢與
夏原字所曉之不已要以為此福家不能任大事並猶以為硬障西夏
具擢陳沈若以任氣取閣情形沈閩之道函請冤有寬其既往冀
以開新之語昨又長函為旗人之官皖者援類求情而以夏知其
迷通其擲前此錫屬之風皆出寬氣薄之撫恙　且請之於澄則不為
武斷所出語之奇鏡則又不宜堅臥故山　~~其人亦未可鮮~~　左季高之
為人不可猜通沈居然入世範圍功名閒談要之不加下息又為其附
帝之累國真其人不可解左封陵咬為猜僑已不安其位益請病
假左實於時此帝以為封其為和之略　厲通其禍機　余曰所賦

此康之藩縱禍之八王之先聲也不意無風流標榜遂成斯局百變源皆起方寸之中境遷不已何出種之禍皆惜形小則睚眦大則吞噬，佛典有云邪生心淨則佛土淨諸公惜未一見乎師曰宗燉太差者見為無益余曰無又豈細論之㤁其心術端正可以亦有英雄氣余曰英雄之氣亦自心術端正來心正則無邪無邪世則禍藏世更襟懷坦易則不競競出之以失源之以才力稚有豪傑氣以加無面雖未識胡公觀其遺作李闖諸行事無著然不慨余又問李述夢之為人師曰甚好頗直率詢其情況余曰李筱泉標少泉務未遊師曰然李筱泉當人年少泉亦有英雄氣 五点暘來久譚劼剛李少譚

初二日辛巳 陰雨 奶寶 下午濟師來少譚 寫陶季信 即發 寄船付去 厥仲信 即發 馬遞 屬生信 即發 交杜船 家信 即發 馬遞 張蔚生信 即發 馬遞

初三日壬午 陰 下午晴 劼剛來譚 閣師來同至劼剛處譚 訪孝徵

文偉 侍晚訪方小東不遇 惕 寫竹莊信 即發 馬遞

接竹莊十一月廿九日信

初四日癸未 晴 到子密、陸甫處一坐並晤黎蓴齋少譚 傍晚宗會來 劼剛來

初五日甲申 晴 季雨亭來 王壽臣、王逸亭來 錢子密來 滌師來久譚論情形事宜 余曰以吾見湖度內地設撫一層似可許之 天下財力以聚爲見長以散爲見絀 外夷萃十餘國之物產于中國 區區數口之地故長袖善舞 雅稱自如 若拘其源則海內財貨爲之勢 將一類爲不可收東 隱嘆不相讓 故不相救 要之以用度奢靡 遂使中國窮匱 不可救藥也 清穀吾謂惟須立法使徵收賦稅課與華商一律 即無流弊矣 挖煤似可從而與中國協爲隱患 蓋禍不在外夷而在中國之姦民 是則伏釀亂之端 吾亦將稱流毒無窮 如許彼通宜竟之章程以持其末 師問吾便之事 吾以爲破之 吾思乘風破浪丈夫細輸 但使立奇樹性其事則可 若爲隨人俯仰 則以吾縣之因人成事 不幸則身敗名亦裂 碌玉雖分 固不足道 季又言人材所以

今度之哉不能再聽大悲並無識臣則否可不備師曰現無可惜之
人降少登一筆 餘皆暮氣虧用直無之段 余讀海雾湘帆
師經以世情為處讓次 余讀蜀度集師許之且為明春來
幕中筆先生薪水 訪倪韶少譚 訪剛之傳晚歸 寫王霖作
馬卯楷
初六日乙酉 陰雨 原約同寓 早飯後藝侯觀畫 並觀察 沈侯陳作梅
觀察禁不能觀察如少譚 到閣如家 並過莊甥處 久譚 而傍晚同至市樓飲歸
谷來同座 飲罷歸 寫竹莊作 寫如來佛經十七種 初八發 子張幽補 覓使
初七日丙戌 陰雨 同過閣如同至市樓 晨同寶玉隱 一鷄冠之赤載所
之白同既來 觀同閣如與其家 又同出晨 又同訪剛之 並過畫坊 傍晚
始歸 寫著
初八日丁亥 陰 劫剛來 子密來 寫阮甫師經 寫古佛經單幅 初九發 京寓子根
濂師來久譚 到棣任青 葦林 雲樓 子密處譚 並晤吳琪甫 陸小園
到王揚來 逸亭 昆秀處 不值 遇濂師少譚 劫剛來 寫吳竹

莊侄叢姪子汪穩去了 初九發 寄王惕侯汪穩之金桂枝 崇侄來四十 黃冠仙侄 申報 信局 去

甫侄日發 松山勝手送去

初九日戊子晴 孟嫂來 張溥南來候 鄧仲言來 黃子春來候 閑孫

季雨來少譚因去 寫李少荃宮保信 賀年 信附寄 寄袁子根 到小園處

見宮保奏 作十一月廿九日 鏖戰松勢三營 剿擒于蕭光遠內大破

金陵賊數萬人 伏屍四十里 生禽万餘人 逆首牛燧子 牛老四子 任

定 任柱之姊 賴文洸等皆死 金陵僅存馬賊數百逸去 餘皆剿盡

云云 到袁子根 王子重 索不晤 袁子根來 王逸亭來 二語付

勳卿來 侍讓浙師命 委余明年棗幕中 此宜辭了 寫

寄竹莊侄 驛遞 卽發

接十一月廿九家侄

初十日己丑晴 退寒 到西轅 見王少雲 姜徹來候並有燭贈 王

逸亭來 到浙帥處 送禮 鐘扇少譚 即出 潘伊卿 視家

來候送行 勳卿來久譚 到王逸亭 鄭子密處 吳陸甫 李 辭行

行蕉畦黎庵茅舫諸君同來送行 修師來送行 少譚 到西捕
諸鄰生恩辭行 出答訪閘生亞畦 吳碧年 到閘已
晏 呈張傅的 又到李壬舫拉飲田唐 趙季梅學博 韓山人閘
生李雨盦興 敘傍晚同到閘之處 譚至傍晚出城下舟

接初一日家信

又袁石杉來書信

十一日庚寅 陰雨逆風 早發石城 巳刻出下關 小泊買蔬 未刻到燕子磯 泊舟守風 登岸 訪古鐵頂樓 江邊石壁空蕩 昔年過此 曾見有鐵纜數尺 已毀之矣 石巖寺孔穴甚奇 有山巖窈瀕江 謂山之頭來者 下山 到永濟寺遺址 廢殿 樓石巖下形像尚存 見有吳道子大士像石刻 斷壞為此 存其三為少 又一像 又有佛像碑一通未壞 燕子磯頂有御碑亭 亭存礎石 碑亦斷作 下山在村市少坐 循山至觀音門 門之左雨山間 或觀音為已毀 兩門之地 下舟

十二日辛卯 陰雨逆風 早發燕子磯 過黃天蕩 推篷看雨中諸山山霧

氣靄大止山暈午正刻子口住舟

十三日壬辰陰雨順風早發巳刻過東海午過洲帽州未刻到黃泥港風起不可行而泊去此地尚十里訊之據過客言巳卻但餘申刻風微舟復開到七號之泊遇好子上岸探信云敗於據賊數百從塩阜闖入由范公堤直西海安掠泰州仙女廟十一日經揚州（由邵伯）東關官民閉門作閉守賊以東北竄不知所向云云

十四日癸巳陰雨順風早發巳刻進越河口守潮傍晚移舟出閘至運河泊

十五日甲午晴順風早發辰正新豐未正張官度未正丹陽東門（邵）外運河求斷據西南門而行傍晚到七里橋舟塞不得行二鼓盡中延趣寧旗過此尾之始得進四鼓泊陵口

十六日乙未晴順風早發辰正呂城巳正奔牛以寄家信（節蒼信卿）丞協信（節蒼信卿）潤卿信劉汲卿信張巡捕信（合巻附函）午刻至常州到六姊新居在十千街舊宅重修庭宇甚壯前之欸未世量六姊方

自督工指揮匠役由東井之真勝丈夫甚矣 四姊六女常遣迎
之至手書暢譚 午後到開府郡晤子騄先生及黃季 又到杏卿
家師共太夫人之喪不晤 過六姊處 傍晚訪張振逸晤
才歸 夜與少譚何暢 六姊處 二鼓下舟
十七日丙申晴 順風 早發 辰過望亭 過六社 午到無錫 再人程 接十一日家信 又捐六十九日
沸風日程 申刻泊 初鼓拉許闌放塘泊舟
十八日丁酉晴 逆風 早發 打漾 行甚遲 已刻到山塘上岸 訪吳梅
小泊 午刻到金昌步入城 到吾姊 親家 住騎 到紫兄家 紫兄旭法晤
諸姊 又到胡屏嫂處一坐 傍晚九兒同暢 傍到二鼓下船 寫家信
十九日戊戌晴 卯正發 到丹 遣安林少譚到紫兄處一坐 即偕紫翁到留園
候李伯生 季訪吳侯 丁雨生 弟故物久譚 在雨生處遇許緗仲 在丁處見其所藏宋拓江州本真擴揭 蓮華字 ……藏生龕横文 前 自跋
祠宗 卑候 訪侯郁少仲之庵 訪少譚 即候李伯孟駕部 少譚過琴兄
李識封愛人 李陵均 文敬公姪子 久譚 子寔之來自豐

陽生九先丞 謙和二枝下 丹又久謙乃去
二十日己亥 晴 逆風 早發 已過君門 午至嚴瀨口 申至紅橋泊舟
二十一日庚子 陰 逆風 早發 已刻到都 入世基 郁鐵仙 陳居峯寓 寫王朴臣信 印蒼 信帋 此箋之信
二十二日辛丑 晴 是日 早飯後 偕周源亭 韻甫 琴 楊詠春 潘石 史城 李申
蘭史 孫卿 楊鏡泉 顧竹城 吳賢 廣東肇慶人 新任將官 紛 馮武之 姚朴園 汪筆
青 韻甫侯 源亭 詠春 潘石 申蘭 朴園來晤 寄姊信 印蒼 新安孫卿
李伯玉信 薛安林信 印蒼 信帋
二十三日壬寅 晴 報薛安林廿一日信 同韻甫 顧竹城來 寄侯人譚 汪筆青來
寄侯久謙 王陽庭來候 寄子震兄信 印蒼 信帋 安林信 全上
接朴臣廿二日信
二十四日癸卯 晴陰 寫中堂信 印蒼 黑墨 連 張芝李信 全上 赴汪
筆青 顧竹城 探候 因居張 石乃吾友 此李友人 候 安吉寓 石明齊候
王陽庭 偕傳月樵 顧 晤 首貫山下 秋捷 之主 餘 於晤 遊盛
寓 寫 秀傳信 爾生信 印蒼 信帋 九先信 印蒼 信帋 汪福來自都中

接六姊廿六日信

又九兄廿二日信　又雅叔四月初六日信

又長生弟　日信

又孟楊十三日信

又伯生　日信

又星堂初九日信

又兒子寅初五日來稟　重慶字四號

二十五日甲辰　晴　過羊仕佛　龐昆甫來營候未晤　楊詠春李

升闌來久談　楊鏡泉來營候　寫李伯孟信　郵寄來人

接李伯孟二十四日信

二十六日乙巳　陰　過羊　祀神　馮武之來少談　鶴卿　鐵仙　秀隽

二十七日丙午　陰　接曉谿二十五日信

二十八日丁未　陰　訪詠春　祝家孟晤　潘石　太常久譚　傍晚歸

食來園甚飽

接元徵二十四日信

二十九日戊申　晴

梅陳暢二十六日代

三十日己酉　晴　除夕　午內返　鄉家　傍晚薦饋如常

能靜窩記

日記二十九

同治七年戊辰余年三十有七

正月甲寅元旦庚戌晴東南風天色甚和下午陰 率家人拜

天拜 先師孔子 先祖爺獄湯 佛爺 竈神爺 先祖爺借糖園

行禮 至周家及于卿 轄仙李蔡家拜年 嵩華占流年課

得升之中孚

卯空 酉 丑 卯

兄 亥 巳 亥

父 父 八世 ○ 丶 父應

庚 父 財 官 父 財

兄 子 子

妻財伏於持世爻動爻化巳火四孫生 初財於空歲月均為卦財今年

必大有收獲動爻兩爻均化獨陰沖克全無上吉之卦

易林貞卦曰禹鑿龍門通利水源東注滄海人民得安

之卦曰百草嘉卉萌牙將出昆蟲扶戶陽明所得

周蓋亭來久談 餘家均未睡 中晡 先祖爺供食行禮 如往年

初二日辛亥晴 [illegible]早中晡供食行禮如往年 早飯後同鐵仙

李藉率幼子女登虞山眺覽亭午歸
初三日壬子晴 早年偕官保劉六律年一 來惠植青桐十枝楓六株櫻樑 甘肅石谷十二年微之 周深
初四日癸丑晴 甚煖 出門賀年 晤娟深而
亭晨集 趙次侯 並謁晤姚氏之父馮灃濤先生 錦 道光辛巳年之七十餘 科舉人官縣丞官二縣知縣
賀老年歎久談乃返
初五日甲寅陰 幼子阿游圍師抓周偕佛 悟悦之子 霖年患麻疹
勝甚 蠶返家恐 但不中病
初六日乙卯晴 霖年麻疹不透 往醫以寒涼遏之 喉閉音啞耶
氣不達而亡 綠青余主用升蔴等透表之劑 悟悦言其寒窒
之象因改用炮薑桂心服之
初七日丙辰晴 余貧目差 霖年服藥而色轉紅微有陽氣而疹
隱甚与抱龍丸速服稍平 傍日稍東僕
初八日丁巳陰雨晴 霖年差稍減而喉仍閉不發 孔余思千金喉痹 往醫皆去師閉用涼劑之也
又庞常用升麻化痰氣肺氣塵寒 竟不患其升湯 又此丸用

射干既升且降，其理殊與豐。喉中氣言二管，分達肺胃。凡風

熱上僭，僭喉閉皆屬陽明，故食管閉則氣管益張，食入嗽咳逆

氣管大食管小，誤入氣管也。升麻陽明藥，以之升提胃氣；射干

太陰藥，以之降抑肺氣，提其壅塞之隱。特近子知其設意

主方升麻為君，佐以射干、杏人等味，為合宜服。下午昭六

姊信，知安慈懷，隱多不析。丙中崩為霖，甚為觀千里。四姊年

蓋所遭也，與去年為甚。得謀下，務甚早及保華穀職。自陶所出

詩言用民局選將以為轉機，不度夜即與度全人驚怪。寫

九兄信　蔭堂林信　即發信服　黃相轉信　即發

拔六姊初二日信

焌兄初六日信

又前月二十五日信

又黃相轉初七日信　並逐水利全書一部

初九日戊午雨　霧午一瘧謝懷府延氣會別順作方　寫四姊

復六姊信　長生信（即發，行船）　伯生信（即發，交來足）

初十日己未晴　守備王瑞庭招飲以目恙未赴

接蘇安林初九日信

十一日庚申（立春）晴　下午陰夜雪　霧年疾益為甚　長女柔仮患病瘧以

外舅病勢又益

十二日辛酉晴陰雨

十三日壬戌雨　午刻延吳瑞卿　周蘇齋　馮式之　鄧鐵仙　李梅生

飲傍晚始散　寄伯平信（交質兒）　柴卿兄信（即發，行船）

接六姊　日信

又伯生十二日信（已到吳門）

又李少荃宮保六年十一日信

十四日癸亥晴　吳瑞卿邀次日飲不赴

十五日甲子晴　楊詠春招飲不赴　寄王柳門信（即發，行船）　李梅生信（金）

接邵又農六年十二月廿七日信

又紫卿乃　十四日作
又豆生和初七日作
又櫻亭和以作
又高齋六年十二月二十作
又玉朴臣十四日作
十六日乙丑晴　借寂寂樓上紀算帖
梅樹亭初六日作　寄李梧亭
十七日丙寅雨　日、候少原巡園腿眺、紀臨水白梅着花與雪比桃麗
尤覺春事方盛、而樂人不之珠自知也　寄櫻亭作詩為之
和之作　作卿錯
十八日丁卯陰　候吳珍卿　賀其孫續之喜　晉候范西氏名律　候
訪春少譚　答候徐月樵未晤　候汪四午青久譚　候湯子臣　晉君
探光弟不值
十九日戊辰
二十日己巳晴　姚朴園、張柳生來訪　楷演石來　候譚廣申坐

談之處及 文宗上賓後奸權攻擊未甚悉 張時充書房差使
也
接阿哥六年十二月 信
又五甥初六日信
又繁仲六年十二月初八日信
又仲兄六年十二日 信
又蔚生六年十月初五十一月十六又不載日期信
二十一日庚午晴 目疾實益人氣懸是時盤目之功也 訪周滌亭
名譯 訪謝春緣名不晤 送李曙及竟兒上學 英先生處 傍晚歸
寫葆生信附鄉錄
接少先二十日信
二十二日辛未晴 送閣東皋也 為了朱弋二姓業地買彭家墳地
昭陽書附 造墳至南河 今日動工 赴楊詠春處爲之指田庸濟子臣君
探談 歸傍晚歸 汪卯青來 撰未值

二十三日壬申晴 買舟挈到蘇家為栽樹舟出齊門北行 沿北塘

種桑楊五十株 白梅四株 隙地植紅梅一株 移舊花西石上置于姑婆墳 紫竹二十竿 墻各處 玉蘭一株 楊後易直根一株

東皐墳直根一株 桃花

二十四日癸酉晴 五午種樹將畢 馮武之來談 傍晚下舟赴蘇

竟夕行

二十五日甲戌晴 下午陰 早入齊門上岸候王補臣之子景學 及金靜

知王未歸 到宗姊視 遂出赴秦蒞 到九思齋 舟自婁門出 下午

候鄒對山大令 遂謁錢撫 鐘人 到齊門候李表次 少譚 候李蔭生不晤 候

鄭仲久談 傳西捻自蒲言渡河由晉省之太平堀由豫省之懷慶

滑濬竄入直隸 開州經撲 保定邯鄲 都門戒嚴 少帥于今日二十日

自湘守 右辛集剿 左帥亦自平陽起進 秦晉豫皆戒嚴 鄉練擬駐

捻窺額門 擢帥作城 英使宣調川猶馬教山外 肉事 徵調撥

郭遠堂署鄂撫 丁雨生升蘇撫 捷奏 李少帥加一騎都

尉 傑相加一雲騎尉 沈帥開復頂戴 劉即集貴之亦頂戴 請帥

張張家六塘運河失事免議上賞頂上戴此銘傳決計乞病已
奏淮直新舉匯首劉臧之說 俟丁雨生值諸宮未明 俟杜小
舫久譚 俟黃相軒不眠 匯於之東擬明日同游光福借九之下
擬舟
二十六日乙亥（開生）大雨 早發（日往）午至木瀆 訪彭季陶 別之同汪叢壤先行至
光福矣舟行一 停晚抵銅井 餘于鎮人李靜海家
二十七日丙子晴 早食後同九之彭季陶汪叢壤李靜海游光福寺
晉六朝時細觀青大言歌贈禮畢 訪●陸羅尼幢之不得觀 移
宋王嘉甲年李慶之撒利石一通 出寺西暨鄧尉寺即鄧尉之支
麓也 棗后二潭如鏡 夾之下望白梅如傲雪和集下寺遙回徒
廟古柏世甚一別九年歷歷如故神物也 廟神初以鄧尉之名
祀鄧禹之死 後因大樹之故改祀馮異 謂其傳訛不可究詰南行至
普庵深 留林文忠論富民之衙 香雪海但為墓園 不為庵深之
繞 好植極盛 其實則植梅之利不減植桑 故民樂之不待驅迫甚

矣，爲之甚近在也。到天井種樹人陳家啜茗，其庭白揄雜

以松柏梅根滿畦，頗可觀。晚循溪山下登燭情山，入石壁精舍，上蒼

峰壺坡，具區如見故人。石壁下大竹三萬挺，小室也。篆向之山僧殿

寓于內。飯竟，下山古栝百年物，燭甚野，燈時早，蒼色僊小介之一。

諸山以深山爲最高，又燭高可盡覽，若并峰東西湖收，都入相抱。

（山峰坡祀下廣福鄉東溪岳廟，岳廟爲最高，君與鄭季山神祀，晏潭附合世家）

又隱月西山爲銅井，與人不殊，至臺花樓，以無窮日下巷其手及游循緣

於是入深山廟，古柏四蒼，拔視可倚，廟甚肩，返至飲之前暮極

舟訪李靜涵之嗣李子欣於飲，地在迂溪邊，靈山橋西。晚山青

紫萬化，時因疾北風，龍君重作，不能成，二鼓飲罷，返眠。

二十八日丁丑 晴。熱甚，如暮春，早發，午至木瀆，訪李闡樵，飲于端

園，李渭借園之一角，藝蘭之，藏菊尊卷，觀其所藏李清吾不鳥觀

子節今六年矣，見藏舊拓振刻三紙，蒼承松藏物，論詩者求帳者

作書于諸家之所見者，希此手，下午下舟返城，借九之自胥門

出，晚大風，東四子來，送家件，愚自言四川人張四深粵姚取于此紙

入視之，目直視而青，時譫語，不堪了了。寄家信。寄鳴大帽信。廿八晨

接廿七日家信

又四弟十二月廿四日信（六年）

又長沙寅眼六年十二月二日信，寄詩數首，信新年多考

又聽仲十八日信

廿九日 致寅陰 滿宋壹遜來訪 寫六鎖信 長生信 孟晦信（寫柳如是等信 聖五 武部中仲 基） 玄家蕤

伯生信 作局 印姜 錢少琴信 作聯 印姜 下午候輝次山入譚 閱接道一支由

蕭鋒度佛直至藏南芳服滿出榆林息塘也草地康犯讀

酒至播換閱小浮漢千里方世那座此生宏不在小開之

深之 次候翁藤才久談 次侯哭平翁雙男子慶芸承激力

談返家好秀陶旺華懷清來候久談

接二十八日家信

二月乙卯朔日己卯 晝大風徹曙 趙林來 因寒 返家 吳彥安

昔候屯譯 候慕華 蔚之 子卿 昭呈諸兄 又到伯存

大雅函久譯 返家 慕華之妻 下午黃桐軒來久譯

晚明生

接梶彥正月廿四日信

又 顏生六年十二月十一日信

又 吳平齋 本月六信

初二庚辰 雨（六一午冰雹霰雪雷電交互天氣奇寒 自正月温暖 即服衣裕 仲春反蘇 猶衣裘 猶穿棉袍）寫家信 寄青梅六枝 光福山中來 清梅入口即

辞陟公延（甲午年世吳）仰蓋 候丁雨生中丞 廿八日 去了影也（值出门）灰 次候濤之都 亦不

晤 次候陸季堂 約李陶久譯 偕飯 甘食 康申年被難

未卿 賢天器 偕家人本此 實身寒冰毛 皆識 候陳榜

秀年伯 庭桂 吳郡人（為家六年同學跎跎 先生丙戌同年）不值 再候丁雨生久譯

閣 接之 倪寶之 大兵 李少卿 左季帥 劉松山 陳湜

軍情遊 丁自蔭 世 任桂 謹下和年 子 甘二人 請求

人材不容以士論爲然。郭遠之福耶？予遣之幾年耶？噫矣

世道艱何已過耶。候李質堂少譚，候孫雲坪少譚

●候李眉生不值，返寓閱九之譚。曹向垂、濤芝翠來候不值

接初一家信

阮字六年十一月三十日信

又玉樹初一日信，已抵黑山

又方元第六年十二月廿七日信

命雛前來看候久譚

初三日辛巳 雨。寫榕弟信（印發 作函）大雨 坐信送吳中丞札全書一部（印兵及）

阿壽信（附初四日發 附壁像）卡子卿買之來看候 萬邵何日飲。朱蓮卿來訪

初四日壬午 雨。寫學伊信（印日發 附李眉生）寫中堂信（印日發 附勤少仲）方之弟信（印日發 附照信 昆甫）

信（印日發 作函）湯玉泉來看候少譚。安林來。蔣吉之來。赴子卿四兄

之招。下午返寓。孫雲坪來候久譚。候李眉生 並晤吳秀生 寫

家信 寫陽女帽及以筆等（印日發 作函）寫杜小舫信（印日發）勤少仲信（印日發）

初五日癸未 陰 大風。辰午候朱蓮卿少譚。若候濤芝翠 候樹庭（附江人）候補物

到書局一觀。丁中丞邀余專為局中之事也。訪莫子偲，不值。子偲新從揚持
李少荃局事。又候局員方滌卷，任之將人少擇。候丁雨生中丞，久
談。中丞於吾次頗諒，時以時事殷殷下詢。余昨寔具以沖容博大規之
瑣屑繁碎，令人見再三稱謝。素聞中丞為人[illegible]城府[illegible]不可測，然性
甚于不逆詐、不億不信，善于人因俯忍以少人之[illegible]短，且以節級之
尊賢心于下士，只好書而自不足。陰困為推闡，昨之反覆論之。中丞
之江蘇官場大小皆惟利是趨，勢之化誨，秦伯王足世近功，然皆無
仿其宗祖婦為恆產，寔能[illegible]責其所務務序，賢善而得，然不
肯謬為之鍾向，則暴流之弊。[illegible]且公清勤于上，寔惠下之不[illegible]子
宰以正，孰敢不正。中丞曰：官場風日轉移，甚速，但皆不經年，不能除之者
氣[illegible]家之弊無不祥。聖人設化，斷無窺人隱微之理。此靜之君
王之肖微，[illegible]病[illegible]不足以罪全體[illegible]，屈遠人之過而揚人之善，人將自
悉以昵于我，久之又久，人將化之。人之好善而以爭名識，是從之謗而使
之行也。吳某曰中丞曰：先生之言，言之實，余素[illegible]遂恩，有不肯則怨之不

可以須臾忘哉余曰公未忘哉我何嘗如照明鏡妍則妍之
惡則惡之為惡鏡無所好惡焉見妍惡而有所好惡者人
之私心也帝聞之頗稱歎曰君之言實合我懷移書請應君偕
往祿請辭必遇我勸我以針砭沉痼余遜謝辭出　候惲次山久
譚聞悉匪于正月初七八至保定西面南二十里之大棘店十八日已至涿州
並有至涿州之說李少帥因羅鎮傳之不甚為喜事　近有謠言且以進兵
遲延觀之某眼花鏡費馬禄等嘆息貴功甚薄而責之甚厚殊危之
隨閩人常州員外郎　返家　擬明日登岸　初替辭　九兒下舟　寫家
信致鄭蘇盦龔之函　書付信差

初十日甲申　晴　順風　早發　背門到晏門小泊　與林某同行　辰刻行十五
里至孙砖墻巳刻十五里至帷亭　午刻二十里至西像　未刻廿二里至宛
山縣　川雖城一二里紀城巍樹未改　申刻廿里至江口　江口一望皆湖灘
甚寬洞水下則為湖　晏江之會也　酉刻廿里至陸家浜便舟　感嘆八年
嘗出此道　蓋十餘年矣

初七日乙酉晴 早發 辰刻十八里至御神隱 午刻二十里至金家橋閘
孔宅去此三四里有 先聖衣冠墓在焉 左近又有慧禪寺 前明成化間
僧如信闢道建剎 既起彼迎信為寺 行將至聖先生慧禪寺之左
村橋之後陸田數十頃 隱閣連畦 植梅竹 梅時如雪可布 其最老者傳
三百年 乾隆大鵝石母自伏 相傳為國宗姓張 近已矣 著花正繁 香氣
四溢 野村長 [redacted] 之盛 天若便補不之矣也 寺僧延敦茂步
出門寺僧送 乃從村出寺南行 孔宅瞻謁 墓在大殿後 石臺上建
一亭覆之 墓後東北為御書樓 奉 聖祖南巡時所書 碑旁有碑誌記隱
大業中 聖裔官某來 先聖衣冠瘞此 子孫世守 以述所人崇奉
後遷於來 墓中樓相左殿宇 為閣匝頹壞 亦僧為未畢工 孔氏派
以後為凡八九數 計習之事 年字季雲 答吐屬頗雅 詢金鑒逸村
戳建石坊 出度毛橋三下 乃到下舟停 子刻九里至青浦 粉伯
雨 初八日丙戌 陰 逆風 早發 青浦 章提石 枕松江 便二十里
美 傍橋步屯 都但帶便 為下橋署

初九日丁亥雨 同卓菴、傅季友、鄧少謙 恒游下舟 卓菴初任即為
守精幹有作為（亦任事能）捐俸者蓋至三千餘金 賑至千餘 築堤濬河
可為獨步一時 刻才也 丁中丞洞雅擾之于節相 嫉其所為 所不能度擾
撫之甚囂 噫甚矣世道 其何悍陵以至此耶 卓菴年甫即入試
場 望為寧紹台道 候補余因不及
初十日戊子晴 順風解纜 於辰刻（卅里）至寶山 出口 由黃浦江東下 巳刻出
四里至吳淞 自吳淞午未二十四里至（抵吳淞口 舟向東 遶行 轉向東北）江 轉南風逆 泊 岸 市 地
長舟解纜 寫君子信 寄遠詩 卅二首（作句）若
十一日己丑 霧陰 逆風 甚 辰刻十八里至石港 舟直掛帆 巳刻十八里至
閔浦 未刻十八里至龍華 西岸有塔 申刻十八里到上海 同安
棲翠峯 暫寓 傍晚下舟 寫家信 作御局
十二日庚寅雨 下午同安林觀劇 繳 夜登上局 帙 族械 燈也無一上
場 暫以千計 觀以盡號 旁觀 不下數年 此戲 盛
自吳淞已不改觀 乃以一隅財力 改 齋觀 矣

十三日辛卯陰　天明任貴興西丹所遣人李芳持相聞　少選以屢來書

遜往劉譚處傳晚狎海參擬言英法俄各國換約事要求頗甚如

止俄欲電線及條等藉以生變而弱內外財務發議何為

一國既亂則一國無強而諸國均[illegible]攫　故凡知用兵不易意者

不待自亡之勢　英國欲安碼王事急而徵四議事　乃三月至到換約之處

至九月其中甚不安　則諸國以俄國無算之急　最急　英國欲危其事　咸

前見不能為更見英當保護兵事　我必擲之地　[illegible]

[illegible]

[illegible]

[illegible]

[illegible]

不當諸傳貿易以待換約　以再舉　乃志之　一英之君臣皆立之伺之機關

中國不俄門諸能設一外國條約為事　如是則於中國矣　他事皆理根

開款　此者有為　上海之一局　則將來如西人指摘　已見諸之論　已及

早見在日本打仗彼國初與英人交綏之柰曉僕與英日本評傑一年後
之之曲期則請我英思力諾久洽以日本人猶制之網為之具兩花
炮諸諸名能入優我不利藏都諸和為難 今復殺英英人以挑釁
（修築之亦不足以為戰）業中西戰事之秋為保邦自全之計必世深遠為中國久長億萬世之福
之視無事惟恐卿心知難事也其能為謀亦可一嘆云云

梧岡先生 侍

于四月生不食 容岡先生信 印象修的 昨見信 問事 僕李樹藩副將不暇次
僕在館為祀家 寳時金華永康人官上海道 久諱尚飯 出日本國之示思見示
意將遣人踏歷中國彼國自信可以為據云云 並武用全幅兩紙一
正一刻刻亦中國行草間以日本一二字不可解 西洲儒擇榜貞外笔
木匠古段歷祿庶之中外相安換得為世林換以理折之彼換亦來
西不但間英人延之 但以輪船鐵業為事 即可不必重換 是必先
為此之矣 又曾示李少荃節帥 奏及修約事宜疏 似之不必為備
隻此豈一李某所之性之哉 換約本以為挑釁之門 使可以理折

之，則中外無事久矣。彥文之總理衙門奏派美國人蒲安國為出使大臣矣，又派英法二國各一人為協理，而中國人志剛、孫　二人為全權，亦自應勤身。

各國俱有國書，其體例則不免。又言中國入天主教者約四十萬人，江蘇十八萬人，四川十八萬人，餘各省共數萬人，相傳入教者，教主計

□倍錢。又云婦女皆受淫污，及取目除髓等事，□再三訪察，恬

所以聚眾之意不可解。趙壽搜參各語，□言某卿頗黷貨賄，

惟在時曾以二萬金為贓誘接惠王府額人凡屬遺丁津卹不具函惠卿

並於其物之為合福王者之可全，四與非其事所有，然亦則掌之。佞

用蘇謨聽也矣。嘉聽卿之福壽，聖母之親妹，遂將嫁以假某卿，均也條

條之訛某房於之一日，簽內侍前無事，於直負咎殺某卿，有仇為賜勝

元之言，謂中辭以是某瑞為切，對宮中近日尚素食，除畢玉甚廣

僕自庫銀堆積不動，相傳謂為念皇奔後之用，外人遂要附曠者勒

息。皆知之，不之避。總理衙門於官帖文相川為外人所貴，有致事

婕寶之學實佩所書斜類下才子□□寸蓋卿姻連，以好查若帖

按凡事文涉為數某達誘之

餘日謔笑群門之曰小小葉以奈卿世之言不出之外人未讀史比之
來暑中問能不能對欲引下寶第入暑以備叢其閒人行政不
過年甘傍外人之指索世兩語米質待用備預不豫之事也 晴暖
返舟改因安林上岸 西杜氏樓有雛姬字稱心樸農出備僧經合受
名之少留改名于市 二鼓返
樓 再生初以后
十五日癸巳 食後下午微雪夜雨雪徹旦 楊儀春來自寓寺 余因約來譯已
午 赤松遣車招 飲市中 祝劉自京師來 赤郡名春吞 我皆北調
西皮鼓聲三日肉目虛及吾識皆于南吳 見所長 又同飲于同與樹亦
於未危犯兄非南人所有 味皆爽 適于江 余生未至京師 今一日聽
海陽得之 天時人事令人悵悵不已 傍晚下舟 改子安林上岸 蓋送
梅心久譯 陳雨伯 衍林某某太守之子也 某某之下共 來俟不傳
十六日甲午 大雨 晨子安林若即乘扁舟 候陳寶 渠不晤 候启叔雨
久譚 拜候陳威仰少譚 候席善泉 四川人 閬卿樹人 蹤緣不晤

值僕蘇修山寺讀　到岸撥冗大讀　傍晚返舟　座蘇翁來看僕座
十七日乙未　舍大風　寫楊泉家信　卯後　庵蘇翁作　卯後　返蘇赴李撥同船
撥剝摺楊詠春同往　頃正午辭別返舟　未刻舟行　安林湯尾中
過新聞小酒僕潮　夜三鼓潮至　是刻行十八里泊周王廟
十八日丙申　晨舍順風　卯初　辰刻十八里至野雞墩　巳刻十八里至張家
灣　午刻十八里至黃陵　未刻十八里至四江口　申刻廿七里至湖神
港　酉刻到陸家濱泊　此處直向東行　將至陸家濱有一大灣反向東

題楊詠春吉祥教座畫

五十五年無影象。鏡伽沙劫亦如斯。要明日已成足竟。莫問無華
藏節義時。
輪王六欲福無邊。瞻部作□失笑看。四天鷄先如許事。目真鄰
下一泥丸。
心為法界性為王。旁座亦方心事不虔。實為四萬聚諸佛入。是故此
處最吉祥。

菩薩入道名字即。吉祥喜慶相似即。發蕤分蕤起作佛。於六國

成究竟即。

十九日丁丑 陰雨順風 早發 辰正三江口 巳正崑山路 午過正儀 宜亭

風盛卸帆小泊 泊行未正斜塘 申正蘇垣泊胥門 到九思家晤眉

生楊諒 正二鼓下舟 寫聞好信 唯失丁子璘先生處 廿日晨作報 六歸信 同看

唱大令

神女名如願。嬌童字稱心。行來玉笋太亭亭。羞倚碧紋帷子。

鉛華了罷新妝鬢。雅去還凝睇。將鬟且醉吟。才人一例秀瑤

琴。不作飛瓊。不作墮雲屏。不作半天花影。吹上素羅襟。

二十日戊戌 晴 移舟寺前泊舟 益府過譚良久 到觀音寺 孟暢同飯

暢之往寺前中過 下午過九之家 同至秦譚徹 雨夜 同船就月

帥振下舟即行

二十一日己亥 陰大風雨 早發行 三十餘里 舟不能進 泊小村不知名

二十二日庚子 陰雨逆風 早發 辰過 蛛塘 傍晚抵家

梧陽亭正月十九日作已經秀師批了

又四姊初六日作

又六姊正月廿七 二月初四 十一 又不載日子 廿五（又十九）作

又子寔之十五日作

又楔亭初四 十一日作

又惠卿十四日作

又蓉耕生初一日作

又眉生初四 十九日作

又才叔二月廿四日作

又曾沅浦宮保正月十五日作

又丁雨生中丞　日作

二十三日辛丑陰 昨張風起甚冷 小愈 寫六姊信（印君 敏作）眉生信（印君 寄去）

接楊詠春前日作 九兄信（印君 作郝）

二十四日壬寅陰

二十五日癸卯 晴

接九光廿四日信

又質生廿四日信

二十六日甲辰 晴 夜陰雨 寫李質生信 郵寄 住福區 雯女士信 朱叢卿

作芸翔都信 寄李女士新唐書一部 同寄

接六姊廿二日信

二十七日乙巳 陰雨 南陽君欲同赴林宅廿每家 遣李獲先行 春分

合祀

二十八日丙午 陰微雨 遣李丹閣橋鄉 春濟不趕力難來 傅曉發

寫安林信 印發 信緘

二十九日丁未 晴

接質生二十六日信

三十日戊申 陰 寫王宗學信 九光信 質生信 印發 信緘

接六姊 日信

劉禹錫 二十七首

三月丙辰朔日己酉 陰 細雨 安林來自蘇州 即日返常 候趙少琴

吳郎卿 楊鏡秋 王陽庭 顧竹城 汪溶青 趙叔侯 蘇川 少琴

不值 寫李蔭生信 俞蔭甫信 潘玉泉信 孟陽信 即寄安林

接王雲二月廿九日信

又李蔭生二月廿九日信

又黃柳軒二月 日信

又朱家卿二月廿六日信

初二日庚戌 陰 寫丁雨生信 又孟陽 孟陽信 仰叔即寄 叔之信 今寄

顧竹城 楊鏡秋 朱吉二侯

趙汪溶青 顧竹城之振 同座應昆甫 宗伯韓 飲叙後 赴王陽庭

之約 傍晚歸 周湘亭來 候蘇川 王陽庭來送行

接紫屏初一日信 寫還家譜一部

初三日辛亥 陰 汪溶青來 答候未晤 周湘亭來少談 下午又來

接黃桐軒初一日信

初四日壬子 晴 夜雨 午後間赴孫丹來 下午辛吉止 下舟赴覺之試 陽宮 朱世家

旅思（月附）情懷如過綠筠同川一篛雨女兩姊子在吳
初五日癸丑晴順風早發午過滸墅傍晚抵蘇泊金昌道覓子覓
丞惕未晤
初六日甲寅晴順風早發傍晚抵無錫收僧甫階君游皇甫墩不果
初七日乙卯晴順風早發申刻抵昆門辛覓子實謁華翁祠又
至六姊處談至二鼓下舟
初八日丙辰食後（下午雨）寄十姊信（四月四日發寄聞生）寄生信九兄信（丙日發）[illegible]寓安徑
子至拜[illegible]長生事處至姊處見侯對雲槎久談候安士良丁耕卿
張穆道吳語不怪候聞生喧其言人之貴久談（經經經初來看客景直）到六姊處晚至夜
讀膝播帨為六姊屆此地址來請狗畜篁華十三日文量寓安
妮來罷歸書久談（姊）母惕大將為館以室僻擬解有之一談隱從同行
歸下舟赴宜歸（蹇）
初九日丁巳雨順風早發午抵葉橋（晡）復行和橋泊舟
初十日戊午雨早發巳刻到宜泊東門遣從繁（驛）

十一日己未晴　辰刻放舟東山，同六姊及南陔君上山祭掃，松楸無恙。午刻下舟，即發，夜抵和橋泊。
十二日庚申陰雨晴　順風早發，巳刻過寨橋，午抵丫河，未刻到常州岸。桃花爭發，亂紅如錦，折桃柳大枝插瓶頭，以慰佳節。上岸候張韡平、朱留芳、徐葆光不晤，到閶訪劉人譚，到六姊家久譚，下舟。
接陶吾臣日廿六日信。
寄陳鉅初六日書一件。
十三日辛酉晴　到六姊處，陳午同于鄭，夜到劉雲樵、張子嘉作孝子陳文傳見贈。芭蕉陽雨村嘉慶初人為臣蒔慶三原中蒔湘帆、張上燕地保王蒙大亭因文處渡保地回二頭七分零，又得良墩三分零，劉間如來圖入王家零地並處一頭，再零並五頭九分零，原頭五頭五分零為欠六分零，查收徐徐葆光、張子嘉二家所作號繳處諸惡也。陳向原業主陳其居圖者事，置此頭地于不向亡情鄭之手也。

六舟得寧言通令壽些程圃照圖筆情以免料閣　長生來
初拾時下舟　抵叔平　係了二斗事舟不眠
接吳棠九八郵十日信
又孟莫十一日信
又虎生補六日信
又張丈寄二月十五日信
十四日壬戌　晴　到人瑞家　又瑞沛日來同譚　寓安來　長生來　初拾時
訪蘭生久譚下舟
十五日癸亥　陰　大風　不到　到長生家　率長生通生兩子光子實赴　祖
塋　經掃先塋三堡橋　抵地保書姓　接此到塋館　收地址任單　易接孝
掘錄收（吹）玉芙山路錄記返城　候湯某佛力譚玉子鉉（括）十斗　係了二斗
承叔少譚　且訪劉雲旌不值　玉山歸家譚至初鼓下舟
接白生十四日信
十六日甲子　陰　長生來久譚　白生來　自蘇州到大舟久譚　葉為孝方

帥所指已成符矣而前路所見噫鷄蟲得失人苦不能忘悲哉召蘭生既罷

於月此來余別余以傳捷一日夜收蝸篆　寫二女信　阮鈺信　歸

舉致九兄信　安林信　吾錫信　在上

接九兄十六日信　又昭侄二月十二廿六兩日信

又阮鈺十三日來書

十七日乙亥晴順風　早發　備玉丹陽酒

十八日丙子晴　早發備玉丹往鎮江　夜泊丹江口

十九日丁丑陰　守風不行

二十日戊寅晴順風　早發　辰刻至焦山　僧陶陽君來　步登山林處　抵大觀也

最空濶處　俯臨江稿終其凌雲之思　燃晴香[redacted]之閣記之

南陽君有余因有山水之嗜　家園日對林麓幽秀至矣　而繼攬焉

遊焦麓亦其一遇　遠不為過去既下　始入定慧寺門禮佛　後下舟即行

午入瓜州　舟人悍江段　捷出三叉河口　仍夜抵儀真四鼓帽海

二十一日己卯　晨雨霰風　晡一霎日　守風不行

二十二日庚辰　晴　風威而冷　仍不行

二十三日辛巳　晴　順風　早發　未刻入草鞋夾　夜泊儀鳳門

二十四日壬申　晴　巳刻出水西門登岸謁滌師久譚　同至後園觀
新築廠屋一楹　訪劼剛、粹臣遇亭子家，新有小園，樹香草
雲　遂眠于寓　午拜惟子密不晤　候劼剛已不值　返舟　卯季
垂義、功香、磬來舟　下午達南常君翟峰旅其世家　宿二女
信院　揆信（子晉發　官封）　却見信附發　知姊信（廿五發　官封）

[redacted]

（常州）華山阡墓田考據

續梅（太原府君）宜公葬常州府小南門外之華山路堂三塋五塚，正中大塋內三
塚中為（太原府君）庠案人，左為程孺人、常安人，右為蔣安人、馬孺人，左小塋
一塚為高伯祖眉九公及配徐孺人、吳孺人（門）附葬　一塚　限姓係
譚　右小塋一塚為高祖量撰公及配蔣孺人，其坟地原契並鵠
健叙（眉九公諱）戶內叕字五百零一號田二分草一紙，又同戶五百零三號田一畝五
分一毛八絲七忽草一紙，又錢克佳（朝議府君諱克諧）一戶內同號田一畝五下九厘草一
紙，又趙景撰（係量撰之誤）戶內五百零四號田一畝七分八厘五毫四絲七忽草

一紙又趙克佳戶內同歸田四分六厘四毫至一紙共聯單五紙未知何房
收執共分年幾濟則因爲九公等多房無人向東暢（朝議府君）中乳娘公兩房
耕食後來（按安宇府君）諱出仕每年寄資仍託乳娘公分下趙業二姓祖侄子收
道光末年趙業二姓祖將花戶佃（歸）糧數開壽歷經三十年積欠
初年竟遇饑濟荒改名前版章近仍事爲原單下舊亦未知其地土
方向僅有指爲（太康府君）寄管墳屋荒地荒值清糧給單之際數次詣塋仔
細推求見五百○（零）三歸兩單共田三畝零即係本塋正地五百○（零）四歸兩畝
單共田二畝零係原之設坟田即在正地之前兩區相聯形勢既合大小
相符詢之鄉間耆老異以一詞竟無疑義其爲設坟田向坟下陳法
二孫承種歲晚輸年向往二年收無子因其娘孫寄保種管但未定立承
攬寄係附在外塋生家有妻子其田查係共家自種應令立承以昭
職守惟兩區均屬見方並無柱據則五百○（零）一歸單之田二分顯非一家墳
爰見墓後隔一田塍有一區高起上有五冢中間一冢碑題宣德郎文
驥趙公之墓地甚狹小正符二分之數其旁別姓之田正屬五百歸

以此地五百零一號並無疑文蔚公係冒九公之孫彼時想是冒九公
別置之產故係冒九公出名立戶而冒九公已附葬太原府君塋之左故
而其孫照用之也竟於四塚係文蔚公一人年遠無可考訂而五百零三號五百
零六號平分立三戶之故請按太原府君子孫分四房一分出蕭姚而來三房故故地止三房分
管其分數多少不同則因原單分置之故仍照分之也先將照細數注
冊領出原戶原號單五紙暫歸五大房敘請收藏此次繳清經減完後必
須年清年款除冒九公冒模公分內承祚所得外特徵府君八分內之其人瑞蘅公一房分在庚桑
乳墳公一分向坐分若分或未收立其可分任庚由按察府君分下暫管取定
繳清將來各房所收應歸之戶名分撥或移首之處再議分過再查
原開細數內為有墳字九百零七號田五分五毛又因號四五分四毛亦係墳
竟係戶名向無指為太原府君塋產茲查以墳字號其實六卷山餘相
距四五里於本塋不相干涉細思朝議府君分內別無祀產分葬他
處其為冒九公墓撰公所房故墓彼時之人以管收為朝議府君出名立
戶任匿限斷並無疑當為族中詳查清楚館事均并收隱翻于六七兩

年叒立書字分晚房侵訴由

三（常如）堡楊塋（墓田）界據

頂接（特徵府君）以下葬常如府大南門東門之間之三堡楊坐三塋（區）前區

一大塋內四塚中為（特徵府君）許安人（癸山丁向）另有伯祖諒齋公余孺人右有

曾叔祖乳塘公楊安人右穴沒有（訓導府君）惇菴人塋以世係分一區坐

二塋大塋內二塚中為（朝議府君）楊孺人（庚山甲向兼申寅）冢內楊孺人及在（植）（左）四世孫楊桑

人乾隆四十三年下世先葬此（朝議府君）嘉慶六年下世合葬啓土則

紫藤南根不敢移動又張于地放奉（朝議府君）柩于右碑記分明塋

絫設佳皆如之右為庶祖母楊孺人小塋內一塚為此股劉氏人

前以兩區之間偏右是為另一塋原係高幾洲人（趙）姓之所遷附宜

與東山新阡以此地為餘三塚一係淵先之一正五卯一二庶母王氏向世碑

記某塚某人均不可辨一名塋地原契亦據慈孝來年業科祖闢

來花戶細號糧數趙克佳戶內有豈字一千六百九十八號舊一分一

千六百九十九號田一畝一分九厘八毛此二號並契照原業戶趙俊

昇（仝人知）户內堂字一千七百〇（零）一號田一分五厘分收執據一紙上業劉姓等契又一千七百〇（零）三號田一分上業王以堂等契因未過户當單又一千七百〇（零）五號田一分三厘單一紙上業馬許氏等契均經（點交）收執歷屆完過錢漕無欠蘇赴塋區覆次細看見前塋正地一大區約二畝（上下）係無事緊接坟前二設坟田一區計一畝一分（係）即係堂字一千六百九十九號之田再前低窪一區堤相映即係一千六百九十八號之窪共田窪向汎坟丁王榮陞承種田已往查王榮陞名下經查出收回執業窪地原數一分而地係黃姓所執去歲廿五年度冊載仍本户本號窪為六分之角是一分頭係父帳時華俟點摽此號收單（仍妥王榮陞承種隨令呈承以免路職守）帳本塋正地反不知細號田數當年總業祖開本原帳及歷屆完糧均無此地反覆詳思此項單據必係（先特徵府君）叢無分下長房豫籌以一支按照開寫故前本之二房四房均無庖帳查窪地最前係一千六百九十八號窪田掮佃係一千六百九十九號則正地又在二設田之後應為一千七百號無疑又坟在望姓王氏祖塋向亦閱此地係王姓賣出因據冊內一千七百號正係王姓之產原坟一

畝九分八釐一毛零大小相符區段面積戶名王科達即王攀桂之遠祖素知此
地久已非王氏執業按當時虎不過一戶之故耳以特徵府君下世係乾隆六年上距大不府君出身
區宦遍進徵至指家詹老挽之時不過二十年未便立戶亦權借陽四抵因
令地係照其往年免改業戶至本塋內訓導府君下世之家勒閑放英之言本就
老塋係地訓導府君下世之時向王氏買出因此近祖塋另為一區讀按其
字一千七百零三號之田一分係道光元年訓導府君下世之年所買其方
際當非王氏祖墓原契文係王公堂賣出即為此地無疑但區地係七百號
則此地應當零二不應零三據地保及王攀桂言本處地原先全係王氏一姓
之產華聚剝而殘成數百家細號久難詳訂且佃下賣田不過以草契為
憑未必指明細數當時所用之地得止一分即以一分立券零三零一誰收
何券詎能追理遂忍仿令註原照塋一區均地一畝以內請按稽查入無
處乾隆四十三年下世則此地當係五十年前放照同家中遍查並無年
歲相符之地契祇有吳字一千七百零五號之一分三釐係朝議君府下世之未康
六年所買彼時吾家貧寒至極或者地係先借後買均未可定但地有

一款查之各石契字止一分三厘地係丈冊內所載趙俊昇戶下丈分管
四分三厘不合然此地已業為許氏冊內未歸仍係馬氏原業歸黃七丈零五
此地既挨次計之亦屬相符而年亦閒此地係先後屢賣墳塚一段因鄰
墳挑挖月牙池侵損風水是再挖毀擱埃內收尔買明則此地祇止一分三
厘據屢退四分又屢退一款左右情事可知想見其弟據不全或愚索
強祖墳侵佔為年不無遺屍之故未遠年湮難于臆斷第照冊
載四分之數收尊單未敢輕議增減中間小塋一區地得無參查豈字一
千七百零四一歸之一分五厘係道光三年所買該按高淋八下世係索慶
世年鄭淵八下世係道光二年是年丈相符鄭係七百零一此地在
前塋一千七百歸之所係在不過十餘步是歸丈相符未歸內第一戶
趙仁敏係世錫人而墳之左坐世錫趙墳其地段相符其為高
鄭淵人原葬之地所碍而掾因一并照數收草以上悉係歸計四區認四分二厘
九毛新頭三趙秀安戶名以祀趙氏秀慶與全之意其溍楨陳
民塋以下未應一房承完外只大塋並四段墳田等應亦甚

由物一千照此將來如何分管之處再聽公論
二十五日癸酉晴 巳刻邪岸 候周儒雲蓮 晤張小山 又候李香舲 戴子
高唐鏡甫 劉升俊于壽乃廣 劉不晤 又候陸伯梅少譚 至節安
下榻西南一院旅 梨華園來譚 夏劼剛 韓臣 王逸亭 陳小圃 任
棣香 蔣升雲 陸穗來譚
接蓴耕孫二月初一本月十八信
又至符卿六年十二月十五信
二十六日甲戌晴 巳刻大雨 雷 午後晴 候同郡諸友 內軍械所 蔣少村晤
黃翁胡少蓮如此人 蔡叔一長人 梨華 蓋曷 蔣尚 蓮巨甫 唐子晴 李竹屋
周少雲 飛精 採雲之子 陳宋翁 王子雲 蓮民 小圃 陸甫 采多少 生午
間至南陽君家晤季雨 載功 李蓉譜人 南陽君借廣那氏
樓三間方聯偕居 備余物未定之 下午作候黃子春少譚 候黃
徵不晤 返寓 濰卿先來不值 召去 遂入內 同登山 久譚而出
示答來不值 寫槐庭信 信尾二十八發 六物信 仝上

梅郎惠城　作
二十七日乙亥　陰　旋晴（仲兄來　聽字丈來）下午衣谷來　因訪問漁同　並晉訪褚宇丈
又玉剛己丞薦蒼陽　寫吳竹莊信　蔣苑沙信（驛即萹遞）
接六舟　日信
又楔亭十二日信
又沈子培夫人戴氏二月廿六日信　告郵——
又霞生二月廿一日信
二十八日丙子　雨　寫楔亭信（並加箋）六姊信加更　子卿之信　子寰之信　陶叔信
（即崧信局）相侯夫人來　錄入署借眾拔刺　因將要來答賀　湯小秋來（翰）
來候　要栗誠（紀鴻）來候　王彥侯朱星鑑來候
二十九日丁丑　陰　夜大雨　陳作梅來候久談　劉南雲方伯（連捷　湘鄉人）（託仲齋即在滿）
叔卿之來候　褚宇丈來候　玉劼剛丞　若侯栗誠不值　君侯劉南雲
少谭候陳杏孫（送談吾四人　相候之姻戚）少谭候內郵錢所　高聚卿（廿三）潘樹如
（文貞）潘不值　至王逸亭丞　並晤王昇臣　朱星鑑　黃靜臣　又識曹訪

邠侯發下 趙衡帥摺因產劉南雲陳李孫周小亭等 下午

因發蔡京譯 見香港文報李帥由直隸發兵赴札閩粵防劉康侯

左帥由寧發兵赴札口南新陸防劉康侯 豫撫李鶴年撥姜翰卿駐

河北當共有賊 自饒陽攻退由獻縣渡滹沱河西南竄 直下河南之寇

未偵武 又於返滑濬三月十四日李部文軍 攔擊大伾山下賊復敗退

衛輝境內 賊有已無賊蹤云云 寫楊卓齋信 附發信局

三十日 陰雨下午放晴 到濼師處久譚 以耕讀傳家 綫頂看帶二圓

包題 侯佩翁岑濤小舫 楊子木 朱春舫 孫海岑 王獻臣 朱星槎

劉紹卿 戴蔭之 濤玉不晤 到南潮君家譚至晚歸 陳李孫來 晉侯

四月丁巳朔日己卯晴　寫家信（即發馬封）　六嫂信　楞亭信（即發信局）　鄭楓坪光宸
來候
初二日庚辰晴　到陳小園處少坐　郡聯之來候　因至絜莊易芝譚　吳
南屏（敏樹巴陵人積學篤雅十一年生湘潭）來候譚至下午　滌師來因譚　姚陽來
初三日辛巳晴　答候南屏久譚　見所著詩國風原旨六卷　大旨謂國
風之作皆寄託一時時事　如日月終風二篇乃衛莊姜謀討州吁之事
並之一篇非討州吁使戴媯謀之于陳也　解說新創　僕謂恐不然
答候滌師小秋少譚　答候以之小坪　又候龐省三均不晤　下午莊爾
來少譚　薛福成　及李　李候　章旦卿（鴻坦湘鄉人）來候
初四日壬午晴　張小山戴子高李壬叔來訪　張李去　子高留至下午
夜答國汪晴舫（熙丹徒人）來訪　共飯　以子高先去　夜各倦晚別
伯彥來　劉巳卿來　答候
初五日癸未雨　訪吳南屏　因邀劉相茝並邀張小山李壬叔唐端甫
戴子高借飯　下午散歸　寫毛奎信（初八發馬遞）

初六日甲申　雨　到劫剛陳杏生處少坐　赴張小山李少村之招　因座間

孫子楊見山陳保人等　飯後訪楊見山　錢西邑趙季梅　返南潤

君家假其樓上摺以為房　即楊家中一　寫竹莊信（即發　交鄒根坪）

初七日乙酉　陰　晨劉道署前陳保人來候　楊見山來訪　朱星槎來

訪吳菊莊來　漪師來　赴漪師招飲　因座吳菊屏陳保人鄒荷莊及

吳勲甫　下午同勲甫訪倪鄒岑　夜鄒岑勲甫楼書升雲來

談　唐臣渠過先匡來信來晤

接路季青十二月廿三　二月初一信

又六妹初二日信

又方子可　信

又龔馨仲一　三月廿三日信

初八日丙戌　晴　王逸亭來久談　寫黃魁甫信（即發　附吳菊屏信）　吳甫妹信（即發　信局）　寫陶亭

信（即日發　附文通）　六妹信（生逸卿升一寿　即日發　交信局）　龔馨仲信（即日發　文蝦媚）　柳羽信（即日發　馬遞）　下午返家中一

宿

接石生三月廿一日信廿四件

初九日丁亥 陰 下午大雨 香雨來 因訪陳倬人 久譚 別去 寄又訪朱星垣 不

晤 訪韋旦卿 陽坦 鄧艮甫 均湘佩人 晤臣梁 光匡 湘舟人 晤之 少坐而

歸寓 唐臣梁復來 因煩翔來 下午偕至樓曼叟坐譚

初十日戊子 雨 寫沅浦宮保信（十一日發 又寄勤剛） 寫蘭家信（卯發 馬遞） 九之信附寄

十一日己丑 晴 何性泉來候 寫黃詩卿 劍農信（即發 又寄勤剛） 寄李少二郎 到

勤剛來少坐 安甫前來久坐 豫師來 李甫生來候

十二日庚寅 晴 方蘭墀自滬歸 鄧年四來候 若儀 方蘭墀候 鐵子

密無恨同娣雲庵 珍甫 君侯李甫生 並偕李雨亭 均不晤 歸途

往棣香陳小園同訪其友王竹安 於其人 蕭箸 帶到家 年—

即潟未返寓 兄以贖 摠匹 手廿二日 消孫 竊玉 爲樂清 先又見廿三日山東草稿 葉

接紅歸 初五初七日信 東昌府廿七度 匯河廿八九四 二作年 孝家

又亞南生弟 初三日信

又寬安姪 同日信

十三日辛卯晴 巳刻過署 李子丹來 伊訪吳菊屏未來 楊椿在署中飯于余所

接褚守然十一日信

十四日壬辰晴 安林來自蘇州 下午游帥來 因赴段園看西製不如球戲 並到安林舟中一行 王懿臣來候未晤

接孟悍三月二十九日信

十五日癸巳晴 下午出 安林來 菊徵來 候久談 下吳菊師來談 至勁剛未談 安林留來韓旋蘇州 寫府信 十六日發 又李之

接芝生十一日信

十六日甲午陰 寫六姊信 即發信局 王心泉信 褚守然信 附發 李鈞夫 托西仙 王步岩來候 到南陽君處 談玉著

晚 府谷來 繁甫來 見公牘 總理衙門 陸州直隸天津一帶同知缺

接六姊十四日信

又誠仲初六日信

十七日乙未 陰 下午晴 吳倉段 至勁剛處久坐 又至游帥處久坐 適李雨亭

方（仙）鏡叢鱘子鶴師即邀余及南老至陶園同吃　下午仍赴開之〻

接同唐問漁　子高沈魏門夜漏　到南老寓鄭菊吾來一談

接阮松初十日來函　張紹翊好　夜未得安息

又寄羅井二月二十三日信

又寄仲和四日信

十八日丙申　陰　寫張君若信　即寄戴菊之來　傍晚返家中（季雨來久談）

十九日丁酉　晴　甚熱（到仙坊予若僕李勿丹坪呂伯孝送酒不住即返）亭午赴壽翁濟師招飲同座吳南老李雨兩人

李伯生　翁華甫　查南林來候

接阿弟三月廿九日信

二十日戊戌　晴　下午陣雲起　夜大雨震雷　寫二兒信　阮松信　九兄信　孟暢信　沐月

接信（同官馬遼）　到家中譚擺(?)全南陽君返宴以共貢息並以笙銀隨相國赴

展堵也　下午訪傅李伯生不晤　傅李雨兩人少譚　後到晚忠祠會李伯生許

傅仲桂秀亭　為虞撫如入（工程乃係）同春祠寄除地　西園假造（到南宮原少譚又到）濟師寓也　傍晚

二十一日己亥　晴　于蜜來譚　許傅仲來候久譚　到翰閣房久坐　到濟師處少

吃邢卢甫　仲侯人来访　后到勅刚巫少屯陈香庐　又到王叶亭

巫少屯陈朱墨缘亭　候晚返寓　黄马硤军门来候　同候巫来候　李雨亭来　未候

二十二日庚子晴　写长家姊信寄扇一把　贺伯侄　会试憾贱　梦侯查吉人孙不

值　候桂香亭陶茂亭陈作梅陶不晤　答候黄马硤　久谭　答候许缘

仲　候曹克珊　马门江子鸣人　西石卿之部军中　均不晤　返馆　马来下舟　候李

勉亭王少岩　均不晤　返寓　巳刻花巫　洛师来谭　刘肇甫来谭

二十三日辛丑雨　同巫山来访　李勉亭来晤　桂香亭来　答候戴蔗之来　下午到勅刚变

一点之　阅将晓呵日时　返原　南阳君出林候　写霞生

信　四月发　刘丈恕林　天代阮鉴玉　家　寄信银六两　全上　夜提行装

接与轴二十日信

又见宾　二十日信

又根亭十六日信

二十四日壬寅阴雨　早出到南阳君处话别　辰午出城至石头城下舟　坐长

龙炮船　有宝贵楚材　定国　长胜人也　候兵　下午相国登舟　随员下舟之

行夜泊京口雅堂同樂堂等爲到帥舟未晤 訪劫剛靜臣李眉生又少譚

返舟作

二十五日陰 卯食微雨逆風 舟停不行 即到南雲方伯舟中久坐 到帥舟

晤將帥等尚先往 吳南屏先來甚久譚 帥云昨日相會 今晨少帥節下

宮主剿賊限一月撲滅 盛知此寇去留皆視江防守之師調齊孫

異少帥移營爲進剿計援擬之不惟遠乃飛寄李宮保及余請師從旁中一

公議爲天下計小嫌不可惜也 師然之 因南屏等至余舟久譚 李眉生

亦來 曾劫剛後至 譚至下午始散 曾靜臣到南屏處 因至出楊舟若談

談 傍晚等尚作書同到南屏共半少坐

二十六日四更夜啟 早發 午至東溝口小停 未刻微雨 申入依口泊 從鏡

帆來俟 滌師邀同赴依樓一視 樓在六歸以內 同爲孫江焦石繞岸

之墟于此 過摯甫即取劍也 乙丑年一葬幽令 年乃發 風神矣龍樹

負程狂之名 伏見訪江之展 自淨師外 南光等及余 六枝返舟 緊

書與南屏玉叔而相屬揚得一又

奉天南屏先生五月自京還癸別蓋八年矣次湘卿相國所寄
贈原韻
孤情欲舞毋如節嶽密遠家心感攜蓀帆鹿角兩日佳讀書
論是稱明來清簟不覺雲晨促好夢如道南枝枕九江之波日浪
之遊水爭下灘且遲八年人事兩相隔坐餘別意心匪棄時清枝
笑忽此遇將勝瞬律懷塞慶法書典冊隱殊最潰亂擬系語
緒實方今氣霧節南把側目江潭楚莽地川源通國既清
民氣良善聖所矜行看吃下鄂島密效虞吮寔良材我
閱元嗚萬生降治定孫於廣康然契言到耳已驚相蹤
髮須髮黄入眼蓋徽精智衷卓犖究自異精氣除兩神不敵
隤書標三江雜湘纂 吳薦禮說以禹貢不稱其洞庭故用九江為荊江南川
封蘇披述詩紀二南變樂哀為國風原旨 秦氏風詩不徒作皆有事以實
之劍鋒危言中其善因蹈且洗晖子除昏霾廣陵橫遺紅塵今
姑蘇老下白口瞠東游晨得來不爽 辛丑奉使之作再得游吳

门令侍臣相国东下将由扬以达苏已达家环境深林陋缴孙子数

世罗倒箧万叠烦杨甫阅跋题孙卓怀述 君子以阁帐为王世诗

郑军为文王诗题汪美周公野者纪履孙伯亦作皆把周初本云 且湖周寿

封姜邨

二十七日乙巳晴 早发扬州泊钞关门同南屏蘸甫玉湖甫舍馆 字碧信 南通 西盖江宁府

刘翁云方伯招饮也席为包氏棣园湘人本以为之屋亦好在世慈

匠者东嬉捆叠馆人没深而且之当肠肥脑而之胀矣李西国

夏访刚静臣晴来下午没有南老苑甫静臣南云游知寺天

宁寺出宫祠平山堂天宁寺平山堂皆壬子夏游天宁楼存数十楹

平山则剩菜一楼又荒烟弥望法时出天宁门游泳红桥十里不

俺嘉不堪回想矣 访伯孟舫并晤才翔 张石朋 石朋名星乙卯江西孝廉 淡尘人矣

淡垣伯生初刚之先生饮玉二林为是四日之饮以乐脩

二十八日丙午晴 崇实臣醵便 元华之友人 及郎孙宓晴李侯遂刹觉之

侯才卿少潭侯渴常氏史花楼倪孟明朱子世张石朋黄子湘张

菊甫元性，芋生之吳次垣介存、啖生、張恨三人，午刻回舟，收出訪
才辨識緝輝甫，兼御人，久譚，因及擇對，論世局說事軍務
甚悉。糧餉盡行，各縣籌秦防三屬之民，借應徵軍糧之外，每
票捐兩，每年不下百萬，於民力艱窘，而兵丁之財費軍，及原有
之兵勇，不下百數十營，時有飢潰也，勇更紛擾，每一變，四川撥城平庸
一節。但賞大股而附有剽掠民居，蕩焉千里無烟，回匪滋擾，嗣而根
株為時論，而以南路河州、狄道境內之四匯為最強悍，回回馬
識狼，副將其子占之官，父子從左前城，凡事俱回教必稟其父命，官
稱之為老太爺。談形勢無寸法中，坐累也，下午下舟，訪菊甫
譚蒙氏未值
二十九日丁未，晴，早發，已出旅次，經相國寺，登山頂，說洲山下魚牀，部僕
蓋已立湖上，中途泉不可踐矣。李撫甫建黃樹，蘇老玉帶，將出世燒于火
以待玩，已著白色，或方或尖，圓凡十三躓，吉逸發。丁中有田肆稱
高朝時南巡刻於玉碑之，遂刊詩玉上，午下山，收至後山一遊，蘇文

臣視家　錢塘人常精之　嘗飲此楊忠愍墨跡卷之飲穀因天山
頃游帥川玉半足力之因憩土坡摘棣葉同食少刻復上又因
出到風篁上晡大雅下舟余及南老等與又到自過處少坐香
櫞花正開香氣幽雋令人降低佳想白川　夜入舟待久

閏月朔日戊申 晴 熱甚 早發 午至丹陽 夜至呂城泊 登岸 因偕
師南老莫府閑眺 又過朗甫中少譚 寄藝甫署信 初二發 寄江撫
初二日己酉 晴 熱甚 午大雨 晡發 大風雷雨 驟涼 早暮已刻抵常州 登陸至六
嫂處及周生宅 生要波邀六姊歸舟 午飯 閑中 主考府試 四子夜 侯先試 熟話 余與之譚 下
午下船 偕師舟已先行 夜至石壩停住 船尚未見 守風作 西當黑 馬遂
接五兄四月廿八信
又松兄四月廿二 廿七信
初三日庚戌 雨 早發 至無錫 陰 偕師南老游惠泉山 寺
已燬 改建昭忠祠 烹惠泉嘗之 即下舟 過運河 出便已還矣
山雨 偕師行山 轉至蘇州 大隊至 停 晚抵山塘 夜訪莘年 橋
初四日辛亥 晴 偕師昨已上岸 住新桑署 遂入 邀未舟 因
南老莫府 學政 入署 晤莫子偲 王見臣 張芰卿及壺楊識
管洵美 廣祚 東地人 張硯府先生之子 嫂子小二子 到九見豐賀
雨亟入津 閱翁先生此邀來久譚 下午謁丁中丞 遂延偕師

飯餘兩作，陰。飲散又赴李眉生之招，同坐南屏、蕚甫、劫剛、南雲

傍晚始返，並偕逸惕及安林同飲，至初鼓。

梅子窩之買　初十作

又眉生　夕作

又懌次山書　夕作

初五日壬子。晴。澹師來譚，同出南屏兼于園劫觀，晚與安林亭

午後楊滄石太常來候，鄭篴伯來候，候小舫，乃仍不值，候

中丞、莫子偲、晉論美、蓴及、馬負方子誠、吳廣菴諸人，候次山中丞

久譚，候少仲慶頒少譚，候楊見菴太守久譚，候劉霞甫漕帥少

譚，到九之家，並晤眉生二故姪

初六日癸丑。晴。懌次山來，候久譚，楊滄石亦來，丁雨生中丞答候，少譚，同

劫剛、靜臣、訪李眉生，並晤金眉生、濤、季玉少渡，故因晉公子李廣譚，言

于園劫觀，又同赴李貽星軍門招飲，因過南屏、南雲、李雅泉

華少帥之弟、莫子偲、蔣甫及余，又二樓各作放赴拙政園眺覽，久

之收到程公初一出函 寫家信（附卷）（信稿） 李伯孟信 寄楊信 合送 於南雲

南并莊寄劭剛靜臣壽翁生假 玉丹信來 內出二件收 寫九兄

信（附近）

初七日甲寅 晴 早[illegible]飯下船 寫[illegible]信（附卷）（南陽君）（步瀛金陵） 孟惕來 合舟赴木瀆 午

刻抵[illegible]小[illegible]少仲[illegible]便來登 因南老[illegible]老[illegible]等至[illegible]園遊[illegible]靈巖

涉[illegible]頂 僅行不上 良久下[illegible]山到[illegible]院 稍時[illegible]相國方來

大[illegible]在天平 時將下晡 同山轎赴[illegible]下白雲[illegible]方中西方伯

極左少坐 說之下山 余三人[illegible]至中白雲[illegible]又到高義園

少余祠[illegible]上久之[illegible]相國丁[illegible]中丞

杜小舫方伯 勤少仲 李眉生兩處訪 李質堂軍門[illegible] 對南雲方伯 吳南

屏孝廉[illegible] 許[illegible]刺史 劭剛 靜臣兩公子

任小沅中書 許緣仲濤 李[illegible]兩觀察[illegible]下[illegible]

吳凡[illegible]人[illegible]游 觀之盛 蓋數百年來一見 相國[illegible]

若且下山 時皆步行[illegible]諸公[illegible]晚[illegible]

游不竟十分之一 寄蘇少翁信（即發，又與夫）石仲信（即書交去之）

初八日乙卯 晴 亭午赴許纘仲、濤香玉之招，午刻過舟即行，晡抵盤門

住泊習驛前舟過問青陵武英殿之師，蓋入揖賀久降師梓

歎山水清麗而惜非游者為未嘗，偕晚歸再棹小艇訪九兄暨眠蓋之

所蒸人江葦舫諸君，又名假陸香卿六生堂二首好

初九日丙辰 晴 大風 下午寒 微雨 早發 下晡過崑山 夜泊三江口 到莫子

偶舟中與吳南屏、黎蓴齋談，製東游詩一首

奉陪湘鄉相國東游康熙曾賦呈，兼東同行諸君子，再次前韻

十載年年望龍旗，元赤據據忽憂推，相君功成出游豫豫，民皆曰

公從后來，郊原兵過草如薙，到眼喜見新松梗，旌旗卷舒山水裏

童卒走看城闉迎，野傳碩士迎戍隊，夙奏德勳世偏乖，我公

樂此日撫掌歎（壁但）猶土灰，手撫陸壁照吳越，禍疏風亂除

山災憶昨旋頭落江介，所向為郡田汙萊，千村寂哭絕耕釣，方馬

盡過空留嬰孩，羣生食啖本有素，驅迫到爾竟材，十年寢饋

坐忘味一洗東南何怯式每言成敗屬運定細事則亦遲疑
精明畦畫湖外世際圭璧自嚴中不隤因時忻戚貴成物稱寸遺
子因驕亂長江大湖法呈秀旭日晴空清景霽紆妍直與至文
合皎潔許共冒囊壁瓣生世終厕陰盈日棄疏屬叩尊盈人間
適意會有我兒親隆耶時風鬧行看逸縱空移易去秋素
澤進鄉郎—

初十日丁巳晨發哺換黃渡夜泊野鵝墩登岸與滌師勸老者
生野眺到蘆蒿舟中李君生等勸刚比日去久譚而散
十一日戊午晴晨起七刻出滬登岸步訪孝拱久譚午飯後同出南
門至鐵廠相國以之為行轅也至滌師處少譚南老蘆家論人
皆因辰奴子揆案川李壬叔至少選丁中丞來譚　寄汪澤吉信即之人
梅府生四日　往
十二日己未晴初合作滌師偕大眾至廠觀機器因識廠員馮卓山　廣人
沈仲薇吳縣人至那會盾相知　益恒　徐雪村　華若汀　管清甫　陳寶渠　應敏齋

謁人 下午邀南屏、南雲、花農、靜臣至戲樓觀劇 回
接家報一件 即復
十三日庚申 訪冏卿沈品蓮（即沈仲徵）、華農、汀林、雪村，並偕君叔敘齋
又訪楊星農不值，因至玉帶橋先訪潘季玉、許緗伯，邀赴市
樓飲，飲罷同歷數市肆，觀諸帳詭，以爲公子放市，皆捧腹爲噱，益
及諸人皆詫滬，余悍然與南琴先回，筆翁健返 下午瀞師臨 下中
返來譚 晚同南琴到瀞師處觀燈影洋畫 寫[illegible]（南昌老） 十四夜與筆翁
十四日辛酉晴 瀞師率兩公子暨劉南屏、黎壽翁由海道輪舟返寧
下中四與李省生、吳子偲等旋蘇，吳南屏赴杭州，余乞假購寘
家，如今晨兄歿，余先偕南琴送瀞師及諸人行，旋同南琴下余舟
新僱吳江快船，原坐舟遊春，晴窗雪攜其來，僅延行 南琴
旋斜至東改[illegible]候楊星農于其舟，因至東門聚陵侯居敘舟
王薇南（寺楊子右記其鄰人）李稚泉皆少譚，即至尹香搜及久譚頗洽，同
赴劉橋觀劇 下晡又同筆垂、邵鐵仙儕晚下舟泊三記橋飲夜

翁生來譚

十五日壬戌晴 雷楚材來辭行 即至其舟送之 又至翁生舟中少譚 訪鐵仙 同遊蔡將軍楊 譚翁生亦至 下午歸 擬下舟少作書稿

鐵仙復來 稍時去

十六日癸亥 雨大風 晨發 過斜閘 候潮至即行 風或逆或順 午至黃渡

夜泊御神港

十七日甲子 雨風止 夜晨發 巳刻過崑山 自此才蘇州分路 十五里過壩橋 又二十餘里岳家浜 泊舟 問去寓為寓何則 億無餘里矣

十八日乙丑 雨 晨發 辰刻抵家 諸弟皆無恙 陽冥京都 機藏四日始啟 解裝 天放 屢兩女 束莊 毅勤來 進午 後侍席何向 蕙慧暇

本日 ……人以……

寫九兄信 王楊信 安林信 即書仍

十九日丙寅 雨 寫李少荃宮保信 廿日發 又寫少帥

接南陽君初七日信

又郵遞之十三日信 報岳母時宜人之喪 南陽君悲慟不可勸 促余速歸

二十日丁卯晴 濤子偕李升蘭 趙少琴 黃君採來訪 寓內哥信 即發
寄勒少仲 勒少仲信 即發寄九兄 梿亭信 即發寄九兄 九兄信 即發寄信附 玉農信 即發信附
南陽君信 即發交來足 鄭來壽瑛之信 即發交來足
接鄭介壽十六日來信 南陽君亂痛過甚抱恙 促余速去
廿一日戊辰 陰雨 寓孝拔信 即發交來人 荊生信 即發交來 訪詠春廣文 留
便譚 下午 李升蘭 趙少琴坐 飲散又訪吳陔卿 少憩
約
廿二日己巳 晴 若訪濤子 晤黃君採及其弟君麟 久譚 下午 馮武之來
訪 傍晚下舟赴蘇 夜川達旦 到蘇 余本擬出郭後赴寧 以南陽
君病 不克出 園柳成蔭 鳴蟬在下 不能多作十日主人 撫棹悵然
○荊溪東山塋地地事墓田考
道光二十六年 及因東鄰言 君年 傍價宜與徐理庭坐落荊溪孙清
泉五區東下山空地一段 約五六分 東首接寧焰君墓 柏 二十五年契買挽
業價洋一三十元 二十九年 增找十元 截止上一年 後立杜契 價洋並

元每畝廿四千五元附來經字二百十三號一山糧一畝俞姓原推收及徐
姓轉推之一紙共附來經造戶丙五年三月間該姓將田葬墳一事
當即定訪查知徐姓上輩本係該姓之產前初該姓原推過糧
六十上主徐秀岩名下徐陽庭賣地時未及推查收轉推及將田歸
之俞姓戶內推內一號計地一畝張冠李戴寫立推付該業戶塞
以特興契載分畝不符（該姓因風水起意欲割此段遂捺契混推）于三月十四日將徐陽庭及原中梅從
二伯前來四畝諭令徐姓收回原交俞姓推付及轉推之一紙另立徐秀
豐戶下經字二百十三號一山糧六分推付俞來（係徐陽庭之林□□出名）十五日俞姓開呈
之戶書王兆堯以過戶注冊（共人住宜興北張園口□名八事）於去歲四月間立趙厚子戶名
山糧推業並將杜契越界說說其地內盜墳之柩拿官押遷為本
業為段直至該遷之地向徐姓祀產該姓業屬山稜前此盜葬即
係直隸見其家不業訛索難即將此地于嘉慶六年十一月廿四日
掌不願意湘溪計圖擱向葬坟重生波泯至家因係好地隔要且共附
（搭造摹揀者）及一高一錢一方二斛人已搭蓬樹要葬並同價值于七年立

月向章姓買田車安[取]頭，有賣杜契一紙，載明經手係章之錦，民山

界分九厘五毛，契價三十五千，另一紙契價二千，為邑戶稅契之用，並

附姚姓原賣契二紙，共錢四七千，章得錢八千，來辦契並可見。嗣于七

月十四日同修章段三姓到山眼同立界記，又至戶書王八壽家，將章姓

排來山糧界分九厘五毛，分為三六分，併歸一戶辦理，其章契來於到

稅，撥銀千文，當八年完過一次，劃清版串——

廿三日庚午晴　早至齋門舟入城，訪元妙觀前道遇安林、孟輿來，同買李伯孟

函至同生稼時，晤壽訪次山中丞，又譚，留飯，即到九如之處，傍晚安林、孟偕到

移舟至即下，撥稼發過岳州，夜飲到九如之處，子卿四兄，齋返舟

寄伯兄信，附寄家書

接楓亭初十日信

又伯兄　日信

廿四日辛未晴　夜大雨　候丁雨生中丞，少譚，又候孫雲井，又候杜小舫，乃偕文譚，又候

訪少仲李眉生兩處皆未晤又偕龔念匏少譚又候王賡臣不晤
至九兄處賀兩姪入泮之喜 並晤竹李陶汪芷孫陸純卿 鳳相未此人嘗記之
竹壽臣 李陶生弟 等下午訪汪芷孫久譚下舟少坐後到九兄處
飲 惲次山來候長譚
接南陽君十二日信 時尚未回 時宜人以何
廿四日壬申 大雨 安林來 寫李撫信 即寄 仍爲 汪澤青信 即寄 另紫芝 字逸洋界元
谷諸甫信 即發 未送 孫高士診 與高士寫則人同族 弟如人 字居于此 不晤 次侯 滿面風 阿
藏竟寧雁足鐙 高約四寸許 款甚精整可愛 次侯李伯孟少譚
次侯王梓臣不晤 次侯李蔭堂 家門不值 到九兄處飯 寫惲
次山信 即送 下午訪李陶家臣 陸純卿 汪小桓 柳門文 皆晤
同飯九兄處 夜歸 李頤蘇有意 一日 即行 以昨從九兄處來 又
眉生語托向次山寄示附鹽事候 其成否不得之耳 擬即今心緒無聊
恨不即刻至秣陵 乃已定明後日開船矣 到陸純卿 約來陶里處再留
半日甚不能相捨相挽 不覺淹語 不了不留行

擬壽撫州壽作

又梧亭卅二作

又次山壽廿作

廿六日癸酉 陰 寫扇作信（作印書）至伯亭大姨處 倭問來兒 侯抄李陶齋往不晤 訪陸孫卿 陶李陶三孫 同座花兄及竹安 至又孫校書 午後方飯 陳川余舊徒之至申刻 康穀 余身不見 遣稱陶岩門 季橋不晤 印書 傍晚陶楓橋卡 明黃相軒 大譚 身畢 一扇

擬木伯畫廿五作

廿七日甲戌 拜倉順風 暮 至子游閣市競 寫提齋信（廿九發 交徐師）稱帶舟園 作託清泉山信 程（廿八發 交長春弟） 致所作信（廿八發 馬遞） 方子可信（廿八發 交所作） 申刻抵無錫 夜泊於塘灣 口搭船 為夜不能寐

廿八日乙亥 雨 順風 暮 至已刻 至橫林 寫家信（作印 郵遞） 安林信（作印 日發） 午錯抵常 至艤舟亭上岸 步到（門橋）六郎處 久譚 至常以柬試 己至常 傍晚 閒中雨 至下敘久譚 閣 才甘已過 遣迎之 初更時來 譚至二

款余出城下舟时泊西门
接枫亭初四日信
廿九日丙子晴 早饭后望陛出至六部东 寄枫亭信加夏 即发 交六部 闻生申
生才牌来同至赖得又同蔡张梅处 六至分年册卷乱后许集里闻 伯元 日当人
且来且怀 衡生见来同看看数 返六部东 候武进孙展
阳湘嫂陪 湘四人 但不见 候知府札缄山 志舟 久谭 返六部东 候尔
访阅生聞来陪叙 申生 南兄六至 南兄先去 同闻聊二公访刘云樵叩
谭物 寄佰生信 淞山信 初二发 嫂氏信 九兄信 初二发 任帆信 家信 初一发 任如信 闻生
申生以来谭至二枝 李略下舟略去
接南阳来廿四日信 蔡嫂 蔡少堂

五月戊午朔日丁丑晴順風 晨發巳刻至奔牛 申過丹陽 夜泊
新豐
初二日戊寅晴下午雲順風 晨發午正來以小泊望船橋未刻開江中
未過沙帽洲下晡泊東滄
初三日己卯晴順風 晨發午至草鞋夾申到下關 暮抵水西門 呼
輿登陸 至南陽君家 先晤仰蘧言之之事 外姓時宜人之柩於
昨到家 擬移停城外永寧菴 初六發引 大略參棄諸人忽
南陽君先有血疾 亦血十三日 胸大痛增劇 至十六日崩不
能止 於酉時在繼陳繼之以為返依稍定 遂入晤南陽君于
內室 相向失聲 見其氣息奄奄 知為癥瘕之萬與別歲不相見
亦危矣哉
初四日庚辰晴 晨出趕節 略晤勃翩久談 又晤華高子密 入
謁潘師久談 先是師至居余為婚擬通信請見師之矣 不忘
昔之夢以實以師度其預修私好稿示萊人以尼之師所等走

尾巳為串辯以後詳之芳敬師此稿下游見者莫易英人耳目並廣賓
不借資本權丁雨生應敏齋皆向本權言師以元年之事贊美
之甚深見雨生函并寫禍本權向余之力言無之並謂借謂兩丁應二公
知之五印進此日後丁改向余之聽用本權其不諒之及夜一臥于此
昨丁當日言應敏齋手本權甚下不諒皆應所說貪頑陶之師則寫丁
說為非應其誣罔又世所嗤以甘集大吏而取為之牌妄之伎倆呼可笑
吳錄 下午出城由外灘相敘迎哭盡歡並往李籌于貴次收南
陽夫人祝慶並往解之
初五日 辛巳晴 端午節 署刺謁賀如閩為未入署 造謁不答不見 同伯
榮 未去 傳人陳
初六日 壬午晴 下午雨 著發同李雨農人也外灘總稅助款鄉 送銀來
寄菱又偕榮幼弟早歸於日返附傳一函 因人菓品殺物 余訪劉
以御英人馬格里爲飯後到郵票陞生陳 來寺陳 細繳
接胡仲 閏 十七日信

初七日癸未 雨 晨起 赴節署 王逸亭來候 到任棣香處少坐 任棣香

陳小園 吳贊甫來 寫六姊信 克兄信 孟暢信 長生弟信 梶亭信 即寄 九

太守札 仁山信 即發 馬通 下午 聞陶 鄭來此家樓

接叔弟四月初廿三 閏四月初九日信

又如靜 三月廿四日信

初八日甲申 晴 晨起入署 贊甫 陳小園來譚 下午到 韜園處久

譚 傍晚歸 聞 家樓

接四姊四月十三日信

又六姊四月十九 廿三信

又子寬四月十七信

又梶亭四月十八信

又金逸亭四月廿三信

又熊陽德寄 六年九月初四日信

又黃燃孫 閏月廿七 廿九信

以上皆當由蘇龕附到轉

又阮紀四日　作　此係洪遜抄稿

初九日乙酉陰雨　晨起到署　繁甫來譚　留李赴抄作　仲房等

擇之歸　初六日作

又桃花開日早作

又節令　初四日作

又汪澤青　開月廿七日作

初十日丙戌雨　巳刻到署寓　陳逸山喬森　廣東高州遂溪人　來訪　久譚　為人挺拔有氣概，不急于用世　作許仙屏書未竟　蔣侯者　下午入城　游仰同至陶園　久譚不出　到華亭處譚　是日以南陽君疾甚痛揣然中

十一日丁亥晴　寫四扇作　六扇作　直幅作　桃亭作　寧作　寶有生作　此之作　節作　阮新作　年　舊訪陳逸山遜玉　剛已至　與剛公及渭南人譚　並邀子高來譚　渭南為婦金叅心畫一幀　松下小桃　筆勢秀絕　下晡返鄭二房樓

十二日戊子晴 粵南陽君譚竟日來作畫 下午賢士陳繼之來寄胃

定益劑

接西月初一阮鈞來信

又六姊初九日信 克兒患瘧甚重 其姊出十四不能入塘

十三日己丑晴 晨至節署 下午黃劼剛來譚

十四日庚寅晴 張博泉來 僕少譚 陳逸山來訪 張小山處謁甫 李壬叔

陸稚春 將午始去

十五日辛卯晴 寄六姊信 克兒信 到杜孝甫處譚 印書 馬色 攸段黃侯陳作梅觀察久譚 又候黃

徵名譚益卿 莊孫之見蕉園 名鹿蕃 到南陽寓家樓

十六日壬辰晴 接木孫四月二十六日信 來作法

十七日癸巳雨 布賓來 伯房暢來

接六姊十一兩日信 克兒病已愈 仍于十三晚出塘

又阮鈞初十來信 寓中安好

又根庭初九日信

又寄林和卿信
又札純山太守　日信
十八日甲午陰
十九日乙未晴　巳刻入節署　晤黎甫小園像　莫子偲來久談　寫沅
義民信　印若　委陰香　吳子美來談　霞山人
二十日丙申晴　戴蓀之來　同黎甫至瀛伊卿家作弔　並晤弟勤
剛來星經偈小秋　又候潘學西少漢　又若候薛撫屏　升雲先
又若候莫子偲也　晤抄北堂書抄足本　未候陳南漢　晤寫敝
若又同先生接抄本　又候繆荃園不值　寫家信　既紹信　印若　馬通
安林信　印若　附家信　晤吳子　細輔信　印日若　附鄉仲信　殷梓信　馬通　印日若
接六歸十六日信　克兒二日偉弋一祷　于季
又克兒十六日來禀
八孟慨十六日信　平齋
丁巳陰　寫六姊信　克兒信　孟慨信　寄銀二十兩為入學

諸費 下午到南陽君家檢

二十二日戊戌晴 陳作梅到南營答候不值

二十三日己亥晴 戴蔭之來譚 訪姜徵久譚至晡 返節署 回寫克兒信 至惕信 廿四寄信局 至黃子壽信 院鈔信 廿六寄 到滌師處久譚

接至惕十七日信

二十四日庚子晴 寫世延至惕信加頁 即寄信局 寫黃子壽孝廉信 到滌師處久譚 寫觀亭信 子密信 六姊信 即發信局 日午 因吳子昇張來候久譚 讌談 吳子序不值 又祝竹如先生 少譚 又同屠小浮撫所詣夜答 歸來閱錄 因遊奉化 侍晚 到南陽君家檢 客張秀李候不值

二十五日辛丑晴 答候楊振山 少譚 詣子高視其疾 訪容純甫及李壬叔 張小山 又到節之處譚至侍晚 歸 撰連理竹並序 錄後 節之索之

連理竹並序 錄

交柯並茁 比節駢聯 陳葉下垂 雙繞翼來 鴛鴦解寫 其二

偶寶紺款跋翡來新子留城探封湘濱不揮護蘇子代永村

璇閣

二十六日壬寅晴 張傳兩來譚 寫王楊信 克兒信 王生信 即發信局

下午拜省莽齋來譚 黎箎園屋侯 傍晚到南陽君家談

接沈紀二十日來書

又姜卿廿十六日信

二十七日癸卯晴 侵晨過節署 夜寺 吳稚甫丁逸亭譚 寫王楊信 交信 即發信局

接陶弟十一日信

又孟年又四月十六日信

二十八日甲辰雨 寫姜卿姊信 九叔 交來使 吳竹莊信 寄去詩文刊一部

丁性生信 寄去竹扇面三柄 并寄 [illegible] 下午炳陽因陳子曉來訪

以南陽君多病 擇果來往即喚 居苏邀同名之同陳君來看

居不信好也 因其看脈 依意擬方 即為服之

接彰竹城 一信

二十九日乙巳晴　下午大風雨　旋止　夜仍雨　朱子典來候　到協剛不久
譚仲嘉昕來候　下午答候何嘉昕並候蔣寧甫　又答候朱
子典及朱星經均不遇　候劉仲卿少譚　候葛子高並晤湯小
秋邵良甫朱星經陸曉滄少譚　到南潯客棧
復丁松濤　覆信
又蔚生十六日信
三十日丙午　陰雨陰晴　已刻　旅寓　朱子典來候　寫復庠卿信　顧
城信　李仲嘉信　祠一　五托來人　帶　寫克昌信　仰發馬遞　下午到陸小園茶談
接六弟二十七日信　已覆　初一　附見州
又稷齋二十日信
又惠卿二十八日信　述及弟畢入場見函寄之
又堂兄浦容侯十五日信

日記三十　能靜寓記

六月己未朔日丁未晴　戴薇之來譚　寓沈浦　寄保侄信即夜寄勤剛邸寓信

答任全上　寄午任　寄見任即夜馬遞　下午到綾蕉花新房　偕晚迎

南陽君至吳肇從皆送之來　姒子陶丹生送之去

初二日戊申晴　辰刻入署至劬剛處　賀栗誠生子之喜　謁帥不

晤黄子利齋即至大營　姆等同舍湯浴　下午到如意庵晤李峰並陳筆士等　偕晚晴寓　閑

武寒橋葉園中種種御者皆以人頭厨目　頗自矜以爲甚異　晚偕張陽生

來賀　卿李森如親見之　又江北來余言世霞寺鐵塔今年正月十

四夜失其頂　明萬歷時是亦有此事　之讖云風吹鐵寶塔收湯家口閑

是年海湘溪死者幾十萬人　懼後有是實　該常借述云云

初三日己酉晴　辰刻入署　同吳摯甫赴朱墨卿之招　井以游秦淮

撤親兵八人持梃彈以擁舡疾呼　郭子儀上壽　鄴有世儔來

是日余白吾年秦淮　掃地盡矣　偕晚丹至文德橋　翠隱經湖寓

初四日庚戌晴　至寓　南陽君閑譚　下午訪剛之譚　爲久譚　又訪

虞頌並假來春館樓子樓最宇而二鼓返寓

初五日辛亥 晴 辰刻入署 偕鶴洲師遊王氏園山館 攬翠廊久

譚詞 京相從分困迫不聊生 部中日趨向翔翠卿 患以從略人

痔補 那些姬姿 余因之定上任務到 以眾人之心為心 處世貴人則

為君下 善用千百則為豪傑 善編萬邪則為聖人 由之則巧 反之

則紀乘高為日用其不候慧者事之 閱也且吾師乃天下楷模 郭士為外傑

所曉使之群而此何以為國 我不第吾卿一人之休戚為之師詳欲

之 初師有建通志為之議 隨予業君諫使為粉飾太過而止 余曰通志

之誠屢看要為不足之計 士者四民之秀 先聖慧命之所寄 你記今

四方來者務之 奈何棄之 一向之費月不過數百金 而長寒士數十人 丈

用大矣 乃只粉飾夫此鄉山諸舉之比耶 故師未望識此心未之記

初鼓後返寓

初六日壬子 晴 辰入署 劉保卿來候久譚 慕子偲偕琴西吾侯久譚

宴更後返寓 暇考纂輯功

初七日癸丑晴熱甚 家居殺添避暑不出 吳君徵康侯久談

二 接克昌初一日來信之豐昌日近矣 並寫試文頗通順

又 碧女五月卅日來信 宅周中水用灑石方大 村轄夙 [illegible] 甚悵

又 阮銘五月卅日來信

又 六姊初一日信

又 紫光五月廿六日信

又 楓亭五月廿三日信

又 惠錫初一日信 同克昌旅費

又 任阡卿 信 附邵信 欽四年之四字

又 竹孝蘭 信

初八日甲寅晴熱甚 惠儕晚訪 伯惠明不值 至李滂子明來

秀典題了 戴功本 惠明子稱 聞燈菜 蔬之值 蕭花如雪

與南陽君 撥白雪師卅下

接子遐初三日信 時及食理篆之 [illegible]

初九日乙卯 晴 夜入署 宮[illegible]家作 即發局遞各電 作 全上 張蔭桓作 全上

下午回鄉 到東安陳宅 為 訪 [illegible]晤 蘇宇為 根慕 王[illegible] 帶課朱星[illegible]

以畢 渠為 借 寓 [illegible]記 二冊 數 四家 院 鈔 本 自 實[illegible]

樞 四婦 初四日作

又 宗翰 同日作 家壽 動[illegible] 此止

初十日丙辰 晴 [illegible] 新 [illegible] 英[illegible]

國

十一日丁巳 晴 夜大風 [illegible]雨 夜起入署 桂 寶之 [illegible] 華 [illegible] 人 來 候

下午 [illegible] 譯 見 預 議 [illegible] 英 [illegible] 換 [illegible]

求二十九條 [illegible] 別 [illegible] 九条 [illegible] 三十 [illegible] 不 設 [illegible]

議 [illegible] 行 [illegible] 蘇州 [illegible]程 議 [illegible] 陽湖 及 [illegible]

以上 長江 廣東 內地 [illegible] 江 [illegible] 三 [illegible] 地 [illegible] 議 [illegible] 內地 [illegible]

[illegible] 行 [illegible] 議 [illegible] 五 [illegible] 大通 蕪湖 金陵 儀真 [illegible]

吳淞 十 [illegible] 許 [illegible] 大通 蕪湖 三 [illegible] 六 [illegible]

譏將廣東隱匿以上岸撤去相抵否則不能七處通商要索設行撤讞
八准山東究平原江南向究辰年辦案撓燒其餘不撓了案陳揆撤廣讞以
糖山後中國自已所業廢由自己開挖其應屬之何用洋人租買
撤去由南洋通商大臣主政九通商地方詞訟各國須有議通商律例讞
准餘皆從拒斷除節小事 初鼓回寓
接張菅堂初五日信
十二日戊午 陰 凌晨入署 寄四錢行 六姊信 倂叩安 接季信 附鈔 滿壽
津沿鹿角拜任廿六發 家院鈔 對同卿招飲李鈔 到看家人 譚 任煉青來
譚 初鼓回寓
接李勉林初五日信
十三日己未 晴 下午小雨 下午伯惜來 同到何處所要 並晤劉同卿陶翁
亭蓀宇來 樹子木
接經伴初五日信
十四日庚申 晴 辰刻入署 到 切問表一瓊 傍晚回寓
接錢寄巨信

十五日辛酉晴　邵伯棠來譚竟日　寫朱子世信　作句南安

十六日壬戌晴　下午訪剛之、傍雨少譚

接兒子寅初十日來稟

又學卿兄初七日信

又槐亭五月廿五日信

十七日癸亥晴　以家居浄靜　遲署勤　所未辰起下　作書入署

寫穎龍屏居信　即交郵政

十八日甲子晴　辰刻入署　寫陶子方信　即發交郵附送　寫蔡世兄信　附常　又寫槐亭信　即交郵政　附常

五弟信　附常　傍晚歸寓　子寬兄來自江西　遂入署譚

十九日乙丑晴　傍晚來　遂邀子寬兄來家譚　傍晚邵伯棠兩世譚　並作陶齋

寄格明日將來信

接兒子寅十三日來稟

二十日丙寅晴　巳刻入署　至勤剛處久譚　又到棣常處與蔭樵年　擬要

譚　下午訪桂寶之　正華石樣八少　陶稚亭之　國瑞泰

又朱春舫楊子穉　何處晚　鐵子寄劉　沢卿之　莊宋為

史館玄盛旅七年，亟去遇不厭　黎甫招飲　呈鄧諸人　三首
郊居宅　寫寄伯宇銀十二兩六分　廿二發　交鄭樸孚
梅陽吾　五月十五日作
又　定之寓　十四日來
又櫻亭　初十日作　自言抱病危篤，此為絕筆，為之驚歎不定
廿日丁卯　食雨驟涼　遣送寡兒來儀　寫櫻亭作塋碑　即發　寄蘇戡
廿一日戊辰　晴　辰刻到寓，至家久談　入署到，抑下受時令見，撰年及
黎甫　少選，撰年來辭行，久談　又同至蘇戡家久談　傍晚返
家　寫才九作　即妻　交仲長晤　寫撫信　廿七發　交劉伯卿
梅影生　日作　並詩四首
廿
三日己巳　食後齋
梅五惕　初十日作
又　鄭仲　初七日作
又　崇子典　十四日作

廿日庚午 晴 午後陰 夜劇入暑 暮雨來練 下午到瀞師
處久談 聞樓首張總憲舉鴻苑不日可爲平 言及淮揚水利 東師
曰吾將請年年培墻運堤 永禁開壩 則下河民世世永安矣 余曰善
第恐年年培墻之款不易籌 繼此者或未必盡力 不立成例使照辦 吾之致
之意 動廟堂付囑也 衆論一時正人皆不以新柴極爲然 迨今冬之
由來運 筆堤東水 足以蹈以入海之說 據世以爲迂也 師舒之 從曰向者
奠黄水倒流故也 請求大修 今黄水從徐淮 不能成 精天之患 盛方
張 爾和全應言蘇揚水利 自蘇達禾一帶 陸續成寧 水平以通
挽運 以前壽壩下流路 限宮堰板不早閉 概免 揚自長鬘以橋兼暇
地下墳水直板野年 微除常湖上流 見宮家使過 宣庫未寧一
水則泗除己險 者不出異時一竭 可圖寧心 猶失湘對河之條小為
寧先勸止此時急講河程無爲計 費不過數十萬本之道光之為繇 毋寧
先爲衛業 師詞水又來告 情勞無趣 今夜遲退 訪似盧昉久譚返
宗

廿五日辛未晴 辰刻入署 下午出城赴韓府久談 鄭楓坪來訪 傍晚頭痛

廿六日壬申雨 巳刻入署 初讀此物 遣婦子院錄出鄭

國朝先正事略六十卷 平江李元度撰

康熙十六年十月 諭閣臣曰 朕不時觀書 召學問優之文學之臣 朝夕置左右

講究文義 經內廷居之 不令與外事 遂設南書房 命學士張英入直

聖祖親政方沖齡 專顧問 首建議黜輔臣專橫者 可俾悚服

康熙年 江南布政司張万祿虧庫金三十餘万 督府阿山上之 謂由南巡

於後年設法補于督府為個家 上震怒 下九卿議 左都御史某謂

言諸為隱諱文飾矣 時任宗伯正色曰 某為達其情私其說則可也 且

如言得上達 所益不細

雍正年改土歸流 至其年黔苗亂 連年用兵 不能定之 乾隆初楊文定之

在時疏言 黔苗撓內 生苗在南澤人 其故布居中 生苗來擇林密箐中

自熟苗而後限隔 盡歸內地 反無以懷之 將不能安寧 何自開振議

生苗界上 戢屯官兵 日尋干戈 不能而服 不若其同 至熟苗 其東則僅夷役

言亭州馬卿學峯軍氏借了若奴鄰生答疾了若寬微報官軍債
卒[illegible]殘戰遂西以經過動興妻妾並以內錢生香季儀作氣勿揚東去之
外自有自由風[illegible]興輕讀黃人所謂男兒上首不分竟論騷客道使
生當婦九發廢育兵云之時鄭文端為之輔之語之曰自公用師于蒼民
數千卷書天道遊神人不可為教懶惰太子為將除過之其奔之上弃
信之譜榭無陳新墨之城野人刀安

廿七日癸酉 食 戴望子高來久譚 訪劉叔卿少譚 訪鄭仲修先老
又訪莫善徵久譚並晤喻覲訓德𣇄 又訪子宮見少譚 侍晚
歸得春明書並晤朱某經畢

廿八日甲戌 食 訪戴子高晤小山李壬叔唐端甫于書局久譚 又同
壬叔訪魏剛己張濟亭並晤 訪鄭楓坪 孫仲屏未晤
接芬楓林二十六日信

廿九日乙亥 食 作刻入冊者 寫壽卿信 印發 寫蘇觀伯信 印發馬遞 李越縵信 自十一號寄信 馬遞
印發馬遞 業之信 印發附寄 六椒信 印發馬遞 莫偲老來久坐 任櫟秀陳小圃來譚 刻

更正凡例

國朝先正事略

雍正七年西北兩路用兵 上以內閣在太和門外 儤直者多 慮洩漏機密 始設軍機房于隆宗門內 為承旨出政之總匯 命鄂爾泰 張廷玉同為軍機大臣 其職掌主恭擬諭旨 內外臣工要奏請旨 及征進止 凡指揮兵略 訓誡臣工 及查核政事之要 皆為寫作上諭 寄信交兵部馳遞 每日承召對 上前 近事要不經內閣章奏 亦皆以擬代本 遂專軍機 其內閣本章常依例題達而已

陳文恭公宏謀 乾隆二十二年擢兩廣督 以疏辭 諭不必迴避 二十九年特授協辦大學士以任公

軍機大臣初止一人承旨 乾隆十二三年 命同兵大學士訥親承旨 出擬令汪文端公由敦撰擬 後訥親稿令再擬一篇本閣 又傳一言公循以為常 傅文忠公當軸年少 近平金川 始召擬旨 自陳不能多識 恐有遺忘 乞令軍機諸大臣同進見 遂沿為例 此秉筆之任平推公 其原承日實始藉

尚見寸地文忠猶假借之今世代擬莫見滿月無缺乃正張月莫代擬

日久亦遂兩三章章章奇貴矣

濟州之歲張六十九為字丸破

乾隆六年 累女莊詩正叅請八旗閒賢人丁雍里郡江寧古塘等參

分置邊也

七月庚申朔日丙子 蔭翁（下午大雨）季雨來久譚 夜刻入節署 到懋甫樓香州

星翁又少坐 尚于迎信初六發（宋季雨亭布政奏進）至辛信 今發 閱軍報 李帥先奏 據言

張樵野于六月初七日（奇）河之戰 親督黑旗隊攻撲 官軍被烏鎗由埠所

擊穿小腹 閱之驚痛 又據道員樊鼎銘（李）據張秋來信 據云張樵野

于六月十二日（亡）宋慶軍生擒 又到（接浙）杉山來函 六月十八日奉張樵野擒伏

大勝云云 計劉樵文軍統帥 欽差都督阿古宗兼李鴻章凡三人 隨增

官文一人 巡撫丁寶楨 英翰 李鶴年三人 侍郎崇厚 恩承二人 通合

九節度之數 因慕恒以為笑到 初旬徐通寧

初二日丁丑 晴 改四君 子寬已還來少譚

初三日戊寅 清晨雨 旋晴霽 夜刻入署 懋子寬來 鄧其甫少譚 相國

以丁中丞路由河渺事見訪 因慕余已出不過六刻乃之沙助依稀沙糊星岸

肯徹底澄清之理 何更路怡氏 特有嚴世來不行 因不下鄉 懋甫莊

雨來譚 寶節僅 字至岸鄉等 節查伯局 下午入見鹿師 論沙田事 師曰

至初四之令衛始中止 今將補釋之 老沙田分別應補不應補及細波

應陞三等，應否為屬民之辜？何如？余曰：不應補之田多于應補者，補撤後
菴師以廉撥路丁中丞函稿，余又言洋人路于內地挖煤，總理衙門
議出示洋大臣，至改應否之能募洋人，租買機器，悉聽裁度，與本廠
有關係。江浙地狹人稠，山野栽竹，有則必爲民〔害〕，故家所願，如許洋人
尋苗開礦，必致大擾，禮如待天主耶穌，將爲罪文也。師曰：江南不過鎮
江一處，我不設礦民。余曰：一處即有一處之故，臺且洋人負能，世欲一開採
精諳堂者耳，此時以律奸婦誘之，必不指出礦爲有礦，以供詐者何
礦路之雲，即郎業也。師曰：此至章程不許洋人開，何如？余曰：師在此可論
歲若無此款，強夏欽供，其十年已奏，請以爲行，則令之前為防範
之可也。今洋人焉得求此，全無退。傍晚返寓。
初四日己卯 晴。清晨入署，擬丁中丞稿一件。自三月至此，擬作一函集事
兩月，精力為之薹。嘗謂之一字一鍊，不覺老矣。下午吳南屏來
嗚師題明園同譯。初故返寓。是日莊仲白見訪，忠誠丹徒人，工詞，不理
接吳娘函，五月廿六作。聞楔亭已轉痊愈，可以無礙，六娘已親到枕視疾

又陽湖閏月十九、六月十八二信
又鄂仲六月廿八信，言姚氏姊徐已于六月二十五日寅時誕一姪
又吳興六月廿七日信
初五日庚辰，晴。巳刻入署。田南屏來，久譚，見示所作耕讀傳家圖頌
看其二圖序文一篇，文筆高古，殊可欽佩。仲儒來。下午同南屏訪
何蓮舫，又訪朱春舫，少譚。南老旋署，余返寓
接兒子寅六月廿六來字
又長生弟六月十三信
初六日辛巳，晴。同南老落高升雲樵甫訪周綠雲及其子小雲，又同赴書
局訪于高伊山、王朗詩甫，留午飯，譚至下午。春圃偕子陶、余同南史訪劉
已請而往，少坐。南史旋署，余返寓
初七日壬午，晴。巳刻入署。南老來久譚。下午鄭楓坪來訪，暢談旅中
由蕪湖池戲門。邀以舟赴何性泉之招，適衣莊以其舟代送，遂寬過船
偕往同座袁小汀、風陽人，及主人之同事林子潔、胡莘農、吳亦辰

廿六人。飯罷下舟，燃燈數十，照耀中流，聽評話于文佳橋，還墨經
及湯小秋少譚。返寓寫
接丁松儕信
初八日癸未晴。楊子衡送蘭數枝，把玩移時。出訪一霞，見久譚。午刻
入署，晤南史丞久譚。下午南史來久譚。夜春來同過南史，傍晚返
寓
初九日甲申晴。辰刻入署。南史來譚（張海山在諸前來）。見軍報：捻匪已于六月二十七八兩日
經淮豫東直諸軍，至武定府境全股殲除，逆首張總愚已投水死，尚
未搜獲屍身云云。同南史蒞府訪莫子偲少譚，又訪何廉昉不遇
返寓
接張芝岩六月廿八日信
初十日乙酉陰（下午雨）。辰刻入署。鄧良甫（貴倫）來候。寫家信、長生信（即發馬遞）
孟慶信、學之信（即發附家信）、楔之寓婦信（即發附學之信）、丁松儕信（十二日發交何長明）。南史來
戴蓓之來久譚。下午鄧守之來訪。傍晚答訪鄧守之少譚。返寓

接孟輿初七日信
又王璞臣　信
十一日丙戌陰　辰刻入署　寄聞孫信（即發馬遞）　芑堂信（即發馬遞）　卧　同幕諸
人至一亭亭　南岑來譚　柳村自直家
接冠子寅初二來信
又紫芝廿八日信
十二日丁亥晴　巳刻入署至南史處譚　見黃左田藏翔鳳圖卷並題贈
友金藥山嚴歙山寫蔬為歲除金嚴二人撿鷄魚伏臘之品以為饋歲
黃紫石為卷自寫所憶九十餘年每歲首必有題詠或小詩或題小楷行
二體不等　福慕人真書過人　張卷中皆時大老題詠亦極表閱一時
之選　戴蘇之來　朱仲武來　下午赴朱星垣黃子春諸人招飲于會
館于時金陵婦女演劇之會張安子處功六七月十二日首口浹歲
矣人事如流為之嘆息　二鼓歸家
接阮鈺初三日信　已擬覆

十三日戊子晴　鄧季垂來　巳刻入署　訪劭剛久譚　又訪文案李鞠臣衡陽人少譚　下午南叟有意過余少　傍暮返寓

十四日己丑晴　季雨來訪少譚　辰刻入署　南叟來譚　相國命來日游雲麓知日

十五日庚寅晴　卯刻入署同鄧守文汪梅村吳南叟莫子偲伍崧生肇齡四川卯如人丁未翰林錢子密吳摯甫黎蒓齋王子雲偕揖青陪小圃薛撫屏同游元武湖相國徵名不可勒劭剛為主人荷花雲底世家秋亂發丘平湖為遊收不晴甚祠勁相看無少趣反飯于祠中畢下船遂青溪奉訪而歸

正署酉刻衙畢遂返寓

十六日辛卯晴

十七日壬辰晴　辰刻入署　訪南叟久譚　午間李季垂來少譚[redacted]約明日雨午偕雲游山鳴甫錢吳南屏為作陪　下午同南叟步至文達橋棹小舟訪乞詹伯快飯傍晚歸

十八日癸巳晴　巳刻登署同談公振南老筆問料理於蒼梧繞返飲酒下午歸　余又候劭剛久譚乃歸寓

十九日甲午 晴 夜雨 巳刻入署 到邸 拜守夫壺一譚 不萬來譚 下
午曦舟秦湛凝南荣守文游何莫儔和志不遠同行丨 舟兩來
閱習隸傾于示各家中丨以南荣所日丨 余舊評為饒也 實自三變
外姓泉和凭揭偃 初村付飯殺 收舟返 南荣入署 余赴宗
接內弟 初三日信
二十日乙未 雨 巳刻入署 送南荣丨 南荣與余情踊至 臨去不忍〻
毛悦為此別一篇留贈 余亦有文以送之 為兩作未悽 竟各來出以示
之也 熙則 余以游師為慰 入向侯方寧未暇 遂因其局子歸出子
為諸甫 汪梅岩中白 公令送其去妹丨 時启微入都也 陳氏 下午
余收傑訪袁昉少譚 晚宿
接弟令十七日信
二十一日丙申丨陰雨 巳刻入署 寫家信 師香函 幼九信 重楊信 附去
吳嵩年來
二十二日丁酉 晴 辰刻入署 偕泉賀桐國來 言傳叙之喜 賞年捷也 李帥

授協辦大學士秀水太子太保都左諭佛南世以文斌溥元武湘詩之美下
午訪劫剛少達喻觀州保我來譯 侍飽匹家
接阿哥初九日信已寄係以直都如學士徵
又郵件同日信
奉教溥元武湘兩公子劫剛先存詩並上蕉呈同會時吳南屏行
還巴陵
鷄鳴埭口萬荷叢小艇依波從曲通四更驚覺眉低湘水
會君卯字之
丈七十有四
汪梅村孝廉六十有七吳南屏學博六十有
四莫子偲大令五十有八皆頭髮皓然
詩質襟袂動清風攜來春意浮
之碧石吟到秋花淡淡紅 何事果園樹攜篇陣王八斗擅詞雄
接音昨夜到江頭共極風塵頃刻收折簽已邇黃閣喜見先醉賞
湘秋菊方戈甲精忠罪廿載筆邑幾香游閣是秦淮百煙景思
君兔上木蘭舟
真因社益寡倩椽毗日看花為惆悵細數朋簪一回首
去夏同游者
生者長分離
前編猶
皆他人
那堪尊酒又經年 江湖依俙字句梯池館秋清落緒愁人

但覺心神專一塵何須遮　買顏東田
二十三日戊戌陰雨　袁宗房計將是南陽橋人直雲也　下午赴何
蓮舫招修園席同緣　晤李壬粹陶存齋莊守爾　有揚州二枝書叔
衍主人賦詩蒙佞己六年首　仍索余續之筆為之拖然了　二枝原選
寄
何蓮舫太守招飲席間即賦
六朝金粉古揚州　五萬鶯花逐水流　我是江南倦遊客　不堪
重聽四絃秋
清愁水部擅名場　隱脛詩心那不磨　一傳春意話嬰人間
真有返魂香
墜袖千椎久成灰　說到名花半笑猜　此日金鏡新刻目　隔紗
窗下看詩材
玉貌殊候未用誇　只論才調鬥風華　竹西自古多明月　秘倒
秦淮臺匹家

從來名士比名姬，惜墨如金我所知，看到神光飛活處，最憐一樣不逢時

簪劍敲鏗縱酒兵，玉巵到處豈辭傾，解頤妙語文心曲，不數姚飴~~澥~~陣部生

鬆花壓鬢鬥眉痕，合手箏琶酒正溫，一曲柘枝圍四座，就中誰與賦公孫

千箱識字太常妻，蒙叟承綢曲項低，蜀國青蓮新譯萬，一時橋上武陵溪

每見新粧觸處愁，錢波流畫為誰收，萬茶香有唐天寶，一片留何須更倚樓

絲竹東山良宰事，煙花南部古人傳，還從策上中興略，領集應錄第一篇

國朝先正卓異

溧陽史文靖于康熙八年署此比姬皆九年區翔

嵇文敏公曾筠子文恭公璜均自河督大拜
封贈亦及孫已豈皆會狀
本朝兩舉博學鴻詞科 康熙己未中選者五十人 海鹽彭孫遹第一 乾隆丙
辰中選者十五人補試又四人 武進劉綸第一
乾隆四年諭以近試進士對策撰擬四六駢體殊非體且程試抄撮節
大臣等議制策問取通達國體以備器識等仰師唐劉蕡宋蘇軾
為式
乾隆朝莊公有恭撫江蘇太倉三江水利疏略云 太湖北受荊溪百瀆南受
天目諸山之水 為東南巨浸 而其疏之大幹 則以三江為要 三江者 吳淞江 婁
江 東江也 東江自宋已湮 所以導水而別開黃浦 寬廣[illegible][illegible]三江之一分
亦為之東江 其水之不獨寶帶橋一處 吳江之十八港十七橋 吳淞
之鯰魚口大闕口 為湖水穿達河入江之要道 今皆淤阻 又如入吳淞之龎
山湖 大斜港 九里湖 澱山湖 淀浦 近因小民貪利 培植茭蘆 圍築魚蕩
亦多侵佔 崑山外濠為劉河已淤狹特甚 蘇郡婁門外江面僅寬

四五丈淤高于運口以西凡太湖出水之口皆為積淤占塞者亦以次疏以
東之江故道惟黃浦現尚深通其吳淞江自澱山湖以下宴(?)江南要門以下
均宜復得寬深其植蘆插簖及胃占之區盡數割除此係例禁為
之其利弊見利害無多何于民湖(?)多年積(?)微通則民力停[illegible]速
集疏入 諭旨二次于癸未十二月甲申三月先後 乾隆二十八年 凡用金二十

二第首錢奏

裘文達曰脩兩次丁憂四籍助于承幄閑時奏特允入京視事

嘉慶初朱文正珪任戶部尚書時 上禁浮收漕米之弊外省以運丁費
仰資幫貼於取民不得不浮禮是安徽首加增銀江蘇首加耗米之請
部議將擬行矣 公恩之不靡擾無所措而徵加信乃決計駁曰小民
未見清漕之益先受加賦之害不可行 並令嗚牙以必凡奉近加賦皆
諭駁以雅 見上復上五下之意

本朝二百年來由大學士陞協揆兼部務順治丙戌則聊城傅公以漸 丁亥則武進
呂公宮 此丁亥則崑山徐公元文 乾隆丁巳則金壇余公[illegible]中 己未則[illegible]

前此有案曾有則會稽梁公國治 辛巳則韓城王公杰 己亥則大庾戴
公衢亨 癸丑則吳縣潘公世恩
國初沿明制 票擬承宣皆由內閣 自
憲廟許內外職掌官具摺奏
事 凡本章出入者皆奏定之式 以須附具題 每日寅刻奏事處納摺遞
上炳燭批覽畢 即發軍機處錄入檔 乃面諭大臣寫作文原奏令
而應之 名曰廷寄
仁廟時自閱奏名見戴文端董文恭及吳槐江宮保熊 上曰此何有之
風 其實可紀者人言可畏 作我則吳曰御前蘇拉人 朕少居謹過蘇拉
風其必泄其遠矣 吳曰即派臣恭寄付 皇上謂太上皇帝 曾諭曰朕
臨御天下六十年 並無失德 惟六次南巡 勞民傷財 實為作無益害有
益 將來皇帝如南巡而汝不阻止 無以對朕矣
嘉慶二十年 英吉利入貢 其使不肯行三跪九叩首禮 廷議以其嫚侮遣
之 睿廟不懌 和世泰不至 直隸 京師 名見黜 問公室奏乾隆五
十八年 英使至 亦能敬中國禮儀 其國大班 回閩 嘗作筆于

廣東巡撫署督撫領實將其身命伏臣親見之其貢使即同嘆嗟
未有讀于彼而勝于此者又云其安而干求當甘以天朝之法度如
其暢心悅順不必責以中國之儀文石霞聞陳 仁宗優容寬之
乾隆五十八年 英咭唎入貢請於天津寧波浙江貿易並求於附近
珠山小海島及廣東附城地方各一處居住貨物上既嚴諭指駁次恐
其沿途生事特命松文隨之為之護行凡所要求皆嚴詞拒絕途
中安謐詔嘉其得體
道光初[illegible]嘗與英和以如孫陋規日甚奏請分別查明以定限制湯文
端公金釗奏言陋規皆出于民如多擾未敢亡益若去之之而可以羅也
今吳所定章程即為例而容其勞必以目張膽為于額例之外嚴
方不經禁矣迎及回碑雜而去不因通一樣家特添擾臣之立論
所得限制也時協揆孫公玉庭蔣公攸銛為尚書江督連河先後奏阻其事
道光元年公慕户部侍郎時孫公玉庭以南漕海運不能奏行請
八折收漕公又奏之曰康熙中曾有部議而加賦之事以諭此大清億萬年

培養國脈之正計也。答看譚加微耗米及口費銀者，始任戶部以來
遇加賦議駁者，皆以其為傷民，則不肯者益無把忌，而尋收異下情于
情，辦生以收逼八於印否府者，而阿吏遂請得上書示下嚴禁辛
不聞君之減少，獨于科定之號，法遂否不枝議，無是賜由左督撫
奏定之，內不意從生浮收，並如所推當其是，又何所懲無罪限制
仍同至於後者，國朝開加賦之端，臣竊憐之。疏入事乃寢。
二十四日己亥　雲雨。已刻入署。伯偕來，下午為友人畢摺，晚餘間以習字。刻
薛翁來，與譚卿守之丈來，談見陳國瑞篤生李憲甚端墓
蓋除法見，不為所措，而陰挾狡悍，謝摸于莽醉諸卿，又刺左鳥不雨人以惡之，枝大放厥辭。
蓋彼夫人必自悔而後人悔之，豈不信歟。初陂返家，字歡嘉佈字是已
接兒子初十日來書，言今旁桂桐此生為之，愉快不已。廢計一本，又寄恭佛侍物一函，取一書之語
二十五日庚子　晴。已刻訪剛之，傳而識，便妙因本揭此庠生鄭姓紹學川
生，好釋氏，專心念佛，齋四十竟判柒出家，而謂曹矣。去年嫁室
卿守丈來，候蔣川不遇

二十六日辛丑 晴 寄心葉信（卯發，交李足） 巳刻入署 莫子偲送字邀游栖山
以南湯尼將川為宅丹桁安厰論之 戴藩之未允諄 得幽迺窮
二十七日壬寅 晴（子寒二信書） 辰刻入署 借根賀 相國攸調直隸 信貲之青旅見
少譚過 閱邸抄 為馬穀山寄梓推提題 桁平伏莽臥象 私若成譽望
以續之 折雪芹信 卯六日發 四聚同付長夏 軍中戒翦霜 朝廷慮
甚切 訪璞夫 從軍六將遣撤 自作竟之 郘亭跋之 而已不可問 似此
訪別留勇及保薦 南則江洲至第全陣州撤軍 遣獨中自入非失之國疑
甲子之以人心偽泰 世以平之理而付有牧守之績 以蓋那正與而若以
造第二篇文六而也 此何之 撫貢而之 亭午收迺宋擬料理南湯寒賀計
而郘載功東吳太夫人正議正嘉 時實夫侍來夜話竟日
接兒子寅二十一日書（人字）
又李趣林十九日信
二十八日癸卯 晴 巳刻入署 寄楷亭六姊信（附四姊函 新一紙） 四姊信 寄錢七十兩
兩一紙 自生信（附仰齊 附紫之信） 紫光信 孟蠙信（附中齊 附宋史） 寄家信 歸齋子遇 閒孫信
交南尚君

即發馬遞安林任滿一年而特由了詢滌師久談言巳具摺請恩辭新命也要不自請此不敢固執求退余曰朝廷用人自有深意似應比之兩江初變之反側不安之民氣遂稱人心所固之秀區于閩地甚非草莽所能窺度其權衡之正師以知之乎師默然良久曰吾年已老矣家事家係及新者皆未物知聖眷正差懼不能無終奈何余曰不足言之師之重德望以上極君心下挽羣異所電恭師之陪江南之而重爲民英五馬之如一日矣師極論余曰淮軍遣撤自因節省餉需然見出自此新餘亦以之陰稱姑擇之已多以號謹飭而師領之余出匠寓

二十九日甲辰晴邵季雨來至寓核料刂李以渤海君所見刂也下午邵作答冣秀來子寬見伯芬師來庭季雨次來

接湘信十六日信

又眉生十九日信

又孝拱廿一日信

八月辛巳朔日乙巳 晴 晨起著行李入舟 邵季垂臣之戚功來 午

刻自下舟相度 遣輿迎南陽君 酉中刻 [redacted] 舟開 亭上

岸避暑中 劉蓉卿 澤溥 來候

初二日丙午 晴 早食後訪劼剛丞一談 閒會客均不見 少卿候

周拂塵以 先世圖壽乞題 又答候劉蓉卿 訪朱春舫 陶宿亭

等 戲筵之招 二故匡兩

接南陽君初一日舟中來信

初三日丁未 晴 早食後訪劼剛丞一談 予以隨侍師之知十四年相從

改八年不悉 臨別問師將輕騎入都 幕府中 [redacted] 皆不 [redacted] 果

予擬自備資斧廷 師將上候出要本首成命 予即布物後袋默歎以全

怪姑之誼 託劼剛為上達 少荃 劼剛以師命來述師之言 [redacted] 天分不高 心

地尤拙 容至見其困陵甫身自隳次二次也 九井 姚冶 侍 謹 頗 不敬

為 惠甫 所 惜 不 忘 [redacted] 殺 尤 惡 之 中 間 別 去 數 年 往 石 務 某 人

一字 曖 拂 其 志 趣 [redacted] 為 其 務 人 時 人 如 周 揚 重 之 年 皆 以 至 侍 之 遇 優

且有長短之若其立秩豐時報捷之榜人以第八名請講出卅九卅
實未之見而以為大過耶皆不平之論也今日之所憂此則不能同佳
如劉直齋任即書調劉直無昇以地方伊如是一好官能辦事也者
為家食亦必為之信莫保丙子明春附趕移孝其田由海道於川（小費而時又多具）備
要休官將請剛作羅論之幼剛述之未竟予不覺涕淚攢集師母相
知之深相處之厚而此番身不忍以為報者不知為是何擬活因乎
幼剛時論謙群師弟幼剛于予亦獨厚予初以為貴介不能自隱
比年相待益親敬堅臥床之暇行憑予一詩什識非暇再三讀日因
予有惜別之意今以見予涕淚[illegible]然因更識人亦為美未嘗有真之彰
也君去秋冬以來屢談及為言 李將軍門來侯
接汪序卿七月廿五日信
初四日戊申晴 寫屠子任信 又寫[illegible]信 寫[illegible]信 [illegible] 侯莫善徵 又至柳愛姊
又讓吳侯李軍門不至 幼剛之振同座何春林 衡陽人 張鴻
雨 蔣鄉楓坪偉晚發 寫沅甫信 初四日作 寄梅[illegible]去使

接元銘七月廿八來書已於廿五接收悉
而尊師已至時何處暗相看我不盡 楊枝山來 屢探募刻全藏流了
及本程便妙空顯有此任擬先立刻板於千江寺 料理因有十人按
月捐資以為常其外來之僧隨時增入 于寶見及伯悅來 擬募全
藏疏一首 寄元銘信寄銀二十兩 乃修書令陳禁捕拈把相似乃便
接南陽春和尚信已入京以
又寬子寅七月廿七日來書
又四路六月廿五日信
又紫少佛兒七月廿二日信
代僧訥空募刻全藏疏
黃檗三藏肇興將燭迷情于暗室一音流揚普極失路于岐門
白馬東來兆始傳漢之夢金人後見風聞羅什之風訓洪法雨于支那
種梁王于霄照時至世代翻通千禩金府有藏勝神宗于山林貝葉
最勝烟霞光于南北猗歟美哉可謂盛矣而乃世丁厄運法有衰末

慈心稱廣未息循羅之瞋福果將衰遽失化城之範際江之南楚
宇獨為茂州自此以上右刻化為雲烟然四目以開藉孔之除修攉
為八蓮五律普陀之華竟無痛矣然亦悉惠度人之金剛像式
含識忍土出陸之冊梯龍藏雖探獅絃伸神天失怙善作樵心
妙空不揚微躬取有以稱揚詔半生之精力募鍥全藏之原文竊
以江河之大溜非于涓流泰岱之隆積之于纖壤行遠自邇登高必
卑爰于金陵省垣先設刻經處網合同志已成經之卷之資簡
別要緒用著流通之衡並窺天目宗乘于一管欲海志切于金陵當
於檀作宏施當度人天慧命夫一四句偈為兩法種于心四十
二部文殊則福緣之寶聚行為道本功德母種于植素敦為植善
根檀在以受祥定先兆揚法施以拯迷網植不堅財成世上果
十方智士諒有同心更祈以護法王臣不忘付囑大檀善之隨喜菩提化身
或加袖為切魔壁或助貲以廣勝業雖陀羅兩一滴而彌海俱增
香積佛鉢半盂而同會盡飽撥緣法力有不可思議若夫嗚

呼一聞佛名千劫不墮慈悲之風既延瞋恚之火自生拔本塞
源消業障仗佛慧光之照耀覺苑寶開寶華王座上獅子之
咒臨摩尼幢放出雷音之吼行見凡小華心化樣土為之力搬抑
且應羅今當度刀杖為天花真決空幕若山實證妙空鎔髓
手捨為香煙皮骨可椎折為紙筆性一身之所資有盡焉著
於之念力無量寶影故引動群儲世成妙筆凡諸大士樂證修者勤
空形阿僧祇劫無量數而不獻求福德功德者動空形勤為禍聚焉
四旋而無容塵之刹之永報慈恩將此淨心為共成證疏

初六日庚戌晴 為賴臣來溪辭別 即答候送行 戴子高來久談 候
朱墨卿並答候鄉商用不遇 候劉瑶卿並看子寬 二弟已移入安
局中送 候任 庠卿之弟八 返寓 寫李宋賀信 初七發 附陽弟信 寫眉
生信 附紫兒之函 紫兒信 附家兄 泰慶信 附家兄 家信 初七發 驛遞 衣箱者

初七日辛亥晴 黎友林太守 偕徐華民之弟 來候 寫陽弟信 即發 驛遞 劉
剛之來 晴 張博齋 楊壬山 譚 又邀同飲 晴雲 邢朱鼎 鍾陶 霍亭 漢和

彼時返署

初八日壬子晴　鄧季雨來久譚　本地人　咫口奪將軍責爲節相屬全爲毀一

寄午橋也　下午衣谷來久譚

接南嵩君初四日信　已到常州

又長生月初一日信

初九日癸丑久雨讀詩

初十日甲寅雨　寫阿壽信　長康振信　丙發之鏡仲　解伯信　丙發馬遞　家信　四月丙發馬遞

長生信　同發　衣谷來譚

接阿壽七月廿五日信

十一日乙卯雨

十二日丙辰晴　[redacted]　邵亞叶亭　覃子譚　訪子高不遇　與劉

耕烟譚　又訪張心山　唐藹甫譚　又訪楊余山不遇　與趙季梅　錢石伯

譚　訪剛之濟爾久譚　不下午史孫來　閒談　繼至　程壽譚至傍晚

旋署　見出談長江水師始定旋今免住支新糧開兵紀水師姓

剧，闻李湘甫出缺，江西湘之安徽布政，江苏藩以称叙前年十一月提督，年八十二岁，以疾出缺。

十二日丁巳，晴，下午阴，夜雨。李勉林来候，李雨亭来，到翰卿处一谈，戴子高留饮，刘霞蓉、钱益饭，同座者闻雨申孙、于宾廷、沈鼎，下午又同赴刚子处谈，到二鼓，还署，辞门而入。是日杜小舫、李雨生皆来候，不遇。

接张之书，初八日信。

十三日戊午，雨。程将之来候，李勉林又来候，吴寿年来，写信复兰生，邵友濂。到子密、寿甫斋，拜曹景一谈，彭雪琴宫保来候，久谈，方元徵、惠元师来。自徐如久谈，到樵岚处一谈。杨壬山来，方仲舫来候。

接长嫂六月先信

又舫仲六月廿六信

十四日己未，晴，夜雨，微云月甚朗。晨起即着官衣，早食，诣署，贺同署友人相国止，贺年不上谒，出署，答候元师少谈，次候彭雪琴侍郎，后晤次候，闻孙申孙，次答候邵友林，次答候李俯生处访，次答候李勉林，次

芸僊程移之均不值 返寓後步至孔師處久談 遂偕閒中[illegible]

下午同至都門三忠祠 歸晚杏山請至僊晚飯 是日方移定 宇寓嘉僊不

遇

十六日庚申 晴 李恕林來 候戴子高來談 朱春舫陶彥亭等邀觀

劇不赴 伯瞻來 偕至秋城口[illegible]挽不回 巳午今日是遷 下午到觀劇巳

來 回閩中[illegible]談 初鼓同往 返見師處少坐

十七日辛酉 晴 中飯後 候孫琴侍郎 不值 候黃昌岐軍門 少談

候陳作梅觀察 久談 過[illegible]滄夜摘觀察 芸僊方仲昉少談 又步訪

何慈昉 楊子穆諸君 二鼓返寓

接王雲楷生 信

先正事略

道光二十七年 李文恭公星沅 督兩江 戶部以連年銅欠 絀度支 屬安慶

省備籌計 移常道臣 條五事以上 其大者則請糧改徵折色 入銀京師

移奉天陝豫采買 以充倉庾 又疏言州縣蓋收折色 以錢抵銀 市[illegible]

官價若驟為令百兩價于通省則銀價日昂民且重困奏入上臣猶以
為之言再下諭以再踐之例價迴輕其市糧貴又承陰運拂不借勢不得已召議
諭旨所有錢文迴非物價通融之法若謂物價分別重輕其論不物價情形
不同即一物一秋中之價不同且各省官戶部定例不能較物價之勤價每些
為則精細不論少則常更不足以國計之難也正以濟理辭若干計行
糧冊糧案暗等細碎聞截既煩且銀價時有長落將今日少完明日後
為之完乎果收付自豐歉將今歲少收明年即為取盈乎小民正愁穀
賤無值銀荒以為易世轉振虧折此民生之難也正地方之私收折色
祇以解憂而辭之今若明示折收則限目為世所預忌以之濟私浮勒必益
甚而糧役之勾串詐漏亦必日生而深擾為一家之即為一利孔防言厥
劾究維繫民任之以防物價浮勒之考詣北吏之難也奏入如異之年
議之事遂寢
尋文端任江蘇布政時曾學政士得五千三人其南邦黎民集之刻於乾隆
初充閩詞科上文端奏請也

府遂將為孫林等官穆林河措對輔護築堤束運河墨作水以達海
業告修築中劉國輔等千人合詞云此四不可累無以臣議開大河築長
堤之至內地者高丈六尺寬百五千丈近海者堤高一丈寬百八十丈勢
必鑿村落壞廬舍掘冢墓拆棄有所不忍為不可者一以臣議定築圍護
用樁擇限堤內之取土築堤不知臣所地界本是乾土此積潦之久
一旦取土積於中掘諸深淵工竣後漲成界壕不可者二以臣所以未之
堤束水一丈是堤高于民間廬舍多矣伏秋風雨驟至勢必潰之為害則
切何以兩堤為魚鼈淵為堵對高郵以下廬舍寧無即未潰之時滲水
于廬舍之上豈能安枕而臥乎為不可者三至七州縣之田向係平承冬來
江淮為田中之水豈能倒流入河不能入河即不能達海漫波之田何由得
出不可者四
乾隆二十年間蘇臣明以串年且年緩對文臣統勘最多等戶部奏定天
下雜項錢糧依目請免請去其應免并入地丁征收蘇田雜項既經抒免即
為臣悭蕭并去共應因他日東患之課也將官取需如再徵是又重民困

也　文石處暢談了

十八日壬戌晴　丁藥山振威來候久談（新授吉林將軍湘人也）到劭剛處少坐　閑

許緣仲了　下午到元師處久談並晤關孫秉孫留飯　又訪著微不值返

節署

十九日癸亥晴　張邑堂自蕪湖來來候久談（芑棠誠來談）蔣伊臣來談　寄李詢慕微不

值　詢元師久談　下晡往鄂署　王少岩來訪久談　寄家信（二十二號附寫件）王春生信

鄂叢（王少岩持來某人）打香陶信（二十一號交少岩也）俞蔭甫來候少談　勃少仲來候不晤

接初九日十二日家信　南陽君已于初八日僊晚到家

又四月十四日作

又四月十五日作已自將道常了

又五月初四日作

又五月十六日作

又打香陶初二日信　寄段五節天女象一幅妙筆也其又寄蘭孝之意

十日甲子晴　孫海岑來候拜之　候孫海岑遇之不晤者　候勃少仲俞蔭

有暇 訪少澤 又候周荇農少澤丈,候許緣仲、張子青大澤 匡君 詣開
生、李蘭蓀 蕭通元師同寓,又至元師處久坐,傳晚返 寓坐多時 為伊作即寄信
閣學額費白日子六日楊吏部南肇屏孫得之宿兩史鄭州年下齋魯
日內將入都,正陽門外寓情形

二十一日乙丑 陰微雨 開申二君來,同蔡西臺 同溪少譚 至野霞樓飲
又同蘇興之、蕭通元師同溪心醒,初始時歸 晚竹孫中丞來 金鹿年六十五,來候不值
二十二日丙寅 晴 與備官張陽生來 李魁林來 候韓則 吳芸軒
來 劉勳卿來少坐 詣寓存之少譚 李吟香先生事畢遞呈之
應芳耕師,蘇氏先生、劉文煥、程少峯兩相國,李宇卿、劉少梅丈處
望嫂附信 金為補六品 呈白成約八千之不及繳,時宿西佛山佛信 廿五日呈
鴻樵亭信 附發 下午與竹孫中丞、段仲勳、劉聞來久談 重七年寫劉佛樵
之劇 將年可歸快哉 候曉屏、候竹孫、蘭臣、勳卿、盛昉、李子青、先樵家
陶鶴亭 楊子木 劉沅卿 朱春舫 張子青 諸親家 因飲以二詩 物帶名
二十三日丁卯 陰 到閩訪愛 同元師 閩中諸李 李滿舟 行家 名 于東閣

赴監城，出李雨翁小飲，循青溪，經鷄籠、覆舟，達梅鐘亭，秋風
滿眼青蒼蕭瑟，發于動相應，當桂蓋金陵靈氣，此之不王日
非虛矣。一百年秋即[illegible]會東南無事之比矣。陽舟李雨同行。傍晚
偕至南京翠峰，復訪竹莊，并函于慶明，又見照何鏡海、親家
携子形來，朱子典親家亦來，相與泥飲。又訪朱春蘭，遂晤宜墨卿亭
墨卿二姪暢，寄孟陽信、寄姪婿三郎（即君許卿伸）、寄家信附孟
二十四日戊辰 雨。朱子典來，候不遇。何鏡海來，候久譚，因訪曾[illegible]南峰等
亭年營侯、何鏡海、道明，若堂丈過方小東太守久譚。營侯生還
亭于閏[illegible]，盖明之師于寓見，因飯。下午訪張博齋，[illegible]少還
題法福自寫集　王君[illegible]來訪
接兌王寅年四十六來年
又九兒十六日作
又孟陽六八日作
又眉生十五日作

又才卅十九日作
又张御作
又半莲卿十七日作
二十五日己巳雨 答诸里再函 笺眠至重识王瑞庭 入不游师承之谭阅
道有禧 打云行村印四罗穿烟百日即出见陈长江冰师 又阅
苏龛学政 诡源溪责蜀师查此苏龛字三乐坤氏孙之乞为或能挽
四服命师在实审日五已为师寿意许我经栽植此下江子幽望
阿侍不回不作此安想 师经答余昨补撰先正事略之文且曰跃请为
足下 一表扬贵功于诸先生不敢企逸衙师又勤余留直候宦四足
下去此是好官然须事为了将自画且家计亦不可不此策全也
谈之又为彦人乞长年皆相外垂久可求特达 请元师会题亭亦也
同至新斋随楼寓阁中之君及实甫见余至下午饮至夜归乘暝
刘省三军门 铭传 北军名将 李眉生团瞻白镜塘集字兴之陶霍亭诸
人同饮之谈 又正要于莊中严家五谭是则之榆嫂年许谓二鼓
还寓 张庶卿 拓刘武昌人 古文名家 来候久谭 杨子茝章侯不值 写对联寄还
接赵萨臣初十日信

二十六日庚午 陰。寫竹莊信，勸刻華嚴經（即發）。方元徽師來，少譚。

吳壽年來，寫竹莊信，寄去華嚴合論二函二十四本（即發）。蒼侯

張立卿少譚，出署。蒼侯瀚觀，們不值。候善徵，久譚。候方小東，不

值。候鄧伯紫、吳季少譚。蒼侯、楊阜蓀、孟晰、黃子春，久譚。蒼侯朱

子洪，不值。到閩孫處，不值。返署。朱子典來，候，不值。寫芸堂信（即發，馬遞）。劫

剛來譚。傍晚訪竹莊，中途又久譚。孟晰、朱春航、楊子穆、雨觀察二坡。

返署。寫朱蘇卿信（附鄭芝發、王晃逖）。

接吳竹莊廿八日信。

二十七日辛未 晴。寫密函一走（附蔡清臣來候，到）。閱新任馬制府之有信，至廿二到滬寧，哀指

仰印來命，到張立卿處一走。王少彬迎來辭行。訪元師，閱孫中丞函（返）。

途仁季雨同至蔣澤處，三人吟詩。蔣同飯，金酒亭亦至，下午

同歸。飯後偶到元師處。二詩殺略。茲陳紹門密函云：陳人與法國載三百艘，法國以

派兵助法，停戰不布國及至，以生為地界，聯兵以至此至，窺伺敵西陸，屢收法捷，循此是詩法，節制云云。

接陳鄂十五日信。

八日壬申 晴。張潔翁來候辭行。寫家信（即發，馬遞）。孟愷信。安林信。

紫光作　以家作　看牛作　以紫作　吳嵩翠來　下午到松壽所東西門
華經陶雅亭孫守高楊子衡諸君又到張濤齋西門華經閣津二君
附又臺門渡　傍晚回閣中　閒課藝　又至元師處少坐
二十九日癸酉雨甚寒　與兄閣中三人今日欲城外為雨阻不果
接二十日家信
二十日甲戌晴　季雨來譚　題陳堯宗雁足鐙一首　下午晤侯蔣華
頃不值　晤侯陳右銘　寶藏江右人　不值　赴朱子典之招　畫舫為赤門蜜筍
生鶴亭蔣孚為許同庚亦聊閒之會也　二技歌吹　也近宮相國依新任
到此將歸　易東宜及家代一切雲南安肅間再川來京陛見又下兩生奏
為指尼李白萬遷呈紳士馮桂芬等具體見中飭
譯竟寫雁足鐙詩　為漢以文初家藏○　曾請作
栩風台殿秦火張　九枝百樹光焚煌　紅羅綼縿黃帷幕　曾照玉臺
函金缸　維時沙塔兆禽禍　偶傳遺器相依歸　入東丙殿再用紀　諸于
絳縣……巻之一　塗乃知悔　婦握……城防　時稱世改僂……土苑

深閨人久藏書，燐吐光焰，今去千九百載，何荒唐皆失刻鏤。五十四生
坡逸風標直翔，詩經斷盡辨，高齋秦出蘇齋老翁問程注（翁覃溪阮芸臺兩先生皆有跋）
致釋色今半篆，世爭識互以得失為雌黃，長篇大文僅及讀，好尤一字
窺班所，文人尚須許宗師，羅列爛熳羅兩廂，摩挲使我眼欲眯，左
右髯麦臣風狂獨癖，發度書古物，御度法切得無疆，摟羅感心倍所
罕倚祖陳玉璫狀犀銅仙淚，非摸痕，彷彿不遇徒嗟傷，讀詩
燕陳文與易箋，致足論家人，詳君不見木門倉琅徵物耳，一謀千
古終難亡

九月壬戌朔日乙亥 陰 蔣華汪來 侯少谭 陸耕泉 觀察濤（玉 廣鳳道）來拜

未晤 入謁滌師 少谭同至 節相處 道遠 亦少留去 為十月叫門 邀金亮

亭元師 閣中二人 舟至 李雨蒼 小飲 亭午別 擬各回川 下午晤 許蓉

善徵 少谭 又至 壺師 留其 搭飲 座客如昨 ＿談 晚扣門不入 見戶部詠

袁甘林因運定章 內稱 因從三年 漕糧共需 兩份軍需餉 內搭收搭

買米三萬石一案 正價每石銀二兩 四錢 運費每石銀一兩二錢零 五年 江

督李鴻章 江北餉糧因運八案 折色採買正價每石銀二兩三錢 運費每

石一兩二錢七分零 請飭令江甘林辦理回運 除未價長後照定章臨時覈指

奏明外 其運費即以洪北漕糧一兩二錢七分之數 作為定數 核扣收復運之例

由該省通融勻用 不準遽逾其報銷云云 寫元師信（印發 信局）

初二日丙子晴 到子密處（張彥師來談）擬奏稿一件 因邀亭舟子密便飲 元師亦至 遂

同到彭雪樓 午食 並邀閣中小叙 合畢 同閣孫行分中 傍晚

獨訪鏡海久談 初校的匯節略 是日蔣仲白來訪不值

初三日丁丑晴 寄家信 寄香雲銀二千兩（印發 附壺樂信） 孟齊信（印發 附紫巳信） 吳定信（印發 信局）

吳摯甫薛叔耘來談 候屠仲由不值 候朱星槎祝萼甫碁旦留飲就
別二姪兆毅函
接六姊函八月三十日信
又根亭八月廿四日信
初四日戊寅晴 朱子典來 候大譚 赴書局張渭山之招 同座元師及周勝
雲庚瑞甫子高 見局中所植白桃開花連年 觀此異未知其祥 上燈散
覓閣中金魚亭過之 歸于寓見六姊住晚 又同到元師寓 初放燈逸
亭明日成行 小談別 燈晚 寫石雲信 寰巖交來人
接歐陽曉岑八月十八日信
又張芝堂初一日信
初五日己卯晴 陳賢堂大令兆榮侯官人來候 寫曉岑信 鄧安交劉開生帶去 訪何
鏡海並晤識陳右銘寶箴義寧州人保舉知府 朱平如寬成涇縣人 同至機器局訪劉
河卿並看機器物收 傍飲采霞樓 傍晚訪莫偲老 渠以余之訪
以梁朝蕭宏蕭憺蕭景墓碑石闕于栖山大車鑪瓢墨 余先取

蕭素碑額一段帖

初六日庚辰　陰雨　王協亭、黎蓴齋來談　見孫文川來索和韻偈換

寄世誼英葡仍繼李鴻章鐵路鋼條諸款為南洋內江船口岸一

處外海沿岸如條屬口岸至今其內地屬住內河諸湖口輪船開挖諸礦

三層者無貨則又免于洋口內地稅土貨則口佳貴及出此口以運到別口

始加半稅據著為未照處去均換均今年又不行矣云云

初七日辛巳　陰　早飯後過泥濘訪閻丹生同年鮑以訪鄧小溪又至元

帥處又同向澳借甚　李季荃來談

初八日壬午　陰雨　訪柳孝家一叩之元帥來　崇黼峯來　到柳州為久

談　逢閻丹初過同飯　又同至其家並晤元帥又同訪同進又同至

寓至傍晚返寓　暑

接阮錦八月三十日信

初九日癸未　微雨　晉侯李季荃少談　又回訪魏海同年陳右銘寓　又

同至桂芬亭親家小坐于韵和花傍晚甚暑　王協亭芸宗法生

函
寄孟鄰信 初十發 寄遞 九光信 夏全信 安林信 附家信 初十發 家信 初十發 寄遞
接八月三十、初三兩日家信
又九光八月廿九日信
又孟鄰八月廿八日信
初十日甲申 陰 到正安家一走 候王協亭於其寓中 未之遇 並到
聞生處 並遇元師 同飯 飯後同至千坪 又同到元師寓 初校 勘乃
晚歸寓中
十一日乙酉 大雨 才壯來 自西門同蔣字翁見訪 少談即去 訪張孟卿
遇修師 久談 才壯復來 同至元師處 又因岑邀聞生來 久談 仍同
到邀元師 二時歸 晚 鄒和之 觀臯 忠非先生之子 來候 不值
十二日丙戌 晴 吳齋年來 才壯來 午後到西霞閣訪元師 閣中才三君
張明山 慶 端甫及子高 諸人 持贈 下午同至千坪 傍晚歸 李(?)有(?)集
孟卿來候 不值
十三日丁亥 晴 何鏡海來訪 勉剛亦來 因久談 子實先來談 鄒和之來 候少談 寫吳

竹莊作寄刻佛經序文一首 十五 來拜 書 柴子典作 作白 下午到劫剛處

遂謁滌師久談又至劫剛處同訪凌小南少譚同返 劉卿生八

來候

刻釋氏十三經序　代吳坤修作

十四日戊子晴　頗寒　方蘭樨來候　早飯後過諸友于茗坪閣中　才同渡子喬
莊中與劉耕伯叔啟集因飲宗霞樓西而去　又同黃儕晚　至于丹寄楊子褚
寄家信　陶葆亭寸譯物
接六妹初十日信
又柳亭八月三十　今月初三日信
十五日己丑晴　見時報所載　稱製造局總辦洋人瑪高溫　年稱美國開山採金之
要附近四地多被礦砂填　廢　該國農政大臣出示議論利害　示云為開山採礦
有妨田園大害農政事　查金山一省　附近開礦之處　田園每被礦砂淤塞填序
廢棄無用　以一邑計之　廢田約八千畝　合中國田不下四十八千畝之多　其田價值
每畝一百元至一万五千元　今賣三元亦無人接手　且鄰邑有已廢者　頗有若

至就枚舉向前該處烟霧籠野，今則竟為荒白之一區，由此觀之，開山取
金不過一時之利，妨害實及遠患等語。目下洋人雄燈多學窺
伺開採金礦，此亦所論之利害，亦可備[illegible]論。謂時措辭之妙云云。已刻俟
米景梅來，暗遞所開積要並僱子高，至下午始大震，屋宇發之，強靜院中，
少頃而止。才升空閱報，除陰雨落，又同諦聊，且晚劉分口餘二故歸。
十六日庚寅晴。元帥來少譚。題衣谷意話圖七律二首。吳萼軒來。寫
江存卿信（即日發）。寫棣亭信（即日發）、六姊信（即日發）。馬遜常卿、俞鏡海、陳香錫（孫來，立甫公）
來訪久譚。蒲對學來譚。李季臺來，保辭行未見。三時地又大震。
題湯衣谷話舊城鄉圖
故人山月照離觴。遊子秋風動客舟。承已信浮雲今古異，那堪鄉石在故
名溪。心烟離易絲無隔，飛絲飛絮屢任不停。老景崢嶸聊動搖然。莫驚
神思總閑愁。
十七日辛卯晴。子寬二兄來少久譚。信鏡海來久譚。譬侯卿和之並
過張佑之。譬侯劉湘生並怪方小康。侯卿仍學加賀之大津

之壽 答候陳鑒堂丈譚又答候李季荃簽不遇 到開封公飯
亦同赴劉之之招 二鼓歸 朱平如來候不值
十八日壬辰晴 到柳香丞一譚 午後訪錢海石遇 訪賀雲生久譚 訪方小東 到
湘舲並晤其居停劉君三宰 門函同飯 訪其敬不遇 歸食過開中之
恭同訪閻江石遇 同暮乃歸 又訪錢海帆不遇 返寓 蒲荃字來譚
接星垣十二日信
十九日癸巳晴 莫保之同張彥卿來久譚 候丁雨生中丞不遇 答候方蘭
槎少譚 候錢海石遇 久譚 陸琴丘亦至 開致江來 開先去 余久譚
良久 下午孫家穆來 久之 並晤元師 申刻同適 回到劉之家 接閻淡
譯琴 初時歸 丁雨生來候不值 星垣協和來候辭行 不值
接初十日家信
又學之初八日信
二十日甲午晴 入謁滌師少譚 又到劫剛處少坐 吳嘉笙來 答候王協和
送行 並過黃子壽 答候朱平如送行 並晤錢海 陸木錦 返節署寓

寄家信 馬封即發 寄叔兄信 附寄信 李惕來 寄阿多信 長康姪信 謝郎仲信即發 般

仲信 馬封即發 寄世兄信 馬封即發 下午至第發字函課

二十一日乙未 晴 吳蔚若來 衣谷來 子高同蘧庵來 黃子壽來 候久譚乃去

是日[redacted]頻修訂華氏家譜 頻讀畢氏續通鑑第二函 見李月樵名

寫咨守改兩廣厘卡抽商釐自買先洋商貨物罰捐一案 內稱華商

販運洋貨 江寧壬寅和約第十款及天津和約第二十八款均載有各貨納稅後

即准由中國商人遍運天下 又稱洋貨內地稅在海口輸納 給票為他子口毫

不另徵一概等語 是洋貨入內地 無論華商洋商 但執有半稅單 均不得再

征厘稅 茲謂華商販運洋貨 執有半稅單 若不呈驗 即屬影射偷漏 其係厘卡

章程並非條約所載云云

二十二日[redacted]丙申 晴 實宇來 方梧生來 早飯後同實宇訪之師 並候方蘭

槎 久譚 又同訪潤中 留午飯 飯後同長干將並過之師問候 下晡歸 晚

接十四日家信

又長生同日信

又孟楊同日信

二十三日丁酉陰雨 方蘭檣來談 丁雨生中丞來少談 吳恭卿來 下午訪

芝堂未 傍晚到毅剛處一走即回

接歐陽曉岑初十日信

二十四日戊戌陰 鄧守之文來候談 早飯後至孝翁處談孟明守易筆錄到

召甫 敬剛來邀爲其太夫人診疾 因入倩渦觀風診脉之出爲方 眉侯守之

文孟張盛仍方存之 洪琴西來少談 下午雲生來自廬州久談

到陸小園處一走 孟廉子密

二十五日己亥晴 眉侯丁雨生石遂 傍君岐軍門 拜客不晤 眉侯 張芝堂

不值返署 後眷來 曾澤蘭來談 懇如設勤業事 以兵丞入署 孫恭卿餘年

人呉翁人日記 向借吾眷 訪李翁久談 及日內閱 孟蓋雍之帥 雲仙

亦到 詩品傍晚數 又訪芝堂久談 並送到姪蕃胴丈閱 之爲 全侄

六三 初 返署 悍泗山未侯不值 寫 子典信 並 信

接 子典二十二日信

二十六日庚子陰　下午雨　劉煜庵丈來候　子憲之兄來久譚　吳嵩年來　芸臺來久譚　到張燮卿處少譚　到劉剛處少譚　蕭稷帶小軼　雷鳴宜國來候　訪蔡金門田郵徽之極　雅譚痛快　初鼓乃歸

相國是日卸事　悼次山來　僕不值

二十七日辛丑　陰午後晴　蓉侯劉煜庵少譚　又至芸臺處少譚　蓉侯偉次山久譚　蓉侯雷宜國蕭識楊雲帆湘衡四人　過寓同元師偉次山餞子密　赴相國招飲　申刻散

接孟陽二十二日信

二十八日壬寅晴　芸臺來　霖生來　同在此飯　久譚　倪鏡帆來候　吳嵩年來　到張燮卿處少譚　出暑到湘孫處　蕭稷子高　李宇　郭星槎　元師及莊仲循次公　下午同至市中　途識朱熙存同世情相若　會四人　又到剛之處譚　又到芸臺處譚　初鼓過節略　寫家信　卯巷　無十信　以寄

二十九日癸卯晴　芸臺來　辭行　過鴻案久譚乃去　相國介弟澄侯先生來　署往候少譚　楊雲帆　湘衡四人來候　常留家飯　常蔚陵

來候少譚 孫鴻山來 邢仲韜來久譚 惲次山來久譚 下午候訪
霞生丹生賀希齊兩昆 閩中二君 二鼓歸 寫家信並與作寫錫九
飛卿杭寄 初二發 附紹之信 紹先信 初八發 寄惲次山信
接二十日家信 家中油漆已完工
又覺子寅十五日來信
又陽孫十二日信 為建造樹
又紹先十六日信

十月癸亥朔日甲辰晴　任梿香来谭　将移入新任署话别也　到薛季怀一来　又到劼刚丞　华伯凌小岚　又到任梿香丞　少泽送之　出署　候子高刘琳　晚张蜎山席讌前诸君为余饯　先去为谢之也　又候黄昌岐军门少泽　君候杨云骢常[illegible]来值　彦侯悍以出送行　久谭　又候张佑之送行　少谭　又候郭子贞阁　华遂　张嘉卿　少谭　返署

初二日乙巳阴　下午雨　早食后到方存之　张嘉卿丞一谭　写李少荃书信　寄去　补撰先正事略一本　嘉访府君行述一本（初六日发　寄中堂）　李雨亭来　写沅甫宫保信（初三发　寄劼刚）　庄仲求　刘湘生来访　傍晚到霞生处　与霞生贤弟久谭　初鼓始归

接才琳九月廿五信

初三日丙午雨　霞生来久谭　因饭　张嘉卿来谭　入谒滌师久谭　见示李协揆事信　已于九月诸间出都　信中言握金之不可遥为裁撤　及智勇之不可太骤　均切中事理　[illegible]师相　[illegible]起伏不可　世先[illegible]人所[illegible]难　传世事者不可　[illegible]庆武备　[illegible]来不[illegible]　[illegible]国[illegible]姓苏[illegible]　[illegible]师[illegible]

精藉以洞悉為不可聊爾乃之 到幼剛處一談 出答訪蘭中 飯後同茂都
中並作見師傍晚雨過駕會為快
接九月二十二日家信
又九兄九月廿日信
初四日丁未 陰 午有日色 到同鄉鄭鍾瀛先生（烏鶴樓在此講學者 協辦江寧兄子咸中） 晉陸而甚班
觀阜（本名熙）指班將返蘇也與兄聞二人公送凌君為佳 下午始散 而君寓
二孫可慨也 散出復同聞叔到霽生（丞）處送 河丹臣 而談返署中
初五日戊申 食 劉 植庵丈來促辭行 到郡丞返續 出城不刻返 無為
年來 下午訪丹臣未值 傍晚幼剛來譚 寄張芑堂信（馬遞） 皆見
信（馬遞）
初六日己酉 陰 作燈張嘉卿宮庶方存之大令詩一首 子高來 同來
劉和之來 候謝 茂 候訪丹臣不遇 相國燈新振緣碑下 字篇
生信（附第二卷 附學之信）
燈武宮張嘉卿孝廉（裕釗） 桐城方存之大令 宗誠

去年艤舟齊安郡欲食樊口鱅頭鯿風狂浪惡不得度遙望九曲
心悠然幽居山中鄰里不知姓氏收行路客為閉高門龍眠山光靄
晨夕桐城之歸來雲帆婉過西恩一揮手乃以家相相失雙峯
之今年幕府見那子快得所願對潤顏形容偉碩氣清真德視塵下
如飛仙掉頭爭欲入山去與世差晚情彌堅方今中興急民依厲兵莫
起誰為爾生平志事久所難昌不三收鳴雁風詩篇翔風將叟究
帆動盪漾東下悲流川上豈之獨之者謂子情希空之春秋好暗

初七日庚戌 晴 到張嘉卿方伯之處一談 到國英館答委談要遣委生

何丹臣又到閑如泉談至晚物

接院鈔九日廿五來寄二下丹詩答

又杜小舫方伯 口信 言僕生之柏也之西征示作大人宗大令之子仁橋云姪忠在揚紈爵 次詢問云南未來費款又再西查問到即寄至杜季云上

又孫竹軒大令 口信

初八日辛亥 晴 到陳小園蔣卅雲泉一去益昭森宇商 ●寫李次青書信副函之先

西申更中戴太原府君事 印壽 家中堂 張嘉卿來談 下午到陳師處 大談 閱揚州揮報

且了意欲即行而夫人病篤不能不少留又以勁剛須同行之人移家事頗為瑣碎

初九日壬子大雨驟寒　午後到香禪處　閒話并示譯子初持物

擬岑嘉州二首作

又祝彥九日五十壽作

初十日癸丑晴　早食後到勁剛處　遲侯文久譚其意味　仿梅寺沈師數日坦率與王大稼孝廉同　晏苕年來訪　我守易不遇　訪朱春舫久譚　訪元師遇遂同至方蘭樨處　借佳閒雅申孫　郵吳楹陳挨來　未申間報同閒中乃歸　佑于信叟文丞勁之處　而歸作物

十一日甲寅晴　準師生日與同人入賀　不見　見沈侯文與勁剛　食湯餅而歸李雨來元師及唐瑞甫來　同到元師處　無聊蘭樨　閒話申孫　於伊米並因丞南門市閒遊　市聲喧也　又同蔭既觀　閒中及家訪秀雲二夜始歸

十二日乙卯晴　滿李玉祀家來候　寫秋竹城作即寄　書匯家信即匯　學之作附書信杜小航作即寄馬匯　莫倫宗來譚　勁剛來訪　赴劉子程同在閒中及湯浴於旅館

十三日雨，夜晴，寒甚，雪二寸。到誦幽處，又見惠果碑二分。汪梅村先生來訪，並

代題先世闕里詩文，皆高淡。到吳齋東談，訪曹琴宗，候未候，久譚

蒼侯、滿李玉不值。赴李雨之招于城北，以時尚早，蒼侯、誠美、卿于紗相

莊。吳卿拜蒼侯（閱知）諸儒學案。余言宜以漢宋之學爲兩大綱，而別分子目，如漢

學中分吳、皖，宋學中又分朱陸之類，使各派別，然後目自清。吳卿大服余

言。請助蘇耕並捐金，補撰先正事略，以正李南叟、李壽蓉之教功

皆正，因合購譯大秦書。出石城門，蒼侯訪侍郎不值，送迪功年徵古寄假

聚別墨。候陳作梅，購譯洋務，撫煤礦之事，辨及洋商（合）聚斂之利害。陰

譯出三海書。蒼君來譚。相國撰先人神道碑文一首送來。

接姪仲和手書。

十四日丁巳，晴。見李相來函，係初七由李季皋如同書寄，日四七摺，洋務又云八月初大疏

請陳補劄，上意甚爲然，蒼卿以前策請撥款充病，李蘭孫請假劄，上深

不悅，蒼費許多調停，其顧係李李人而惡之退。訓時向及，但隨意敷陳

綱孝恭進，並自面當年案事，蒼卿詞因爲激擲，然不能不得當即罷任

臨別過津不能一見爲憾 今上親政後親賢下詔求才 本者窮極屢交
翻覆後圓朝廷內外俱有樞中 至其蒐羅召試臣人才氣務須兼
中外不可無此人 包世兄已收 臨京布恩光擁軍左右入覲將
語無諱 戴以兩事相委 蓋兵事條難收效云云 訪張中白久譚
到邢東久譚 訪霞生不遇 遇晤希 下午訪姜徽猷 霞生晤希 仲舫
臣以治也 初枝時益暢 李自蘇州 姜徽 夏蘧因與霞生 小舫晚飯館
接杏甫廿八 今月賀蓮家信 寄劉康吾書
寄春甫 初五日信
又安林初五日信
一十八日戊午晴 下午曾劼剛 入謝滌師 偕晏神道碑文久譚 黎莼山來候 到張嘯甫 方存之處少譚
孟暢來 稿菊之 到霞生來 方蘭陔 李眉生(周開) 開孫來 李賓嵩 門來候 因開
孫壬叟 到見師 吾不值 復到開臣 元師先生 楊仲白 拔來 晡 飯 同晨 暮 文也
霞生 要 筵 晚 白丹臣 方仲舫 初枝同 至 楊道以節 署
接耕孫 初五日 信

十六日己未晴　黄澄侯丈來久譚　~~張笛飄來不值~~　到李眉生處　薛屏滿
唐玉少譚　即過劉季卿　劉非他　劉子有來　候　張笛飄來　候　宮才
琳信　駒馬逐　[illegible]陳左臣來訪　戴子高　蔡仲宣來譚　傷逸叫劫閉處一夜
薛屏澄丈久譚　宮君麥信　駒馬逐　吳清卿來候　未值
十七日庚申晴　吳蕃有來譚　盛調卿來候　君侯　吳清卿不值　薛侯　吳廣
菴君侯　李質堂　[illegible]畋　又候汪柳村　湯小秋　朱星盤　譚君照　功名值　又
候劉時卿　留飯于寓　是久譚　至霧生處　是日陪其携至霧家　顯丹臣
霧生贋布　閘中諸人飲二枝晦
接初八日家信
又眉生初四十一日信
十八日辛酉晴　午陰晡陰雨　柳李雨來　同早食　蔣中白來　晚雲　余換帳　已打帳至粉已交　精不
可卸　許之　譯張理來　君侯來晤　薛非雲書　為兔山來　朱星盤書　陳
作梅來　君侯　戴子高來　寄送行賦一首　游師作也
送行賦

同治著雝執徐之歲日在娵訾之次湘鄉君侯將去江南以行江南之人傾郭
去而送時則井邑晏晏百僚賓賓逦自黃髫以逮迨于童赤咸若有所遺佚闕失
然不自得內相尋察莫舉其說余予爲賦之以釋郡人之思叙明德焉其辭
曰
惟主冥冥司紀風烈烈而降霜銜方弄弄之具雕暴馭疾以欲藏義宗慶以況窮
七騶告予以將行於是鳴鉦戒途樸戈結纜白羽飄搖朱旗布濩材官扶輿
以莫惡武驕按鑣而隼怒蒲運廣術以若流詭高闉而齊鶩中江之汭浮以艨
艟石城之肆杙以黃龍旌[illegible]縿而蔽日笳騰乎而入空咽咽填填先遂歷川
千官蟠降萬夫騰驤爾有揢紳先生白屋之賢連袂摔手峩冠結佩澈音
堂而殘績列層臺而肆延亟觴罍以雁進争首陳于君前思宗黨而
[illegible]心室[illegible]而莫宣[illegible]席以命張絳[illegible]不露于所言津逵之首眉相挪陸相
躡室閭闔傾城邑焉若[illegible]短者[illegible]葆樂春峯羣若一進鄉石曷億兆而壞巧
歷莫稽[illegible]林林之之不可殫而心志一齊嗟智與愚自旋及倪詭都亭而盈悴
攀旟惟而色悽聲征營以屏立或回旋而累欷彼室家之安堵繄宗惠政之

未嘗暴殄蛾之莫接嘶蟬之莫可存兮 故夫天道邇微實應帝臺平 非肌髓之
淪浹將捷之而莫聽昔與評于鄭國義嚴塞之迷叟信由衷而飾飾張兮
無失令名 翔吾君之樂凱合茶嗉而同聲 穆神功其無朕直視敦于群
情 譜簡籍之所載 無姬嬀而旁午 試程傳而量才 孰泰岱之可伍 頒予目以上下
曠千載無世而無所濟日用之不知彼斯氏其猶磨兮恃力以禍焉擬伊先兮帝
浦 乃有政事之士作而言曰君侯之行寓德藏南任蕃國之首赤建中外
之具晦極進先老耕土宰 將使之文臨勞集武亂克戡 遂庶無和遂化洽
覃敷役宅荒極負五鎮 無所最實佐五三 領匯宇而一統觸何詢于鄭奠
如江南者圍惠澤之所施 岩穴鄉曲之子 咸吟域 豈離別而為是詹之也哉
夏為標語以遺榜人曰西化洽兮神明沛 遐君侯兮廓無外 度江流兮無
津 匪乘非君之毋兮歎有之哉 君去兮未還 諒民兮閔閔 未還兮民樂君
之行兮 歎有兮以信 為君令兮予懷 君息兮予望 千秋萬歲兮使君
壽兮樂泰
十九日壬戌 晴 午閒食 下午雨 答侯張笛帆 不遇 錢子密來 阮鈺來自鄂省 子密

見僧暢來 滌師來少譚 方仲舫來 李少荃丁雨嘉興人來候 因勸渠

寄一函與曜瀛侯文李雨農 寫家信 馭遠 長生信 數書

接呂甫升九月十三信

又張芷華初八日信

二十日癸巳晴 潘玉泉來候 元師來 劉升使來候 入謁滌師少譚 師將以廿四

啓節 余擬先一日行 開孫來 同到陳小圃處 赴滌師招飲 同席皆屬

西主人不在坐 朱仲武來 下午到霞生處 並晤關中 何丹臣 吳希二

發號

接鹆仲十四日信

能靜居記

日記三十一

十月癸亥二十一日甲子晴 到澄侯丈處未晤 到劍剛處並晤孫琴西 祝宗泰不言

縣人主 碇倒之 少譚 勢宥未譚 復晤蓍徵辭歸久譚 復在舟中白送詩請不遇

到楊嘉興辭歸久譚 赴寓見招飲于舫 飯後元師闊別甚久 子高

孟輿蓀牛為由院之慶 縣人寄元日事 因席 下午散 後於送舊生 問帝辰

仲陳 傳晚到 蘇壽生寄二百物 晚到汪卿 招飲不赴

接陽首十六日信 已生仮難條

二十二日乙丑晴 張嘯山來 讀宵未復送行 寫家信 附發鴻運 候滿莊辰久譚

叢本修堂 宰門 晏復英孚 春未見 錢益識蒨僑林 復得琴西辭行

不晤 答復秀少辰 又去不晤 復孫琴西久譚 赴蔣仲白戴子高 鋭元

慶之招 同席者到金蘇生處送行 初更回 寫陽湖信 附寄郵 鄭仲信鄂

為運

二十三日丙寅晴 少亭宇來 （鄂仲熙來送行 張星生來候） 下午湯小秋來答候 到張星仰處少譚

接十二十五 山前信

又寫廷十五日手稿
又三月十日作
又閏年九月廿八作
二十四日丁卯晴 張樵野來久譚 孫燮臣來 晉侯久譚 莊中白戴子高來 閱邸手印等
劭來即去 中白子高集此午飯 劉彝俊來 因二人至叢桂茶館 元甫中子密
俊元來 訪君 偕俊同至劉已至 知前家未入 自此之師處 二樓返
二十五日戊辰晴 曹榮誠來譚 入謁滌師久譚 余以直隸要事皆數請 朝廷將
命重臣精選自不得因循觀望 惟振興諸務 必須從實直省 速籌款 勸江振部
不得不從權 正款之外 別求生法 擬定四條 一請擬江海關洋稅未盡之二成 一請
國本京師辦防籌庫 一請推廣南票稅 一請撥上海洋藥指歸師 從余籌款之
之言 務集陳侯相國 又譚久之而出 候訪劉（狀山之子）公甫 華經郎子貞 又訪
莊守齋不值 又訪朱春舫 楊子牧 又訪孫琴西 久大譚 到閩撫署 華經兄師
李雨田 劉彝俊 戴子高 不在 未至家 政殺詩 何丹臣 史賓甫 不便 返署 寫稿
寄信 西青 附六妹信 六妹信 芸生 信局 憚沢山信 信局 廿六日

二十六日己巳晴　元師來　張芑堂來　子寬見來　到勁剛處長譚　寫踐香
信致卲君又致子明　戴蓮士來　盧姊子柳門李下林游師初四日啓節　余先行
西揚候之也　旋答來久譚　夜到張芑堂處久譚
接十六日家信
二十七日庚午陰微雨　寬甫來　同至唐調李少荃協揆　候久乃見　神
甚之疲　申刻西君入謁游師辭行　並至勁剛處　又晤河侯丈　傍晚訪
柳門西報　視寬久譚　到元師處不遇　訪陳右銘久譚　西君盧姊子柳門
李下林到吳摯甫處譚　並晤張嘉卿方存之　寫寬甫對一副即並補
接家報廿一日信
又柳門西十七日信
又弟伯鈞十五日信
二十八日辛未晴　張嘉卿吳摯甫先來　秉誠來譚　到四弟諸人處辭行　出署候黎蒓
農久譚　又候戴子高　到冊局晤張嘯山唐端甫久之少譚　又候周縵雲少譚　又候黃
昌岐朱仲武陶恭壽桂秀亭　不值　到涵孫處　兩之中　拜寬甫之家即飯之後

謨傳學卿也 即此意乃到向前來少談 到者擇回 聞知寔也 修楊者大同到
剛上岸 傍晚出城下舟 寔之送宋元師也 是生至傷山來 同譚至三鼓
接此邑二十四日書作
二十九日壬申 晴　早發 巳刻至下關 未刻至燕子磯 泊舟 同元師孟揚登眺 蔴鼓
傍晚返舟
三十日癸酉 陰 下午見日　早發 辰至棲山 午至方山 申至秣陵　同元師孟揚登
岸散步

十一月甲子朔日甲戌晴 早發 午至揚州（寄家信聊遂豐見信六安）登陸 候張菊甫 朱子謙不遇 候何
廉昉 同菊生至此江亭 遇廉昉 至青藏庵 菊生回舍 下午菊生來 偕
譚[redacted]又晤吳次垣侍御 戴丹亭大令 張菊甫 並識于次鷗（山東人）
程桐階（蕭之之弟） 二鼓 蕭方來 余潛返舟 易裝 至舟中 八才元師譚並（山東之弟）
赴和甫寺元師 遂返也
初二日乙亥 晴 因御謁射之沈仲復來（江寧人）來 因元師為吾赴滿肴
邀陪揚州翁蘧 吳墨憨 又因蕭宗先下舟 候浩翁甫 未候 未值 候
蔡筆軒（方伯） 程桐階 不值 候黃子湘 並遇菊生 吳次垣 識姚秋士觀
察（徐與人） 予幽予仿便業 程良見詩卷一方 皆有名仿成古衣觀人看
目生動不淺 畢色仿正黃色 異物也 下午 候戴丹亭 不值 候秦子世
蓀 晤臨吳垣 到看三軍門 識鄭子美軍門 林御澤人（德年杖湘沅汕西金通）
劉直求太守（長沙人） 子世洞親 鄭李潛還 候菊生舟中 揚譚白晚
並晤金力甫 西母 金力甫來 梁危楼 來候 又遇菊生舟 長譚 又遇宮之
之舟話別 又遇力甫也

初六日丙子晴。早至翁生舟，探翁卿，旋居。同元師至暢(?)至市中吃麵，並要
湯故之，忽又同在，余先下舟。湯春舫也過，同星人(?)黃子湘來，候石儕(?)，守家(?)
住。附學僕 學也僕子雨、蕭子蓉生(?)。候張蓉甫、吳次垣、姚秋士、鈞石、但墨卿，候湯春舫
少譚，候于六踐石，遇劉秦(?)晤，吳次垣、戴丹亭、朱子典來，極飲，赴
之。政遇戴丹亭，旋門，以晚為早，子陳右銘、吳香葵 陳八 子典姪友 至市中一游，旋歸。
子典家陶觴丹亭、墨卿，幸與相遇，一時未遇也。酉飯，揚之如平常，定酉堂
病，旁一跌，中藏乃死，人命呼吸間，殊悲之。飲子典家，二鼓歸下舟。張慈
堂物遣人來告。
初七日丁丑晴。劉雨春來少譚。朱石樵來譚。候張子奎、蒯甫、蔣季文譚。到
朱子典家，遇程劉湘賓，偕黃子湘、孟勝良、石樵久譚，篤飯。回，因石樵、子湘
游市中。睡晚，歸晤子湘處。二鼓下舟。姚秋士、朱子典來，候不值。口右理石几屏一、山虫勝竹畫工丈書扶一連，燈一
植府生初三日住
初八日戊寅晴。同元師至暢偉遇舟，晚仲晴擇(?)吃麵，旋下舟。寫吳竹莊信
附寄繡蘇 致孟昉格飯四壺，因傍晚朱星槎、朱子典、吳次垣、黃子春、俊來

擾雜未正初散余即返舟

初六日晴 早飯後撥舟候謁於雪琴宮保久譚 旋來答候久譚 隨至漕臺署候漕帥舟西進謁 並謁程儀文 李峻葦軍門 於雪琴切盡勞

又候吳楙甫 晤秦誠返 同至寓舟少譚 隨出來候 元帥別去

先赴徐州 下午赴盧昉移觀劉同年李眉生許幕件濤去取用榜要

宴甚佳 近晚未見 二枝下舟 聞孫來趕余舟

初七日 鐸先生十月廿九今日初五發 康辰龔鄉雨 黃昌歧軍門來候 候黃河便返 又晤吳蘇甫 又

候濤蘧惺吏號園如年返 黃侯黃軍門 並晤盤武軍門 入謁

漕帥少譚 候吳花樓不晤 赴盧晚飯 陰 漕帥餞飲 傍晚返舟

袁寬軒來答候不值

初八日辛亥食罷解舟 赴節使館送 黃軍門送抱再來 水淺甚

思今夏河決紫嶂公溺中年鄭州趕沙河入淮辛未溺枝不減大

淡閩現於河上全右現未 明年春伏之風 万一再關淮揚 忽

今好雨傍晚 再抵卻伯宿 登陸路行 八中道閘孫姓遇

歸船晤官浙守備來謁　開船至無錫　晚因訪問陳少卿　情來之際乃去了
初九日壬午晴　辰刻偕師舟至　因開船至無錫　望舟過門　又謁余　兩邑師于
此地雖刻不久　亦結些緣　又至秦識舟少坐　趁向陳林飲之　雞已下午開船
過揚州刻至酒伊家門
初十日癸未雨　望陵訪宋氏樓　久談偕為芳藤之游　始歸舟　晚日回舟開船
訪袁郎　值吾劉安並歷李希生　張子孟　許仲滿　永同歸　舉萬麗
軒　晏次填朱子與諸人　初皆暇晚　宣德五年秋梁金張揚舍二十卷文明安紹元林本等　全句文書物
十一日甲申晴　因開船至無錫吃飯　市中晚刻至蘇州　邊舟過舟為邵伯
先晚抵舟來開　訪陳子典少謙　訪李君美滿至泥　不晤　下舟　下午舟行　趁宜
陵　夜泊灣頭　水流甚急　不能下　用眠至畫瀨　尋相若
十二日乙酉食大雨　早發灣頭　昨聞宜郵驛隘　則已下灘矣　已刻至烈女廟　哺抵
宜陵　與長揚相聞　未訪　晚飯
十三日丙戌食微雨　辰刻望陵趁花樓之旅　見某氏女　余未來逢花樓所寓
樓　雞鳴日再看　聞有蘇州人過寓　居帶橋者遣來迎之

十四日丁亥。陰雨。夜大風雪。晨登陸，步經石路，訪花樓，觀劉神樹。哺下舟，因訪仙女

鎮，訪擇所聞凡見數人，皆未佳也。風大，舟行頃刻即至，花樓上岸

步至樓，妓來，破窗寒弦徐之，余從山川，花樓與渠多言途之

三樓冒風雪去，嗚呼，此生之難，能無惻然耶

十五日戊子。大雪，嚴寒。花樓買岸，予午後擇一女，年十五，眉目如畫，為磐輔

間可識，卻之，是日花樓為觀數人，知不如此者

十六日己丑。晴。嚴寒，舖凍，河無行舟。花樓上岸，幾過淵人，頗非

佳，差閒。有李氏女，身價亦高，不可問。余意倦矣

十七日庚寅。晴。寒少減。花樓再上岸，得過二次，言李氏女之見，品格非凡

價為不惡，欲偕，家中一人因去伴之。余堅持不可，南歸為疾

數年來屢經迎其親，以余力薄不能，遂使抱恨，今娶妾，為不如志

相別，言下何以為情，花樓奮然曰，君定心此，此女雖孤寒何實

賜之，事皆可以迎來相視。余笑諾之。下午果來迎，登岸積雪相

擁，步至宇，度田塍入草舍，簷蓋簾紙閣，殿雅潔，少選女出，次女貌

在中上余[redacted]嘗共閑静[redacted]有人還遞傳花樓奔向放榜云云實係不收

萬人在彼但須一足便與世遠得以收身了寓宿[redacted]家譜世系甫成

十八日辛卯晴 花樓邪常余與鍾下女容[redacted]可議[redacted]家宿

（旁注：祖[redacted]太翁為明[redacted]）

色不備[redacted]白楚之恭為天寶教育故使肌膚不錦緞女郎 年十九歲

蕙姬因歲生不長歲月 四憶收蕙姬時五七年 新妝之豔絕世惆悵

下午花樓下取已為危衣飾 香奩鏡檻無物不具 俟余閲收即付工製之余

答只遇覺花枝相笑云 寫揆大露盤鹽本色耶 細窺而使翻帶 若相稱

解人[redacted]此要之不是令君空之也 又言女孩娉娜人瘦遲難 西風一物一味之 但適人

惟女在室日者言蜀事貴人 毋負情之 昨見君手握[redacted]以為得所 故不

復論價 惟女之悲泣一晝夜 卑寬共期再三四成婦下第 每時候冰蜀之津

為難屈 如夫人已宜陵與寓人一握云云 余念冰堅不可擲尺寸 早令下第亦無

要余允許之翻家[redacted]一之[redacted]循娶禮花樓以嫁與要妓[redacted]席言然之

（旁注：是日尚有紅豔正座第以花樓之遠太遲風雪之中連晨赭夜慢遲一年之久 枚除枝相從）

十九日壬辰晴 整收花樓出第 返宜陵為李姬製衣物 將收日再來 四者

送李帖於揮下月初二與李姬定情 惟口四日下舟朝日知不是因余復放廿二

（旁注：且恐鴉程雨滯不及）

倭花樓晤言之 又為推命 算其吉凶 姑作其真以自怡悅 遣送香粉 庚戌 己卯 壬戌 甲辰

筆鉛與李姬 並告以明日之故 天寒晷短 乃自閑佳約 遊覽終日如年 歸

思緒未一 何可笑

二十日癸巳晴 市河冰徼解 一出郡後 姻錮速也 姬自十六至今不適 刀艇甚

五日矣 擬定寓讓新例 寫於雪琴宮保信 二十日暮 寄安兄梅 寫與收軍門信 廿一暮 附仲榮

二十一日甲午晴 寫寄伊吾知內李姬事 廿二發 作為 亭午花樓來自宜陵 卯 至李氏

晤云 下姬已 姻改明日 惟其母必欲為贊金首飾二千 余曰 金飾不過十餘 銀 兩 其兩年因微

但余家向礼改道 今內子及小女輩皆要之 不可 花樓云 身價過多 此事不必矣

挪其急 余曰 金飾與女耶 抑其母得之耶 之價為樓所自 如其母得之 余再增銀二十兩

經其自製女以與女 則可家所不使籌藏 姬若能問耶 花樓杜以為告

二十二日乙未晴 寫卯伯學信 寄李禮 寄內四扇及黃君岐信 卯暮 寫寄花樓范役 下午花樓

裡被翟陸 傍晚李姬來晤 稍稍中飯 以為飯之後 花樓 陰有來賀

二十三日丙申晴 河冰仍錮不解 聞揚州路一二日不通 擬仍徒揚州為婚 花樓來賀

余李姬婚事託嫂婚 適宜陵送新衣 至命李姬裝 乃出 謝媒婦 姬以別

家書函揮擬換寄再三趣藉之如有蒙召外展儻晚其母挨其弟來視見
余時即拜如禮母先既因行余命姬阻止之諾歸去因得看鶴花塢二枝明
日午陰
二十四日丁丑晴　同申昭甫行舟室將日鮮推花樓來與折笑出袖中金錦二事
贈姬云以助裝且謝其命之恥余堅不納既久花樓請仍要工價為贈姬布
裁以易物隨君姬皆令余不得已許之花樓去儻晚同汝來送
二十五日戊寅晴　晨到新川某腐肆擬作旋不通所致揚帆速行途見兩岸積冰也
厚三尺皆結冰上如石板不齊雲初也午至六甫傍晚已揚帆以李閘
二十六日己卯晴　早發午到北新出口門數里泊七歸　寫定入城六所講第五段
二十七日庚辰晴　早發七錦已到丹徒進口行數里木筏擠塞河路至下午將棄
潮始進　夜泊新豐
二十八日辛巳雨　四鼓發新豐晨到丹陽昨過焦山未泊回憶寺南易君同
游十閱月矣人事如流耽日泰澹氣相與乏若失李姬纖妍積治恨晦之
書史孫之清光以觀南易君之品格出三座神情灑落始知凡豔難于

偶[illegible]午刻丹過陵口，夜泊奔牛。

二十九日壬寅，晴。五鼓發奔牛，辰正過常州，遣探六姊，起湖行未得的，知尚未行。

甫輿厚隆晴譯望來歲為寶過定烟叢評議，槐亭在此，如稱春屏。

已定下月十二起謝矣。四姊前十日要去揚過奚前，午飯後下舟即行。

夜泊戚墅堰。

三十日癸卯，雨。早發，冒雨或行。亭午風順，張帆，申正無錫，与姪憑檻望

惠山霧亂叢莽，如美人睡起理妝，及未竟也。停帆少刻即行，初鼓泊新安市。

十二月乙丑朔日甲辰 雨 早散 辰正詣闕 寫翁仝信（即日交邸之發） 陸甫信（即日信局） 寄蘭生

信（即日信發） 午正闕門洎如冒雨覓陸 候悍 往山中迎久譚 留哺食 俟

杜小舫 方仍石便 到此之要 久譚 留攜共 雨中

初二日乙巳 陰 且寫勤少仲信（即送） 早食後 謝此之要 謂丁雨生 中丞久譚

閔相國于十三抵袁浦 十七上路 候葉甫于幕中 少譚 候李甫生久

譚即下舟 遣安林至少譚 即解維 夜泊齊门陸墓下

初三日丙午 食早 發 午過陸墓 夜抵家 之人（及四姊以下） 母好 南陽君 遣與空李

姪入门 見其柔順 出慈 爲設歡喜于天放樓之左室

初四日丁未 陰 與四姊 南陽君 出门園陸 觀居年樹 實見自館中來

君 寫安林信（即發）

~~初五日戊申 陰 接洞寄十月廿三 十一月初三 初九 三信 又寫惠十一月山信~~

初五日戊申 陰 南陽君 李姪易吳下 梳妝 姿態 較勝于前 寫吾岵信

安林信（即發）

接洞寄十一月廿六信

又接亥十一月初六日信

初六日己酉陰　候沈羲民大令不值　候楊詠春　李升蘭　吳仲卿　少譚

候趙少琴　楊鏡泉不值　候顧竹城大令　少譚（候李君西山）偶過　來少譚返家

寄九兄信　若柳軒信（寄江福）（蓮卿印鼓日詩章西總）　閱袁君指飲石刻

初七日庚戌（微）雪由旋止　李君梅　李升蘭來拜候　顧竹城來拜候

兩接五兄初六日信

初八日辛亥晴　吳仲卿　楊鏡泉來拜候　寄六弟信　接之信（仰卿寄來）　五兄

拜候　仲卿發　顧竹城　候即發　是夕與李姬定情于天放廔　賜名阿

嬛　南陽君　范春酒合巹益鶴　家人咸霑洽

初九日壬子陰　趙少琴來　候久譚

接學之初七日信

又喜楊初八日信

又眉生初四日信

初十日癸丑　雨　孟暢之歸楊氏　二十歲往賀　四姊　少譚錫歸最買淋所　夕

事奉華章，母德也。家赤貧，典質以度歲，未嘗有不足之色。戚鄉中不

之難，行世也。以斯人爲巨擘。下午與南陽君登天放樓看雨，池波縠縠

寒柳數叢，烟樹有織意，直去春如此十餘步矣。蛾姬瀹茗爲供，人間雅樂

無以過此。

十一日甲寅，陰。與南陽君同園壁晤，赴李丹崖館，乃學撫因厪吾

老表相書藏王伯紳所，脫林壺，吳子硯錄行訣。下午晤沈羲民，將行城撫

鍰不赴。

十二日乙卯，陰。寄紫光信（信局郵發） 寄翁貴信附書 寄孟揚信（信局郵發） 寄姜軍信（馬遞郵發）

安蔡樓信（信局郵發）

接紫光十一日信

又孟揚十一日信

又鄒泉生信

又黃桐軒日信

十三日丙辰，陰。

十四日丁巳 晴 訪瞿君嘉石道訪趙戣傑久談

十五日戊午 陰 寫張芝堂信 即發 驄材 朱菊梅信 即發

十六日己未 陰

十七日庚申 陰 張君烸杜會兒八人來訪 四物 明日五十壽且在向辛家人談祝

十八日辛酉 晴 買物 受稱祝 畫梅 檔其欣子李伯函 自有中物

十九日壬戌 陰 邀張君梅春伯函飲 伯函無自去

接六弟十八日二信 又函蘇州所寄

~~十~~又寄六弟十八日信

又接六弟十五日信

二十日癸亥 陰 寫星冬信 即發 寫才林信 即發

二十一日甲子 雨 鄭秉雨來自上海 為購香蕉 下午觴李君梅揚滷

春李升蘭 趙次侯 爲李嘉 鄭秉雨 揚鼎不至

二十二日乙丑 陰

二十三日丙寅 雨 立春 沈蕘民來賀春 出至賀沈蕘民 孟侯 賀伯偉 均不晤

侯殿臣甫久譚　長生都來自西中送稷米十餘石

二十四日丁卯　陰　長生自白返寧

二十五日戊辰　陰　寫學兒作　作印跋

二十六日己巳　晴　寫君生作　印跋　學兒作　作印跋

猿學兒　二十五日作

又君生十六日作

二十七日庚午　晴　率行家出園睦剪柳條插植堤際

二十八日辛未　晴　印專因腰於胸自折臧于此刻已三載餘矣　陳內宅一擾

居先後話別以本世帽

二十九日壬申　晴　陳文趙　影　奉祀于婚奔之九至　廣語口了孫

四月六人祀陳因聚一兩心快平也

同治八年太歲己巳余年三十有八

正月丙寅元日癸酉平明微有日色辰刻雨東南風 肇修同耆

焉拜 天拜 先師拜 佛及 家廟神祀 先祖父母並

往年卜課曰

泰之震

	玄	〻 應		子
	亥空	〻	財	
卦身 原神	丑	✕	兄	文
辰	辰	〇 世	兄	兄
寅	寅	〇	官	官
	子	—	財	

世爻休囚掌年日生扶故春令來佳況一年初之自爲吉卦寅木

官星化官歲君兩相剋交化出文星已出六爻文書切作事排局

神仕途得遇之象財文不能爲礙空破財封世得財取鄰兒全福

往年所往平善總評全課尚稱吉占

易林泰卦辭曰肩求陳國遠東城須我王孫四月來後主君有德

蒙恩受福　之卦辭曰南國少子才略美好求我長女賤薄不與反得

醜惡後乃大悔

初二日甲戌晨雨夜劇晴　壬府　甥婿春帆來拜視邀之樓上與見姊女
正樓清話

初三日乙亥晴　同兒辛子姬拜年家年　眺望墓于山栅胖祠　亭午
歸　夜移家

初四日丙子晴　馮武之來賀年　出賀（侯紫人）年　惟訪畏伯仰訪長
庚翁令叔以字又森翁以侯憂少生　午後歸　視石工叠石于院
墻角及砌池畢

初五日丁丑晴　視石工叠石成　移孫桂一本于石台　植紫荊于龍爪槐之下
庯間種詠春來　侯久譚

初六日戊寅晴　移竹城大令根錢不錯　視叠石成　以其餘卯季宇及
為陶琴塢座畫惕饑了　畫惕竹替逐蘇垣也　夜與四姊及南陽君
坐池上新設石磴　視鉤月清譯世久　惜（卯）惕但去歲貧寒勞情益

初七日己卯　陰天風微雨　以四姊來因正池上凝望　午刻同兒赴蘇州候
於庚家甚暢　下午返　寄湘兒信　仰蕃經姚　翁生信　湘榮

接寒光七年十二月廿八日信
又李煬七年十二月廿六日信 之第一子李九宗祧不墜為之狂喜
初八日庚辰晴 虞邦氏誌荊三之日
初九日辛巳晴 督伯超送班氏殯丹 課園丁種柳池東 寄荊生信
卯發致壹之 六節櫻亭信 卯發致紫節 寄寒光信 卯發作姬
接省生初七日信
又開生 信
初十日壬午晴 楊演存太常來 侯久譚 歷近村学博 來拜人來候
寄吟秋刊琺求信 為李煬作詩 十二日發致李 沈義民挽聯不坿 彭李陶甫
侯久譚
十一日癸未晴 季雨赴尾閭濟宜帋 | 彭秀陶來久譚 君侯於季
陶同賀雲山祭于山桝神祠 赴李琚梅挽聯公盤 詠春升蘭
張雨生餞仲通及余之弟 飲世栄 下午歸喃 寄李煬信 卯寒 戴
子高拚中日信 于寒 至實 鄧伯榮 季惠琪之信 卯寒 于寒光信

寄還吳墨香篆文一本 印發信函 寄翁叔平信 鄭卿若年丈屺瞻 各卷

接屺瞻初十信

又寄屺瞻七年十二月十六日信

又翁叔平初十信

又子高七年十二月十二日信

又仲白七年十二月 日信

十二日甲申 晴 遣懶翁李陶西阿哥照游盤山 邀雲傍晚 錢山七航來

候如同川 正初靈川仍從楊福三峰以取撤擬檢察 解不上

菜語良久 口衡山派物 邀醫李陶及鏡如 肥 蘇 後 即歸 晨省丁祛

藝永齡 日常事 候不值 於竹城招飯不赴

接葉樹卿七年十二月初四日信

又才升初十日信

十三日乙酉 晴

十四日丙戌 晴 張雨生來 談

接五姊十一信

十五日丁亥 晴 夜同阿哥對月池上良久 阿哥嘯作 莊遊南陽表
及兩女栗花李雅琬用意爲三鼓將入寢

接史華梅七年十二月 信

十六日戊子 雲 阿哥將以今日赴蘇 即出至河干 送輪舟 抵罰 余擬
偕行 至蘇 下午下舟 即行 至阿哥舟中 譚甚樂 三鼓遂返
罷後盡回舟矣

十七日己丑 辰晨颶風飛雪 自西南迴東北 俄頃即霽 傍日晴 霎時則
辰刻詣門 已正詣門謝 被酌於兄家 午與阿哥至 披南都使院 祀隋
雲峯 置酒對飲 下午 阿哥出謁 余入睡於兄所 宝至 晏未
二際 少選 出有吏至 時占 楊思 夜宿館 余先於 注 峯 見 至陽未
著所編 於戊寅及辛 盡治 數定 寫寄 信 寄 卿所
接宮書 初十日信 抄寄 修師 奏對日記 夭 甚長之師 月十
十五日 十五日入記 十五日 朝 見 合 直入 謝恩 十六 復 見 雲正

月卅出初

十八日庚寅晴。同邸寓副祝蓉景譯良久。同寓兩金四回孫來相見。

壽帳交榮長譯印。下午晤孟惕送余年金。遂夜同(同寓)觀安及甲看。

又惕吳壽之。撝叔人到孔見招飲。出前後來譯。守家信。印信燈。

何壽昉信。才升信。十六出寄吳竹孫信。十一寄可竹仲。

接寶之初十四信。

十九日辛卯晴。(迎石)同邸寓侯旅見子仰此生顧之蒼華[redacted]

(挑)嘆蒼華又候任蓉塘荔香候打季陶不值。又因伯彥特來咨

仲穀材極二拙吶寸箸便擺日譯滿已服馬飲卿來候大箸。

招飲。夜同寓拜家甫晤同生於見內完少譯安宗卿女作仰恭和箸。

閒[redacted]讀賦由州地經歸後來於調律據兵懷又國藩

壹與候共川極地秋意不過為文雖得禍加將軍地為謀

又六七兩王秋人收調馬討與兩任為兩漢寶棲閔附改為重吏

禍由奕棋作合討恩禮疎簡大迎既西朝士私論也于吏

姊信信局廿三發 劬仲信馬封廿三發 葉子俶來久譚
接二十日家信
廿三日乙未 公宴 蔚若訪葉子俶 張孟卿 王朴臣 久譚 孟卿識 行作函 逕寄甲
午以此書設龍術一支以見稼軒 盤查教稿 返家 改 赴李伯垂招
于程宅 初四 出蔣季卿 張佑之 查物 下午歸 買向吳打以為畢
來看後
廿四日丙申 晴 飯 撰說山 薩鎮冰來 君後 不晤 陸子樸 信局 梅菴來 候 不值 李有
生招飯石橋 下午 下丹若 偕 陸子樸 久譚 夜向齊门
廿五日丁酉 晴 早發 來刻根龍 是日道光子寅入那中立主說試
廿六日戊戌 雨
廿七日己亥 雨 寫罵勝信 寄金劍一 卯發 信封 如也信 全
廿八日庚子 晴 謁小寅塋 栽皁 擬植梅百株
廿九日辛丑 晴
三十日壬寅 晴 夜雨

擬鄂憲函　另信

又錄參摺二十日信

西首向吹來甚矣錢神之力爲兩間作造化至此極矣

二十日壬辰陰雨晏清卿大澂來此人座客來候　張彥卿來

候又渠方游武林向也下午候丁雨生中丞堅邀晚飯辭不獲命

候黎蓴齋少詹候李眉生辭其抱候高頤谿大令卅六人

丙夜聞之李晚青變久請攻堅雨生中丞招同登以園爲閱視演武時

中西對以操練兵用洋槍射操步隊口歸甚蓬遮之閱射

減銳操耀而來叢定又傷晚入座張彥卿馮鐵華雲騎粵人

滿頗曰　東山人馮子如煥光粵人撤吾局　黎蓴齋及余共七人

飲次言官員入多會考試一作英夷傳旁藝柱若非使吻合

粹源人附身調馮鐵華言遠東近于虞棄似而不必石立且

余問名擬閱傷曰東山房優立多余將下房隔云山中學

田鄉人呀業采樹曰接采樹也甚好則業但余仇皇差大世陵

四麻紡世之血肉甘余邪客皆笑莫對又向他向生家德

蔬菜價值率甚進　初皆頗覺駭聞

接十九日家信

廿一日癸亥 雨 晨起答梅月李筱舫茅翼丹 赴鄭孟勞去杭點心一面

相聚未一日 以為暢 約暇再之 候黃桐軒 又唐六筵 候馬子迺銘卿

均不遇 候俞蔭甫久譚 候吳平齋廣菴 不遇 候勒少仲大譚

候惲次山久譚 留食 候湯伯述 不晤 候莫子偲 吾信 洪琴西

並晤吳清卿久譚 到四牌樓 印稿 紫 又 下榻 寓 吳清卿廣菴

接信不悉

接六姊十二日信

又楓亭十八日信

廿二日甲午 雲雨 大風寒 甚 候吳清卿不晤 候李伯孟少譚 候王朴

臣全靜知 不值 候李質堂軍門久譚 吾候湯宇達少譚 候

張扶卿 不值 候李宗 不值 候張蔭美 不值 遇寓 張扶卿 王

朴臣來 蕃候少譚 吳廣菴來 吾候不值 字 蕃 勘明信 廿二發 寄李質堂

張兆堂信 廿二發 信局 芝英裘 此由桂達 徽信 廿二發 附張 子宸之信 廿二發 馬封 楓亭十六

二月丁卯朔日癸卯 陰 寄寅臣信（仰蕃作批） 惲次山信 寄也園一部

李勉林信 又覆

接陶哥正月廿八日信 寄上冊抄部

又寅臣正月三十日來字

又聖臣正月十七日信

又孟嫻正月廿九日信

又惲佳如正月廿四日信

初二日甲辰 晴

初三日乙巳 陰

接子寬兄正月十九廿日信

初四日丙午 陰

初五日丁未 陰 寄孟肅信（仰蕃作批） 陶年信 武孟

接寶庵兄初四來字

初六日戊申 雨

接馬瞽札 且于正月十八日奉上諭調赴直隸以直隸州同知補用

初七日己酉　雨　寄眉生信卯發交郵寄　孝拔信卯發交蔚里　崇之信交郵卯發寄
接卯年正月廿四信　有案一方
又紫東初六信
又眉生初三日　日廿三信
初八日庚戌　晴　寫春聯分公祀　先祖
初九日辛亥　雨　寶兒均自蘇垣接吳彤卿張雨生馮式之飲
接六弟正月廿四信
又叔兄正月廿信
又眉生正月廿二信
初十日壬子　陰　張少渠郡至來談　寄眉生信卯發　又至叢信　金
十一日癸丑　晴　偕楊詠春趙少琴李升蘭坊不暇市送寶兒還
粟恆赴館　下午歸
十二日甲寅　陰雨
十三日乙卯　雨大風　寄概亭六弟信交寬三月十六日遣　寶兒入

賀牧作函覆之 即發 立亞甥 孟嫻信 即發 作函

接紫兄初四日信

又亞甥十一日信

又聊翠之初四日信

十四日丙辰晴順風 早起買舟赴吳門為賓兒具聘禮及吉日衣冠

辰刻舟行午過滸墅西抵胥門至陸寺九兒偕二嬰下船

十五日丁巳晴 辰刻至陸園亡如王郁田偕男市中購物九兒有饋荒

留作計陸少甫寶如評購物價費一日聘禮其費亦不貲

矣傍晚回母舟家母兒約泊[illegible]門寺玉甥久談寄家信寄物紙

媒線一箱 即寄 作函 又攜師[illegible]福考證云陸臣苦多年未識曾氏之道

塾于史學庶以傳術[illegible]云云

接十四日家信

又六姊初八信

又長生初十日信

十六日戊午晴 寄家信 即發 作函 賦梅信 即發 作函 長生信 即發 作函 六姊信 即發 作函

野岸到孟惕吾少坐入市中覓紫泥春交夏紀山同購物下午返孟
惕吾飯後訪莫子偲久談又晤王朴臣久談返舟
接十五日家信
又發第初八日信
又寄第[illegible]初十日信
十七日乙未晴 宮邸作伴 鄧小梅 上岸到四勿齋少談王朴臣來訪偕入
市購物 訪沈山中少談 訪李眉生不值到紫也憩飯後訪金
眉生集日還至赤相招也久談莫晤長圍 互楞子 衙康 返舟已昏久
談 任安年讀來嵩侯少談嵩生來談到二村同飯紫之舍乃返
十八日
接十六日家信
十九日庚申晴 到眉生舟中久談上岸候張佑之 景嵩 吳清卿未值
清卿偕卿滿玉泉不值到四勿齋少談 候張有山 子伯 郎棣山 舉人
入座 候張少渠 黄桐軒 不值 候丁雨生 時寓吳山 少談 候金眉卿

吴虞卿不值 过九兄处 写家信 印发信局 恒轩蒙坡久谭 候还九

兄处翁生家谭至二枝分手下舟 张南山金鸿佛来谈不值

接十七日家信

十九日辛酉 阴雨 移舟元妙观前登岸东于观中招陆少甫来

同席又同船买物市中 傍晚到四牌楼 写家信 即送黄柏轩来

接十八日阮继来书 信已佳 写柏轩信 附家书至

又明轩初二初四日信

又紫兄初四日信

又翁生初四日信

又何庆涵信

二十日壬戌 阴大风 移泊葑门 访翁生承熙 晤何梅阁 石似梅谱

人少刻 与翁楷谭 翁初约下月返京 余话别黯然 计其归 当在此

分袂不禁惘然 翁赋性高明 胸无秘密 以此大不理于人口 而余最

佩其性情 以翁程文最近风韵 好古人 如陈负又之 气清且峻

余謂此二君皆世不偶遷身且極損性任情實程学道大有所獲
頤以禮讓自守乾家再三而肯受與之后少讓始赴席受之
鄰同合飲卿出卿卿壽調君又往葉姬下午歸即解纜
宿泊齊门
二十一日癸亥晴順風早過滸墅由許關馬涇新郭萋城等處過柳夷門夫椒葉水
樹和說雞犬安閑古樂土也午過東洲灵山山陰水中倒影浮動
石帆邵家之遊錯午至岸家中僕人以實見聽歸衣冠圖滿
宅又疏足至笑此所以高然尤又笑也寫書一楊作寄七弟十二函蘇陸少
謝任卿嚴長佐作卿客
接子寒書初八日信
又發某某十二日信
又寄李雨初七日信
二十二日甲子晴池上與蘭盛開春意過橋天氣作暖昔色與寂
人吟祝此

二十三日乙丑 蔣復 字陽等作 即發 致陳奎 汪少奎作 即發 作函 龔孝拱作
即發 作函 岑見作 即發 作函 孟惕作 字書 鈞之等 即發 作函 史長楼作 即發
呈函稿
接陽等十四日信
又史華楼 日信
二十四日丙寅晴
接長生廿一日信
二十五日丁卯晴 寄吉山炮信 即發 交孟惕 寄眉生信 即發 交書山 寄蔡麗杯
信 即發 交眉生 吳曉帆信 即發 交吉山 寄孟惕信 即發 交信眆 寄幼靜信 即發 交范帆元
徵帆信 即發 附寄
接吉山炮 日信
又孟惕 日信
又幼靜戊辰年九月十四日信
又閬生十六日信

又題畫 初十日作

廿六日戊辰晴 賀陸少宰作 御賜

廿七日己巳雨 擬陸少宰 日作

廿八日庚午雨大風 奉旨恭和 御製[illegible]雨用 寄壽陽作

御賜書扇物謝恩 玉陽 字長生作 御賜

擬六絕 二十日作

又 長生廿四日作

又 玉陽廿六日作

又 擬三十九日作

又 [illegible]仲十二日作

廿九日辛未雨 題汾陰 [illegible]不甚

三十日壬申 雨甚寒 [illegible]

三月戊辰朔（初一日癸酉）晴，微雨，午晴。至寺家，同遊東皋。園僅餘土阜，蕪
櫻筍花開，發芽十餘株，已上碧桃，向以植兩色為之，篤晦日
中有半日鄉晴山癈 寄湘[illegible]作（寄鄧中仲[illegible]）
櫻史示櫻 二月廿八日作
初二日甲戌晴。插柳[illegible]南[illegible]家。寄櫻兄作，仰[illegible]叢生作，謝[illegible]兄
櫻九兄 六月廿八日作
又[illegible]至[illegible] 二月廿七日作
初三日乙亥晴，大風。候沈義民，久譚。訪季君梅，久譚。下午
沈義民來，若候。寄[illegible]作，[illegible]作
初四日丙子晴，夜大雷雨
初五日丁丑晴。寄櫻兄作，[illegible]作（[illegible]寄[illegible]） 紫卿兄作（初[illegible]寄寅[illegible]）
初六日戊寅雨。午前祭告先祖，遣[illegible]兄赴杭娶婦。祭畢，餞[illegible]寅
此解[illegible]先[illegible]蘇讀[illegible]陽因[illegible] 寄[illegible]作（[illegible]寄寅[illegible]）
櫻[illegible] 二月廿八日作 [illegible]卿兄 初[illegible]作

又戴季陶二月　日信

初七日己卯　陰　下午赴沈義民招飲同座張果陸非文　初枝翟鳴　岳

[redacted]偕生弟同李錫來自里門

接邵仲紫二月　日信　允聘初女為李豪之子婦

又邵翼之二月十八日信

初八日庚辰　陰

接寶兒初七日來箋

又子錫大姪初二日信

初九日辛巳　晴　天日和暖　江上小魚成隊　偕家人以網飯魚遂至南洲風于柳金下

寫李習生信　金逸亭信　皆為李暢先容也　即着李暢　往李暢由蘇旋里

接寶兒初八日來箋

又紫兒初八日信

又錢翕生二月三十日本月初三日信

初十日壬午　晴　寫紫兒信　即發　翕生信　附紫　打李陶信　附紫　何處

昨信十三號（交張菊生）筆兒廿六信十一號（交鄧芝臣）

接兩兒二月廿六信，悼師于三月六日仙逝。

十一日癸未，晨大風，午前微雨，午後晴。寄兩兒十三號（交長崎）寄總署函十

郵二信十二號（交郵局） 解仲信（交郵局） 張生信（交郵局）

十二日甲申，晴，下午雨。寄邢仲琛信，許函（交郵局），寄長崎常函（交郵局）

十三日乙酉，晴。候陸渭文不值，候趙伯侯，並晤。

十四日丙戌，晴。華廷秋來候。夜月極皎，寄家人，因月圓連月于此不雨

接兩兒初九日來信，言之過平安。

十五日丁亥，晴。

十六日戊子，晴。天氣暖燠（下午雨，夜雨）。寄兩兒納婦吉期，稟告先祖父母。寄周信（郵局寄上）

海轉寄 聊秀南信（交郵局）（郵局）

接兩兒十二日來書，已到武林。

十七日己丑，雨。

接仲錫十六日信

十八日庚寅 晴 此牡丹紫藤銀藤如二樓銀藤潔淨精緻 是壹
堂自苑之所留花凡芭地 東單藥面路 夫植桐柳等入冬擬補楓
數十株使之成徑 寫此芝之作 雨香 玄李丹 寫伯陽作 雨香 作啟
接陽芳二月廿八日信
又學之十五日信
又伯屏大姪初十日信
又翁子初十日信
十九日辛卯 晴
二十日壬辰 晴 邑人競渡一景數琰 以今日節盛 天放 慶北窗可眺 水濱
龍舟四旋 縱其內 閨家人聚觀 游女雜沓 容霄相映 衫釵成隊 云
二十一日癸巳 陰 大風 張雨生來 便歸門 趙山東來 晤 楊詠春來久談
墨弢平函 不能過也
二十二日甲午 晴 陸丹如來 蓉候久譚 學佛之作 雨香 作啟 昊平翁作 雨香 玉[illegible]
二十三日乙未 晴 訪張雨生 遂行 遊 恨其芭 生及李丹 蘭 又訪李昊

梅久譯 又訪馮武之少譯
梅窗兒十三來書
又子寬兒十五日作
二十一日丙申晴 三度園中藤豆成 薦新家祠
梅紫兒廿三日作
又長生廿一日作
又閒如 日作
二十二日丁酉雨 食下午晴 寫紫兒信 即發 作函 吳平翁作 寫細園廿郎 即寄 寫
鄧宅兩信 即發 子來兒
梅紫兒廿四日作
又鄧春雨廿三日作
又吳平翁廿三日作
二十三日戊戌晴 寫寶兒信 即發 五兒 楞亭六姊信 即發 寄實 寫柳文信 即寄 姍姍
五兒錫信 即發 作函

接寅兒廿一日來書，十六日隨來稟，一切順適，已定十月初四日歸娶

又寅兒信

又六弟十八日信，兄新婦十月到家

又挹之信

又孟惕廿五日信，已于十三日自武林湖州返蘇

又寄鄉文山一信

二十七日己亥 陰雨 訪陸畊文 楊卿壽 石直 訪吳防卿久談 寫孟

惕信仰蘧 紫泉信仰蘧

接孟惕廿六日信

二十八日庚子 會

接柳東雨二十六日信

二十九日辛丑 鄉薦會

三十日壬寅 晴 寄紫泉信仰蘧 孟惕信仰蘧

接紫泉二十八日信

又眉生二十四花

又吳平齋廿六花

又汪少棠卅六花

四月己巳朔日癸卯晴 移竹城大令來候

初二日甲辰晴 去候移竹城久談 候李君梅蓀 訪石甫不直

九侄信 叩發仲韓 吉甥信 金生 曼生信 仝上

接紫光初一日信

又吉甥初一日信

又方九為二月廿六日信

初三日乙巳晴

初四日丙午晴 勸陶照石台買地

接李如蘇初二日信

又鄧興二月廿九日信

又張受堂二月廿五日信

初五日丁未晴 寄李如伍信 叩發仲韓 孟霞甥信 仝發

接寅兒二月二十日來示 已買帆舟 初四日偕歸引渡

又蘇仲白二月廿七日信

初六日戊午陰　寄李眉生信　吳平齋信（郵發）　嚴見之信（郵發）

接阿壽三月廿二信

又吳花樵　信

初七日己未陰　謁沙侯東侯方濂　寄彥斯與信

初八日庚申陰雨　寄閩姪信（郵發）　子寅見之信附發　世安信（郵發）　孟楊

信（郵發）

接孟楊初七日信

初九日辛酉晴　寄吉如姪信（郵發）　寄孟楊信（郵發）　寅兒信（郵發）

接寅兒初七來京之信初四陽月晨日抵青田卅

又季如姪初八信

初十日壬戌晴

接寅兒初九日信　寄花農第一卷已學歸抵蘇

十一日癸亥晴　季君梅來（侯）賀壽　家屋前設木屋三楹以居僕人債之俩間

以再裁（歸遂）此刻為磁珠適于用　下午寅兒于新歸舟至墊仍至門　四妙自

蘇延青先生陞 傍晚九兄携嘉如質如兩姪偕靖儒宇達自蘇來賀

停舟舍旁

接四哥三日三十日信

又六姊初七信

又根弟初八信

又吾鴻初十日信

又省生初十信 已撥款另

十一日甲寅晴旭日清朗風雲不動 氣象甚佳 是日爲寶兒娶新婦陳

氏來家 熱鬧即親和姪詩完 吳陌卿殿臣國沈義民黃伯佛崇卿

兄嘉如質如姪濡宇達 趙次侯李舟蘭楊重威趙少琴楊詠春楊鐵珉

先回來候賀者 午刻兒婦甚謁余夫婦于中堂 令家樹見來

刻設祭以新婦見于祠宗 夜款新婦于內堂俱用樂 觴崇夜

吉如質如濡宇達二姪家去

接六姊初九信

又在乙八廿二日山函作

十三日乙卯 陰雨大風 答陸學元 蘇州局中 下午往看病 因為厚天寒

廖明青已晚 歇了于家 座客但大辟 寫字醜甚 四川

十四日丙辰 晴 吳學元游杏西湖 靈山諸勝之刹 同至郭外 凡洗先歸 鐵佛寺之

至北郭 下山 攜鹿 看鐵佛 相與展鐵 為鼻形 所壞 便存 頭足 少坐 歸 旅館

訪沈侯久譚 觀王元章梅花 日下三峰 至山宇 遠長慶之 蘇 南 諸 評 詩 刻

山谷論湯餅 慎字 飽餐 已越 藩入 指國 院 少 憩 而 歸 與 葛 果 于 劍門

下坐 姚 已久 未刻 遊 山 歸 晚 夜 歸 學 兒 尊 莫 白 王 守 備 來 候 賀 喜 不 直

十五日丁巳 晴 寫 楔亭 作 六 扇 作 寫 吉 未 星 又 小 楷 作 寫 楔

十六日戊午 陰 微雨 從宜 為 自 江 鎮 來 候 莫 同 共 友 便 少 呂 來 久 譚 為 做 答

侯 沈 義 民 歷 民 甫 楊 書 城 趙 力 琴 孝 升 蘭 吳 鴻 卿 楊 德 祖 王 守 備 李

君 梅 馮 致 一 姚 朴 園 楊 卿 春 星 仲 偉 許 來 賀 惜 不 得 晤 寫 學 元 作 楔 作

接 阿 多 二 月 十 七 二 十 日 信

又 吳 惜 十 四 日 信

十七日己未晴　寄王蔣侯信（[illegible]）
讀通鑑第二過竟
十八日庚申　陰　傍晚出郊下舟遊蘇臣之池上
接望之十七日信
又眉生初七日信
十九日辛酉晴　寄竹家信第一號成　寄望之信（[illegible]）
二十日壬戌晴　定廿四日啟行赴皖　侯撤幕　搖出行李書籍以出
接述之所接第九　寄保之壽信（[illegible]）　寄蔣侯信（[illegible]）　附寄
二十一日癸亥陰雨　侯以義民屍骸歸葬中城　趙少軒吳邸卿楊鏡泉王
守備於竹城東麓　偕及姚松園楊詠春張石[illegible]仲偉君來辭行
晤義民邸卿詠春之人　以義民來偕之而去
二十二日甲子晴　晨起出門周陸　此未[illegible]　作日記將改陰天矣　駐竹城
[illegible]來　侯不晤　陳氏來告任安行少緣
二十三日乙丑晴　趙少軒並仲偉來告假出行少緣　楊濱石來告假出行　久談

晨詣退谷訪壽次侯步琴話別　二君皆往相伴至舟之地　下午鄭[illegible]

二十四日丙寅晴　吳頌卿來安侯亦來立談　午前禮祀月神及告于先祖

傍晚下船即卧

接榮之二十四日[三]信

又寄之十二日信

又慈愍女　信

又鄉仲和子信

二十五日丁卯晴　晨由胥門上岸[侯]謁王朴臣石侯之子小朴　楊丹葺門上岸晤

於之及諸姪女談　謁李伯生吳平齋惲次山汪叢壽均不值　訪四姊坐久

晤吳楊君老伯孟民屢來迎　侯詣東局再以[illegible]歸詢有[illegible]

下午鳴於次泉　二鼓下船

二十六日戊辰雨　寄元徵師信附卷子至室　又寄伯信仝上　寄家定之信附卷信函　寄侄信附[illegible]

候吳平齋久談　候李伯生大談為彼敘　候彥[illegible]方伯久談　候[illegible]柯軒立談

酉刻之舟譚[illegible]二鼓開舟

接之助　二十日往

又揖之十九日往

又奥平弥市へ往

二十一日己巳　晴　金吾来　赤林来謙　帰山報来　同奥平弥往送　候子御覧ゟ少謙　赤羽新来日ゟ久謙

候奥醫不宜　候悍沢山不宜男子持来来文　候勤ゟ仲清来弥帰

不遇　候蒋無御久謙到四時来久謙　字謙備伸往　同発又奥平来　家往字帰

七日雨　卯発字赤林　字弥各往　卯発到　字標亭之助

往　字報発　速日友人来送若世話協不記

擬奥平弥市へ往　又従色奉サリ往　又赤羽新来日往

二十二日庚午晴　金吾来金本帰日赤林来送回帰日居晴同石冊久謙

候常平見少謙　候陸純御　青陸望不直　候隅唐大肢少謙　番候

療重時不直　候暗青山方伺少謙　不直　候悍

次山並候書送　久謙晦日昇見受久謙　帰居着字家

往字晦寄圖十八郎　卯発字赤服

二十九日辛未晴。寄叢老信，寄去豐照經九寶收，初七書（寄五兄手），至長兄第五號

伯陽來，係趙秦嶺之孫，鍾同座，吳清卿、儼卿為最，諸事安排

候汪蓴卿，不值，到吳縣署，久譚，訪別相從十餘年，老婦嘗寒，遍恒

會明春夕糊去，月殿難摧者，惟姊為之上稟，川如是，實決難作函也

恠方子訪不值，初七件，未得收譚

訪迮譚，至蘇郵釋來久譚，二鼓下舟，寄李黼堂信，方伯，寄也

楊二十八日家信

又已寄四日來信

五月庚午朔日壬申　吹大風　方子振來　蔡侯　朴臣來　侯久譚　劉九

之要預從其兄子壽　硯香辭來促　偕蕙宇達不至　侯步訪笙生久譚　與三朝得白飲蕖之雪亭

侍郎左此方從余一譚石曲已許當年四

侯安仰眠已至直明園訪觀停舟遮亭長生和蕭伯惕葉文

飲市樓魚亭鄰翠巷　下午過舟　寄鄭陳　初二長生五張　若生元抄　初三寄重惕　傳

晚赴蕙之招飲　因康濤宇達　給五船　時雨八時　指直赫殷佐　夏秋仰方

收殺余幽譽之　飲殼芳相軒來　同下舟　笙叟送至舟　少堂去　相軒收

譚稍時亦去　晨見吳江寧據地有亂民謀起事　據乃人訊實伏誅　人心甚恆之

初六日癸亥　雨　大順風　發舟　要門　候彭雪琴侍郎久譚　長江水師多汛已

畢　其糧多償以糧　皆是糧存三十萬金　以遺武昌江寧兩督　其為水師　經老有

經費歷年相存錢串　究不大省也　數乃稽　自來師中都皆不容實

其中記此可以慨矣　區重惕仲惕長子弟自閩門來　遇久譚　重惕以詩

存晴沉摯不息　故讀少堂時有　赴李質堂軍門招　同座彭雪琴

賓依鴻生記家何子永中是　信仲　飯罷下舟　李質堂折實依當來

晉候送行　折　自此即函原籍衛州　氣體殊委頓　文不能作書也此

讀次皓弟札，躁雖為情，人生盛衰，如露電射于天空，亦不令
人奪目為轉瞬之書，此不足以寫所苦。況余自甲子年以遂沉寂于江上
時正病甚，無所施，至大功商數月年而意緒萬端，益令傷懷，使我惡
氣都盡矣。家書付一函。順風，不數刻過宜寧，夜泊崑山橋。
初三日甲戌 陰雨，時見日色，順風。早發崑山，午過陰家濱中，過黃渡，夜
泊張家涇。
初四日乙亥 陰 早發，巳刻到上海，泊三茅閣橋。寫陳子鶴信 即發交法華寺 寫家信 寫錫瑗珀
二十日接及君等 即發交柳鐵仙 柳鐵仙來，久譚，同飯。柳壽人來候，久譚，送人夜去。
接石濤安信 寫吳應模信 即發附家函
接初二日家信
又陳壽甫十二日信
又吳應模信
初五日丙子 雨，端午節。舟人解纜，捆鋪室中，佳節悵然若忘。寫家信 即發附局
吳應模信 即發附家信 張芑堂信 即發 方蘭坻信 附張發 鐵仙來同訪孝拱

久談晡合浴晚後因鐵仙丞少生還舟
接初三日家信，寄來札子十一套
初六日丁丑 雨。候杜少舫，久談。旋蘇州來信，江震(?)亂，沈葉(?)內人甚弱，李吳(?)請仰(?)
門首接蔭蓮(?)書，內云已於寂心(?)赴事，李少知蘇州兩三勤來寺為先做牙(?)
門啟(?)做牙門，又云我得(?)女局騙以女與初廿三夜華證(?)候(?)伯(?)蘇州寄來上海
吉祥街恭惠君師李夫人寄信人在閶門內宋仙洲巷，注(?)世來報(?)民氣
不靖，亦比(?)界(?)之(?)候汪少棠不晤，候鄧樹人少譚，候錢硯農不直 貼身(?)
下舟，寄家信 即書作局 寄紫芝信 即書作局 鐵仙來，同赴李(?)斟(?)齋(?)，傍晚同買雨衣
歸，沽酒
初七日戊寅 晴。略 偕修齋(?)同錢硯農、汪少棠來，屋(?)後少譚。到鐵仙處，因訪張魯孫(?)
下午同觀劉天同(?)赴孫(?)硯農招飲，同座鄧樹人、陳瑞之、盛(?)汪小人(?)、張敬甫、汪(?)等
人 鄧樹人扇(?)物 李(?)送來不值
初八日己卯 晴。杜少舫來長候未晤。寄家信，寄(?)物(?)全(?)三千兩，匯(?)在(?)二柄(?) 即發 作局 到
來 接惠(?)茲(?)訪陳(?)閭亭 觀(?)西(?)亭(?)字畫 下午同赴市樓飲，擬(?)二伻(?)

至一曲巷鐵仙宮德甫飲叙，因過金氏、沈氏、張氏，攜一船同觀夜劇。余被邀同至西作其三戲，於日晚始回。

初九日庚辰，晴。鐵仙、陳筠少、張德甫來訪。侯葦舊行不果，侯陳寶渠少譚。偕杜小舫久譚。偕汪少堂不值。至椒陔寓園，因鐵仙言，久談。訪李輔堂、陳閬亭，請晚飯。閬亭為鐵仙與其上直舟，成舟於四川，約十一點。主僕三眾館，六點歸。寫楊景蓀信（印書字汪稿），惜只六紙。寫信（印書信局）。訪鐵仙並收拾硯叢，午又訪張燕謀不遇，又同至之後下舟。

初十日辛巳，晴。張德甫來久譚。寫家信（由書信局），寄四鏡二匣二本及金中幣。寫五嬸信（由書信局），寄四寸洋布五丈。李輔堂來，邦鐵仙來，同李輔堂赴陳寶渠之招，因座陳咸卿午刻，叙即至金利源碼頭，陳閬亭[illegible]侯閬亭至，取船票上船。杜小舫送免稅單如拓硯叢送天津，與討閱行函，皆至中。刻換紫上舟，定上下三人及隨李姓，占五鋪，尚寬展，亦不甚（聞），船價每人二十金，葉少意李撰。閬亭別去。收因鐵仙上岸小步，鐵仙別去，余下舟。寫家信（由書信局）。

發繁之信　金陵衛通　接阿哥信內有家信及擬之無錫函須即修復

接阿哥四月廿三信

又發繁之初九信

十一日壬午　晴　下午茶罷登(?)露台吹風　藥(?)後舟行不刻出吳淞口用乾巽針放洋

望南岸川沙為家嘴等頭歷歷也　北邊如陸(?)　半刻過銅沙改巽(?)卯針　水復

清如太湖　浪漸大　舟有搖兀意　申正開過佘山門　改午子針　水深綠　四望

無(?)涯際　甚壯　乘(?)舟筋骨為在汪洋中行　風時至　海(?)不驚甚也　舟(?)領上

海已三百餘里　此真捷行　不須改針　余是日早食粥　午食飯一碗　茹

素以暈船為慮　佳也　下午食煨山芋一枚　六下安中　即行被臥　直中

舟果搖簸　六(?)日間風不如昨　此舟得風順每時行七八十里上下　未出

佘山門甚遲　至戌正出大洋　風順行速　臥天明　計海行四五百里　西南雖搖之境

十二日癸未　晴　天氣晦(?)　微風正帆　穩以安　黎明睡醒　起視四圍而外無一窗正

當升旭為枕　視之少選紅霞起於水上　轉瞬與波相濡為蓋　若(?)生第

一大觀　乃不暈而倦　此二年矣　風甚和　舟平如內港　卯刻即起　時已毛里求

大洋俯瞰以望水如潑墨浪花湧吐皆如雪 亦向相激盪 亦如壯游不殊

觀此境也此地球水居陸（洋長六萬餘里）三至六十四托計將四千丈海中水盆深洲包盆黑墨中清

至綠由綠至碧由碧至黑可知矣過微風浪撥山勢是日竟日此洋如在

褥席舟人亦曰罕事 余早食煙山芋一枚未食粥盡食飯一甌時出寺同

室譚及至舟首眺望至後卸下衣中風平六十枚里黑水洋不知何時已盡地望（已歷）

蝴蝶（好）吳蘇南東省亦（海高基境去之向）見川至天明望見登萊諸山一叠在橋

十二日甲申早晴後雨作雲下午作雨聲於睡醒收視日出紅輪得視即移舟後

其自萊山至此直南村川余亦至過兩岸也過望那邊山嘴陡即正針直南

川收日此舟尾也少頃日亦隱始見海水作綠色水淨可愛柁樓

西湖之水不能過之海上山島羅列令人遐想不已亭午舟至福山縣之

烟台山小駐（距天三百餘里矣）此地為東西商碼頭擇三四之一四登岸青見駁此（舟人不令久待）余國不舟

訪子匣一見粗率望渴不放道二僕採（新李）其至律法余渴傍應

舟存川少選子匣已命人取茶（其夜如晴春）與至是日拾翠楊譯三封角小

在舟晨食煙芋一枚盡食飯半甌登陸乃大餓啜粟粥及麵飯甚多

十四日乙酉晴 卯正二刻偕勉吾子迎譚 下午同游烟台山海濱一阜再而直

插海濱中三面皆水上有亭可以遠眺（左右峯巒翼張平如屏）對面一島遙遙甚長有沙脈寸此岸

相接即之罘島也 故此岸屏蔽 北岸之有窗樓以見古人名跡一帶山望

稱時下山 祀天生石舟在[illegible]山足下長二丈餘儼如舟也 俗傳秦始皇泛海遺

舟所化 山[illegible]（上有舊祠舊址射日）[illegible]盤松絳而蟹 世有角魚 仿佛有人發象 青筆皆東[illegible]

新建樓榭閣海中空空島 改有市兵駐守 襟喉之地 曲在異族 取其亂

之口岸通商引[illegible]至閱友（相）[illegible]瑕[illegible] 少步步[illegible] 市中自有樓以[illegible]畫女閣

華夷之歡 至今不泯 夜子迎譚 海識其[illegible]鄉[illegible]友徐[illegible] [illegible]

十五日丙戌雨 晚游之罘島 [illegible]（去年刻以風不克）子迎譚竟日

十六日丁亥雨 下午晴 風微順 子迎來少譚 聞有輪舟至 即偕作飯後下舟子迎別

至新關（從税務司查税）赴廣東船上 輪船之名海龍 大小艙四間 不和[illegible]（[illegible]十[illegible]）舟行用帆

針繞出之罘島 陸用卸至針 水澤深[illegible]處與舟人 祀此為最盛

甚於黑水洋 蓋風起浪之翻[illegible]（[illegible]）夜中風稍壯 浪[illegible]舟[illegible] 私搖 是日舍岸

上 總合下舟 [illegible]申刻 以合飯 半頭 戌刻 卯[illegible]舟行至天明 共里可計 閱此舟行

歷于四川舟，以每时七十里計之，蓋亦五百里矣。

十七日戊子 晴 順風 風浪如昨 夜臥不[illegible]〔堅〕 食罷亭午後出步遠眺見水色渺白無邊

大洋不遠矣 未刻至大洋口外 風益壯 水勢渾濁 獨山巍巍 渾浪洶湧 望之口外隱

檣艘一望無際 而檣只甚狹 有東人來帶水 居曲數四約三四十里 申刻

進大洋口之內河 甚狹 不過如吳淞河之寬 兩岸夷民居多土窖 甚卑

陋特甚 此行八九十里 會潮水狹不可行 乃泊 是行舟人云 水程三千里 蓋自

上海至烟台二千里而近 自烟台至大沽實八百餘里耳 程大約以四日為率

但速者此次四日至八日而行〔此行因為風柔和平穩不覺往不然之〕 過此則放風伏偃為觸天然不易

也不易得此陸矣 是日亭午抵合衛半臥 即刻入口而乃飽食 在船甚安

十八日己丑 陰雨〔大風〕 晨行三十里 巳刻至紫竹林 買輿〔此約四五里已〕入天津府北門外針市

街北盛棧小住 居亭花子華 卿如人 登業送箸 有友十人 並識為宋介

於此兩奴攀情已先在 主人盛設相款 宣卿 鐵仙住仰恭 住局 崇光住宣卿 查

惕住宋崇家 住宣孟宇湯〔逕〕回記之二紙

十九日庚寅 陰 下午暴風大雨 早到城市一游 街衢皆土車轍深陷中 擁浮泥凹凸

不平。罣多皆在城東北門外，百餘與今城中則荒涼之至。斷海五方雜處，

風氣難為不一，路有石廣灘，百舟楫，貨物皆稱南式，不能并北，過此通不同

矣。辰刻過家，辰舟過保留，成中途挑河築渡口，桃野篱陵，守子過信 [illegible]

華子。下午下舟，風雨果至，舟小為漏，雖向之過，船身傍佛南方之橫划子，能以前

依中高，以依大類江西之座任漁船。

二十日，寅初順風早發，過西沽，乃沽已刻過楊柳青二十餘里，午過五龍口，即東

淀之上人，稱為三角淀，湖水清為作碧玉色，蘆葦叢綿渺之，游于中，通一線為

之來甲向子牙頂莊，屬順天大城縣疆域，楊青三四十里（過此西河），淶州二十餘里，泊左家

莊。是日所行舟大之一百二十里，土人云九十里。見有鷺鷥鵜鶘者，田中南行之氣

二十一日（候不見上此）壬辰，晴，熱，過三行河，順風，雷雨，早發，辰過蘇橋，小泊買蔬，文安縣境也。此

河在東西二淀間，承淀與沙河、滹沱、易水等十餘派，而狹不容刀，直沽乘之

千里之水入海，為害過千丈，甚矣水利之不講也。夜泊趙沽口，土人云 [illegible]

七十里，風暴至，一天常耳為浪，四望無人，舟掉之不能自主，飛沙撲面，黃埃蔽

北土常有云

廿二日癸丑晴大風早發辰刻行二十里過保定河口方濟河堤未徹折由陽隄河堤抵縣城
[redacted]此水西淀水本無也東至就寓畢仲鎔上岸車行十里至十里鋪此下舟地立任
邱村村之衛蓋即雍東京大道以趙北口在其東三里即西淀口西淀在
新安湖舟如蕃舟為轉深甲刻舟行不數里入淀水清徹游鱗可數蒲
葦芭池如松針水面寬皆官為蓋草西村居如梭擇不延高柳莊臣
樹嘉靖衛丁方湖舊為喜味性微制時好風盈帆舟行是駛湛擬兩水波撼單
蒹廬衣畫深傍晚抵行三十里新安縣城臨水是闔中街之甚整齊三塔伴行三
十里抵安州泊
廿三日甲寅晴由此上岸登保省晨與舟人代庖辦成昨所坐之舟車輛以一運行本為
一人坐其上駕以三馬此名轎車以貝載人為主附攜行李不過一肩加駕以
加車甚仲潔寬如扁方之大轎而深過之卯刻行巳刻至張村三十里
刻至保省三十里東中轎頗特世余自提抱時程宦者降行不肯擾
豐風塵矣進東門趨南上坡解裝寓升家府好子押行李亦晚來
至下午候李鴻卿不直傍晚後訪之久譚

二十四日乙卯（小雨晨雨）晴　詣相國久譚　命僕來勉林太守到處再寧到（承上）　僕與李

甫並識蕭彥甫（世弟　四川人）（彥弟蕭儀　兪叔）因僕陳荔秋（蘭彬　廣東人）（刑部主事　同年）薛妙雲卿

良甫寒識訪剛兩公子先後來　晤譚世勝李林甫交　吃麵　因僕金鍾

卿弟手版因僕高　鄰卿　湯　史志園卿　華以出（四出）　僕同

伯輝小山（桂林　號小山子　孫閣因名）久譚　閱鈞甫（因）李之氏　孫芳中一保（立此書）命亭　返寓

字慈作人（宗法收信見　戶部四日月）信（郵寄　交蕭彥甫便）　寫家信（郵寄　交慈作人）　寫岑之信　附家信　寫李

伯平信（郵寄　交蕭彥甫）　寫閔鈞甫信（郵寄　交惲小山）

二十五日丙申　晴　夜雨　金鍾卿來久譚　以刑部當履歷壽記之　到市中

游　肆　售書　翠盛王津門　柳仲　看肩舁　釋夏中　錦來見　返寓　高

照卿來　晉候

二十六日丁酉（竹下行）大雨　訪燮甫久譚　又同訪劫剛　原識久譚　又訪金鍾卿

少譚　返寓

二十七日戊戌　晴　夜雨　訪惲小山久譚　閱直省物叔朝（?）多不論求者為應

訓　從得為原民之政為官之生息耕讀以為大宗地無衛則鐵無矣

必由南方之清河則出是為近。賑宜若此時，情勢又不能清楚，其餘錢糧無兩扣錢，頭為每錢四千，少者三千，則視市價為准。向來有撥解銅斤一成，今改裁去，於入不敷出者千餘兩，共七八直隸州以積虧二缺，最為敝缺，以臣之經見，六缺最為陵夷，亭止年取家大賠，改撥不能免，向來差額既無，爭承亦不爭，限任候補大使接人有為河工案飭辦有千餘萬，以道光積壓兩次攤銷，十不存二三，故皆年不能御沙之患，第人情狡者，南路大賑，應為此時所尤暫，挑察拾荒澤人，略還出口世為多了。到南中書部一去之返家。下午張瑞生

自南方來之後。

二十八日己亥　晴。到樹南處久譚，同返余家。潞師來，久譚，偕李蓮舫院少逕。潞師久譚，師詢縣事，據之旋問自天津來兄求其在何，余云直省數千里之水皆待直沽為出路，若廣不疏通，南方運河之寬處沙泥淤塞，水道無路，言水利為不收尾閭，是所以為枕之晚也。康民談，以去河淤河身，水之餘惟修之大半平陸，為若上游蘇得之塞，言水利為

不覺其府縣是合入爲無所容也求官者多之屬吏雖由地瘠亦半因人事
師曰紀綱耳求利得無爲余曰北方固非善參無害意不能自利豈憤
職補小村田業以賢王教臣講理十餘年此彼亦不知矣師曰然又曰京師
風俗頹壞之極官則患窶無仰望于從役民則健訟成性藐然于官
世加以土瘠爲災輒晴之旱一雨輒潦民食不給且逐向官事余一籌莫
展惟有求一二賢人君子和衷爲理本地亦設局延訪德才學之科以培興
地方官積向爲幕友把持積弊牽纏能自爲政者絕無其人爲之奈何
余曰師志屬某似稍爲實切君子小人不過此間黑白之職拔薦人才導
迎之民氣西來所係莫大于是節王道無功能變則亦將年余又問年
務東務政內政國是之事其宜論師處於以列余及會議和約事辭
卿亦主戰爲之指定內閣再議吏以日本不可不急世不余又不可不惜
中法防議變故中外貿露無興其論互採江蘇亦安能自立今年和約
起于國不使其變而好當今雖知能其懷憂又云兩宮才地平常見面其
一委諸皇上沖然亦其屬則之時局盡在軍機親人擁護人主●當御極聽

明為吳蔚若齋之文格門正派而規模狹隘亦不過眾人自補寔佩
衡則不爾今日翰中有特起之擇為者推倚此筆無才藻識短餘
更孫之甚為其年譯竟余出師命楊柳節院又到楊當劫剛民
李來同飯後出游蓮花池其署東不數武有木甚盛亭閣甚絢此方
之極作矣又過東郭下午回寓
二十九日庚寅晴張陽生來閣菁徵李翹林梁花翁陸作梅皆來遂入節署晤
廉卿之同下幕府久談余仿李仁山寔居東偏一斗室同事數人如
瀏陽人陸蔚秋吳縣浦蘭薛撫屏陸寔翁又為候刑鄉席友趙
林巖樾 西席
到 李經 下午李佛生 多庵 溧陽人 來訪久譚 傅潤齋候
張鶴生陸作梅黃善徵黎壽高李翹林同來旁遊 守寓作 記范子華
范子華作 印秀 何局

日記三十二

佳靜宧記

六月辛未朔日辛丑晴 作梅蕃微 ?林來 同赴相國招飲 下午席散又

至樊齋處久譚 北讀通鑑第四過

初二日壬寅晴熱甚 金靜卿來久譚 張鴻生來 下午訪筠卿處久譚

因候錢友劉金藏 陽湖人 邢友藝桑坡 如皋人 又候仇曬

蕃嫂 下午陪房相國擬??文稿

初三日癸卯陰微雨 訪蕃微蕃青久譚 午飯後訪惲小山久譚返寓

李佛生來 同飲劫酌文?衙饑亂肝臟胃 英可慮狀 余在寓處見

予診治之

初四日甲辰晴 守日?作卿??文擬 鄭仲 帝惕作驛書 下午同?布飲高

鄧卿金靜卿來久譚 渫卿來 欲久譚

接本家各信者 日 日信 不允共多大夜不讀亦見返支

初五日乙巳晴 蕃甫來 下午謁覺幼亭 論?詩 學易謝亭先生于 處有

世誼 熟誼以將筆任用下官 詳見手人圖籍 且云罡閑 北角 付事

邀同椿錢牟志丁夫若儂王夢覺程軍衍慶石帆儂本中佛生

侍飲　瞑過寫字佛生過至久譚

初六日　晴　李翰林賀莊來　下午赴甫丞處殘園祀戲雜

偕數十人時來侍家卒不能坐去　傍晚寺赴甫但與擁鶴叢

徽尊甫翰林作梅于芝館爲多高邨仰二枝的

初七日丁未　晴　下午到鷗卿處譚良久行過匡鶴師立譚少頃

初八日戊申　晴　鶴卿來陳翁孫來費仙香儂不暝等齊來李佛生

來久譚　夜有廁役大爲足所擾擾之甚　補向讀漢書二本

初九日己酉　晴　天氣涼　訪南易君翰日談偕獨享　宮紫巷往郵巷家

往[illegible]　芸桐軒往鶴卿全上　傍晚同[illegible]秋携甫將雲到善徵處久譚二

鼓歸時

招同鶴甫西日見之往

初十日庚戌　晴　晨浴甚快　嗅鼻烟以遏清氣　誦金剛經全部　清茫

拂曉水數日蒲暑皆滌　下午同尊甫翰林赴甫祀別

十一日辛亥晴 存齋來 訪懌小山久譚 赴勉林招飲于江亭 各分修人備
觴 下午偕殿觀雲于 在勃刻夏公橋 京兆南廟穿漏夜歸倦極
十二日壬子 晴 夜大雨 茶前翌撒未鮮則入都門也 下午訪善徵丞
遂同遊弢赴李佛生招飲于蓮花池 夜歸 是日見明楷書總諫西市
勤蔣當二疏 萃直隸其高孫氏 相國跋持來 美女半臉 是里前賢對
青垣孫伯炯 周伯恬三先生皆有跋語
十三日癸丑 陰 謁滌師久譚 請移居蓮花池 未定議
十四日甲寅 晴 李佛生來譚 見李少荃家書 作書 寄詞書李申川
十五日乙卯 晴 同摯甫訪李佛生于蓮花池 又訪陳作梅 李勉林 不直 旋
署兩君 卧同飯久譚 下午赴李佛生招 飯庭府出飲 張席約余 東向
以係同上 余好纂合日記之卧二枝 明日乃与諸客返
十六日丙辰 晴 下午滌師至吳摯甫寓中久譚 同摯甫余辭之 李相
國則 江郵 宇委可恩 師亦慰留之
十七日丁巳 雨 大風 甚涼 如九月

十八日戊午晴 訪陳作梅李勉林久譚 同作梅游蓮花池亭午歸

十九日己未晴 勉剛來譚

二十日庚申陰 寫杜小舫信 二十一發 交安慶轉寄天津 李眉生信 吳平齋信 彥卿兩信 廿一日發 附杜函內 家信 廿一日發 附杜函內 此君處信 廿一日發 附宋函內 馬松圃刺史 名錫墉

八來候 下午到市中購日指日錄一部 訪作梅勉林 二鼓歸

二十一日辛酉晴 到縣卿處久譚 寫眉生信 即發 交伊梅原 李秉如信 仝上 伊梅閣信

即發 交來差 寫訂族譜第三頁竟

接陳兩五月先後信

又眉生初六信

二十二日壬戌晴 拜小山來辭行 不晤 答候譚小山 並候周卿詢 月槎 方 未入 久譚

次候汪費之 良所 名撫 不直 次候孫搢民 文煜 未入 吳繼陽 少帆 名自 不直 次候夢伯

頓 名甦 湖北同知 不直 晤其太夫人 余族姪丁道久譚 次候劉曉峯 瑞輯 名昂 不直 次

候劉子蕃 徐靜山 不直 晤次候費韜樂 雲峯 名寧之招 未入 久譚 次

答候馬松圃少譚 返署 讀漢書首十二卷 帝紀及異姓王表 諸侯 竟

二十三日癸亥 晴 孫楷氏來 若侯少譚 勞伯墉之弟仲篤來候 不直
陸作梅來 得七月初異文案到 李挹甫來久譚 李佛生來譚
讀南史宋武帝少帝紀 此因六年讀一過未句斷 以墨筆校訛字 會用硃筆秉讀
二十四日甲子 晴 到高郵卿處一坐 高郵卿、吳藝甫來 到陸作梅、李勉林丞久譚 下午西署 費氏排僕者指因幕事之微生動剛亡正家為者少孫局促 乙卯揚武英殿大殺大王公大臣以下被殺殺者五萬餘人
二十五日乙丑 晴 到金鶴卿處久譚 下午謁濟師久譚 命齋到寓而返
讀象賢稿宋于外評之 下午出 陸作梅處久譚 晚飯後歸
南史文帝孝武前廢帝紀
二十六日丙寅 晴 陳荔秋來譚
南史明帝後廢帝順帝紀
擬陳伯之答邱遲書
邱君足下 拔萃仕況切己 跋躓甚矣 以羈孱之度 動以旅鄉之思 撫卑誼
延壯將三戰 僕本武人 受任勝國 鋒鏑我重 屬永元末造 臨生為門國寡行

非六賁王之檀于八垓朝右熱心去疾解體聖上奮其雄斷遂定東夏僕所
弟猶懷遠即已奉領爾朝帝府物象遂詣道路黃鐵東指轉先華游從以
臣弄疑建康之固首擁熱門胸膛再同獨夫據之憂不自勝方許首鼠太
常壽熱天府再存之信不自敵啄其巡誠華那之華英赤見之方冀被自于猶常
窮安于寰宇者矣聖朝錄功使遠方御封之大掄恩武牙將泰建帥旋蜀郡闕
里既源矣其在乙矣茲為鄙雅之陋即以擢疑陵精異任以來臣圖據忠笞
孤降將取遂擢此焚給一物之中未赦屢下吉人省之上士重意氣中七處
神絕下士重寡祿僕誠粗俗不足以與于此而利害之分何獨情然仍之
于陛下如有腑腑之感直因恩始過慕竊錄賦性悖直上之不能網撈
官性媚媚一八下之不能俯首弭耳求容捷近苟任再歲第不保下鄉曰積
任兼為志陽閡情味為完就不足之人為僕意之為此僕那思將委身
司收御過主上而左右隔塞使出千里候命俟恩遣賊過計使僕誠為
異志方時前亂宣諭揆仗為盡南下前來程至曾肌計不出此而乃來
于宣城以俟誅討於亟改道遊山谷流離驅馳前進一機僕之臣之亦可

以矣入北三載頗見崇揆旌旗表彙朱紱冠蓋冒寵卿之將亦
刺心目每聞喜詠蓋以牛羊塞川角聲鳴鳴風烟莽曠未嘗不南
望流涕夜至自歎語云狐死枕邱首戀思故鄉猶蘇君之僕何嘗一
日忘聖朝哉徒以犬馬之誠不能動人致在異國之分貴士之不知高下求不
得寒達遙遠在向是僕之所惜後日自遂不能振乃以一洗此悔尊者乎
以答姓機不及轄將猶有猶皆息撫擦見原故今左右若其惆悵不
泰盛雪之伏願君念而悔易先發節施不打偽以君之雪雰殿下以德徽福聖
主聖恩鮮特生寵深伏思望從濟天年之永謝肆緒伏莫者逃死不得
已之計一以于時僕之志諒也是爲之若未陵生子卿曰僕陳瞽陳其舊
本事之積志庶幾有相之以見僕如不能在懷茲一師在人心知功高不
賞世業廣名用賢惡志因以自盡高祖在天卿風俊先達仁命不
宣

二十七日丁卯晴下午驟雨飄灑游市中略薦飯盤桓歸來（李雨亭中丞來復不值）午謁鈞鳴卿
塋路漢助羽葛之介紹僕晚又同車謁李雨亭中丞時放男擬此都移

閱南史宋后妃傳 宋之婦以妒得罪陳妃讀此仍當常也 此老

二十八日戊辰 晴 下午暴風折木驟雨 經此已焚氏壯麗久譚 陳燮龍子仲覽（陳氏） 申刻過䕶翁 陳伯蘭來一坐即去 勸翻東少謀 見劉梅山來之寧四匹皆生寧居雨明一帶 以金積堡為老巢 實軍中東路後陝 清洞溪川等路進兵 擇加山西小米每斤三十文上下 陸路（由近川處）搬運至京甚遠 積貯條糧多無從進兵云云

梅先　　日　日作

二十九日己巳 晴 早看報聞中 下午過梅先高聚卿 說劉枚向陳達夫 梅來 傍晚聚卿項拉過談守 各作人來信二件

三十日庚午 陰 李勉林來訪 下午寸梅先同車 謁李中堂 正月一條 又訪作梅先蜀同館中四川左生云 或英毆丈夫 撥吏科林給事 所易病皆

梅五月初八 十四 十六 家信 又寄先 初十 來示

又聊職仙 五月廿八初作 寄函 月十八 天津寓函之劉

又托子芝華十六 初作

讀南史宋宗室傳

七月壬申朔日辛未食 王夢麂軍門來信 王曉蓮祝寄來信 劉星叢
來訪久譚 其祖蒙溪先生于乾隆甲寅同年 君思恩官元氏知
縣世家遂蕩於不陷 寄家信 即發 第乙信 今上 夏正作師書 通事句 夜陳荔
秋來譚
初二日壬申 晴 與作梅魁林約 早晨赴上司衙門 命劍魁林取官服來與
還 作梅阃司道班先上 謂余及魁林次之 相君視之而笑 余
曰天地不仁以萬物為芻狗 師笑 然為師曰吾今已除之 萬物為己 星笑 夫子
以萬物為芻狗乎 萬物為 余自循視 亦為一芻 而已 以決謂蔑司盧
午亭 宣赴江寧 辛丑進士 臬司照振軒 撫部 合肥人 清河道 黃勉之亭 候補 鎮泉
日來 候之 惠祖揚 湖州人 帳貴似出 侯選 官應識 因御吳遲之 光緒壬 本 舉人
寶識先 奉天人 及曹仲山秀壽 揚州人 李錫臺 蘇州舉人 奉天人 張曦亭 金山人 候補 直隸州 張莉溪
候補 撫州人 劉東雲 新任廣昌縣 山右人 話久 下 魁林來 午飯 休息良久 治出 候 補
道 蔣蒼臣 御前人 中堂 薩楓亭 壬寅 旗 劉楞堂 又答候
王曉蓮 帳存齋 眼 將取 與魁林不往 余候同御吳遲之

少谭還署為煙渴略寬，劑合丙衣一枚，少滌屢渴，丙據書至勃刚

佛笙皆來晤，譚良久

初三日癸巳晴，夜雨。晨起，迎林已正，官廳題同上謁（佛仙和國之術仙）用男識首府恩雲峯

福　旗　陳卓同知陳鐸之宣　常殮福州人　以次至蔚泉道　新吳至上謁晤

談入局退，候之，補道葉伯與（秋卿）　伯英袁守人　少谭到勉林至，午飯，作梅岩悉

為黎方午後同出謝候首府恩中峯不讓　以次候諸地　任候補同

賓雅者首府恩雲峯　首縣何駿聲　山東泰安陽人　候補府陳鶴雲　慶源江寧人　陳雲樵

下午物到鴨卿至，少谭傍晚同撫首　高鄉卿　勉林　芝蒋　春生　祀寮接

飲二村陷

初四日甲戌食手午晴，晡雨　上司衙門遣人持謁掛號於事　到作松交明家

蔣之病為何來乃　還署為出候諸同寅民夫十家　明者候補府薩寶之

蓍　正白旗　候補道任俊之　候補山西人　候補直隸州葉鳳樓談　旗　劉玉錫

穀　甲午舉人　下午物解衣到良久　全卿來譚　到撫首至李佛生寺

譚識　吾書道候　霸州人　保送今才

初五日乙亥　大雪　同寓者俱赴考者　獨余怠不出

初六日丙子　晴　出候諸同寓於千佛庵　未晤　又候王夢九　彭紀南（楚漢　皆未識之）

西單門彭赤眠　因撫有訪李佛生久譚　留晚飯　滌師下顧不值

讀南史宋文帝孝武帝明帝諸子傳

初七日丁丑　晴　連日同寓自司道以下來看者絡繹之　俱謝不見　下午詣滌師

李少譚訪　作楊久譚　彭紀南單門來候之　留而卒甚惡

讀大珠和尚頓悟入道要門論一卷　諸方參問一卷　真宗門上實語可寶

讀宋曉瑩羅湖野錄一卷　寱集談錄世譜未也

（曉瑩仲溫立）

讀明紫柏大師語錄一卷　為儒人語

初八日戊寅　晴　以和硃衛集趙同年道署　但謂見　去官麻識　因御趙子安

龔（允祐　常熟人　非派翰林）筠管（吳縣人　候補翰林）成五橋（候補其部郎）旗　又遇張曦亭　陳翰雲　候

趙子安不晤　候龔筠甫少譚　于黃何塘同居　菊贊臣　午后送晌

讀南史劉穆之徐羨之傅亮檀道濟傳

初九日己卯　晴　下午到陳作梅李勉林處一談
初十日庚辰　晴　同寅吳穀軒（蔚如，駱馬長山人）來看候
十一日辛巳　晴　同御劉景藩讀蘇餅食之設飽　傍晚到陳作梅處一談
十二日壬午　晴　黃勤卿來譚
十三日癸未　陰　訪劉景藩袁世仆　又到金鴻卿處久譚　黃仲筦來訪
以讀史　王鎮惡朱齡石毛修之傅弘之朱超石王玄謨傳
~~十四日甲申~~　接阿壽函自廿四日行　李相赴川又留鄧蓉以待
十四日甲申　晴　字季平華任（即曼　姗公文）　字寶寶保任（十七歲　姗公幼子寄任）
以讀南史　劉敬宣劉懷肅劉粹孫處蒯恩向靖劉鍾虞丘進孟懷玉檀祗劉懷慎傳
上李少荃相國
上年藝調保陽側聞　中堂使指密膺西川仗節伏維峽波恬伏帆航休和
忠信所孚明威畢效為如稱頌南北誹迭之咸民氣輯熙所鐵從容賢
于撻伐際江以還野多戎騎宇宙未寧耕鑿莫安有來蘇之望不有君命
雖無反側之心十餘年來甘食煖衣婚生之喜為之一變今油幢遠臨

雖亡師去即而問者哉仰首鳴々如不可以終日此來者々謂古人所為

礙也々自去冬即謂段即東還伏承今春自簡中之罪素置細羽搆

搆於東于五月中旬行抵歲首會晤壽(風騷)諸侯相對甚樣財服(風)翦福勉篤

仕此雖出丞々職喩其所曲段以俯仰世資為々深計數年來眷々掖守

之來素衣以謝宕自疑初世固必陸渋山此寒酸堅持一己時節操情々之旨

好來此段即于今月(初)循例參謁野(處)其後情未免倒行於敗于崇罪之分

理首固其(野)於勉抑惟生平夢為世所挺挺々々則深路一々化吏恨慰日久

轄時寸心最難自釋回憶甲子冬寫即蔭錄之日屢承勗獎勤於任

段段叠詢徵東許置門車雖日月(如)流而爲序恩施不忘新聞(聲)咳

夫路而不得者疎容々粗疏亦矣場讀書(劍)(鍔)漸々徵瑕意接神馳何澗

千里而夢寐無錯識論立世成短於世任恨悵々已

專肅寄候

去歲接手書甫承示械諭蒙台覽詞每于勤剛共更窺竊鉤吮用益下忱

今夏側聞湘濱潤雨恃為嵐溫蒸騰加之溽暑未露動定康勝否靜居

閱道之餘尚冀珍衛禮部醉茶羣祉不任禱企○野筆硯食差強
此浮生去歲師相量移自思取恩十有餘載不忍遽別姑步擁相從一處
遲之姑從吻伏田里乃師相忠貞爲講中之斷出將青黃之歸初之無仕贊許
有成且爲計及家食之艱依人終非了局恩慕陰狹非復文詞所能罄
讓今春遞有奏調之舉○閩省亦百計推攜于五月內將輪舟北上到閩
仍宰節院外迫恩慕內取凍餘藐躬未指于今月初循例牽到四恩甲賀
之階量爲提陶祇以疎宕自知每方執意拊疾於世慨歎姑此日之脫身
筌耕何莫非高厚之施但藉裁成豈闌今苟且緩之寸心實難放之久
故自甲子以後於今五年以日不與世相接而別浦停橈目擊千帆
之過此則鄙衷所皆欲喻者不因境風所轉迴不由人二十年前也仍不免
倒持手版重歸師門之侶出操鄙庸相笑竊詩推原立論偎儒冗之場未能
實踐篤之者莫論之下吏不知者江左之寒生再焉炯庶了此千步
然俯仰屈伸此偶於中朽之後代我以修契己及旁觀者之一無可何
足云持衡私心尤不於視軒重承於思畫窒息蒿愚而爲高明罪則　又已鄙

下事不可思議同年｜師大慧題居羊｜暴取緒論旁通探悅用彼
以墨下頂政呈似鉗鎚取出意之跡鄴惠首素理令陳閒以歸塵尒
十五日乙酉　晴　日居夜涼甚　出江南舊秋　陳作梅來步談　下午到劉葉蕃處一談　又訪曹輔東
孟晤仲亨紀家　又訪作梅勉林在世丞　晚飯晤李佛笙在吳樸甫處久
坐譯至二鼓
十六日丙戌　晴　識計第村崇卿廿人于幕中｜到壽程中一支見南隨下
潭中等九種讀世界｜西蜀高士來定之　李勉林來久談同飯
讀南史　趙倫之蕭思話臧燾傳
十七日丁亥　晴　在李佛笙處譯同到高敬卿處
讀南史　謝晦謝裕謝方明謝靈運傳
綜觀羣謝世間時代乃家乘兒國史之南史一傷在此
十八日戊子　晴　早入城訪高敬卿　同坐一轉輝避輝友齊姚幸在一局
為予所擬撥出罷稿　傍晚到作梅處勉林處
讀南史　宗愨傳

十九日己丑晴晨 胡壽頤卿來少談 又劉雲樵卿來久談 寄河帥書

復（二十日馬遞武昌）鄧季雨信（卿皆信局）

接梅直甥六月廿五日信

~~讀宋書□□□傳~~

又梅直甥五月廿九、六月十一家信

又九姊全姊信 云孫長蓉甫姊祖去世

又鄧季雨六月廿六日信 已到天津

又鄧壽人六月初六日信

又魏頌仲 日 日信

又張升一 來年

讀南史 王弘等傳

二十日庚寅晴 寄家信（卿卷 馬遞常熟） 董甥信（卿卷 附家） 高郎卿同鄉新居收拾 又過予

本為筆尊午返寓 寄丁雨生信（卿卷 附直） 傍晚勘刪未讓

二十一日辛卯晴 寄張芝堂信（卿卷 永定郡卿） 安花樹行 仝上

二十二日壬辰 晴 訪高聚卿同至新居 陳選順 訪作梅等久談 下午出吳

撫省委 逢張瑞生 聞鄧孝雨已至 遂步訪之不直

二十三日癸巳 大霧 晴 金耀卿偕同赴薦泉署 衙齋薦未見 泉方臥恙

晤余朝珠 余解蔣拙手版而出 是日在官廳識同孫 汪貴之 官衢州知縣 因而訪

心如 名鎔 江寧人 陳甘山 錫美 江寧人 孫繹 又晤人蔡賓齊 賓名孫 傳振陽生不道過

晉孝雨來久談 訪高聚卿少譚 謁潘師久譚 下午方同帯諸人

赴首府恩雲峯 首縣何駿臣 拜領于蓮花池 飲甚樂 借晚歸

偕至高聚卿家久坐

接 六月廿日 廿二日 廿八日 家信

又 寶廷 六月廿二日 文賦各一首

又 吟晃 六月廿一日信

又 旭亭 五月十四日信

又 鄧孝人 六月三十日信

又 李子騂 □ 日信

二十四日甲午晴 ~~到金鑑師處久譚下午到劍剛處少坐~~ 到李雨蒼少坐同出訪辰一秀改日入內久坐 下午晉候吳觀欽不直赴吳松甫招于蓮花池因坐到子務處訪盛庚念祀人[錦年晚飯]陳嘉秋沈郎 孫作梅葉蛾卿雨觀察李佛笙太守借晚飯散

二十五日乙未晴 到金鑑師處久譚 下午到劍剛處少坐 候津茂山存佑並還李雨蒼 又候汪[太倉]安之大令 訪心如大令 到作梅處久坐 合洋家桃甘姜不下南勇燒桃為大信之

二十六日丙申晨雨 住以平齊 西者雨同至新居晤二下午 律主匡木家具酌 撥昭日稍䦆

二十七日丁酉晴 到金鑑師處久譚相國命[有]加核清理積滯之說与同事訂後奉委每日輪出取案卷為對面設几案不入不出又到高郁卿處少坐 謁潞師久譚 立夏 昔者下人在外招搖 余陳明問其年 訪鬲馬燃後蓮晨時到印局劉府乾兵然不請考為奇兇處為年方雅遠而綠覺寢甲潛正遠来物方器年人彼此同卿易于向觸且理言莫辯一有事

故鄉以相推~~本以業兼辦~~~~時~~室餘並挽之蘇孟函致又師左右、
歷一月半所託人情狀臣時常不小心生涉相保既久陡上之居宅于是之
性情好而之中最難處家師律身如寒儒而數年經閱嗜好之
郁之然世頗大法無積多能為不婦之師美乘之臣幕中諸諸同人以稱稱
之嘏即安寓新宅覽火既舉百事井井香雨亦携蓀來同居
下午梦甫郭卿來訪久談
按言庚談　　日偵名家駒常熟人去年來时所携一函
二十八日戊戌晴　金鶴卿來談少頃　草詞札委余綮清語中宣入署上謁未
見要侯因至金鶴卿仍西亭等　又至藩署上謁中丞兼候本署清語
委員發上訴于瀍江吉人知縣同來往双臣集署謁張慕訪少談　候本署清語
季貞陳王甫本任興人知縣趙履賢陸德人以以任謝甥函來晤　又至道署謁費觀察久談
又候悍小山久談返寓　踪蘇纨本市亦真薛特雲聊天亦陳寶爲春少談
下午同季雨市中行
按譜為二十七日札

又村少舫口信

二十九日己辰晴在西守极之六韩信初三發謝家信之刺到署仇與亭書候契甫拜季寧

來申刻雄來泉署陣訊姜惠陳之兩題夜雨未茶後不直

八月癸丑朔日庚子雨旋晴 寫節賞人付 初三書地賞付 巳刻入署核稿是日畫押
下午到劉豈範景舜甫高聚卿丞久少譚出署即作梅勉林丞久譚
晚飯後晤 晏白張振軒集使遞制蕭惠甫大令來候不直
初二日辛丑晴下午雨 寫家信初三書寄兩兄 曾見作 地家賞作 輝小山來候久譚 巳刻叫
齋高聚卿來 下午答候蕭惠甫並經同年劉宗二降吳天子
讀南史王曇首傳
初三日壬寅晴 到舊署衙參不晤 候夏上卿不晤 答候黃賓亭賓不
晤 候蔣春農不晤 候任姚如久譚 旋到署 高公中畢 下午訪劼剛暨
邀梓甫蕭惠甫同過李佛生久譚 傍晚返寓 黃幼亭答候不直
接子寬兄七月廿一信
讀南史王誕 王華 王惠 王彧傳
初四日癸卯晴 陳伯梅來候久譚 夏少荃來候少譚 巳刻入署 下午到高聚卿丞同返寓久譚 任牧山來答候不晤 黃寯卿來答
候久譚 黃賓亭來未晤
讀南史王標之 鎮之 韶之 悅之 准之傳

初五日甲辰 晴 同李雨町李栅一生之日 朱小汀 意訪 十年劝蘇翁之蹤 范冉
四幅仿顾步徐秀媚絕世 至其人則又孤忠亮節 挺然不拔 宋廣平鐵
石心腸 作賦多閑情 古今人固不拘也 翁徐公書系誤 述此言笑
蘇州府北濠時 三大憲列坐譙樓 失足墮公 猶痛哭下城 以陷署藩臬
撫部印衙 繳（進城）公方待至 指之曰 此遺墨耶 在吳蘇（吳）入國宜實當之 不知
讀獨藻境是也 巳刻入署 無公事 偃仰而已 下午晤 黃荷叢 趙子安 又同
竇藕舫二人來候 不晤
讀南史 王懿（即王仲德） 到彥之 沈慶之 垣護之 宗祖 張興世傳
初六日乙巳 晴 寫盛伯熙信 寄叔眉 拟屋 巳刻入署 僚公來數件 下午入謁條帥久
談 聞太監小安兒假冒差辦龍衣欽差至山東 被擒為東撫（丁稚璜）拘拿 來述寫
泊奏 金年藉其寵 問供即行就地正法 東朝將東閣宜家法 余以自
兩宮垂簾 不得不做此舉 宣侍所今邀改城社之惡 部門物議萃然 此有一
下人心為之大快 朝政清明 可為額手 內相國亦日以有舉劾之疏 斜七人
善 人 訪伯衡（寶荔知縣） 蘇如人 趙（鄭如五 中書 宝庭 即人）來候 不直

上梅卞家宅甫璧如 足信
讀南史袁湛傳 洪顗第
初七日丙午晴 董侯趙壽雲 候陳蘅生 金武 均不直 董侯蒂寅亭益 江
蘭生 桓亭杭州人江小雲之子 少譚 候陳擇萱 崇恆因殺人 久譚 候陳雲鶴 唐少
譚 董侯趙子美少譚 亭午赴葉對卿祝壽之招 同席陳伯梅季懋林
吳翠甫高祿卿邵良甫 下午歸 卧費氏姑家 久譚 又訪惲小山孟暘
讀月程 讀齋生 又識盛稷孫 盛季人之子 侯晚歸
初八日丁未晴 陳鶴年來 張侯久譚 巳刻入署 下午歸 高祿卿來久譚
讀齋生 來未悟
接 七日初十以家信
又六姊七月初十日信
讀南史孔靖 孔琳之 殷景仁傳
初九日戊申陰 守定村師作印 馬逐若 巳刻入署 下午歸
接敘卿叶 七月光足信

又閱鈔有初二日信

讀南史褚裕之傳 辛四 黃焯

初十日己酉 晴 知翁所入內為衛兵所阻 遂即作梅翁處久譚 午刻方去 下午

散步 晤李鐵帆 孟年 日本人來候 陳璞庵來 答候均不值

讀南史蔡廓傳 王興宗

十一日庚戌 晴 辰刻即入 連日口奉懿旨 下午散 訪保山 並訪淞勇生久譚

君慶丁攢來信 言太照因病已于八月初二直奉 吉林八年十六歲 和之送甚 和六來 派署正任之差

憲和七新之聞 丁攢入視 時見宗尚道意 言故來麥奉上諭 即下令為軍

為妄之出 實為人誅之也 降將不意為此 塗之 可謂巧矣

讀南史 梁居敬焉之無訪 位

讀南史何尚之傳 〓 求其紀

十二日辛亥 晴 趙卿五別駕 書丞 阮秋八來候 少譚 辰刻入內 未正回來 擬國

批永叔所擬月報 有寔之數 為於庶宜一起 君即川 過余以中堂家 礙下

午入謁 雨 陳此輩當來直 鈐迸于不救為諾 且積案日清 州縣皆另劃

逐日新收諸案務不能一律全清將不積其認勸者盡歸虛牘王下可見長

友易蓋緣名情者寡積案遂無限亦不過記過一次法之所應寬一月限彼既

相緩亦能年先請本月分通飭全知史宜者所為之起案至少以五人起為率

均無不允下午返寓邀作梅勉林來小酌二杯去

讀右史張裕傳　諸

十二月壬子晨赴署巳刻入署未刻申時以後與吳擘甫為聚卿餞梅亦聚仍陪括

作人來俯嘆不已因僧脫衣殺

讀右史張張紹傳

招劉生七月十二日經之返來午外病有瘳

十四日癸丑晴夜月甚皎三鼓大雨雷電晨辰刻入署午間陳篤初秋蘭特來

高少漁申刻公事畢到第無有是一支算隨勸剛李佩堂陳篤秋等

倚晚納宿昔香雨許月二卿陪飲甚矣野色陰內中秋在家惡月僅一度耳

勞生可慨遂詢陰澈何家慶玉月明之句以自廣

讀右史范泰曄　蒭伯子徐廣鄭鮮之裴松之何承天傳

接朱子廿六日　忌辰

十五日甲寅　晴（卯正後發）　五鼓即起　早合入署　先赴內委諮負笥相國賀節　次候兩邸

子次邸如同年處　出邸官廳候　因寅畢集　坐談良久　刀兰起　出　借家下房集

署　投謁　時俗不見　時已亭午　餞　因　舊　道　同　署　新　集　至　時　不　住　高府卿

來談　寫　名八信　樹家信　寧腳信（今上）　家信　即日發　[illegible]　託比戚樹丈業　范子華

復文卿（文卿丞）發　言唐子復（即發）（今上）　論君今事

十六日乙卯（六）　晴　答候田寅韓伴玫（楚生知府）　趙仰五不遇　候吳蔚清　麦貞　陸立齋

本堂　與人　趙宿守（保送程丑）　程陸原人　少談　答候同寅張瀚　人　不遇　答候麦

秀峰司馬（葉保本因知）　少談　答候李（鐵帆知府）　（又平園別人）不遇　答候黃伯墉（禮臣誥）

都田　少坐　入署　下午返家　李鐵帆來　候少談　萬壽甫　劉亮甫來談

讀南史　郭延之　諶　陶　沈慶之　周朗　殷琰　了已傳

十七日丙辰　晴　已刻入署　下午回　寫方幼珊信（十八發）　邊粹存知

讀南史　劉湛　庾悅（沈之）　殷琰　顏竣之傳

十八日丁巳　晴　因來兩五六年一見之　訪悟心山　久談　午刻入署　公事畢回　請勅刚少

陳蓮汀詣滬帥 並述伯梅同年之父出資以押地人用此君石嚴書傳拓人命之為
借江中丞函之一說 請帥派人出查 帥甚然之
讀南史華皎 華元保 沈浚之 張相臨臣 蔡撰 江斅 諶 數條 江秉之傳
十九日戊午 陰 巳刻入署 下午 雨 又復孫季子 作復如皋周 復陳子猷 寶琪 山陰人 久談 主事 王復園 恩平峯 馭之 皆不遇
接方元徵帥初一日信
又到保卿 日信
二十日己未 晴 瘦齋 保壽之來談 巳刻入署 徹兒不寐 申刻即歸
二十一日庚申 晴 作致丘紀寶棠來 李質久談 並以疾未入署 寄周錫甫信 卅二號 于君
二十二日辛酉 晴 吳翊亭來飯 陳瑞亭棣來談 夏壽卿來談久談 蕭陰作梅季
勉林病 書來久談 下午乃去 高康卿來少譚
二十三日壬戌 晴 寄吳竹莊信 廿六號 錫卿長婿 陳瑞亭來談
二十四日癸亥 晴
接陽湖十二日信
二十五日甲子 晴 下午高康卿來譚

二十六日乙丑 晴 金鳴卿來譚 因卿杭芷薌來信 寫覆信 即日西遞 發 何壽甌信

即日發 又金鳴卿 朱子異信 寄嘉峰一函 即日 全上 發 戴錦仲信 書寄發 謝翁信

二十七日丙寅 晴 費鶴亭來 候久譚 寫趙次儀信 作日寄發 謝翁信

接吳錫甫廿八日信 尚易君到蘇就醫 寓見送婦回杭

又與先七月廿七日信

又李韻生二十日信

二十八日丁卯 晴 滕盦 五刻入署 下午回 馬頭仰丞一譚 申刻歸

二十九日戊辰 晴 出候費鶴亭 鍾心伯 吳江人 光緒癸巳— 江蘭生 歸安人 知縣 劉竹漁 仁和人 同里人 秀水 嘉興

杭芷薌 書記 同里人 福 嘉興人 知縣 陳陽亭 樓 又往某上虞 何 余 侯補道 劉

睦峯 陽湖 同里人 周健卷 乃大興人 直隸 偕夏余同三人 又回 作杭州材料 少譚 入

署 下午 謁潘師 久譚 師言奏報軍事程 青文制宜向一辰半之

勇丁帕首短衣利于行陣之說 又稱某責任宜專一 屬中有探陽衙門兵部戶

部屬之擬制之說 某卿深不悅 厥有遠之 樞部函請風旨 大將校駭甚 以

衣冠乃國家制度 未可輕議 予改之說 錄奏巧詆 淵所作 是奏 遞

辭，以謝諸先輩三千人，若不詩頌郭伯[illegible]蓋知其崖略，見不
足與爭也。余昨見郭嵩燾疏，殊為喟歎。譚次言及師夷長技，軍中事
之順手以來，往往其得力也，酷虐如此耶。極言河工之難，以束河之難，故余
因及此事，不可請哉。佐雖重差不可撤撤，民力因為憔悴，害為最，鄭竟無不
可不體恤。故察民必先自家。夜好為其捏[illegible]閑太帝之民，雖可遏之，可也。泛言
其太甚者也。小小勞為相從之久，一旦為此來，逼之改于民未必益，為官以事之
當時此方民氣，刀健，閩風為最，有大德，秋以軍令歸之，不可以[illegible]，亦且師太長
之先，是陳作梅好上[illegible]來之議，師國[illegible]陳及清白之告，[illegible]等合議，[illegible]
以是之告作梅等。是日為時事有感二律，并附錄自郭門過訪

時事有感

國家自古不賤軍，賞功談笑論異同。呼哭[illegible]耗費日淚。近評頗遠，是附風[illegible]。
雲派隸錄刀急。勢到蒼皇官究工。誠向上前門下張。試人長向何當中。
高裾使節拱神器。忍作天南萬里城。一樹新邦[illegible]主[illegible]因[illegible]越人情[illegible]。
生
更世亡忘鹽鐵，負重舉[illegible]極理老成。草野豈知廊廟事，果來何計[illegible]。

接五月二十二日寄還書來

又龍之二函信

又南生晉　信

又諸伯人　信

九月甲戌朔日己巳晴 寫家信 寫部四平函（即發 寄華翁）詞善微蒼前孟理 任梅舫

辦 下午 過善微蒼前高東卿 視刻 又偕干伯家 傍晚歸

初二日庚午 晴 巳刻入署 下午歸 訪懌吾山 函邀話 伯賓 久談

初三日辛未 晴 晨起 赴薦署 例參 寸萬長有 查驗 仰同日寺 芳府恩

重秉全龢同見 又到品署（謝葆松恨）與蕭全同見 又到陳伯梅寓 久談 向錫詞

甫 視家寄 往見 不至 午刻入署 傍晚歸

初四日壬申 陰 夜雨 寫家信 丞壹要伯（即發 遞中旬）紫垣信（即發 卅五）生病 梅任人上同

傍到 晚峯來 信少談 巳刻入署 傍晚回 蹬仰 赴兩司署 請話 妻人夏

讀西史

王介來 言 沈廣之保之宗慈侍 錢七南之招 同座 朱子磋（江寄人）二枝物 錄詞有書信不直

初五日癸酉 薛云守大元 守信 即發（驛遞）巳刻入署 午刻回 蹬仰 詢鄉視家方談

禮府史

又至作 佑家 少談 又 若信 貴伯塘 晁季 又 若信 李佛笙 不直 返署 傍晚歸

卿之器 薦廣 廣德 津仲孔侍

接八月初八 家信

又 核辛八月初 日信

又 渴伯 臣八月廿日信

初六日甲戌晴 巳初入署 下午晤 錢紀寥送汪席 殺遂全勞 御 高郁卿來同集

讀歐書記 擬定甫挽 奉御侍 八月十五日作

初七日乙亥 晴 巳刻入署 午間同鏡卿取汪寄函 厚生序 汪費十 陳之函 各上

礎琦小南 晉庸中刻致 訪李佩筌一譚 宗巫寄 惲小山來

讀南史 吳興 薛安都 鄧琬 宗越 吳喜 黃回傳

擬趙郎甫 八月十一日作

初八日丙子 太守敵座主年伯 協石直 晴 巳刻入署 少穀姪來候 到藩署 莊川方伯 訪入 叩也 皇考房賓主 往訪至藩署也 答候長 歸為張仰之一書 下午晤正調甫作楹聯 紀寥節留晚飯

讀南史 齊高帝 武帝 紀 宋衡陽王

擬寶延 八月十三日作

又阿多年月廿五日作 已佛補 知名用其私子衛

初九日丁丑 晴 同李雨亭大慈閣登高 閣中藏千佛 觀世音寶象 肯須彌 此為唐宋以

前遺物 知非世間俗物也 久為欄楯精嚴 標字宗旨 情守僧而柳戶不得

至頂然之 俯視萬家矣 將午入署 錢調甫來訪 下午出署 返寓飯後訪 惲小山送

行 將赴粵閩同知任也

初十日戊寅　晴　巳刻入署　寄孟鄰信（附書通書局）　酉刻返寓

十一日己卯　晴　黃使伯初（子駿，江寧人，名翊）來晤　黃儀翊自桂返川　特赴鄉拜

與史保之少參　黃儀蔚（伯循，江蘇人，名翊）不晤　巳刻入署　傍晚歸

十二日庚辰　晴　飯後辰刻入署　下午入謁滌師　久譚　師言吳泉司立此名譽甚善　後有

建寧令查世鏃四番　余言此人乾綱　孫（覺）求夏　稍寬恩　善言　滌師又言吳下分

巡湖南殷勇宜實　遺風已少　經　又言李少荃一味擔任事實　薛掛書未（與其年）寫

亦蘇俊傑　甚覺直徹也　余言李相保案太濫　衛尊師極笑　捷曰今見亦

甚　因旋　至下向獨向隅　余言吾[illegible]（盛伯羲中書曾藏之，辭倒中山堂之）[illegible]向鄰家公友恂尾

派　世發（蔣鄉）師政　笑言　盡非雲亦政少譯乃出同於勤朋丞一書　傍晚返寓　寄

吳平齋吳　作書奉吳人　仙遊述書（附五）　寄

十三日辛巳　晴　（陳鄉雲來　僕少譯）　寄有書信（附學）十六　若二刻入內　傍晚歸出　夜取作梅象久譚　英月

潤甫

接史花梅八月廿三日信

十四日壬午　晴　丁詠驂　午至　來（樹金陵人　向未之識　其寫人極鄙　先公九四同年）　來訪　辰刻入署　隨鄉

之旋炘全蓮山來訪 下午仇照亭高照卿來談 是日公事畢至抵暮

晌 寫屏之作十六幅 扇面

接仲韡函 和六首作

十五日癸未 細雨 夜雨 照例辰刻入署 下午回寓作詞 鐵詞有紀寫不送行 又五

作梅花少坐返寓

十六日甲申 晴 寫楓葉作 扇面 一首 寫秋作 扇面 二首 畫梅作雨日書 遠書句若 巳刻入內 申刻訪陸

嘉秋薛桂丞 少談 蓋謂條師之歿 以一鐵相贈 詳之 下午回寓訪城隍廟

一游城隍廟 風氣之城 皆有廣募 今值其始也

十七日乙酉 晴 猶寒 巳刻入內 下午赴贊侯恒 極合錢 甚佳 夜返寓

十八日丙戌 晴 寫僻師小字 辭費數也 卯正 葉勳甫 沈倩如諸人來候 巳刻入內 未刻

和焉邵仰垂一談 傍晚晌

讀南史齊鬱林王 昭業 海陵王 昭文 明帝 高 東昏侯 寶卷 和帝 寶融 紀

上 呈相國 啟

前日侍坐 恩遠撒恍 竊謂入不盡 師之屢 婉提 賓 為五 賤生私計 既已深 鄙淵

嘉慶論肌髓 至在田間久忘業進惟殺以安耕釣 家無業膽成 儒者傳生 初無之
星神今勉循思 布衣直筆任情 形似實昔誅 祇許官本以代耕 而免本府祿未行
全錄古訓又出意之論 略異尋常 一懷自匡 晨年即蒙壽 庇維以山公聲早務
擇人閒四方 紀祉何知久已 無異陵陋 一旦見州縣從世俗 何情願恬尤 發不獨至挽
宦學者 萬里上塵 薦經此負當年之屢受 維細今日之未容易 辛苦之豈議
鄉僻兵火之餘 是傍睡東竄 無把握兩年 師之知至勝負自知 種種為其學習
附加象術 傍而路取笑 方來自為何求栽植 發別區區之心 願望盡隨而更勤求教
益告取既是進退為可憐 且不足以勞盛意 秉性樸平 即對高義辭免無儲
枝察繁命者 亦讀強闕耳 生平辭受之間 秉有無形之尺寸 恐未足之為而特
而序言之老友酬所 曾勝伏祈垂鑒
十九日丁亥 晴 寫幼靜信 即日遞驛付 發陳佑山書 到陳佑梅丞久譚 午刻入署 酉刻
遞家 惲少微來候 晉陵惲心農之弟 舉人中書
二十日戊子 晴 寫趙郎甫信 即發 交撫在 陳惺甫贈事 赴王署賀祝宗之太夫人壽 回
也與諸同鄉公內稱祝 主人避客逕出 惲玉堂覓不直 答候惲少微 少譚 並

識四川之貢紀曹 侍某人 又方伯于立之不直入署 下午晴

二十一日己丑晴 于立之來 巳刻入署 到協删處一談 下午到任秀之之孫久請 翁已蒲陪

少徽並劉曉峯 顧雅循 蒙之揚 二鼓歸

接李少荃八月十四日信

又周鶴甫初六日信

二十二日庚寅晴 寄子密九信 廿二發 巳刻入署 下午到馬端卿處 久談 在因新齋

市一游 聯之毅說見回返 余寓晚飯 邀陳樸翁來 鄭卿卯生 陳樸翁 二鼓歸

接八月廿五家信 欣知郡城疾苦奈何

又香濤八月廿八信 備述兩家貧乏 祝之感觸

二十三日辛卯晴 寄蘭生信 附寄 巳刻入內 申刻出 營候陳詠丞久談 又候

蔣劭甫 孫子勁 陸高寶安 又候黃石橋 共九人 先生子 先君生晚作函 稍不直

返寓晚飯後訪陳作梅少談

讀真齋後記詩 齋宗侍 寄 鄭霄瑞 一 齋寄弟子侍上 鼎 子彭 子雲

二十四日壬辰晴 寄陽寄作函騎遣 巳刻入內 下午入謁滌師久談 出寓 師曰 是不曾改

字眼一股文字正以導為不先務慨乃更搆誣邪余曰非也靈相愛過切以垂家
計務急越罪見序一則世以服人二則化互之素志此行差以務要外亦合則不敢
欺師若以為徒事鋪僞則又不敢嫉也要之由不先已外不先人座為栽植為世風年
歸感歎余問師讀程理歷門論如何師曰甚美而善易入門理學家之根不
継外學者陸王之學尤近余奉手曰善微陸王程朱亦皆異乎僕自之名義
不昧試問此是何物常釋氏則睹之靈之為祖何責似乎近乎師曰然宜乾家
老儒之徒宗旨圓已明之曰實也余曰此孤寡儒之病聖賢無前無之之死也之七
十從心所欲之四十不動不惑之心學不可恃聖賢自言之或十五學之之不
躁隨之師曰然聖人尚未親子而況我一節惕驚歎壹壙而覆覺矣之則其以外
行為理路字見余四三日不違仁亦從心之說而言之論也不並語之纂新隨意一之句
仁亦不易矣繼請論而慈亦乎反況老少艸甚矣師曰子當只宜從在心未嘗不
以氣血用事者隨懌惕爲達之今庶幾之余曰自在成大地之大氣者皆不拘伊行
此呼之論義只為非經邪今直標種學世來亦宗但深阻師宜以不明之恩感
君動之而不知往菩深步至著柏文慕談爲甚深正世以破　九垂下世以懿万

飽無節以為如宜那忽哭曰烟疼快論晴吃桂附數劑 李逸卿函寄 汪秦之來久談
陳惺齋來久談
讀南史齊高帝諸子傳下 齊武帝諸子 文惠諸子 明帝諸子傳
日 二十五日癸巳晴 巳刻入署 至高鄉卿處一談 酉刻返寓
讀南史 王敬則 陳顯達 張敬兒 崔慧景傳
二十六日甲午陰晴 宗穎侄（兩□ 謝□）亞農侄（邨□ 運□）陳惺齋來 巳刻入內 未刻歸
二十七日乙未晴 少穎師來談 巳刻入內 申刻高鄉卿邀赴西門外花園一游 歸時
甚暮 列暇可飯後 高鄉閣少敘 合我鄉某來談 至廣和館同回返寓
少坐去
讀南史李安人 戴僧靜 桓康 焦度 曹武 呂安國 周山圖 周盤龍 王廣之 張齊傳
接吳臣子信 夜
二十八日丙申晴 巳刻入內 下午劭甫邀赴廣市同行者陸穀又至申樣逍遙中
刻返寓 訪少穎師少譚
讀南史荀伯玉 崔祖思 蘇侃 虞悰 胡諧之 虞玩之 劉休 江祏傳

二十九日丁酉　晴　陳懼萬來　巳刻入署　高郁卿來譚　邵公武來自江南入署

相訪　下午偕陳卿久譚　酉刻出署　陳懼萬來　初鼓後訪邵公武　不直

隨南史　陸瀾　陸慧蘭　陸果　信

接定子寅書　初十日東事

三十日戊戌　晴　大風寒　收衣四毛　陳懼萬來　命嘉石（修葉及王儀部之子　侄謝同行）來儀　謁贊

劬亭　訪蔡　芸儀　葉冠卿　訪蔡均不直　儀　偕換如　訪蔡久譚　芸儀　舒

嘉石　不直　巳刻入署　申刻返寓　招陳伯幽　邵公武　黃伯壎　邵年雨心　飲　二鼓

散

讀南史　慶果人　王謀　擕何憲　孔陸　劉京門　信

接十三日家信　並合肥壽件

又命以懷甫　日信寄　堅思詩集　楹聯

十月乙亥朔 日正晨晴 鄧文武來 陸理臣來 邵吉同李雨人文武及金聲仰西城

隍廟祀賽會 未刻入署 至劇晡

讀南史劉瓛 明僧紹 庾易 子黔婁 劉虬 劉之遴傳

劉之遴傳 鄱陽嗣王範以班固所撰漢書真本 即鄱陽王範在蜀中 詳梁書本傳也 之遴錄其異狀數十

事 其大略云 古本漢書稱永平十六年五月二十一日己酉郎班固上 而今本

無上書年月日子 古本敘傳號爲中篇 今本稱爲敘傳 今本敘傳載班彪事

則古本云彪自有傳 今本紀及表志列傳不相合爲次 而古本相合爲次 總三十

八卷 今本外戚在西域後 古本外戚次帝紀下 今本高五子文三王景十三王孝

武六子宣元六王雜在諸傳中 古本諸王悉次外戚下 在陳項傳上 今本韓彭英

盧吳述云 信惟餓隸 布實黥徒 越亦狗盜 芮尹江湖 雲起龍驤 化爲侯王 古本述

云 淮陰毅毅 仗劍周章 邦之傑子 實惟彭英 化爲侯王 雲起龍驤 古本第三十七

卷解音釋義 以助雅詁 而今本無此卷也

讀魏敏果寒松堂集內奏疏四卷 此蔚州魏環溪象樞著 全集十二卷

其遇事識量恢宏 立議平而和 無一語依阿 正氣積之溢于辭表

初二日庚子晴 閱許鶴仲所註儀禮不直 答候李仲宣觀察少譚已刻入署 偕
仲田見俟 譚半晌別去 下午返寓 寄家信寄湘軍事告病 即寄 王稼仲 晚至蔡卿
處作陳鵞卿邀 錫仲 飲 及君同許君世兩人 二鼓歸

讀南史宋武紀上

初三日辛丑晴 晨起早食後 卧白畢家樹 并看 宜麻識韓仲陵 鄭光 山東人 從
理卿 號紉卿 吳 浙人 張子岑 山東人 鑫 與鵞卿同見 少譚即出 赴萬署上謁來
見 鈔三署 有鵞卿及兩張 今同見 又至陳作梅處 歸時又少譚 午刻入署 二鼓
卿書譚 勸圃來譚 下午返寓

讀宋武紀下

初四日壬寅 晴 陳惺齋來少譚 已刻入署 訪陳荔秋 薛撫屏 久譚 荔秋言求退不
可太急 今進覲前放直督 風氣大改 亦安之 足證名世 遠 又聞 彥識 擬
玉叢去冬 稼卿 稼卿事一室 係三十日為 卿 初二申 文方 盛言 保甲 請政
此事為要事 拓耕 係之可概見 余為之 嘆 申刻返寓 趙 紳 謁 二鼓 相國
遺 并未之 穀 署 麻 三字 不 欽 非初

任所宜墨蹟一

豫章先生墨同文章之節 叙章記

初曾參與卿晴 在郭入翁以昨本前一跋卿墨初本一 此翁正寬應詩作

梅邊情為代跋一 今再三見初且云翁篤之寬通印日挂辟矣 彼尔翁中一

午後入謁方綱 大鈔於初任所宜版錢尤於封所所宜版日簡僻示書有民事

以相知也 師云黑下家世绪良後譜方定 且是下才調此 以錄雖因本庶碑不

妙墨蹟一 并云補鈔下本擬寸 勉林請人同稽查請侯 先日為補 日前翁

自身引往以引見 云云以有諸為通 黃為鑄本詢 又李穆城為定室三本人 石將

春流為自遂分寸 其人同亞則即案制筆系屋次侍本 行外世投案前

因相國前一 去世與同君家講 為應及之相國似亦為致及昨以每揆之其方

嘆邸也一 為稽通 審割出翁內之桿舊翁更為孫婿世有寬人論事智家

亦廣且晚 作同來兩諸隨悟為送出一 以謀本未就情切請者指筆之

久讓而通 二讀法表示一來久議之孫 鉄送使而如為一寫 言以此

林宗賓一人而宣一 衣冠為之 地以黃為相國同人罪邪

初六日甲戌晴 寫家信遞曾劼剛 世兄信 巳刻入署 陳三奇來 侯久譚
到高陽師處久譚 申刻歸寓 夜陳竹山經世兄又上竹陸樓來 陳譚至三鼓
去
初七日乙亥晴 早候汪蘭生不值 謁邵定達李蘭孫 都護 久譚 孫卿陸陽
河邊汲流田 為名臣師畢 其餘存名均名財積 以機工章南北三所 已定而定勝者
館舍侍不肯與此 又至中軍府此外村與北軍府此外村多收以政成季榮兵
任縣視牛羣 株騎兵協辦理 續任提如久譚 又偕作林柳林海步 又偕
李鄉年不甚 申刻入署 謁聯帥久譚 申刻歸寓 已孫卿西寓家人及郵來
倩
橋薦寓 午 卜札 寄署孫卿
初八日丙子晴 晨(尚李丙卿孫寄宿桂州人千里說)起赴署 尚署薦寓張詢季寺 又辭 着同見 以外薦寓
寓 不直 答侯至上所 送 答侯寓郵卿不直 謁遠寓 答不直 答
侯季貴人 及同寅謁新來寓吏少譚 謁之麻恩不值 午刻入署 謁相國
謝委久譚 陸皆署 遠 郵卿 息久譚 出署 謁 室 息久譚 申刻返寓
惜友原藍雲 天上尉 行五山西 舊九人 注表之二府 汪表之來 費伯垣來 陸伯山來 孫卿

書写事　来兄並兄外遣之候

初九日丁酉　晴　赴泉岩御屋石直　借住於此久澤　又吾候諸寺　又到蔦若御

出午前方作御香　借良久雅兄　又到芝庵　謁因豊峯寺守少弼　又到[illegible]

上謁相国即令辞　相国御少弼於宮阿不及待之来見　到御[illegible]久澤

又到蓬庵陳謝於薩摩守　返宿　[illegible]来　閑[illegible]

歩行久澤二段[illegible]

初十日戊戌　晴　[illegible]名少[illegible]　赴於閑所之相国寺　刻於返来[illegible]　[illegible]二座[illegible]

振名為先例日[illegible]

天到住持寺久澤　到高倉御香草返[illegible]　[illegible]入　記也来見到

早着御[illegible]来見　到返蔦語多御[illegible]久澤　到[illegible]　[illegible]久澤　返

宗[illegible]　飲三[illegible]

十一日己亥　晴　西[illegible]不遅[illegible]　[illegible]陳謝[illegible]久澤　[illegible]同[illegible]　[illegible]閑[illegible]

[illegible]仰[illegible]午刻方殺入[illegible]着　相国[illegible]　[illegible]　[illegible]御[illegible]少弼　[illegible]　[illegible]

[illegible]記　石直　[illegible]秀峯　同御　[illegible]　[illegible]　名[illegible]　又[illegible]

王香閑　二閑[illegible]山来人　石直　又到[illegible]　石直返宿　[illegible]御来　[illegible]同[illegible]

三哥於殷　寄黃幼宰信（印送）　復桂山信　仝上　寄錢伯人信（十二號子弟書畫箱）
接呂弟妹一　初二日廣信
又復桂山本日信　薦沈夢存爲刑錢
十二日庚戌　晴　（陸桂山來）復桂山來　候久談　吳振甫　馬相國來　候少談　張毅甫來　候少談　若侯
馬相國書仲山不直　入贊恭候　吳振甫不直　至鄂卿處久談　至鄂卿處少
談　若侯李佛笙不直　到陸伯稼處久談　若侯何毅臣　吳雅甫　攀於中人（紀翔）
少談　返家　潘惹來　張季梓來　吞陳卯言　趙幼循　房蘭來　鄂卿
來　在此晚飯　黃伯榕來　陳云帆來　陸桂山來久談
十三日辛亥　晴　晨起即草略例　寄沈侯　復桂山親家　久談　定見延請於寓
沈夢存爲刑席　常延晤　辟如幼錢席一　若侯薩提亭親家　少談　（江）[illegible]方乃孫
翎中學校第一事　書玉符案一　御晉（張）祖之之　訪侯梓小山　區作陳門　至此不直
西節翁函到　擬請甫來　少談　又至鄉卿處少談　趙陳鄉卿　擬鐵同席　作極然林
午刻　出西節　畧有　未往鄉卿處久談　往送沈夢存　兩席如吳姓　張奔[illegible]闖[illegible]
派官家人　撥事在早以　齋僕　院外可揚幕　傍晚返家　江[illegible]來　訪梓

小山久譚 返寓 寄家信(第十四號) 附子俊信(十四號)函 陳杜小舫久譚 三鼓歸

十四日壬戌晴 夜雨 陪杜小舫 候胡市沈夢存 (浙吳人 久居京都 年四十八歲) 久譚 出東門

西操場 督隊射 把西軍門惠廷 譜則將 順吏 書督 侯景 劉業誠 吳

執甫 蕭倬吾甫 陸軍加秋 薛福成 貴 王茂世 陳良甫 陳寶亭 劉金龍 金陵

蓉 張卿 陶樹堂 金鎔卿 同飲 畢事 辭歸 申刻 出訪胡候 尹星田

(未成人 尚設 交遊 極雜) 並候 惲小山 同訪 任松如 於寓 旋候 鑄卿 二鼓 候費幼蘭

東久譚 三鼓 返寓

十五日癸亥 雨 早 倉 院 下 寓 辭不直 候陳三翁少譚 候陳杜小山 辭歸 少譚

候陳作梅 翹林少譚 謂 史 果司 不睡 詞 若存 恩 平 集 候 戚王 翁 同 辭歸 少

譚 以 界 名 詞 張方伯少譚 謂 若 觀 寓 不值 西 蕭 名 桂 歸 並 候 寶 鑑 卿 久

譚 候 惲小山 不 直 候 惠 國 少譚 候 仟 久譚 申刻 返寓 寫 惲小山 信 並

信 與 一 紙 田 家 信 從 軍 宴 田 銀 五 百 兩 二 分 利 即 送 寫 費 幼 亭 信 收 到 見

贈 銀 百 兩 也 即 送 赴 蔡 幼 剛 集 識 於 飲 同 座 林 執 甫 嘉 甫 佛 笙 凌 伯 存 (四川人)

(湖南人 魏 能 亭 子) 唐 海 鶴 (湖南人) 黃 梅 生 等 二 鼓 返 寓 金 鎔 卿

翹 耿 來

信久之去將小山去年東山少陳昨又將所有辭了少讀西字陳仲山見了久
談三鼓睡
接芍初弟十日信
十六日甲寅晴 陳竹山來 作送來 金謂所來 請其事協正行 吳桐甫託
由東馬並 午刻成行 出西門 申刻二十五里小大鴉店 入南城境 酉刻三十五里小
方順橋 方順河即邢河 是日入店住宿 是日從者帳房霑雪之外僕人陀狹王春
命鮮 胡玉 胡升 馬誠 趙林 色識 守玉 盤業 作廿二 吾
十七日乙卯晴 卯發方順橋 巳初行三十里至望都 宿柳蔡夫城郭北盡佳遠
也 午正三十里至清風店打尖 店中有題壁詠六向書方讀之句 未刻復
行 未正至定州城西門未正投寓 一欲六滿四一派不入聯龍河城極大周、一
牌豐衣中山郭卯之遠郡 城中有塔甚巨 惜安靈不游覽 斯所
信年稿
上中堂 年
寫 接奉寄 自年 十六日由 記程 日行 抵本

復丙午　日接印卿信來，記已三易寒暑，文謝學後篇自慚無毫髮之益，以遊
人群黎。中堂大人拔之儕偶之中，置之署之上，專撥[illegible]隱憫無已。伏思古人有
言，良吏惻隱無華，皆績事意不撥擾，三數以為吏治升降可以概見。
夫心無越俟[illegible]用[illegible]切為郡帝志篇，修政則[illegible]而道
郭而致斷也。上素之善將之才，初入仕途，有見未諳，若循[illegible]無不稍無益
甲民，並一起念內各屬，務以力為政，抽撥[illegible]白以和舉極其知之也。
富不致安民無作，別[illegible]日久，何之必須不敢輕諉，及張[illegible]不敢為，而自近
不敢為而異，固不敢[illegible]以負，尤不敢違情矯激，以[illegible]
[illegible]中堂大人栽育人才，相期來以凡於屬僚，賢奸無不周詳論之
悉誠用敢直陳，附見卿俟諭示，不勝惶悚待命之至。
十八日丙寅　晴　寅正即起，卯初發，蒙如辰初，未初十里，以日落已，申初二十五里，宿
雲縣，大令汪慶辰，林莘伯人，李輔來，經年名曰前，侯[illegible]雲泉，少陵卿川
[illegible]
[illegible]四十五里[illegible]宿　為印作城隍神文
印作城隍神文

否若崇尚以恤於[illegible]

[illegible]

聖天子[illegible]昭陽[illegible]禮百神以明陰[illegible]惟

爾大神聰明正直以無負於孫土保佑我孫之民[illegible]年矣上以奉命[illegible]

於孫自惟德薄能鮮無以為孫民福匪[illegible]之人之教誠樸自守罔敢[illegible]

以陳于宗乃負于國[illegible]官之日[illegible]敢[illegible]有[illegible]于貨賄[illegible]

[illegible]

世身[illegible]未盡[illegible]保世子孫[illegible]

刑于府州以徵于宮[illegible]為戒于[illegible]

[illegible]大神[illegible]之[illegible]

十九日丁巳晴　寅正即起　卯初發　寓所[illegible]驛[illegible]以[illegible]林[illegible]巳刻[illegible]

閑[illegible]頗壯東[illegible]五六里城牆不及三丈田[illegible]為南海[illegible]引澤[illegible]以[illegible]

況[illegible]南十里[illegible]河濱寬廣[illegible]萬福[illegible]相上下[illegible]世[illegible]

悍秋冬枯落[illegible]本[illegible]上以通[illegible]一二里[illegible]十

里鋪矣時已[illegible]年矣[illegible]行人[illegible]居為[illegible]以[illegible]未[illegible]

川車正[illegible]三十里[illegible]水火鋪市[illegible]人烟[illegible]集此[illegible]有[illegible]遠

逢[illegible]正[illegible]二十里[illegible]城[illegible]入[illegible]閑[illegible]南[illegible]金[illegible]衛[illegible]人[illegible]

頭件事

「教皇諭事，照約來文，曰一倍書生，[illegible]禮教，仰副文宣，嘉惠來茲，篤理好

「李風闕不[illegible]，[illegible]孫邑民，仿照風書，[illegible]情[illegible]，[illegible]下事，[illegible]之事，[illegible]

「[illegible]情況，[illegible]弟參行，[illegible]一[illegible]之忠，[illegible]民之[illegible]，[illegible]其一民，平今[illegible]

「[illegible]隨，佐以是，前來本來，不以民事為之事，[illegible]修之，[illegible]已得以速整之于

「神聖賢佚，[illegible]敢不勉為本身，為物拒[illegible]，振顛于王之事，以聯繫于神爽，以

「如舉之風，[illegible]之心，國不絕以，示其民為日久也，之行事為外人之耳目，

「因示仰闡發其民，永宜諄喻，並以[illegible]之廣知，與安分守已於無事，並應實

「自存其所有，莫之繼擾，並於條約于條約照治，[illegible]不能自博究也。

「各種事務，應知，行來三十有八年，須四方十八省民間情偽

一律知悉，其民以身家務自以身試法，[illegible]

二十日戊午晴。午後[illegible]以晴暖即初地初日步[illegible]，又割四十四宗照約城外

光年今日以僕如尹高黑手[illegible]，[illegible]付步諭之，步[illegible]之玉代付對渠事[illegible]偏和為

中外萬民[illegible]五宗又疑之，四十人之[illegible]，[illegible]甲[illegible]矣，午初[illegible]

西刻行七十里至柘榴驛入北関出南関宿[illegible]趙州城外五里有石橋碑甚下河

形高低東西柘榴具一丈蓋淡水浄水及操地 宿季雨[illegible] 廿二日至陀館 若 驛令宗港之咳嗽 近迷

二十一日乙未晴 卯初卯紉卯正發柘榴閣達日為朝業飯有瑕心名興來相達常川

午初行内卿驛入北関出南関出 午初汝川申正六十里至順徳府入北関出

南関宿自黄清花雨源皆有山並十里外為柏府山巒近橋十餘里西向道路

城隍為大石界五山氣未盡也 酉正順德城體不休里過豫讓橋甚里小下廿丈流水嵯

年國士之知國士之報皆不親 守伊川 令世矣 臣之難節亦將塗皮面不為見耶 到

在汝州之間 唐任小國太守 道經 邯鄲人 陶 飾蘇 陶

大令道經舍至 任 國陶頗當春人譚 謝四月院観由臨道先趙禄板

姓論華押り李先行 名 道及 溥

二十二日庚申晴 卯初卯紉 卯末發順府 辰正川二十里至沙河驛入北関出南関

城世小関鉄不磨 附近衛道向右名差 午初汝川三十里至 禮速震 來

申初汝川未正臨洺関 有城池頗大直洺水之名洺水直名令之因形為名

自臨洺関至 四十五里 不下七十里戌刻方到城之甚 北 大入城住南

門。街閔府尊出查保甲未遇 謁畫蒼二友三丁 丽年大令錢倩伯敏 吳人 未

拜[struck through]送兩令並示府尊長子昭啓 旋候馬材臣不必候一

二十三日辛酉晴 賦赴任孫姓 徐世義 七律四首成 錢同甫 慶清 本吳人 已出了子 候補府分府 名泰 來候 早

合必候錢倩伯名譯 六種精辨 吉居李益 陛孫姓三日 孫事郎知其詳 贊

候錢同甫不直 候錢倩伯幕友俞梅卿 刑席 山陰人 陸景堂 錢穀 山陰人 劉府

署挂號拿刮 並候幕友殷國峯 晉聯席 上虞人 李 協石亞 遍候諸

同寅均不晤 候山長武功堂 治清 前任人 己酉舉人 庚子進士 刑部司官 前城書院山長 又孫 少謙 回寓

錢倩伯幕友 候不直 孫子[illegible]村 吳 保定人 徐少食 蔡文 薦代人 未 候少謙

武功堂來 候少謙 府幕刑席殷硯峯來 候少謙 錢[illegible]日 來 候均

未晤 傍晚赴錢倩伯招飲 同席王泰人 鳳翔 字人 蔚 代孫姓 張仲卿 候補府經 錢同甫 飲

散 二鼓返寓

赴宜孫姓途中詠 [illegible]寄府同事陳[illegible]秋 [illegible]郎 [illegible]封 吳[illegible]大令

寄[illegible]刑葉誠兩公子並寄 [illegible] 歐陽曉 [illegible]郎 印

吳南屏 [illegible] 何 [illegible] 曉 [illegible] 守 高秀才 [illegible] 迎 [illegible] 記 [illegible]

生平自許絕纖塵。冰玉丰裁見性真。其舍久羞焦度孫(?)，有家不恥

卻無貧。撐腸世味酸鹹飽，揮手長場綫寬新。四十方城人兩美(?)，豈未知

何以瑕形民(?)。

新年獨樹意何如。芳度風情習未除。毛義之喜親待養，陶潛辛苦

宅世居。半生非報恨知已。一擲終悲失遂初。來年津亭聊江知山齋

且莫等投書。

滹沱十月渡行舟。老木丹黃爽道周。時有山河壯氣勢，四天地亦

浮沉。眼前術假(?)秋直(前塵事)得失雞蟲一笑收。惆悵有誰知此意。豫讓

橋下水空流。（豫讓橋在順德府北豫山西栗(?)城驛大道旁，今有碑書豫讓橋，以彼為是(?)）

蕩椎車壁欲途窮。瞭平(?)微行道中。地維一脈山斗大，官真可寄(?)

與天通。西連京塞環兵氣，東望三臺擁圃(?)植。（唐累(?)河南臨漳縣在鄴都也。(?)村有(?)…村在(?)）

（魏武遺塚在(?)…壽祠武城(?)）雖目百年清遊(?)憶，待君長寄(?)高橋目(?)。

二十四日壬戌晴。黎初起，早食之，發驛(?)年(?)出南關。濠池甚寬廣，周以柳(樹)並青

江湖之思。午抵五十里前河宜(?)(沙)岸(?)，進行李車不即前來，剩發中初

至吕家莊工入碌境，爽道甚劬，假親自視，欲益寔足以為民上耶。巳刻至馬
頭街，距此鐵沙名三十里，實四十里。四鼓晴，得有來迎者，已設行館于火神廟，羅
列果餅，笑謝之。此市與灘陽同，承清德圩岸，陂直，彷彿江南水道。
二十五日癸亥　晴。辰初起，至吹蘆馬頭市，有樊子興來訪，昔擇交之。此人不讓
見，卻為水所阻，夜亦不計矣。五里至杜陵村鋪，下張店，鋪中有文世人，世書
至不切，寔多矣。巳刻至十里鋪，有徑邑之來迎。又行三里，朱姓佐貳官來迎
[redacted]又數里，武營亦隨來迎。未至城
數里，又來及執事來迎。至城關下轎，至河上憲，至東關，進城時下轎，拜城門
三所，入城，即拜謁表忠祠。觀者數千人，入公館，陰雨，少談，來目錫、御等
來謁，少談出，後至縣署，戴、郎、垂柱、代理縣事姚伯久談，至公館午飯，下午至
代縣署，戴郎來謁，候戴郎，並送陰令
到任祭城隍神文
古者安以地，社稷所以衛民，捍禦災患則祀之。城隍之名肇見大易，其繫于地
方為民捍禦，宜有神以主之。堅天下設城隍，以陰陽事神以收拾

惟爾大神臨照臣直以血食于茲土保佑我茲之民亦百年矣 茲予等 命

來官于茲自惟德薄性鮮無以為茲民福然秉先人之教誠樸自守罔敢越

佚以負于家而負于國蒞官之日敢有自作不典黷于貨賄以成官政徇于逆

欲以虐民事惟爾大神誅之殛之無俾其身全及全逞俾其子孫得以有遂育其

或違道而干吾之政事而為其賓亦惟爾大神鑒之用降罰于厥躬以儆于

官聽吾為戒于鎮諸而羣吏有不撤事動爾大神其賓尸之 尚饗

二十六日甲子陰風寒 夜初雨早飯後出覆謁因寅理守備國要故英臣禎

謁戴熙醇士鶴川 參議清 杭州人乙巳翰林 之嘉四年 馬鐙侯 宋國 人 侯吳晚之 主事 又候

王伯英集文詩 又候 周東疇 王之友 同年 戴醇堂 事韵梅 戴之友 杭州人 胡少漳 又候

馬職夫 長洲人 比順加識人 長存 俞蔭生 元倫 杭州人 孫雲錦件 來頤孫家鼐 湘舫來謁 少漳 告存

李昌緊來謁 吳晚之來 即為之傾肉住

二十七日乙丑晴 卯刻啟程 早飯畢坐車 出城赴南境查勘太堤及淳河 石臥

十里鋪下車入寓鋪側祀中有老嫗久靖傳是黃姑為吾鄉寶甚

鄉民之婦女矣以東偕事置之 又五里至王家府見東堤時高墈 下車

登眺少頃遥望蘇門一帶又五里至講武城日蓋無郭郭邑既即沙窩一
望平闊無人家卅尋蓋漳河故道所經之處也行又五里至河灘店真定
今即從木橋以過車馬四月水至拆之搭去十一月盡畢成之制同寬約十
餘丈水淺而闊過橋即河南安陽縣界之豐樂鎮至鎮市家店下榻以
滿泡自攜乾糇合舉一經縱吃裝飯食饑無許為李蓮英鄣店掛安
易孫鄭屯卿 揩帶人之幕友李彥甫 李兆彬之掌教人 久隨譚藩極大道
此處送行宵之詞余意豐樂鎮即講武城中間叢野芮舊失矣八日中
翊一火焉車 未指明戲曲 五代聲之引疾無以此頃于 該 鎮 乃王時廣詩 廣詩弱丁往來迎送
後接即沿路於塘舉不貸李將生之已刻丹車一而過未刻至十里鋪館乘
馬則至南關豐縣來迎余于此衡前相候策馬至衡政上房情形
而過丹黃入城過宮夾日錢湘舫來衡余 周邦和調署彰德令人 翁遂生
之信來候
二十八日丙寅晴 早辰起進城謁廣段銘舉嘉畢回寓 飯初為任載送 孫如 行
午初奉命入署行禮即謁先于儀門下拜門神 甲三叩 首畢

與何升典正大堂障塞入內更朝服何出向東北拜闕謝恩九叩首畢
奉堂印于堂中設何由拜印九叩首畢入內更常服外出三揖升
堂[illegible]開印撫衙為官吏役叁見畢退堂入內[illegible]
答佐貳載東同讀年賀少坐後東教印偏衆下午赴署查監獄園
墻四周中為獄神廟三叩首禮畢外登捕廳參見例坐監禁弟一
獄因為貢儀有女監畢下座入內監閱視中居三間中設土竈旁設土
坑木籠黑暗不堪了了東西兩面三間更窄西廂少有一間向為病囚所居已
倒壞即出何視女監六居五間院些女犯獄卒居了[illegible]出何臥四隊了房
查[illegible]其壯居快三班均在此牆西東西捕班獨在署東閱畢
返寓判張文川直與何人來見至戴筆來候國英臣來候晚飯
幕友飲
二十九日丁卯風霾飯初早飯後[illegible]出閱西城垣先至東門升城一視城墻鍾劃
甚明形勢[illegible]奇甚高峻惟城堞頗多傾未修工為佐貳戴筆中內停
出城內各處大池出口紀家海子黃家海子張家海子李家海子沿河余風塵

修東嵩邑撥費如済矣　出東門循濠外行至南門入城望坪一觀　後出
南門循濠外行　濠皆引潮河　西南隅石壘濠　至西門入城望坪　此處最
坍塌　下城出城內至北門　如數壞殆盡　望樓石磚殘　詣虞山神廟山城角淺埠
綠竹天末　拂閣外居戶移步于南閣　閣軍連密　下午出　候本城仲符　其不
明遂至玉然軍　載酌堂　朱韻樵少談　返寓　看書指示書者　西鄉
周城鄉村某與賢砍死妻陳氏　遂至刻田查驗　批甲出屍　兇母口供即
季秀鄉柳鞋　其地距城二里餘　先至其家　看明房屋屍身　即兩步至屍
場　揭屍其外顏自縊自縛作一一驗明諸物畢　而鴻已到時矣

十一月丙子朔日戊辰 晴 晨寒 五鼓即起 至文廟 文昌宮 關帝廟 岳府君廟
玉皇閣 火帝廟 風神廟 城隍廟 關神廟 馬王廟 獄神廟 川青府廟 返
寓 李嵩然代事 至北闈外送戴彤學川 同寅咸在 又候王伯寅久
譚五舅 午食後至崇阿 詩書昌事 山東藩司張 不肯 一劃分界 罰取辰女甘植孜子
山東撫布政使上海撫 有讓來指道案 將甲地界詔再路等信之、界是畫
已初始矣
接陽弟十二日初七日信
又寶兒十二日初九日信
又鄧如晟十日廿二日信
又金鑑卿十月廿五日信 寧池宛傷一節
初二日乙巳 晴 風 寒 早食後出城 至北陸村 勘案 又劃界 卯 分 兩 界 至 東 宮
聚十里 東路防土城 甘一葉 鄉民 百穴 居者 不 在 室 頭 十五里 午 劃 至 四 辰
村 甲 卯 北 上陸村 又 行 十里 費 舟 免 至 左 界 罩 一 炳 已 來 到 矣 中 來 回 城 暮 在 陪
貴 年 來 蕩 委 張 硯 陽 潤 岐 閣 書 衙 役 人 送 委 汪 蒜 向 承 運 壽 傳 晚 餐 候

汪蕃手不直

初三日庚午晴 早合以對畫點卯 與房中各文照衙役的 三百餘人入卯得廿餘

不到稽查 點畢發出收呈二紙 將理 生員戴見川 馬錫侯 師士王錫 李文字

尾之事 以發官張瑯如 振 人 經事行 下諸隣老院一把 把據書轄寄中 音一墨

祀二程先生 相付為先生收陶官碟付二先生讀書手快 返密 下午小憩坐收

呈十三紙 准詞詞一 新詞二紙 經審詞令補錄原批下刻再寄 煙椒 圖英民

守備戴見川 學正馬錫侯 訓導□□ 顧船來目矣 千總李□ 英石已二陵

家報 寫報附信 致金錫鄉 初四日書

初四日辛未晴 晨劄出堂 點十鋪地保 論令各鋪捉戶派丁巡夜 午間稱居入坊

署候王公年一久談 五代財上事後 傍晚又看事報 事者 門以向風明 要所派城外府發年姓 不

布業各生兩二把 完門煙花工西寫字惡此 隍正對定門好無事後

去之未幽藏至 饒報歸屏山事所 雲披向中將折案人花 寫明煙代寄迹

初五日壬申晴 卯刻印訖 不知雲早堂倚代中內案狀狀詞 早食時而刂

下鄉相驗 出西門一里 鎖上村 又二里白家莊 又五里徇水亮相速 郡陽村又

二里許又度有溪由支流經過村外即所謂北溪者又五里東武
壮度溪由西南來流經盛過後二里即田井村又行七八里即路村前又十里孫家
南岸眼又五里即臨水村溪隨後流勢由深又五里孫協村自龍王廟前即有土
山過遲土丸牛尾岡下此為山嶺嶔嶬出村為西鄉寨寺生馬在山之阿有墳
有閣東為加之又五里西於城鎮（近郊寺守寺界）村是午食比候如判張文川于總鎮沛
近根就　人多由傍改小五里燈上村已傍山嶺高之下之又五里宿鳳村出
村即上嶺嶙峋不過山前來先世衆寨以石為路下嶺約廿（鄉）里池上村又
五里有總寨傍民家宿也初於夫
初八日晴未時即起尋從黃青霞寨入山遊滿下不往寧石劍之洶流
村約二十里即年來所歷也凡若（中堆進寺寨年歲者之也）年十九僧子人通寂遊父母動民物家圖
詐即有嫡謹取有是勤懷之仕　來後遊寧成劉至打城仕張文川等
來候
初九日早晨晴在劍器城于鄉寺寺一路寺有不各三歲時因出石為
成上下不蕃之千佛為造象碑記（又記）碑　寺建于明皇為後前則

為登谷口戴上嶺以高闊可以眺遠四山叢帶一水環其陵巨高利原寒陰
陽河別源既已過又五里過新開祀陰陽日源開安廣寒寺杉白山河即
神霽山也泉出石罅及五里過淵上一洞開隱五里許泉源下成小池東川—
本如是即有流嶼轉出土上為連橋橋水西下設旋橋而上設磨運轉無死則
水力之大可知矣自此十五里至飯村卷又七八里至甘井田井村自鶴又五里至水
楊村也一在松中栽寶枝株高盈又五里至隆昌原開之凡七官坑五官餘年常
下接南二官十日初殺小三日下採南岸一渠而南渠北岸二渠東西渠至西北
渠皆引以溉此地此即承旧村承跋來新開城西皆謂玉堂岸少溪路保
如久譯候李翼侍獻備筆之本來太夫人祭祝過此謂一里矣過翠臺書於字
義寫還來看蒼落說又呈報路覧一處在離城二十五里之高寨廢
又經注縣渡于帝錦奎位
接李佛年十月出六作
初八日乙未晴卯刻起早食即行至高家店相縣安鎮西北廂出西門八里抵李村又
二里以豐應大五里西海村即抵渠下四村一又五里王曉庄過西海以北即好氣靖

循嶺多石 天十里半城村王嶺起 與西之聲山氣半脈相貫 此二里為高家莊

首之由海中一即屋兩左山後相聯（寔）係自龍首蜿蜒綿聯畢一過下半城村

傍氏處小盤中 自畢時已未刻 遂行返城 點燈以拾踐 寄仍隨鈍郡道

此來尽為平一 刑部兆夢蘇認歸不計 兩途一代 館集甚行來 甘佳少評

坐馬晚后無事久譯 字如辨作 初九馬進

初九日丙子晴 辰刻出城挑選役三十八名 指前一排四營駐南城外 繼又赴林村鋪

各城舖五十里鋪等處 並派員隨往來川護 候國英及中溝頭至駐殺營並了

會孫南城閱巡遊 下午出營躬詰防守傳一人傳衛不准 親加懲責令再多

日晚歸 三塘步行出營查夜 出南關外街查訪巡捕逕在者一律常責

接郡仰家十月初二日信

初十日丁丑晴 早堂 究責（遠）探查夜甲拿獲十四名 訊中達犯身死案 至午始得

夜犯確供 又點驗巡役（令）於以早起 下 夜 追 ~~[illegible]~~ 張瑯山 撥守城人 李以新諭 乘車

郭琢卿 延至生齋 天津人 話如舊候

接金鳴卿 初二日信

十一日戊寅 晴 辰刻出堂覆訊某某案 兩造均無異詞 取具供錄 將某某枷號

詳〡 國〡某臣守備事譯 未刻過李丙自任詞訟

十二日己卯 晴 辰刻出堂審理詞訟 午後出堂覆訊中途提犯訊斷 分別審結 釋放無異

詞訟寫書數紙 寫李兩信 所發 馬遞 李佛笙信 又致李芋仙 申府城 ……

十三日庚辰 辰食 早飯因李雨亭到署 後空園老木蔭下 ……

縣此女遠嫁 上房有古柏一株已死 ……

序之譯 官署頭門〡 訪玉 ……久譯 ……國某臣 匠署 ……

死照 ……

義 ……

押犯二名兩釋 又發詞三十餘紙 據駁十餘紙

樓江函十四冊七卷

十四日辛巳 晴 赴廣平 ……

駕車出 ……

錯 ……五十里 ……

姚星東垣壽同泚四人 君壽協同拜摘一頁 戴順堂同修正西府署謁見長子順太守少譚旅寓

即行

十五日壬午 晴 早到學院恭謁同寅謁賀 學憲壽慈卿四人 久譚石乾寓

候識酒早堂諸人 同局人 錦澤伯 趙容主鍋歌青四人 同到府署拂祀 又酒錢同僚

中祗觀峯籌 又候邱椒諸同寅晤 諸黃三 戴法 張侯等人 游鄉 戴順堂 又候武瑩 泚情 乙若

偕年[illegible]知余到任惟刑名作戴順堂將一年歸卅于二十八日內收盡譯多不乎

返寓 下午王家人戴順堂來候譚至榜 盛伯 禎 李侯鵠西贊三李幣候偽

晚晴報長太守拔俟二更旋寓 下鍾桐前高中譯識仿伯李修

十六日癸未 晴 早到戴府署拜年辭行旋府 又候戴珣堂不值 又候李濟千楷不直返

寓 早今日啟程 午刻 行 酉刻五十里至西郎邨 候 候有厚 國鈞 京多四人 郎郭 初日棧 方 郎

初出發 久譚返寓即行

十七日甲申 晴 黎明發郎邨 不到 二十里至柳林過境 五十里鋪 計尖 出發 五十

里至台城鋪 ... 家丁隔識車又出行李迎 五十里至北牛河 過土泉 三十五里 河堡

今晚週世收夏向收寄 旅館 枝年 住 遠場以鐵路度 其地路甚窄 難過 此方小

山書嫂印賀王蘭山相倚昔有賀蘭夫人墨此自表 鬱山為學精盈碍翻故則窮
時來徒倚徘徊指點平陵又至墨卿薛關南北二門而登閣極盡卻
居民𣽊希一午劉文州墨印 杜村舖實自台城而杜村帶兩碑石確鑿何年則可憐也未
刻時則二十里至城 是日 方洲人誕辰四暑後祭自維不肖不能早有樹立
風木之悲撫膺曾膝 傍晚寸裕友議
接金寶卿十二日信
十八日乙酉晴 訪玉山先生久談又至馬蔭棠處議 午後升大學校坐至零燈時方出
畢世襄詞三十餘紙又十餘紙經擇者責交吳處
十九日丙戌晴 下午出南關接熱河部院來電奏 五弟公館上諭如譯 傍晚
出臺理詞訟 冬至彥典 閱案牘復五弟函三姑方歸 專武舉王先春出五萬里
二十日丁亥晴五弟起則同寅拜 解旌節少卜 年弟騎屏出城行
來議 下午 國英臣 張琢如來侯
二十一日戊子 食後二刻升臺閣 理詞訟一起 下午段出臺 寫信 七十兩
三附出查 接阿弟十二日信 聞胡樸夫人下世甚為悼惜

二十二日己丑 晴 早令少白至馬淵夫子處與代寄久譚 下午坐堂問自理詞訟一
起 寫注黃之作 贈幸 瑞金鄉卿 至訪彝山朱蓝汀丞久譚
二十三日庚寅 晴 早卧至代信寄參少宰 已刻坐堂責辯解保役三名 又理詞訟一起
午下再代信寄參少譚 下午坐堂理上控案一起 閱釋呈四紙一起 詞訟二起 又坐大堂
收詞十餘紙 批呈紙 寫陳嘉秋吳敬堂甫等信 廿六發 寄差
二十四日辛卯 晴 巳刻坐堂現理新案一起 自理詞訟之起 下午又坐堂理自理三起
二十五日壬辰 晴 下午坐大堂 上控案二起 自理案一起 寫劉輝作 鄧逵卿 戴尾
川馬錫侯來候 寫與家信 廿六上寄 馬遞寄局 答之 作今書 寄家人信 今寄
接鈔輝十九日信 並其夫人手書 寫陶作梅信 即桌寄發
二十六日癸巳 晴 答候戴尾川馬錫侯 又候邑貢生許 閱儀 又書字作 徐東
春 寫屠蘇齋函 五十日發 付差商友 皆不理 下午坐堂復訊申運聘案
二十七日甲午 晴 閱大名道鐵調甫將至出迎 迎之五十里至沙井村 口自他道抵
城 送至公館 晉謁久譚 下午坐堂晚訊 自理案一起 傍晚至公館候道台隨
員張曉亭 保泰 安徽人 久譚 晚接錢祝家 張太守欽特以早回赴任閱起

滏陽邢利

二十八日乙未　大風霾　早起赴西關候錢親家少親即川送至城門外十里鋪而返　下午出堂訊自理案一起　來往　又出大堂受詞廿三十紙批十紙結

康耆來　答候少譚

二十九日丙申　晴　午間出堂訊自理案三起　晚至鳴屏處久譚

接如靜二十一日信

三十日丁酉　晴　辰刻出堂訊自理案四起　下午至鳴屏處久譚　傍晚出堂接上控案二起　唐又生　孫如愚久譚　陳竹山所寄傅清墅　楊泉江寧人來

十二月丁丑朔日戊戌晴　五鼓即起詣　文廟行香又至文昌宮五雲閣查鼓廠工程
桃之壞扶掖登頂一眺即返署　坐堂提訊自理案二起　國英臣來候　新折城
千總一　未補出門答候　千總下午坐堂訊自理案一起又責誤差夫十
板人　夜寒　晫卿夫人來候未晤　初更後答候之少譚
初二日己亥晴　到五城拜客少譚　午後坐堂訊自理案三起　那郭邨來請　相驗
擬昨日信
接九月十七家信
又寄兒七月二十九月十六箋
又長生弟八月廿九信
又孟將九月十八信　又得一子
又陸伯梅十一月二十八日信
初三日庚子陰甚寒平明即行赴那郭相驗之刻即畢賀蘭山寺奎建後借坐頃
附城鎮來對明即理候介存少譚即赴獄旁相驗之犯監斃犯高保頸諱瘞君
又出候錢桐甫候介存請病假梁來拆常也　晚再候介存撥飲　病不能出

共慕右來見當　樹森初日稱來隨

初四日辛丑晴　解餉赴鄉邑午刻抵村岸未刻已著

初五日壬寅晴　夜刻出城自陸詣何四件　張亨則來自都中忽忽一談即去　戴

范川來談　下午弟和兒微病稍安佳驗　過查班班為侍鶯訊上陸集一起未格

又比晚為發人

梧祁公武十一月二十三日信

初六日癸卯晴　曾合何寶查訊自陸集四把　貢生許全德喊來消罪人奏請覺

沙燬群芝書惟不得徑撥流入慶外病在小邑無讀書人偏眼界太窄之故

然亦不可救藥矣噫吾人之學道如牛毛成道如麟角今則學道如麟角成道者

逮金丫指力可悲也已　下午出查訊自陸集三把　擬往白村雲設壇城隍廟

若來自今日始

初七日甲辰晴　當陪季位祝四十初度　騎遂罕查訊自陸集四把續二把　國美

匡守備來　吳千總來　下午詣城隍廟設壇下着　侯戴范川不直候馬餉

侯　吳千總協石直　晚查訊自陸集三把續二把　四鼓秉馬查夜至北關夷營一人

初八日乙巳晴 黎明即起赴書院與同寅會齊臨拆香步禱下城隍廟禮畢肅

駒 早堂訊自理案三起結二起 午後升大堂讞詞二十餘紙 府經歷李晴甫跟舞人

李春來即留下榻 下午後行香山館

初九日丙午晴 黎明即行香山館 寫戴鹿川信 即發 早堂訊自理案三起結二起

下午行香山館

梅卿公武初六信

初十日丁未薄陰甚寒 黎明行香山館 早堂訊自理案三起結三起 寫卿公武信 寫

彰函兩封十一號寄甘泉 寫金鄭卿信十一號寄某 國守備來詣 下午行香山館 補寫三日前不應

照永嘉封來問我為不能斷某為日無來為止而少停 寫家信卅十一號 學之信 金上

五號信十一號 寫某卿信

十一日戊申薄陰 早堂訊自理案三起結三起 下午至協府處久談

十二日己酉晴 午堂訊自理案三起[illegible]未結 晚至協府處久談

十三日庚戌晴 新任守備劉鳳翔人來候 答候劉 不晤 答候國壽臣少

談 午後出大堂收詞十三紙 准十紙 下午至協府處久談

接秉七十月初十手書 廣潞君濤二函

又孟陽同日信

又叔之十日初九信 寄到衣料五件

又頌如照同日信

又伯榮十月初三日信

又鶴卿十一月廿六 廿九 本月初四信

又屺堂十一月二十信

又高稼卿十一月二十八 本月初二信

又湯伯溫初一日信

又汪康年初三日信

十四日辛亥 晴大風 押犯春一除病故詣驗 旋署 早堂訊祿案一起（自理案一起）畢 詢結

午後送新生入學 坐大堂 受諸生番謁畢 簪花紅 使從鼓吹（儀仗）導出至 文廟

謁 先聖畢 改平以送兩學詩禮畢 歸署 晚堂訊自理案一起即結 應召其振

新守備劉 及同城教佐訓 散

十五日壬午晴。祭畢，即赴詣閩侯、崔府君、風神、城隍廟，則看崔府君在廷階

入仕尊者，隱陽公看建設廟食於此，靈爽甚著。余[illegible]下之情甚篤，定係日

赴廟號壇。又赴劉猛將軍廟、八蜡廟設祭，八蜡祭文用[illegible]。齋[illegible]神前八

蜡蒸於則後出往攢旅[illegible]馬王廟，則看豫神馬飛騰，牛跪首一黑馬不勝象[illegible]

之神馬，神馬飄勇異常，靈騰于神而下之，亦妙事也。早堂提訊上控案一起，即結。晚堂

訊自理案三起，結二起。官滿作從官銀八兩十八兩，[illegible]作十八兩，官[illegible]滿

十六日癸丑晴。委府情周缺，提寶府君廟祈雪牒文。晚堂訊自理案二起，均結。

庭備敖佐，多官又設月成初祈，則雅一次，昏[illegible]戍鼓于堂下。庭正食甚，則雅一次子

西得園，則雅一次而散。方接得前縣人跳秋一束並錯糧折三字，畢米一處存在

照搓之，全田吉備也，笑為之笑

接十一日初八十二寄信南陽果府為寶兒併婦

又六[illegible]十日十八[illegible]又[illegible]十一月初[illegible]作

又[illegible]十九作

[illegible]

又根宗十月廿九日作
又潘于蓮十月十六日作
又曹勤刚十二日作
又李佛笙　日作
又汪貴丁十三日作
十七日甲寅晴　寫曹勤刚信　李佛笙、吳世甫作　高寯卿作　撰小山信　李勉林信　汪貴丁
信寫館干兩　附八卷附交蓮卿　根之、六姊作　寄作　瑩之信　附十八卷附姊妹書　馬暢作　附十八卷交蓮卿　下午詣
府君廟祭告下謄文
十八日乙卯蔣侯祭　祭祀赴書院會請同寅步詣府君廟　早堂訊詳案
留府案印接辦　自理案五起結四起　下午至府看廟ㄧ秀山初禮　府委姚星
房爲同　許伯琴遵江會稽人　來下揭差年　晚堂訊自理案二起均結
十九日丙辰晴　黎明行香山初禮　早堂點解案　下午行香山初禮　晚堂夜四訊
武匡之四天學印接辦　又自理案二起均結
二十日丁巳晴　黎明行香山初禮　早堂點名　接案一起　訊自理案二起　結一起

午間至姚星房處談　下午同青山、初禮、三兄至廠南兩雷書肆　書于達云大馬

之檄不能動人，輯人之檄不能動天，信然

二十一日戊午　晴　午刻封印　至大堂拜印畢　升生處調山海事　又至文幕

友來一一　詣友六處賀　是日鄉急　下午為所友書於來稿與可齋井事

二十二日己未　陰　早要親自押葉之杞即往　是日若木齋

讀藏輔人物考　卷一　卷二　原本先生著　分理學　經濟　節義　清直　方正　武功　隱逸　七門

二十三日庚申　晴　是日若木齋　傍晚和宮　往生屏處談

二十四日辛酉　晴　攬初周擊井生事一通　到季見姚星房處步談　李榮甫來　不見

羅汀處久談

二十五日壬戌　晴　晨見姚星房來談　即辭去　送之下　外收徽見家寶　午刻戴

良仍馬錫侯來訪久談

二十六日癸亥　晴　唐高手齋張叟早堂閱電訊　兵常以豪一部　自理事四紙趙信

夜至朱藍汀處談　答撤喇嘛堪布降塞達木世進　夏遇此便從　二十餘人之役

差故奔兵移之　媍勝援　唐西古山陝行今以閩中未靖　改出東路　本年已辭過

與次山方伯率馬步靈數十兩匹大梁史寶司土者何存峰且多之

二十七日甲子晴　夜至朱芷汀丞久談

讀霞鶴人好夢卷之

接陳竹穩十日　日信

二十八日乙丑晴　是早自上房東屋遷于西屋　晚得快覩乃廖　下午過朱芷汀明府小話

湘鄉來飲　三時散

接紫垣十一月二十日信

又樞臣十一月初六廿六日信　白鶴得一子

又吳務初四日信知寶熊之愈

二十九日丙寅晴　夜奉祀　先祖于正寢　祀宅竈于廚

日記三十三　　能靜寫記

同治九年歲在庚午余年三十有九

正月戊寅元旦丁卯晴 啟北風（下午陰雲） 五鼓起 衣冠竟先至院內拜 天次禮十方
薄伽梵 印出詣 明倫堂 借因寅拜 牌次至 文廟 文昌宮 武廟 府君
廟 玉皇閣 元帝廟 風神廟 城隍廟 倉神廟（土帝并合） 馬神廟 衛神廟 科神
廟（祀蕭何曹參為府吏習之所奉也） 撫神廟 行香竟 還宅 至 灶神前行香竟 拜
先祖父母于中堂 奉上糕團如家儀 發筆書紅 占流年課

庚午年丁丑月丁卯日 敬占流年局運得

否之恆

戌酉　申　午　卯妻　巳亥　未
戌宮　申
○應　○　、　父世　父　八
文女　兄巳　官　兄財　子官　女

日盡財爻持世 雖遇兩金回頭克 而日辰以大力沖之 正申弱不得氣 此主青謀
多而無損 實主歲君臨于官星 且居旺相 官遙以助 惟應爻文書震亥動為空
萬遇劉嵩而不能速化 此所以當伏吟之象也 卦遇六合而動 封象迷沖 是多吉

錢為恩綬一全孫壽為佳孫世明
易林貝卦曰秦為虎狼與我爭強壽與國歸四皓皇
之卦曰過山松柏常茂不落鸞鳳所庇得其福寓
承惠代爲討來拜年少詩 並承周密來拜年均不暇惟補飛明 旋爲回示第五更
拜年諸人亦陸續來 店集藍日至詳
初三日收不晴 晨出拜 先祖父母于中堂以降日奉上偈錄 張文虎自新城來賀
年又讓 立所減肯遞人李跋時寫稱賭為勝負 若後張文虎不在 在招
玉代討張文虎周季俊馬殿為誠夫飲 四點出查夜 示南林闈書承 原析
無郵提四人 又示時錢查視捕飛未達遠寄 寫金眉卿信 初三日 切記
汪梅岑信 金衣 寄閒卿
接邵懿八年十二月二十日信
又金眉卿八年十二月二十日信
又汪梅岑八年十一月二十日信
又吳秀林八年一 月 日信

初三日己巳 晴 夜大風 張文伯來 即回城 夜招諸寮友飲 飲罷又至項季雨君處久談

接金鶴師八年十二月廿六 廿七作

又王子紹卿八年十二月廿五作

初四日庚午 大風 微雨 午刻至東郊迎春 微雨霏微 立春時潤澤自出 芻比及郊 芭隸執紅鞭 馬鞍春到 自一分至十分（以次）人衣衣冠（名春官春吏）祗謝大臣

祀畢 歸年一城 市婦孺闐咽 皆執綵杖 春牛過則鞭之 厥有延延之氣

旋至署 安芒神畢 與同寅入內少坐 夜招諸同寅來飲

接錢調甫八年十二月二十九作

初五日辛未 寒 微雨 黎明即起 會諸同寅至署二門外大門內打春氣

執綵杖繞牛三匝 擊一畢 一官執拳大杖 擊破了（出諸小牛令送各署）送芒神畢 同寅

皆至 趙湘舫來賀春 下午偕戴臣同馬錫侯久譚 不 大成殿瞻

仰規模壯麗 門以文昌神位寄放十二哲龕側 大成殿兩廡先賢

主亦錯落長短靡序 盤守則兩唐文先生手為晾于此矣

初六日壬申。食後雪[illegible]。訂正戶口冊籍，停九層。夜至吻(?)生兩處，譯處刻(?)

廣(?)叢已過千兩，而一壯觀(?)

初七日癸酉（旁注：昨雪）已刻放晴。黎明即起，見積雪約四寸餘，黑(?)以稍融，枝梢慢天即開

霽。但飛山深氣通，為薇(?)春雨則，比先年甚矣。呼季雨起于庭中為雪

羅(?)府，邀諸友賞玩。下午（旁注：雪後鄉村景象）遊湖(?)，片(?)已小雨，于夜雨內二枝殺(?)

初八日甲戌晴。下午東南(?)華車閣，共三人，王慶、姚鵬翔來見。夜至吻(?)生兩人

卒(?)年譯

初九日乙亥。食後（旁注：雪）雨木介，午後晴。黎明即起，至玉皇閣行香，登試(?)樓，俯視積雪，南化碑(?)

挹(?)酒(?)廷，遠近村木皆白，則今晨所雨木介也。北方名之曰樹挂，南方名之曰樹須霖(?)

冬寒過大，霧著枝葉，凝而為此。古史所載其異[illegible]，今人亦以為不祥，實

則氣化之理，不能究(?)發微也。又至節孝祠一觀，荒庭寥落，久絕人跡，悉(?)役夫掃

除，並命設瓦(?)窗(?)。旋(?)至玉皇閣(?)一譯，又同季雨至後園眺覽。下午至吻(?)生兩處

兩中譯（小注：春秋成公十六年雨木冰(?)……晉書[illegible]……十四年十二月……雨木冰(?)……[illegible]……二月……[illegible]……樹……[illegible]）

初十日丙子晴。下午至玉皇閣(?)封冬(?)譯，晚又至其據(?)，看二(?)甚盛，二枝殺(?)，至吻(?)生

兩人晏譚

十一日丁丑 雲甚風寒 劉子璇自打城來見 下午晚間均至此集兩人晏譚

十二日戊寅晴 在王代村長譚 下午趙湘舲來 擬於趕飯並擬約蘇及李雨三

孩服穀 寫畫惝信五書學與行 文至芸 擬明日赴大名 廣平謁見府

十三日己卯晴 黎明起早食卯行 不到十五里 營村 [redacted] 河南陂澤狂 寗城為邊城 四市集子孫 界平鄉縣 三十里 屬

伯仲 未刻又行二十餘里 已鄭家莊尖 從成安縣 [redacted] 屬 又六里小馬風段係大名屬 申刻子刻 十四里 至東阮家

正定問 又行二十五里至沙河 只集 宿 距大名二十餘里

十四日庚辰晴 黎明行二十五里 巳刻至大名郡城 入城 拜崇李家府 是人已至

署上謁守到 以老病不便往見也 錢信伯 上在堂 聞令來候少譚 向李鯉林陳

蕭秋以借碼來 大名往候蔣 [redacted] 唐伯存 煥章 識王 播 稿道脚夫人 同飲久譚

下午候同寅 [redacted] 唐武如 元室安徽人 大名縣 楊 [redacted] 卜臣 唐牧之 記 張曜亭 保泰 高子

佩 河南人 清豐縣 [redacted] 久少譚 [redacted] 陳蕭生 金武同里人 昌垣縣

鐵信伯 永久譚 四寫 陳瑞唐生來 若佳 許久譚 傍晚步至李鯉林寓 譚至三

鼓 閱 永為 侄 不及二十寸 帖 來 碌 為 獨 序 又閱大名 郡 四 日 中 寓

十五日辛巳　晨大風　寒　夜雪　早飯後出發　上諭　左宣　……　少詹
並識王　情　嵐　丹　崖　……　楊　……　臣等少暨入　鄉　……　出　大名
墨雅軒　……　又到大名府　……　不可又
到李　……　少詹　……　下午　……
秋　……　一部　侍　……　林　……　王　……　少詹
……
少詹又　……　王　晴　……　不直　……　三段　……　朱　……　因子鈞　……
十六日壬午　晴　……　廣平　……　晴　……　少詹　……　刻
三十里　……　村　……　二十里　……　村　……　刻　……　十里　……
廣平　……　實　……　廣平　……　下午　……　二十五里　……
御　……　不　……　下　……　三十　……　廣平府　下　……　人
……　二　……　自　……　大名　……　南　……
……　南　……　大名　南北相　……
大名　廣平　……　四　……

十七日癸未 晴 早發赴廣平府 謁長太尊 久談 出 便詣同寅 多不晤 又候

武功臣 久談 極相投 又候穆縣伯 並晤過 羅員甫 在坐暢談 情 見人有親 又候姚星舫

主簿 仍歸同飯 又往姚星舫處 談華候 借伊家 同至 致米 談極 世[illegible]

晚 戴縣尹來 談 候 傅他 寫 周叔和來 談 其令子蜀生亦來 武功臣來 未

直代購書及書畫 生金銀 之 郭 ― 晚赴長太尊 之招 同座 者 郭 [illegible]

楊錦 [illegible] 與人 高琴舫 曲海 唐子 人石 廣副爺 人 二對 殺 雅 寫

曲周縣

十八日甲申 [illegible] 早飯 黎明發 廣平 周叔和 來送 ― 出南關行

約十里 過 [illegible] 碑 為仲 石名 [illegible] 氏墓 距 刻 [illegible] ― 十五里 至 黎林堡

為邯鄲 屬 又 [illegible] 二十五里 至 臨洺 沙 鎮 六部 為 邢州 屬 已 矣 未刻 二十里

至 南 關 城 集 中 劉 住 二十里 至 [illegible] 東 王 曹 王 劉 住 十八里 至 [illegible] 雅 寓 夜 [illegible] 雨

寄家稟 楊湘 雪來

楊錦卿 初七 十三 兩日信

又勉卿 初八日信

又卿 己 八年 十二月 二十一日 信 傅言 [illegible] 手 [illegible] 沈 [illegible] 不已

又參手函八年十二月初四日信一件

十九日乙酉晴 巳正後詣參久談 午刻詣署開印 與辦事了過宴 畫戶吏差役以嬰男勸 下午至烟房兩參議 晚結參件 辦夜二對數 擬到二拔（又在烟房交議）

二十日丙戌晴 開印後以事至柔新聽府前正堂行畢 至屏山莊行參謀

二十一日丁亥晴 早起至風申九與大祿邸擬行 又風生上推案一件即核 又傳自理果亭先結三件 侍晚在屏山莊行參謀二拔取

二十二日戊子晴 寫隨手件 醫遇發 閱之閱生于高石資蒼佳 二十一日發 增韶信作此出行 言懇參件 宋花樓信 寫銀二千兩 買苛劵 交李兩 侍晚到屏山莊行參謀

接莊仲飢八年十二月十六日信

二十三日己丑晴 下午到屏山莊行參謀

接陳壽十五日信 明從李帥下貴州查利等事 邸丁辦並

又覆中堂十三日信 十七日手信

又方元徽師八年十二月初四日信

二十四日庚寅晴 早食後至倉神廟點卯畢 候兩宗處文各傳本地咸
豐元年擇訪前存三百二十九名以上者 部准各縣不知 將前查出為
留中詢訪存設 將前設法鄉[初申]中之子弟 惠壽親丁並 為居民保衛辟保守
路劉簽事堂劉兩處呈遵禮樂一應 閱久矣未及子弟存初一日時
六城三差以來設 旌署 早堂訊自理案二起 結一起 下午戴昆川馬倦
信來晉候 傍晚到屏山蓮汀處譚
二十五日辛卯晴 晨起出堂點卯 筆記二名 達錄記四名 傍晚至屏
山蓮汀處譚 點擇錄四段
二十六日壬辰晴 早堂訊自理案五起 結二起 自臘月下旬每日傳見九名 擇
書數名問話 至本日始畢 晚堂訊自理案一起 即日結 傍晚至屏山
蓮汀處譚
二十七日癸巳 早食為午 晴 [早堂點卯 善擇海寧孺擇案] 點擇兜錄四段 下午至院 參兩人為中譚 [參午]
二十八日甲午晴 早堂點派十四 征糧書役 書役擇自下出各房保筆
余草安劉尊諸段院孝以與動修點記 訊自理案二起 即結 午刻升

刻收狀弍十八紙 駁回七紙 責一人 晚堂訊自理案二起 結一起 傳晚到
尚未西君來談 寫戴秀臣川馬錫侯信 請寫本邑祠祀之劄 此事前禮部咨
提戴秀臣川東之信
二十九日乙未晴 早堂點解路犯一名 晚堂訊自理案一起 即結
三十日丙申晴 早堂點解申一九 與路犯中途脫逃 下午到節孝祠 祀新刻
石牌位 係邑姓初次慶余新整理移論姓者事 以前之節孝五十二名 以前節孝
節孝貞節四十人 又翻撿破爛文卷 得本朝被旌節孝等十人 勒一貞氏以
新來者又乙年准為來入祠者三百二十九人 候訪明存沒 接行設位 並補修歸
初守于今日蔑然故往祀 返署親查捕蹤之所 查出扣押之人 晚堂責捕
役之私押者 訊自理案二起 即結 尚要毛五峯 甚為滋擾人 懼獨極 責復 夜寫復毛五
峯 寫漁師信 言恐專差 發
復漁生相國師

二月己卯朔日丁酉晴 四鼓即起赴 文廟行釋菜禮 儀文簡陋 樂並不作
僅工吹笛于堂下 ~~諸生惟有鄉心~~ 自 先師四配主祭官三跪外 十二哲兩廡皆
分祭官以一跪概之 噫禮之不講未有如此郡之甚者 祭畢 偕僚屬
文昌祠玉皇閣元帝廟行香 郡俗敬也 又祀諸節孝祠辛安郡神祠也
返署天尚未曉 偕僚屬至府劉別駕 宗晉謝剛與季作賀歲帖 各三
恩增齋師正月廿三信
初二日戊戌陰大風寒 雪午晴 黎明詣 社稷壇 神祇壇及圭祀典 劉猛
將軍廟在府君廟門 春祭禮此兩壇有祀 守土官不皆與祭 香敘
僅存之為有儀八蜡之祭 余以社稷山川祀之大者不可不修舉特為 八蜡祀典
所紀禮文所有並增方孝如有嫁之屬 則于歲杪不當在二仲 概皆為行之
劉猛廟無牲牢 崔君翰條（雜傳記）識曰 七盛及之山形別 其樹有感
初三日己亥陰大風寒午後晴 出城赴文昌祠祭 識曰 祖世名因城宜培右耳 此間
有劉星閣向于上丁設祭 余意未安 改今日祭祀文昌 以與敬也 早去
訊自理案二起均結 下午出居如常行公事 晚至有來呼冤者 訊之 則無事

以上兩五號出了

初四日庚子 多風 黎明入內 帝座前叩見御賜祖典 早堂訊呈上聽

傳一切以備徵不安 官膳局伺候 初九日 寺子之 高麗伺候 初七日奉[illegible] 晚堂僕自陛

事多 二記挂懷 連日獻忘 分荣數枚 為此療 朝委弟尚夕飲冰 我世內熱

初五日辛丑 晴 早赴 [illegible] 久談 晚堂有來報陷寓稿者 詢何其情 則因借

鐵石遙為傳假 以宿[illegible] 又詣自埋一壯即歸 夜無事 [illegible] 談

初六日壬寅 陰 官陵之為修祠 陪作梅 傳晚在 [illegible] 談

初七日癸卯 晴 武為堂自鄰來 于以日閒 考如事 久談 [illegible] 恆 [illegible]

車來侯少談 武為堂久談 晚堂視自陛 [illegible] 一記 [illegible] 一記 [illegible]

送客一記

初八日甲辰 晴 黎明起 出西門 十里至[illegible] 就祠 此間向以二月二十日[illegible] 村及屋宇

侍讀 [illegible] 日陵 [illegible] 為仲秋 [illegible] 余往閱 [illegible] 部 [illegible] 已 [illegible]

即赴 [illegible] 閣學 [illegible] 議 [illegible] 高 慶山 舉人 [illegible] 王 [illegible] 舉人

學長 王 松[illegible] 秀才 楊仲山 [illegible] 秀才 [illegible] 武為堂 [illegible] 馬錫侯 [illegible] 談少

頃出丹壑點名來歸業數峯 兄生長丹年六人 點名稱卷畢 角魁單
李生解回于多孔兩據鑒可名也 用回于府神兩格篇子多知道 三郎多夫不覺
本司奠巳寫鵝詩 耶春雨如膏 辟手記 旋内寺出長傳子廿級入畢進
畢畜 丹堂收呈三十二張 駁十一張 又詢自陳案三紙 助持
初九日乙巳 晴 早堂覆訊楊某原案坊被窩案 寫李中堂賀信稿 初十寄 晚赴
玉岱封抵作陰武郡吳善等二起 驗又取朱某行兇諫氏三起
初十日丙午 晴 早堂訊自理案二起 續一起 寫阿哥信 即寄 馬遞 傍晚赴陶處
飲久談 惜相離 名蓮生 歸館 去了
十一日丁未 晴 避雪 寫元微之信 十二發 馬遞
十二日戊申 陰 晨雪未亡存約二寸 未至午始霽 早堂訊自理案三起 助持
下午國英臣守備來 復少談 下午至宋莊行兇諫下二起 吳自崔家
丁巳役 赴山東濟州迎 南陽君
梅八年十二月十八 家信
丈長兄處附問 又作墓文二篇

又與子運少年十二月十九日信

十三日己酉晴　早堂訊自理案一起即結　又審訊新案一起　又征糧郭印收細(?)賞三人　未完責罰　打城十板掛捐結來候　下午點堂收呈詞二十一張　設四十張　又審訊自理案二起　結一起　夜在內屏母處譚

十四日庚戌晴　早餞小若侯國英送行　返侯署　久譚　又若侯昭相就不順從　留若午堂訊自理案四起（均訊結）　傍晚在內屏母處譚

十五日辛亥晴　夜大風　早令以四輪車來　從園內隔墻觀馬棚羣馬　蓄言去冬死了驢　相處甚久　今皆相識　不獨有物之形　直能達物之情　文人之心　世所不及　傍晚集屏竹女弟湘離來內譚至二鼓　閱京信　閱單中甘肅回匪攻城劉松山陣亡

接金鴻卿初九日信

又與竹莊中丞正月十八日信

十六日壬子晴　晚在朱笠汀處譚

十七日癸丑晴　黎明赴詣文昌祠春祭　祀典也　晚堂訊自理詞訟三起即結

官事畢，看擔花來賣者，買之，植丁香梅、櫻桃、麒麟、素馨、臘梅于西院前

墻下。晚，出崇華付西諒。寄吳壽英作 [illegible]

接吳壽英 月 日信

十八日甲寅晴 午後郵罡如是，閱九紙，默一紙。玉代山封寄復辭之

長者 夜，出崇華付西諒

接阿喬初八日信

又郵作初十日信之，已改留

十九日乙卯晴 早，合阿保出鹽村送行。晚又為設餞，並邀馬舍為陪客

後等 往出崇華付西諒過之故

接勇初刊十六日信

二十日丙辰晴 曉醒枕上聞鷓鴣聲，憶昔有春雨江南之思，時齋人詩懷頗甚切

有官守之責者，不能無憂，無待天明雨歇遂歸之，其行益耶，甚目近可之，天殊處

中孫稽安各樓驚，欲上下，欲之殊之，無得失之寄於中耶。早合阿玉代山封

凝行，借用城之工，玉好為難，歸，暫行，將車過嶺，城中之獄，一遞役處之意

皆為民惶惶來問，好別遣人先寓，俾以穩從嚮。噫！黎民之技亦窮矣。夜

坐，讀廖文集，讀到 宇儒來，僕云首僕人已恩傳相上忙，都人頗很之。

二十二日丁巳 晴。熱甚。午，過東鄉，三弟人來，遞呈，乞傳往上忙，即以手諭人

坐大堂，言[?]說，詞論以區[?]不可緩，且去歲[?]災已甚，聖恩傳往本年賑

何者分。務雨澤愆期，二麥失收，未定，向其指實，擬請寬年民困，並許

[?]動隨呼，[?]見天氣，宜各自留後，早定國課，皆[?]

首為之主，庶免玩[?]變[?]。

二十三日戊午 晴。為卜雨澤，得

大壯之睽

戌	〃	兄	
申	〃	子	
午	〃	文	相 用神
辰	○	兄	丑 空
寅	—	官	旺 原神
子	—	財	子 忌神 冲

父爻用神持世，歲君主之，且無原神，[?]居旺相之時，應爻雖屬外卦，而子孫休囚不發，

以卦象言之，宜得大雨。 〔雖[?]首以父爻為雨澤，用神為天之雨，父爻雨旺相，得雨休囚微雨，[?]者言以居令旺，雨少而聯于秋冬爲輕，微于春爲卯，其說殊難，此卦以父變類丑，日子又許忌神，扶日辰來[?]，而用神得令，力大我[?]隨也。〕 則大雨速至，蓋為應以求文稅之 〔[?]于二十六日壬戌得微雨，只三日氣也，二十八日晴，見日正沒，寅云雲至〕 則為大旱，可以決之，記之[?]矣。 〔宜以文書為用神，決矣，現此刑占雨〕

早堂訊自理案二起結一起又覆訊新案一起 夜在莊汀處譚
接令弟馬卿十五日信
又為聯仲同日信
二十三日己未晴 早堂訊上控案二起存結自理案二起結一起 午後升大堂收
詞九紙駁一紙又訊自理案二起即結
二十四日庚申晴大風霾翳蔽日燥甚如夏令莫哭燕閨得雨乃杠颸鄉城雲氣
不族念陵墓柳仲長兄心如焚灼 閱南門外道旁小墓下有泉踊而以
歸道守宮墓佳觀刈柳為署ヽ俸似可已帳然而返 違心緒不寧出門
衣薄遇鄉風微寒下午廣倉左屏如處界譚外洞
二十五日辛酉晴大風如昨 同缔眼往鋪楊嶽同瞿廣卿來寄 路過集 張伯康潤
下午在廣如處譚
二十六日壬戌陰微雨 早堂訊自理二起結一起 晚堂訊自理案二起結一起
夜在朱莊汀處譚
二十七日癸亥陰寒微雨雪 早堂訊自理案三起結二起 夜在廣如處譚

二十八日甲子 亭午放晴 旋復陰 下午又雪 午後將掌收呈詞于孫醫處 連日陰雨

雲心甥來 快談

二十九日乙丑 大雪 午後至廣安芷汀處談

三十日丙寅 晴 富金鶴卿作字寄稿稿等 又辦嘉梅卷 寄田作字 送銀五百兩又利

五千兩 又筍物四件 首初二寄 寄人

二月庚辰朔日丁卯 陰 下午微雪 黎明到文廟行香 早堂訊自理案一起即

訖 下晌傳堂諭傳爲拜 諭平士民等據宣講 聖諭廣訓 自後每月

朔望行之 寫高郵卿信 寫還貂素多子函 又請賈人信 寫還辛函

寄人 初二日 下午在房與莊汀丞譚

接子寔之正月廿五信

初二日戊辰 薄雪 早堂訊自理案三起 上控案一起均訖 下午在房與莊汀丞

譚

初三日己巳晴 早至先帝廟火神廟行香 經修火神廟在南門外三里餘行

經田疇 喜雨雪後青葱甚發 頗謂繞蓋 早堂訊上控案 耕草案一起均

訖 下午在房與莊譚

初四日庚午 晴 早堂訊自理案一起未訖 下午至州學風程譚

初五日辛未 晴 早堂訊自理案一起未訖

初六日壬申 晴 早堂訊自理案一起即訖 下午看敕懸告信 寫（一紙）傳世爲據 以白

諸縣 東關紳士閣思亭來見 東關向於二月十五日開廟 前月請委入民以

鈔步雨雪盤請擬案先期上板余批以三月初一日並示諭下游船户趕速放行
乃該民人等不遵示諭于二十日即行上板致船户開行不及紛紛具控余飭差押
開而儒學戴寶清爲之袒護並唆聳監生二十餘人〔李蓮〕公稟〔情詞挾制〕挾不遵妥斟
酌辦理并將通年情形照會學署備函呈之一以遵封閘務要平度也
接亦唐二弟　日　信
初六日癸丑晴大風至東鄉朱家庄勘驗渠道以鄭〔懷〕開河村外接伊村東
首之渠開通引水灌地伊村不允放水出東門沿堤挖之至東北隅首楊家
莊另楊渠水由此至東岸鑿一石竇順流東偏經李家莊少侯家村至朱家
莊而止下與秉騰廟後經緣渠之各村紳民來述〔情形〕以詢穀稼種
穀種難時節之田根麥苗如濯新梯遍野悲化身爲農人田父數月
塵襟爲之滌盡行至渠盡處與諸民正語良久而後開河村人不至又允水源
甚渴渠將〔身〕竟〔雨澤〕即係旱地矣爰再開六馬里並蒿而實之未一里開河
村人陸續跪迎道旁下與勞之且考其曲折之形勢亦頗足可喜〔又〕既至甘州營
王鳳麟家〔其子王翰之所延〕驗傳之頗竟爲殺客乃方並詠言平地等乃返午刻至城府

奉頌四宴鹿鳴臣　萬山人來捐喜鐵捐業四譯兩任界內晚堂西前來六家傳
孫稔稔若傳頗垂一金爲千自注藉此邑陽業侍稍更大者皆二三樓館六畧宵也
訊自理業二化物市價
初八日甲戌晴午後晴書院官課物性題君山長當取才兩等及王督臣高展山兩奉臺
諸君考某交女節為君子反經亞無婚正則庶民興庶民興斯無邪慝矣
詩題積雪中春帝生玄鳥放勝陀入其筐計經兩賴細無邪至午返
署訊昨聞傳華內出示[illegible]日洪明敬重年子自理業二起物價患刻冊查案
二十一孫駁六様閱邸鈔有按天主教撫釋一案又有案閩清縣
因不從醫生免差致郡城民亂不請而出承辦知縣歸李仁
往往爲教人子學兩人心憤憤慨矣
初九日乙亥晴早飯鄉俗陰爲先農壇耕耤知府攜郡佐及守備千
總揚樸來國報一牛進一及為之推九推而畢已署替具文不宜多寒田事推犂
而進欲其不而得他弟指左庶幾順耕耕輩耳物向東門外万橋停[illegible]
爽觀橋下新渠隔河引流游細良久乃返

初十日丙子 陰 早堂訊自理案二起詞訟 傳飭查差丁承譚

接正月十五日家信 已覆正月廿五號 計不日可到矣 又于去臘十六日寄一函

又寶兒八年十二月廿四日本年正月二十日信

又壺暢正月二十五日信

又桐亭八年十一月十二日 十二月十五日信

又多福生八年十一月十五日信

十一日丁丑 晴 午堂訊自理案五起 結三起 晚審差丁屠五家譚 [illegible] 星穀

十二日戊寅 晴 柳卿來 請代懸賞緝凶 兇犯以私鹽不結 將委鍾祁李晴甫 辦案陸人

來信鈔稿

接二月二十日家信 已另檔存

十三日己卯 晴 早堂訊自理案二起 結一起 又比緝糧差本日已四卯矣 名征數章

往年茲減徵糧料政抽至半 因病卸 午後丹臺寄詞十九紙 數甚低

又即訊自理案四起 均結

十四日庚辰 晴 以南陽君詩文稿 差押房於西廳 奏銷冊本日申送 下午

邀匡门屋上来谈 月色甚皎 盟杯子之故

十五日辛巳晴 黎明赴照香 早至野存 秋露大犯三次 恭邸以俗赴诲 圣谕广训 写韩作人信 写寓遣银

三寸雨 五六寸 写家信附 写金鸳卿信 写遣寓年谭银李三函 十二寄李寄

十六日壬午阴雨 早堂讯 自阳高二讫 仍往 本日拟赴御书阁并眼盘渰河形势

以雨不果

十七日癸未晴 早发赴御 出南门 五里至东[illegible] 土井 砖井无一 [illegible] 土井相连

二眼均涸也 五里 砖井口圆三丈 文[illegible] 均涸 俱种 麦苗 [illegible]

既井之利大矣 又五里至东陈村 有大砖井一口 询之俗人之不记年岁 [illegible]

矣 又二里至西陈村 有砖井一口 有生泉 道宗二姓来迎 至井上 [illegible] 一井 道 村民

阅余阅视井泉之利 访耳三首 皆 又二里至北白道 文生[illegible]

姓武 李姓来迎 入一祠宇 [illegible] 少谭 门外 [illegible] 余 [illegible] 以 [illegible] 作成

恃 [illegible] 上年 [illegible] 又二里至南 [illegible] 又二里至王家庄 [illegible]

饼千入小驿 [illegible] 进午餐 [illegible] 余自携 村民奉盘水一壶 [illegible] 以钱

饭后 [illegible] 马 [illegible] 北 五里至申家庄 [illegible] 大王 [illegible] 甚涸 [illegible] 有 文生申

鎮，又文中丞來迎，下馬于田間，看新井一口，去年所造，開用磚四千餘，砥用木槽

三十餘兩，石灰三百餘斤，人工飯食約共百餘千，可灌田二十畝。又里許至[illegible]家

莊，又二里至八里塚，文生張占瀛來迎，亦下馬，據去年所議之人，譯言之，其地[illegible]。又三

里至曾各莊村，自此以西皆有[illegible]開，欲從[illegible]年決有焉，城名天子塚，高二丈許，塚之

北，所[illegible]送勇時有爲伊石，歎作[illegible]叢[illegible]，稱[illegible]之李。又一里至東[illegible]五三

里至西小屯，地勢低，泉深井盈尺[illegible]。四里至時村，壁立人看，以發射，其家[illegible]

問者屢年甚繁，入少憩，易車，渡上七里至上七垣，觀漳河民渡橋，河流尚[illegible]，甚清澈，南岸

安陽境，平衍遠，北岸[illegible]境，開鑿高[illegible]，殊不甚深，而無水利。此村又三里

至安陽鎮，文生[illegible]來，即以來迎，入店[illegible]，邀之久譚

初以開井請水利，[illegible]事，即家[illegible]即[illegible]，是日[illegible]

六十里，自八里塚以東，水泉通利，土氣[illegible]，麥田大底三寸，以西至定城[illegible]

蒲高下之[illegible]，沿途高柳，[illegible]，麥相[illegible]，有[illegible]入其觀，不知

何物所[illegible]，[illegible]擾，稍[illegible]

十八日甲申，晴。黎明發，定城西門五里至[illegible]，有大井[illegible]，上下皆樓，以[illegible]郵

夫轎覆舟溪園水流潺潺下與鄉細人不能步 僕夫倚傘蓋于地而休
又二里至楊園村下岡 車塵四川 並碌塊隱所北岸 惟此有路 主人引
渡水為支渠緣地而行 須又二里界碗溪又五里溪村此渠乃灌溪鳥墅渠
上游急相接地主以渠相接地尚謂舍晚見渠獻其地為二三丈 全石初尚道對
令以水利為戶攬總要爭地以植仍爭衣村皆籍雅乃年改聚焉悉過其
村民掃覓請息 不入鬱山嶺 又五里至烏炭沙 萬緣野山巔祝煤窯之
山縱廣丈以來下視出漆工旋大庭寶之 錐人下二三十餘丈取煤置籃中 六人絞以上此
方之大利也 下山為雲川 又三里至楊葉沙 又三里老摊峰 入寶神庵少
憩 又三里河莊村飯頭目 又十里到獅鎮 時已亥年 候于縣到 鳴訓 不明
侯輟飯 張文收少譚 即行 又三里至縣衙 李光翰吻廉又朱筵白打話湘
醉遊已至此相候 入寺僧寶為衣履而書素定 郡劉千總皆至 少譚
寺 偕諸友 含峰 登石窟 尋親朝碑 獨此窟近于寺前 壁上刻華
嚴經二及造象題名 不下 係桂陽 訪碑錄所載不 [redacted] 傍晚收
南川三里至墨龍洞 便遊雪坡 淦水出其下 [redacted]

寒泉流清澈瑤以壺御鋪以峯岫澆石瀾以訪遙遊首河南之思 遊屏並
詩人與吾下橋于此逢月上下二枝書虎爪
十九日乙酉晴大風雨霾季頃即晴 發東齋里石橋村八里至路村少憩段川四里
田村二里至東武任度隆河五里至龍王廟北塚屯馬至此晚閒阜一六三里
御津水亮又三里至常莊又五里至城時剛及午 午飯自將事一概即結
楊子幼自河南來之任留飽飲之譯
播州那之 正月十九日作
又車家騎 十一日作 經山谷河東字之事
又看生八年十二月廿三日 作並詩
又金鑾那 初十日作
又萬福州 初九日作
又鳥服那十一日作
又第一田 初十日作 字之送傳的底
二十日丙戌晴 楊子幼來譯竟日 夜至並行至少譯

二十一日丁亥晴，風甚猛。守備劉鳳翔來信，北鄉民夫首報羅十餘來觀，總標者
以呈李府尊邸。閱此乃陪劉守備為之信，蓋從余之寬限，遂引為己功
並某照諭嘉憙日子民懲甚而為免矣
二十二日戊子晴，早堂訊自理案三起，續訊。寄劉縣作書，莫全孝廉　答
寄翁蔭南信（四月廿一日發）　答吳平齋信（四月十日發）　答
二十三日己丑晴，早堂訊自理案一起即結。野樗差比卯，以康北鄉，願免至于輸納不
事，於是以寬假之。下午升堂收詞十底
二十四日庚寅晴，陰。武弁□堂來候
二十五日辛卯，陰雨。升堂，巡候武弁□堂而謁。（早堂訊自理案三起，結）下午張□□來候　亡夫
為馬之來，以籌發二月十五日畫押之異
二十六日壬辰晴，早堂訊自理案一起即結。下午有北鄉民千餘人來求緩征并
大聖諭之，皆無辭而去
二十七日癸巳晴，下午有衆□□□□，□□論令晚夕，赴臨，晚坐庭行香
二十八日甲午，金天風，暴以印紀對北鄉百相縣載丕氏案，巳刻四十里外終坊村打尖

午刻過鼓山之林處北向五里王家庄又五里馬家庄又二里抵相縣孟縣以戴
孝氏詞因（白杆村井身死）姑媳戴大臣之婦戴郭氏不得事其翁戴鳳祥遂殺戴鳳翔妍
其媳并外侍携戴郭氏之母郭張氏（向之）怨懟殺撰為供詞撰為搪塞其辭
出處物傳如情為自盡驗視時確係鐵器致斃之事畢已下午矣禮齊
仍照往坊寓僧舍寺四方米萃人胡禄基（克順）來謁少譚此寺在林山之
南林處後山佛至三十餘里直接武安縣境為常曾北僧舍寺規模與此相仿占德居
劉常為府所建也其祥高款既阻潛鑿鼓山石穴葬之極匠兩人至今莫
知其所藏其事多疑蒙相類為萬年所一邑地下相逢應五劉此計之
拙矣
十九日乙未晴大風　黎明出僧舍寺　巳刻　抵城　傍晚接武功墨張隊出反邑
緯王鑒臣高蘭山王和之　諸信　揚差　王蓮生家　饒抓候二封叙
接二月二十二日家信兒媳已將旋至矣
又附第十九日信
又四弟二月　日信　添封雲宅

又蒙賜千字自往 王武昌謁李少帥 得本之德以一補缺以階而來也

二十日丙申晴 早坐讀自理案四記法三記 又創詞自新評改擬古押韻〻

晚少晴輕暑入〻保學本藝

四月辛巳朔日丁巳金鑾殿賜諸文廟行香是日題牌換戴涼帽西天時尚有寒

意 已刻彼此儀堂宣講 聖諭 閔御史順主往還 順希之晚弟 來自里中

郁下橋時講談送來包紹兩

接安順弟二月十五日信

初二日戊戌陰有雨意 傍晚後有大風 據殺民回携稚待罪孔巫事了 牢獄死

早堂審訊戴包氏身犯案之案子戴大生求免究許之 又訊顧陳二姓之訟 下午

迎審之勇丁自華陽回鄉南門君之三月十二日接清江甘郭契畢 不日可到矣

查監行點課

初三日己亥晴 出堂審五起退堂—— 是日卯刻以天不雨民力益艱免推蒙比責

午後辦堂審詞十一紙 駁二紙 管一人 府錄擬捐海秦見李廉衡 饒藻

學人來 侯少課 晚查監行點課

接子密兄三月十五日信

天子高二月二十日信

又瞿廣甫 月 日信

初四日庚子 晴 大風 夜微雨 早合從赴馬鳴王廟行香 委候李眉生不見 早
堂課 自陝豐二次 即復 寄鄂生復（二十日發 附家信） 叔之復（二十日發 附家信） 周鉞甫復 附[illegible]
接爾翰二月十二日信
又叔之二月廿七日信
初五日辛丑 晴 午間赤地坤袁承功守備 香圃金畫來謁 蜀年令復
傍晚至莊河丞堂 理舊男丁役體著 知南陽君明日可到 為之欣慰
又家信中知李姪于淮甚下世 殊不免悵然
接南陽君初四日信 已至大名
又河亭正月初六日信
又羅翰正月廿六日信
又六姊正月 日信
又南金之二月初六日信
又子寬兄 月 日信
又長生弟正月廿九日信

又李暘二月初六日信
又澗生二月 日信
又戴子高八年十二月二十二日信
又張嘯山 月 日信
初六日壬寅晴 巳刻邵佃照及邵五佃先來由 即遣還匣●迎 先祖
父母神主影象（代[illegible]回字家廟行壽安郡筆矜忽）未署鐫氏諱不遑覺佳懷悵何之[redacted]
昨亦偕鼎等久譚 下午 南陽君挈諸稚入署 是日同城諸君來賀
接鼎之正月 日信
又浦寧遠 月 日信
初七日癸卯晴 訊自理案二起 處訊監犯李〇子等一起 命盡出訓家
初八日甲辰陰 至東院照各處佛山長戟到 堂澄雨學師 等員生員題文 此時雨
降民大悅書曰謹我后之來其無罰 試般澤下尺 童生文題諭無下雨 試
題君子食 吐餐事畢即返 午坐訊自理案四起 結三起 武邵生張允芳任
前圃來賀 午刻以初九日奉祀 先祖父母于內寢祠忌 書生埜以假出來

親收呈　晚赴諒翁處譚
初九日乙丑　陰　大風微雨　赴明禋神祇壇行常雩禮　早堂訊上控案一起　自理
案二起　均未結　午刻到衙　赴大名道王憲寓　未刻回　臨陳貞　酉刻回　去家
鋪　宿在世閣
初十日丙寅　晴　祭城隍　午刻　李大名同宗蔡來一寫　同陳翁芸與領後
先生　少譚　即至鐵親家處　上謁久譚　又謁彭道台李植峯　文叙陳平府人壬子甚
久譚　又候陳澤益太守久譚　盤寫　李道台　酉刻始即赴法嚴道人捉謁字
在翁芸來　久譚　陳澤益來久譚
十一日丁未　晴　巳刻至李親家處　同縣人謁　候楊朴園　季南人　之誠孫　少譚　下午
鐵親家遍行　久譚　適南學孫趙子常季生同出　晤候不直　傍晚
候廣武山之金　大名府　和鄉人　少譚　赴陳澤益拜楊魏公晚香堂遺址出府
址　晚人侯倍達　主人往觀　無碑碣不見　看李盈安溪豬子藏書付一
通訊而已　是晚同宗常陳翁芸趙子常王情嵐二枝殺
十二日戊申　晴　早起　同振至孫親家往手郷彬八里軍莊　已刻觀政謁李

親家翁辭返李篤臣日摺須不果行 過篤高卿

十三日己酉晴 謝姻翁還篤上謁未見 候叢雲卿 攜錦於與人 午後 唐式

山本旅館因廣不必過之 是安藏人 題山本 刻殺印以業務之久諒 借致

訪李純宗摺須同是不必過 談了青陵翁大 摺於廣中 書武出 殿

發印西辭 旅舍

十四日庚戌雲大風早發 半下東京 坪岸 申正 臨津 旅宿

十五日辛亥晴 早發 巳刻下 物甘名廣川 寓所入

揮物伯崇二百 五年作 附高其敘

又次第二百 廿四作

又篆額高卿 二百 六年作

又高取物 用 作

十六日壬子晴 早出 訪白陽之北 拘於不在 揮毫之托 寫崇先作 四歸高物作 再

挺亭六神作 與花祺 作 二十日 附旅行 書

揮伯高大使 五月三十日作

十七日癸丑 晴 早書汎自課集二紙 下午那羽翁王鶴村來 以本地鹽把鳥春院病
賞瑞識新村來談 王石莊來 山東青州人 人甚長厚 寒暄妙語亂 晚訪常館
邀呂石安生赴門 趙湘舫來 [illegible]作陪 二鼓散
十八日甲寅 晴 寫家信 寫適汪老会蘭嵩林 張耕年 乃寫鄉史歌 二子春 寫雨堂田宗字
早書回王鶴村仮即送過去 早書汎自課集四紙 又郭如比差 下午
丹臺長詞 紙數 紙
十九日乙卯 晴 早書汎自課集二紙 寫信又寫汎一紙 屋子和來見 屬以單
此前即出寫字 下午 董事胡德 來東周人 楊情再送去此人來見 屬 獻生 秀才
以下御諭鄰南書寫字 晚同御史孟陰 桂森來 桂來見 又來家 順去辦事
自當擇近之寓住 張琢卿來寫 不來
二十日丙辰 晴 早書汎自課集 寫字 汎二紙 又寫汎上 擇集一紙 候 張琢卿 來 客 書 寫來 中書
與謀 孟蓉 信 王和 不見 張琢如因訪湘舫 來談久譚 寫家書信 冊一 另 寫 二鼓
二十一日丁巳 晴 蓉 信張琢如送 中久譚 寫 言頭仰信 子春 卓
二十二日戊午 晴 早書汎自課集 寫字 寫自記 下午 趙湘舫 招飲同座 譚 康安
王和 老來見

朱蓉舫邨伯學程文附 三首殷

二十三日己未 陰微雨 早出視向陽寓四紀於二紀

二十四日庚申 晴 早飯後出南城訪果農侯陳蘭圃 盤桓 張郎坳 宮道 無隊 其弟子名人

宅西有小園 山時花藥甚繁 ■ 平東多以桃 山坳坡多以篙竹 又有古一株 大如抱

雖諸名人 題益壯 歎了思 晚進見友秀二齋 為松樟 要色澤 無雨燃也

晉升客藏不稱 吳以辭其形式 寄游師信 柳門寄 柳鹽商寺內

二十五日辛酉 陰微雨 早出視向陽寓五紀 於二紀 又上樁寓一紀 戴晃川 馬錫侯

來訪 言晚得馬普家樓看 新田局 福林 詳為執著 其言確乎未子細 由道

家人過錢法得

二十六日壬戌 夜晴 下午大風 早出視向陽寓二紀 即歸 傍晚王和卿 楊樹蕃 期仮

之來也

拆河岸了十九日作已陽寄師家 比作夜以雨 餘寄陽

二十七日癸亥 晴 早午驟雨 情甚又輟止 西南萬卒 張康侯 寄 胡裕安之夫人

南雨萬年路 定撰來也

二十八日甲子晴　早堂訊自理詞訟二起均結又卯期比糧差　子寔見之來自天津久談　下午丹崖受詞大撥殿二紙連日均令每山奠品行要譯　南卿

華年李　蘭谿葛漏人魏卿華年楊國後　文華西海人傅守道成翁一字佐人楊貴

未見

二十九日乙丑晴　早堂訊自理案二起結一起　下午吾子寔見之來談

栝盲二十八日當作

又楊貝山十五日作

五月壬午朔日丙寅晴 黎明赴文廟等處行香 府委員周萬春祖籍都大子辭出
來見即邀入內債文刻下學官發宣聖諭廣訓 早堂飯後自理案二起 午
間邀明經許子寶之搭舟往蓋作賞 極飯 東鄉黃華偕老頌歸春尋城人懷生
辛也

初二日丁卯晴 下午西莊行 辱五處談

初三日戊辰晴 早堂訊自理案四起 結 又上控案一起 邀寶之來談 午後收
詞以國忌未升大堂 堂詞十四紙 駁四紙 簽三人 晚邀寶之來飯

初四日己巳晴 傍晚邀子寶之等久談 因久不雨 閱邸鈔 黃羅多逃
祭雷堅井中 鐵牌迎之 出雨不驗 擬初六設壇 春東門趙季堂祈雨

初五日庚午晴 請孟瑤午膳 祝世存兄來知行禮 晨祀 先祖父母 自省
請人往迎 來賀節 查陶 二人 來久談 看

初六日辛未晴 下午室 館 陸作 行 郡 仰 里
室 仰作 城 下午下城隍廟設壇祈雨 香 日 家
播物 月 花

又陰極（作）　日　日作

又奎照所初二日作

又請假又四月十六日作

廿四日壬申　晴［下午雷雨時作時止，雨大而不能透］　晨赴城隍廟行香　辰正　午迎鐵牌至赴北關與僚屬同迓接　香罷隨至壇行禮祈禱　下午復步赴壇　雨　祈至酉正　雨中歸　濕透衣袍　衫盡濕　喜此來久雨何害如之　西南雨勢甚涌　兄來　知吳境中可通署　至園中高亭眺望雲陣四合　楊某於傍晚及三鼓兩三作三止　請未久　晚堂訊　自理案二起　結一起　西關外民段城甲地來報　張家四井中有無名男子淹斃　訊供令候驗　戒孺堂未候不至

初六日癸酉　晴　早赴日壇齋　午赴書院考課　第五題文足之以政二節　詩題看江深處聞寒鐘　童生題子以四教文　詩題懷奶鳴　山長光師擇閱　南鄉晚讀知村報得雨四寸　稻於得二三寸不等　自十里鋪西至北鄉　自南城鋪以東至邢鄉　皆得雨四寸　東鄉自玉莊以東皆得一二寸　又首雹得雨　皆可耕種　全境不能普遍　終無益耳　下午步禱城隍　本日未訊案　係錢糧

卯初起 檐雨始停止 訪何秋輦 王蔚軒 王錫蕃生 來見

初九日甲戌 晴 早起入署出城 爲子宴先生畫馬題字 下午出城 各處晤 未能再

蘇生森擬明日赴吳淞錄 城中雨壞 停止 少停再發——

初十日乙亥 食素饍 五度 即赴諸吳說同錄答 謹同了深 用大篆之[redacted]眼 刻石恨余畢道

試趙吳北城相聚 已申打晝中飯 午[redacted]後歸家暢單——實係擇吉自元並

無係擬及吳物情 錄用果也 孫理得君屏親過快 未刻出遊 各刻到城

十一日丙子 晴 早堂訊白理詞訟了結一起 又此辯差定的實 以天時出此

不[redacted]恩設朴的票敬行拍年奇之

十二日丁丑 晴 早起謝官鈔書

接胃初二家信

又覃胃初十信

十二日丁丑 晴 早起謝限之刷錢歸 行香 早堂訊白理詞訟八起 結六起 下午

答候武之——少豫

十三日戊寅 晴 早起行香不作 旦白[redacted]首墓 宴不紛收辭—— 下午 謝伯明 秋審

自今春爵書記 請簽舍誠 仁誥擢甫十 未留採花飛而來了哦

十四日乙卯 晴 早晏諷日理事四地佳六龍又其（右添）理事一段 又郎奏西參奏擇記旨諭

十五日（晨伯相語之勳譚 御靜閣口代）舊慶衣蜜 下半日以風所掃 翌晨日會 余以風神廟係供風神而無雲雨

當添製祝任候奉一盃並進 翰典並雲雨風需之次 是早以備任迎神

祝入廟 將以越日再禱雨于天神地祇 所免都在秋事以侯發誤 是今以此以

備（宣）祝詞 聖諭 張蔚圖郭蜜脩未也 午雲理諷句理詞以三地均請 是

口語之勳去論伯以而此靈車

十六日辛巳 晴 下午雲而風復名忽 早詣城陵廟行香 頃

接命曾郎 祝文行

又高程仍回口往

又泥麥同山往

十七日壬午 晴 是日備香慈來行香

十八日癸未 陰 下午雨 殺殺轉止 晨赴赴廟行香 （西南高封村見也）來報守氏李令年

好在至僅存身死並居室因川人皆已畢出諷之而曾奠下御尚恐陋
城外千餘里之轉而作書一日不得修復逐先余則以最敬設壇城隍廟祀 天神地祇
以禱雨遊擬[illegible]生祈求于壇除[illegible]府宿於城之僧堂寺須以川來
迎取明日以辦 撰禱祭文一首 午初到川中初川五十里而僧堂寺打之
申酉時到二十里而[illegible]幕其村在此界之村之北居兩山間退此後保里印
日向戮安界矣蠶饑死屍無係固[illegible]宿過請將燭土身死身夜之夕指揮
青年處從初行役困路擇候入喉四[illegible]村共口以銅器盛者以置時上良
久而祀擇祭成里祭色定寒此之不落桃相傳爲此第人腹中之有積濁
其婦[illegible]騷畢之[illegible]於甲地本因川人入城而城已與返入夜之後
行世遠處劉此採御書堂寺即[illegible]補

禱雨文

同治九年歲次庚午五月朔丙寅城主甲申[illegible]
謹致祭于 雲雨風雷山川城隍之神日吁嗟民[illegible]病矣收穫[illegible]樹蔽莫
遲渠落待稿[illegible]未揚時[illegible]仲夏而[illegible]甚矣乃[illegible]雨[illegible]降之[illegible]決

吏將殄瘁寔神之怒耶庚無狀耶民祝嘗耶以五穀薄豈黍收長是用譴
咎厥罰惟旱既忍斯民困無蓄歷歲年糧糗不飽乎官而九至援林葉獲不穫
充見之措心問之隨溺何辜之深而罰無已耶　皇天好生神職捍禦宜在高遠
用紓降監茲五不揚敢再蹈其崇歸之忱薦遵奉古典禱于川源以迓甘澤伏冀早蘇孔晚甚
尉屬物溥霈優渥大拯群元若罪之侵卿救藥罰于一身毋戚下民以作神羞尚德
十九日甲申　陰晴相間　夜雨自亥衛曉　實正紀　早食畢卯初抵黑龍潭
詣廟取龍神前日所請牌下所洞口挹水入瓶一驛夫先行　余相從即
發辰初下馬此村正初入城　偕尚書杖迎于城外以迎鐵牌　安行至壇奉
安畢　遂赴大神壇　禮畢　歸寓　下午小季時事　夜二鼓雨
作時窗以後世前路行開簷溜都李孫為秕健戶待從世恐如近乃竟
靜深衛夜晴雨止　不獲寐
二十日乙酉　食後晴　智所記　園階陰濕班積雨生色之積蘚即生川爲草濕
疏渟屋此三國日中晴遠也　問一達人云好有六寸餘雨深土　家柱礎爲潤
擬接寫詩　同嵩來　存齋正里謝何所賠　坤寺鶴鳴　王錫來　王鏡
毅事畢久譚　下午小睡如昨

二十一日丙戌晴夜雨風鬱熱午正作雷 安徽[illegible]作[illegible]發 電動[illegible]何[illegible]發 [illegible]

御覽 金上 為[illegible]何[illegible] 晚間雷五點 傍晚天復雷亂滾 大雨而息

二鼓雨即不甚[illegible]止[illegible]昔日為大分[illegible]一日得雨年穀必順[illegible]甚[illegible]

是日佛寺[illegible]書圖 王雉臣楊為料者也

二十二日丁亥大雨雷震振門雷[illegible]雨[illegible]劇雨下大信[illegible]酉戌刻方止得雨三寸餘四

野無不霑足於[illegible]三月初[illegible]寢饋無以[illegible]者[illegible]

餘矣 下午[illegible]頗[illegible]陽[illegible]人[illegible]相向[illegible]

慶國[illegible]靜[illegible]達[illegible]西[illegible]

[illegible]白[illegible]白龍二降于祠所雨[illegible] 金[illegible]大德[illegible]甚[illegible]

[illegible]靈[illegible]所[illegible]自[illegible]矣

二十三日戊子晴 早[illegible]諭雨書[illegible]祀 早[illegible]自[illegible]三[illegible]

又[illegible]年[illegible]月[illegible]來[illegible]下午[illegible]十[illegible]

二十四日己丑晴 [illegible]記[illegible]大[illegible]設[illegible]

[illegible] 早[illegible]二[illegible] 午[illegible]友于神祠[illegible]下

寬明理了無不被謀四念日々出被時不意雲岳識退念日合一應茲迎客

而傍晚習字

二十五日庚寅大雨 自己至申 新月書五字 昔日未詳刊香悉擁自往

播陽寄 五月十三日作

二十六日辛卯 早晴 亭午大風雨雷電香雹 早請壇月香 實相觀以南

海歸金剛神一枝 壇尚來擬擬以今第一 以早一送鐵牌 迺那迦送來迺黑執

洞若將來之 鐵牌周身刻一面中題曰字 具祀論理 劣刊年月衛名以上記

紀 早晨訳自理詞錄二紀柏條

二十七日壬辰 晴 新月印記赴壇月香送鐵牌來于西門 送鐵牌于北門故当

備仗業付 又示城隍廟上參備之 府書業性岩 肇文 人 來候 寄陽之居

印發 岩屏妙行 日發 御南解飾無久 英楊之 細岸以人 來訪

馬匯

二十八日癸巳晴 早晨誦自理詞錄三紀柏條 夫夜訊書爭年案 省委沙仙根 壇之山氣八 多行

來查隨枝 骨以石病 而人爲此言如 下午卅年羔姻丑振駁之妖

二十九日甲午大雨竟日 此翁送河仙根 學業肇文來飲以雨中止

三十日乙未晴　答侯雨蒼于壽夏　早至硯自理詞話二把繕二把

六月癸未朔日丙申晴　詣城隍廟行香　候河神於二門不遇　午堂訊自理詞
詞一起即結　又覆訊李金庠案
初二日丁酉晴　早堂訊自理詞訟三起結二起　委兩推城村李土英控伊堂妹
柳家洲生員張畯之妻張氏控族叔張其楷　閱天津民人邢家藏詩
閱亭人陸潤庠金殺案圖書事紀略　柳情
梅海雷來　無甚收作
初三日戊戌晴　午堂訊自理詞訟一起即結　又覆訊李金庠案曹東卿二祖村
民李士敏李蘇控伊堂妹姻家廣生員張畯之妻張李氏身死不明訊已擬結且
傳典史撥饒自行查驗出具切結　方許開棺　本府長子明來　如明日至
洞福雨始迎于北門外　又至公館上謁久譚　（外堂宣詞上紙一張）下午同長子明來若候　不見　夜請
本府來飲　委員葉松岩作陪　二鼓散
初四日己亥晴　早堂訊自理詞訟三起均結　又覆訊李金庠案　下午本府回省
黑龍洞迎于西門外　又至公館上謁　久譚　午堂訊自理詞訟一起
初五日庚子晴　下午食後至長蘆本府李經行　即往謁送（又付清）　閱卷　午堂訊自理詞訟

三語錄二卷　某御史陳閩氏張對先事招伴以防兵自邊　李世忠等事擬擢張

李氏身死等情歸吳棠同桂清擬擬即封題　又某擬把筆黃梧廣政封題

階隊如來訪候頌文謨

擬今錄印　初一日作戰天津事云五月廿三夜用藥迷拐幼孩一犯某會內（供出係法國教）

人々王三所使（天津教堂被燬）而向法國索王三不交因此啟釁法領事豐大業向

通商大臣崇厚衙館拿怒未中——槍一響丁而斃大眾忿怒立致出

大眾豐大業身死並擊斃同人十餘人內有俄國三名英國二名又燒燬其教堂及

仁慈堂等　崇厚奏請特派重臣查辦等　旨着曾國藩往外

國亦請命伊國主矣

初六日辛丑晴　以和社詣奉先殿行香　奉紅折易蟒為疏　即下御覽

寄宿西法南三家相聯　出北門　至五里鋪　又五里（下台蓮東門）下廿里營房查新莊

高興□□四五里□離此稍下木柳枝　遂有破屋　阿拉者又五里主家村

休于柳莊下　又五里閘都村　即中一馬頭　距東閘不一里下閘　過閘止一孔工

作埧匠閘大換板　來者上閘下水約二尺以來　閘高五六尺　又五里下馬頭號

中炎時正午[redacted]未 飯畢 未正出門 至四棗城橋 跨隍河上 隍河中有渠道
烽炎等舟甚窮 橋東西皆水田菜蒔棉 徐秋搖動 儀無鄉節 過此之
果即胡家莊 有仲士象人來迎一擲武舉 時忽中和先正公館 訊其案語
入陽下飛橋居之 報孫橋本主陳關西周榮田頭原書頭 積若多也 往訊之
陰陷毒身死先用叙探 有見呈遞 伏祗聽候 西門有傳 余親以手相驗
有頭痕無其他血痕 屍夫城外 於請回兵角以戩修殺 打照六日[redacted]氣乳到附其身
犯不釋娛人 於以原被入城存訊 戒和出門 仍返四棗城橋 五里與藏小營 又三
里至許家莊 又五里李家衙 又五里至城鋪 住宿 宗老是夜月明如畫

辰刻行

初八日壬寅晴 黎明 登廣城鋪下官道出門 十里北城村 望蓮山青翠可掬 又五里
東陸南村 又二里西陸南村 過北城村 皆城垣圍牢 居和捨犯橋邊 諸處僅存
量傳文多 俵各屋 旅香驗訊家當就館 當根由窮原張照國不勝其呢又總者多
情多自證 眾供所羅其駭以由悉證無別 悄即辭 居搞事畫 其只向在帶了 畢一
宴無過此情形 其舍同釋了 未畢年已午正即於身動行 三里至花村 又五里至畢家

寧陵又十二里沈子村又十五里大王莊時已未刻矣停車少休申刻穆村過

王樓村以南皆沙地葛莊稍旺保全[illegible]都收成西初五日[illegible]王樓又十五里

初八日癸卯晴　早發謁[illegible]經詞經二紀[illegible]二紀　午後謁[illegible]經業二紀　南陽官人旺昌

十初度　定此輩為懷寧　下午對書此詞左依賢之[illegible]

初九日甲辰晴　辛年山陰羅業天日深渡　今日小寒節晴云小寒看雨則[illegible]半[illegible]雨世聽了

也　辰刻同南陽某拜天神拜　先祖父母　眾中人俗之來賀同寅皆拜不之

晝日因南陽某不獲千坡[illegible]家[illegible]詣　諸寄友姓同年[illegible]二輪殺

接協所初五日信

又鶚仰初五日信

初十日乙巳　雲南來[illegible]　早[illegible]同寅[illegible]步[illegible]　早[illegible]李氏[illegible]

一張卯信又自[illegible]詞詞[illegible]紀信二紀

十一日丙午晴　早發[illegible]詞二紀[illegible]信　寓[illegible]人作記全寓家中[illegible]

寶[illegible]十六[illegible]

十二日丁未晴　寓張[illegible]高[illegible]　早發[illegible]三[illegible]二紀

十二日戊申 雲雨未久即止 晨無一事 邀客賀如姊仰藥 內弟來視 射頰了
寄擬花時方盛開 並記春來所為帖 竟出日申無此景
十三日己酉晴 早出謁白鴿峰詞三墓 記寄瑞卿 復宋遠楊侯夫人書 邵卿
復宋遠夫又鈔全 寄匡蒼了 復李鄉千二兩全寄
十四日庚戌 晨於雨未成 寅刻月食四枝即起 借雨儒學行禮 於二陵其目以僅不
至辰刻片圖都畢 出謁五房川青先生 以閑齋府君風神廟壓城隍廟伏
索既改風神祠為雲雨風雷祠 因思四弟夫神城隍地祇不當亭肉身人
邑之以薦安宜其毀以市局為鬼 下午邀屏山並行 李所作詩 簡如虎
揭四壁讀百二詩敷
十六日辛亥晴 寄實見復 接[illegible]復[illegible] 有喜色屏前 樹附紅葉以贈人
十七日壬子晴 早出城掃墓一把 自陪三把乃歸 答復邑屏南又談
拆處堂寺陪評 又送新下大都中二起完整 小[illegible]
可究[illegible]
十八日癸丑晴 下午雨徹夜 早出送邑屏南 早[illegible]白陪[illegible]二把

印信 曾侍郎來印章 下午升堂收案詞十三張 發三張
十九日甲寅 晴 到宗之祠謁 早無 侍讀撰梁撫一紙 先府君神位安發 下午頗
無撰去銀公寫春聯 到北寺 書院華經書門上左間西壁凡三張 寫聯精
妙 雜印一定 先已拓到石下層 轉向內南壁門左[illegible]大字 版多疊 又[illegible]
地理大字 經上又在間需壓筆蘇疊二東西第五字求書以紀念 又
請表乎才生家及晴度生為之鶴 靈山秘藏一部為嘉予力[illegible]之交名見
作四日紀為聖此廿年十一日
二十日乙卯 晴 早無理日俚詞批一切印紙 又侍讀作早筆紀 到二之字謹
二十一日丙辰 晴 若復新干總到利貞 元序耳平卿入賀喜 又復吳干總送行物不
收 早無理日俚詞訟二紙 情練府無因事未來見 午間邀戴烏九川 兩鈞候
張隊上到利貞號湘蘭艙中劇談 夜府無為琴舫 府海風 府居粉請 人來候不晤
二十二日丁巳 晴 早看復高琴舫 並候戴烏九川步譚 早無理日俚詞記六紙
結五題 又約糧卯姻此去赴試來才李棣渠聊坊此等來見 詢送卷資
也

二十三日戊午 大雷雨 未正後微雨 辰刻出南關火神廟行香 来路乘轎遂發 晌過驛

雨住于城關下 隨中紅蓮百開 蒙以雨氣如美人出浴 靜中游難寫 又至馬王廟

行香 遍處見短船東来估秤

二十四日己未 晴

二十五日庚申 晴 夜大雨未久即止 早堂訊自理詞訟四起結正 寫扇廣軒作

即發 馬逢此日南門外亭妝

二十六日辛酉 晴

·又發林 五月初不行

二十七日壬戌 晴 書曹 與黃事 寫案 訂蘇記 宜各 [illegible] 家寫內外花花

二十八日癸亥 晴 早堂訊自理詞訟五起結一起 西邦弟事 常陽微 生員李

三清 米文李學 来見 蓮請開講井三口 土井六水 来知 倚晚府委蔣劭

亭樹 樹起 未入尾 来侯康腹

二十九日甲子 晴 秦侯蔣劭亭 亭午蔣又来 侯子源 早堂夜訊 祥葉記

自理詞訟四起均結

七月甲申朔日乙丑晴 張蔭桓寄來兩本 發順直月香薇手 亭午 先妣方夫人諱日 促祭拜子

禄不及養 捧觴再拜如貫錐 念吾親生平了日既不獲進錦以養 親心尚不

能謂識以奉晨夕 而今畢生無自贖之道 真不肖不足人世矣 罪無已也

初二日丙寅晴 熱甚 守備國英臣公來候 晨謝客 石蔭理事 心荣蓀候

來云

初三日丁卯晴 晨起看僧國英臣來候 信來晴 不信與手俗同不晴 又候戴

飯則送行 夜不眠 早堂說 自將詞訟之既往之記 馬錫侯來辭行 午卻

初四日戊辰晴 晨起看候 馬錫侯五門一 其從張璐只均不晤 弟來之鴻來

撥送十千並節禮也

見以枕蓆知送 馬于節來到內擔恒查出之放而歸神信也 寫信子名信

卿若 又大安房馬多在後 下午拆馬錫侯來辭山路湖船飲送行也 申刻發 又來

李晴園來訪 徵雅少談

初五日己巳晴 下午大風雨 四鼓即止 早膳後至放生池外黑龍潭上看大雜神

辰初二刻至廟 行禮畢 憑欄遠眺見禾稼繁茂為樂之將收穫 未刻歸

信佳年盛休律麻咒如自造三刻廿卯書寺拓影二本紙尤闊風
譯字又不定細如刻字下層為字二束家南種大字然又疑北壁大
字怪文皆一種西定西壁北隅起绕壁而南又南隅書之碧又於石柔
術而壁東門兩壽中之華嚴經二第四本又未見起造工層為字四束
古家南壁西隅起绕壁而東東門兩壽及門上書一行中字法華經
幕門出全門外碑上半截另字載法隋閣皇十三年細讀文義
東宮是土者僧不定拜記之類又石第二室三宮四官時所共錄千字
題藝氏數十種隋唐時有題者一曰唐隆之年宇多清遠天唐隆元年
一汜蜀佛龕壽為犯之而撫摩光明之錢字畫了了而辨而杯之其碑語種
自王蘭泉孫淵如諸先生皆不著錄需山秘藏一旦盡出亦勝事也午
刻同人中和之趙紙丞來拓家以大風雨夢人攜行返寓

初六日庚午　晴

初七日辛未　晴　早出謁自理詞訟一起即歸　下午戴亮川之送歸大世法書

初八日壬申　太陽午雨　早出謁自理詞訟二起姓一起又因避暑撰請押

札約小峰保之兄 申午晴 買些乾菜 回八條 賦三絕文視商江詞識一帖即寄

鄧司農舖相贈 其石男子身化某 暇過兩宮王頁人所作 潛伯送作主二卷 文學人

初九日 癸巳 寒 世淨爽 午向祀馬 又存舊隱于祠屋 傍晚歸 子寫香雨信

聖屋 正行訪人不遇

接萬鈞閣六首和之作 于相君 來西廣年 見盛香印于東舊齋 并周題 德并 蒙子

王度府陪送寫之 石陽挑為洋人 [illegible]其一 香與之

又寫鄉卿同日信

子高聚卿同日作 巫寄手康 廿三日 信 百云 法使羅[illegible]亞廿日來 自言來津 中堂

寄大臣總署迎靈直 意氣高私 並無決裂 廿二日忽來文 要將廣州灣

陸國陽全向美不照此辦理 伊國水師提督來此便宜行事 雖以兵來

云云 現有外國兵船十餘隻駐泊興化林 已調陸軍一營 軍到日所洽四營

札以備不虞 其挖眼剖心之說 其繼是編誦傳婦女者二三而已

又得一同日信

初十日 甲戌 陰 早食後至馬歸 寫志函一詩 讀還林卿

十一日乙亥　陰雨甚涼　早畫課日課詞話一紙　即赴　戴晁小來　[illegible]諭不理　寫扇冊

信[illegible]十二叔　[illegible]侍中[illegible]來　[illegible]甫信　[illegible]發　又[illegible]附信　發馬遞

日接[illegible]修人　今日先生作　云津門事了　[illegible]問常事　毛昶熙[illegible]子相國[illegible]

十二日丙子　晴　立秋　五鼓赴[illegible]宿以備[illegible]拜　辟[illegible]轉[illegible]為壽[illegible]　又[illegible]到

[illegible]將軍廟[illegible]相[illegible]　午刻　于祠堂[illegible]　寫高[illegible]作

全[illegible]作[illegible]發　馬遞　傍晚赴[illegible]東王安村[illegible]來振[illegible]寫[illegible]

界[illegible]作詞話[illegible]

接[illegible]　平　月　日信　信[illegible]第七子

十三日丁丑　晴陰　晨起赴獄神廟行香[illegible]以[illegible]兵[illegible]

[illegible]祀[illegible]辰刻畢　即赴東王安村相驗　辰初二刻[illegible]二刻[illegible]六里[illegible]村二

里[illegible]八里大興縣[illegible]時已巳初一刻[illegible]十二里[illegible]子村[illegible]五里東王安村

時已正三刻　以時[illegible]西[illegible]城[illegible]一[illegible]五十里一程　三十五

里[illegible]也[illegible]民[illegible]休[illegible]乾[illegible]飯[illegible]即[illegible]詳[illegible]身

九刻[illegible]　午正二刻[illegible]　申初三刻[illegible]城[illegible]

擬穩放實野呼陳地推諉世寓入署後即對答案詞十條發回總署之

人 維藝[redacted] 菩薩信 信時太鄭市長 章道源來 信時太外孫 訪誠退此事僅

久談而飲 二詩言

十四日戊寅晴 早書致自理詞征四紙存三紀 下午去候哥蓮生不值

十五日己卯晴 黎明記小事五件事 早書訊自理詞征四紙送五紙 午閒 五世祖

妣唐孺人忌日設奠五佳年 下午邀寶芝來寫畫屬墳圖僧為寫屬

十六日庚辰晴 寫澹師作七律 附蒼虬作 動明作 十七首 家藏 第七年至鄰寄閱

接得仲星 四月 日信

上澹師書

前修丹經譯叢既暨醒居者未還發悟動靜修和平任稀視津事出於慈

悲既受一開修行字符聊以法義靜驗者人將師之氣承民信師之心開

識而以為嘴偕息故國不去者還昨傳送讓者來盡一紙 而是德金亦富

慕民事皆有其知豈宜一罪爲何當則子動宣莫其人事成評遊別大羊亦要求

予此一大事因緣應令相逢不至州識惟師用心正持法平一為朝廷自息事

蒼生民氣稍蘇矣以告天下 鑒無正於譬之 群千穀之時者解去也；
吸呼議論風君發恐無益世事使有彼我之意不能自己所見者 擬爲之繳
世五兄委之照律辦理其切乃聞稍歉適知書未於復使以直愛無力盡之年之下
舒思白事一大局五甲輸轉實饋雜忘伏形師飭調操洋務 路而處斯
民本臣衙以千感存而發奚族誠行生律往圖光愛而已實守難即中不發
熟侍優此推呈積攙恍聽也 出奏恩賞出任 督事甚 馬擾自諸雨
澤遠乘機停止 以前國口事下卿周慶殿廣見慶穗流離野姆陸土卿人之
上猶二月初朔十多年中無此秋墨安地方一切無均安謐 五幾經無虞之以仰舒
慈懷
十七日辛巳晴 早赴堂訊自理詞訟二紀均結 又出行宣化一紀 張香圃來見 相談 陳奏
回
十八日壬午晴 早堂訊自理詞訟四紀結一紀 下午外出買訶 以承致意 事卿
晉陽侯公內遊善村事報 閱各處報 又派役查揭擬抉持一萬五千兩
九日癸未晴 早堂訊自理詞訟一紀 以下 ... 早堂訊自理詞訟紀即

讀王霞訊之程業之記　日前工夫　八股常應人記手向讀書

梅坡季陶初四日行　馬[illegible]

二十日甲申晴　早書裁訊上程業一紀即訪李月清叢紀　舒[illegible]行

張師仲素諸人來

[illegible]後雨

二十一日乙酉晴　梅孫[illegible]日　出行　梅內出城知之調李金范稱筆來直于本月初七出陝

成行出馬常與[illegible]城馬房至六十營與三紀其弟二紀任郎松林經帶

別出蕭此札新法拒網云云　下午[illegible]往[illegible]日寄[illegible]錦公所之

接殺

接馬季與方自初四日行[illegible]寄家信已即寄之又信寄與[illegible]

讀[illegible]又來長接六日初十日行

二十二日丙戌晴　下午戴厄翁來久談　晉[illegible]官信[illegible]馬[illegible]又[illegible]

帝[illegible]信[illegible]寄之[illegible]

讀孟子[illegible]卷

二十三日丁亥晴　早赴飯自理祠詣三把(?)祭一跪　辛午赴郡孝祠忠孝節祠
查工時接邑侯禮並[illegible]壽祝(?)厚祀諸人姓氏于石位也　若侯戴鹿門之孫以
陳上卷　國朝名人晉一人初官翰林[illegible]杜詩注解一部為呈精本也精　又若侯張隊正中傳
選名　查查押失祀祀共庫外諸要見擁擁家記器一萬一惆悵以某理
詢等良久　看下屋禮　下午丹若定詞十八終駁三條　又訊自理祠社二把
情晚李佛笙來　自出暑看　寫雅思記假序紙通　近入內看　晚飯後坐三枝奶
吃

讀翁子萬蕃完
二十四日戊子晴　晴午郵函寄來　查經李佛笙久談同飯　伊即北行　寫六通　下午
寫諸友信　郵寄　寫萬年寄青信　全上
二十五日己丑晴　早堂訊自理祠訟三把　接江郊　在劉二劉村尚衍　廣白邑村　勸點村
據民王積(?)年第千條傳發民事訟已劉到彼　驗馬田唐田界事　一並入一並入一下寫一呂士
中食又赴傳何　雖家衣水勢後流口般渡以看湘軍第二隊郵年門　松林
了佛信通路函(?)聲　陽運寺(?)　賽秀見去紅劉丹城　王鶴鳴來見

二十六日庚寅晴 發奎生貴鶴翁電報 鶴巢來見 余同出觀諸匠工作也少
譚仲乇 下午過于寓見其家人僕從如昭日不御來代捐碑甚多手書大字
任云孫田來晤 午後見煩瑯一函 王鶴鳴修學禮來見 少坐 有事報
東門城闕之一事婦者 請飯於路
二十七日辛卯晴 同寓見之 詩柱同新撫偕李云寇應庚 二在口尚未見
任五年招揭如人來講 解銷回此被留于本城工需處 渠所願 勝者減半
銀臺壽東西稻役向已到而渠半年者聽閑子年此方可另本軍需局新餉徵
程三百六十千 除豐被留 渠組織而不同 節行以當此事 三年多矣 而
荀派田收居設 下卯
揆初魯[illegible] 二十日往還 李節和於直巳正平齒
王子元樓二日十五日行
二十八日壬辰晴 在西鄉見 午後去後屋至午前 下午因歸無事 登所遊覽 見晉碑張碑
李尼可之舷年利海亦見 昨日 今白富者而來 極其此地操 事使人而另一遣
昨陳婕因土十保里把事都多族 昭陳人事孫衛業 修身之記 史記實行新志

而陽境不設法捕比稿安耗竣已不免鄉匪附白撤跑無業游匪趙宿府行經
故隣叠接川如此不禁翰向酬而上路知會州縣呐生事地方若無名色則難
揭上縣此等匪失係該各搖拿新設巡邏船上隄安營設守灌正之減平
一切為本臣此本日南來無船二耗到據派人迎設郵較專責年之辦
而賀地得解無從處之三百樓船在素負身遠擄帶一又實正急中全問
正值盛另見響桃之於海盤多撫陸續入塞而重覓在安陽為要動身
邪宋月初經發因為他屋角訊案業經指賞設立巡防法來蘇設送九月中
無用去年錢二千餘千均係自己指畫隄防四守並無一物一孫如此無理可
把受害者不聞為失賴香業孫獨自主不為說如天矣余於營為卡
置岸外第以累勝帥知之之所為多所無年一夜衣僅尚負法擬隄
既同川之解於清安負劉年稿 知稿 婦首天津人卓硯翁兆蕎四方人大讓劉虎之
人亦深以臣為耕粟不足既在安當彥烽雜夫其為花行而謂其知何以不為
者並設役巡河入孫境又不向巡為指呼禍由自取該理自為之飛捕役來矣
於旺縣屬之三台村外河堤內捉獲賊人送下所報之行如等件一賊為

臨停人甚夥矣

二十九日癸巳 晴 早至合集分處校改詩之前人之所序之費 又談自理詞話一則 齊談自理詞話一則把 又談余衰換役

接霽見五月十七日來函 遞賬本及寄中的讀函多件

又覆瑞五月十六日等三函計寄過者

又覆五月廿二日之信

三十日甲午 晴 東京帶來任鴻雋 爾泰 柳逸民來見 云已初擬遂矣

行年二十三 大戶廿歲 開先 長十二昭之為 余此書殘缺甚多 欣然第國

碑前二十條為兩冊 不贊一句之疵 不足以徵信 但尚當思索以平

此事 論令保一字 幫寫生之稿 每日修改 晚至談自理集詞話之紀

請正也

八月乙酉朔日乙未晴 黎明赴 文廟行香 歸寓

初二日丙申晴 是日下忙開征 祭庫神 巳午行禮 畢 晚書諷自理詞訟

一寄諱師信 初六發

接蘇寓七月二十六日信

初三日丁酉晴 四鼓起赴 文廟釋奠禮成 先師偕易篤齋五都安義黃勳祠陟

祭祀已畢 余與張道爲忠義仲氏三四人至宅煙話 去後禮畢 鳴小天

早寓寫之 復家書不阡

初四日戊戌晴 五鼓起赴 社稷壇 神祇壇 文廟 指祀 禮畢 歸已辰刻

初五日己亥晴 歐早堂諷自理詞訟一起 過寓中 晤邵 俗整比 公部中

擬了申報 臣送會同 晤比于宴

接寶道六月初四日事 寄保舉文書 蹤躧麗

初六日庚子 寫家信兩寄 寄東候少諱 暇寫馬陳 是宜馬 唐臣 初四日 亞陳本人 事候少

諱 書稿 此間糧價 差吵採買 並有稀瘦 此間了記 拿恐大罪 落止省好

農事止了 多評爲採買 下午查候覆報萬寶隨 不暇 及遂候馬 臣 久雨不查核

夕課 守初刑部 祁竹軒 守鄰府伊 吉蒿

初七日辛丑晴 會客 趙雲崖來謁 即接淮軍信 知郭子美 松林湘北捷報 來信 以安陽

之粵匪復竄 請爲之播安 塞以湘鄂爲一家 且軍需等事不宜妄存畛域

之見 許之 擬日內出奏遵旨

初八日壬寅 雨 早晨謁宣聖 祠祖 同紀任三起 又捕得千總江姐并內與賊齊

卧案 係臨陽人 供明 捕探安陽縣頭役 帶領吳長等日夥共十二人 行劫西鎮 該安

陽縣署 即爲盜 又並行劫 燒搶銀子一項 騙去失主相 當即賞給線人銀貳十兩

又捕役等賞給銀四十兩 一雲南知安陽者 是守經該役 縣憲以公差爲盜

是盜即刑捕本官署內之人 不識自出法死矣 安陽之昏憒可見 置

縣通判爲之尹 量從輕 和不加罪 誨盜之罪 殺不可擢 盜及矣 守陳伴

接陽曹六日初八日信 楊作 十二日到

初九日 癸卯晴 會客 尋同縣遠 寓見 知安陽案 歸程 吳蔭一萬五千餘兩

日 總調度 陳師 傳任兩江 李合肥 揚州捕 不爲悍事 並問 江督馬端

情 將制高民 故爲民憂亂世 之事 今人不容 而陳 李問 按武 難堂 裁處

川黨平縣張節國王和し王宮臣張承業收下午方散
據照貿智晉任之也應庭六石馬鄉龜山事
初十日甲辰晴祭社于面所攝祀社神祀畢又參于南下祀稷壇饌罷迄井
辰刻鳴早登祝自陛祠位一祀即在文廟祝任始被命書丙賦稅字譯閱市
作馬即發物則往鴨即行即上書事加陳下任明し來見字即多作畫卷其陳徐㘴
據鴨仍初六日作
十一日乙巳晴捕役李青伊等赴安陽章京集捉李香於世業內之於遂承業年於初十日下役
原不來安陽縣導兩衙役又往面作諺鄉章派役八十人拒捕伊等之擒大雜敲
即追至該京東門外之鹿驛廟章諺惡乃馬上兄時府門閉益令伊等長官捕亂
擬殺本國下下午方散之以伊等隨下馬上兄家於二時離村諺花手出迄
將頭家鄉人祥捉去安陽班役押至安陽內郭截路猪業等理令人發
望賢於衙隨將十役至該地方墨祝破貫至京加符以鄉豪派盜櫃下西路為
地方官盡此處竊去了詞稍向未偶之傷香祖居永安縣地利村尚可向邪し至し收
此難了已又議自理幸之地又丙衙當躬村四地未指王郎從家之佳工李漢子成井分年

死論今候懸　寄鄭克卿信　卯發寄去

十二日丙午晴　早老存卿老張吃早飯　王清泉來報路青死一世君男子論今候懸　觀碉二刻下卿　午正一刻抵常凝村懸　照康波子寶後發　藤井身死來年又將人養持地　王等閑釋半畢　午半飯　未初二刻隊行　申初抵打搬館候　張文泉名儀西儀十總到陪訓不限　旅寓　二人來傳譯

十三日丁未晴　卯正初刻行　辰初三刻抵克雅縣　辰橋懸　照世名野子寶伊園康身死將地至等閑釋　巳初二刻行一度山東高好路里　至大崎村　又四里至園暮村　又三十里至跡村　營打土時之午初　申初與即川　申初抵沈林亮　即丹墨之詞十六終　餘五終序傳四紀　旗正　期佐遷持碑早男墨著

詩三首今千埸

十四日戊申晴　早起作自陳詞記三紀　續二紀　又應撰二紀　夜書扇伍事自安陽言安陽好鄭孝卿為相役所挾持語早表已待的為不殺之矣　王培為鄭孝卿作　千石社和作印崇通家　卯發寄去

十五日己酉晴　撰模範七日初本年書　衡以不見川秀春來自代　抵李南來自撰其人譯　夜抵李南及

陰 季貞[illegible]名[illegible]過節 二葉[illegible]

二十二日 庚戌 晴 [illegible]朴[illegible]廟[illegible] 早[illegible]與[illegible]筆札一紙 季陶見贈[illegible]唐陳

隷之[illegible]石刻[redacted]此石道光二十年間出襄陽樊城[illegible]上[illegible]書東之文云

[illegible][redacted] 暑之 慶之 題之 [illegible]存字[illegible]五六人[illegible]

二 慶之題之[illegible] [illegible]之[illegible]作[illegible]石[illegible]銘 [illegible]石二[illegible]

蓋石一尺[illegible]寸[illegible]知[illegible]知美蓋石[illegible]文[illegible]寸[illegible]

[illegible]志在四圍[illegible]部 文[illegible]陷中蓋石下[illegible] 入手[illegible]敬 [illegible]刻文[illegible]上寸

今[illegible]大異 季陶[illegible] [illegible]

[illegible] [illegible]

季陶[illegible] [illegible] [illegible]

同日[illegible]

二十三日 辛亥 晴 早[illegible]季陶[illegible] [illegible]

[illegible] [illegible]

[illegible]

十八日壬子晴　早書課自隴詞注又擬二詩送請興座研究補擬作十件約
擬細及飛孫　拒捕者王秀石證券畢作一一勝負後收書　是日寒烟世收
是寶書收軍委行周韶秀到會任衛四人來候
十九日癸丑晴　早書課自隴詞注三紙　繕一紀　又訊上海葉一紀印行　下午楊
但來　府經秋紹範世錫八來候
擬書賢卿十六日作
二十日甲寅晴　陰晚驟風雨　早記　楊遇士以四過無錫人山東運台者過此來候久談　宋秋浦來
作印書示楊　去　候楊遇士之談　下午吳秋浦　戴家聲人知縣李中堂外甥段紹過此　來候
刻　看候吳秋浦
二十一日乙卯晴　早書課自隴詞注三紀　監軍委員李高臣安徽人來候久談
擬課　畢存錄卷一紀
二十二日丙辰晴　候經過芝楊秀桂林香錫　同人　少談　陳學候李　軍
門　下午到營中南國外又至公館候久談並候吳芳帝卿色亦並國楹揚人
達經香　桂係揚州人　再隨湖國校揚州人　均不晤　擬從委員嚴茂之　作霖　安徽人直隸

來候久譚 李陳春 長樂所服人 問狀提督馬軍從館 色小童 達線書手 饒冊 來看候
即為饒之 並邀務尚之 因言李知年之久相見 精譯痛快 世宗子 三技
方別 而余中 所須借者 皆從此買 如山家事 民間亦如 妙不驚 可駭也
三技出城 出術部之 同揖而返 物遣及李陳務送之

二十二日丁巳晴 早起送李陳春行之 拱手奉辭 而歸館 武毅軍出隊 吳琛師人 來示 提督
新五言 繞館 觀 [redacted]
方照迎 通來候久譚 孝信觀 華程其所精 九等官來 時出隊 札書
城南李開鄉地

梅口号 五首作
又[illegible]鄉卿 十五首作

二十三日戊午晴 晨起送觀軍門 小不及 武毅軍出隊 副五等官從 楊陽
生 王書 提督 湘陽人 來迎之 並候久譚 其軍容丸城外 齊受 武毅軍總 總兵郎之
子美 楊林 湘陽人 提督 亦迎之 南閣外 並至白館 候之久譚 新年重迎謁 兩人
左安陽 以張程 發地方官 同[illegible]觀 秀記境 歸之 城東 李世勝 軍門同來

然不滅者不記述官貴某因索徼急郭知之台袁氏久頒遣去袁

額乃免其董家報其急而自殺秉馬郵年而吳胥敢皆先得人據

猶拟之於後舞乃自來

緣再差而未去也 郭子美來答信久譚 下午寫五只艾寫久譚 勞叔

李生曾日日乃來抱脉良久 候隨同訪袁不值

梧州門十六日行

二十五日乙未陰 早發秋至梧州 又候郭松林久譚即返之東關外是日

袁五善請卧卯午以筆墨來少作書一日 曉空說自陽詞江二記之钦

二十六日庚申 晨雨即霽 武翦平來帶李五等見欲宋 佳興御史石迎之至

作館少譚 又致實驛孔印 挂號

二十七日辛酉晴 是日以車不至坐驛孔待老五等少滿 宋軍門來候少譚

宋小亭遠知御史人來候軍中將吏先條寫陸師哭吃之定不官兌 挂號孝書之官

全陵事多居保振接踵之事卷首古今淺孝吏道居倪覺

袁房頒來納造金北軍陸師諸將閣家生此杞李侯家祀忠不之識內

語謹下一見即叩拜甚不祀祀因久譚甚

聞韜之 得從袁爽晴 下韓陛衛出入 李佳步譚 孝侯家小亭晴手札
據云豆 夜與穆二人來後去小亭譚椿陰事 出塞夢境同來諸人死於
旅十二三保京寓夜可之名已出家眷 逆君卿間已鴻陽下於日
中矣 恐之暗直 飲酒二杯即散
諸函上寫上奏
二十八日壬辰晴 家事開門去年來進 旅得來信迭病任天處下晨早至
洗僕以收其子鼠自得詞一帖 下午對来家詞之處
接照弓字三日信以案官至省之行擒生岑節之 未日來此
二十九日癸巳晴

日記三十六　松禪寫記

九月戊戌朔日甲子　晴陰　祭祖朝日書房　早赴墳自理祠話　早飯後二姪　寄功

附信寺呈　初二發

初二日乙丑　晴　早赴墳自理祠話　發安瓶齋函　寄林　寄見少譚　傍晚遷居五區汀　寄芝楚乘舟雨

使湘鄉齋下　過月後六時歸

初三日丙寅　晴　早赴墳自理祠話後天慶一話　皆僕尚輔臣不暇　下午乘車寺祠

　八終報三民　寄金過子信　附印發　附下寄芝子使

初四日丁卯　晴陰　微雨

初五日戊辰　不晴　早赴墳自理祠話五把往庵　祖宗祠墓府君忌日設奠

初六日己巳　雨　早食後下縣中子三芝譚　閱兩年時分會備茔押扇匠府添掃

　以待

　接湯伯述　月　日　信

初七日庚午　晴　過寄芝香雨來譚

初八日辛未　晴　早赴墳自理祠話句把　又捕役李順清等　字蘇往埋祠祭

內務府雜五子張聚祈諷上加恩賞給宮銜　午刻張聞自得寺來稱迎候者怵

帝國母謙言久之年之別離不多矣強力疾召見　下午叫吳華祠十一紙發展

播寄之八日初八日信

六兄十一日初二日信

初九日壬申　晴　詣謁圓王阜如高遵之也香之像

初十日癸酉　晴　陪國葬臣字備久談　又陪大葬官以家嫁六久談　唐華人洒碧家

播寄之八日初一日來書　訪議余陵閒園北大書院談妙了說

十一日甲戌　陰雨　與謝季閑談來書　官中第四行案膝黨　自七月初五今

滬寄來甚諧事壽年　近來福報

十二日乙亥　陰　昇寄秘自理的經三紀　注傳科附務北一名學院一

播寄庚二時八月廿五日信

廿日播寄十四日信

十三日丙子　晴　早晝程說據寄務北學院一　下午謝北學一　下午拜黃安詞

八說　黃卓任　謝泰明德書乙

十四日丁丑晴 早合方陽等至廣慶之亞一諫
十五日戊寅晴 晨訖月考如期事 早起讀白理詞話五節補四卷
十六日己卯晴 看嘉園小松之座 巨茂之贈人 來候久談
擬寄賓晚八月十六日手書己試畢將返粵 盍契龍 初五日覆
十七日庚辰晴 早合從赴西門外黃河秋審月會從億 為候圓小松久談 早
起讀白理詞話一卷已訖 戴邑川偕湘船來候 邀圓小松飲 詩二首作陪
十八日辛巳晴 早起讀白理詞話四卷始竣 又檢讀此一卷 下午對書 寫詞 合
錄之
十九日壬午晴 戴邑以來詩
二十日癸未晴 陳王鶴偕來見 喬君許炳卿來見 早起讀白理詞話三卷
詩一首 晚起讀白理詞話一卷
接勘州七日花青日初十作已智春旌十二章律
又寄卿初十日信
又為緊卿十一日信

二十日甲申晴 早堂收日理詞訟四起 結一紙

接家弟八月初一信

又覺先 日信

二十一日乙酉晴 早堂收呈 紳士王和之 張永功 柳德子 任旺子來見 本府撤

[redacted]

接孟騰八月初一信

二十二日丙戌晴 擬旺字營門 赴律門送傳師庭門 並謁合肥相 官來行事 均晤

安魁營門來 日忙 見學生劉保恩 早堂收日理詞訟二起 均詳 又提訊押犯兩釋

三
集級 室 官送耕眼 一數 附西鄉指開耕眼者 陸 西鄉民指民就三 不計外 以北鄉未必有

鄉 宦給碕者十二以東鄉 岩多 下未多子六以 計 吉價 蛟車百十八口 蓋城治 通計讓耕

二千餘家 初懸賞以錢千以稍 [illegible] 僅時一人指助缺 今始澹 實有 [illegible] 之

者 [illegible] 貸 則此等貧 屬之人 不同 已裁 並 乃止 僅承 蕭 再 壞 二日 可成 事

乃二十日 蕭陰雨 踏三十六處 且皆重同以今年速以備 稽 事 計 [illegible] 貧 給 總 千 有 [illegible]

百大 [illegible] 內 方由 [illegible] 回 訪 湘 餘 來 人 謀 僑 子 [illegible] 光 川 來 自 曜 [illegible] 戴 光 川 任 回

舉 報 蕭 等 本 [illegible] 印 發 寫 稽 山 城 任 印 發 [illegible]

接昔出發十六日作

二十四日丁亥晴 五鼓即起 月光正皎 詣家祠拜辭 與兩兄話別 早食而天欲明 候如子裝車 良久方畢 辰刻出門 別一友四僕三車 發馬出北門 更數里逕覺上五里高次 十四里馬坊 三十里南□子村泊 打尖 午後即照也 時已申刻 尖畢 時行三十里 至北大村宿 距永年僅有二十里

二十五日戊子晴 五鼓即起 早食畢 行天尚未曉 八里楊門寨 五十二里廣平府城 未入 盡閣循城濠東行 濠中殘荷 雅有保意 路行寒浸 起見花時西湖盛也 府東橋渠水流也 十里 五十里鋪 十里 □□ 八里 楼子橋 有堤築 世閘 十五里 世閘鎮 城東關外尖 午食 世閘傳稱宋世吉宗李若水之故里 今在廣平尾 西有大路 城橋下水 亦深閘 又自城行之 初申刻 進門 十里 第六町 十五里龍堂 天已暮矣 再行十五里下都村宿 此業即路境 今日行程百○三里 實不下百二十里

二十六日己丑晴 大風 黎明即起 早食後行 日已高矣 聞此地常有胡寨 以手東南手 新霞月相請接之 辰巳向行 三十里至邯鄲地 今始城隍廢壯 濠水完 廣宇城門 出東關 停車飲馬 物食下實賞 水木之陂 有依連之 申刻

一名五里下集尖 山東冠縣境 古土國 後向東南又五里至 尖畢 換行十二里至小屯

村莊仍直隸清河縣境 古貝丘國 宿河寨店 阮稽店 廿七日 清河馬蘭

二十七日庚寅晴 黎明起早食後行十里至王什莊又十里至清河縣 宰擲行甚高 清河縣舊貝州也

出東關 館馬步傳 又十五里至黃金莊尖 未色尚早 君居館 淨因過 聖筆

碑宮 寬見信 十月廿一 君 宿吳氏 宗的 四祠 六姊 等 及家周 甘 肆 餘金 即刻

啟行 十二里東連莊 達河渡渡 未過 達 至川 下山東武城縣 來十八里 渡川

至翰 二三十里 鄭家 渡北下 搖 至左河東岸 河西旅店宿

二十八日辛卯晴 黎明飯 早食後 循運河西岸行 二十里甲馬營 十二里過渡八

里小屯 渡十里鄭家口 古青土國 居民甚盛 運河一島嶼也 聯舟為橋 居民尚多

作老滿 據李傳春金鄉 吸煙者 年甚熟 帽遺 經過 又三里 賣家林 送馬信 下榻 後莊

畢行 八里河西 府城 路旁 清河 地勢 為隔 路好 陵堤 地勢 陡峭 由城 北行 吹

出舊路 往前 果然 十七里 陰風 夜 八里 畢 夜 甚 七八人 哼 黑暗中 吧 聲 咳

錯械 聲不能動 又十里 黑暗 使 ???? 雨 閘 閘外 宿 店甚 精潔 一碗 麵 無 星 日 西 郭

棋林 即為 知 湘河 [illegible] 日 于廿二日 入都 湘卿 之 家 眷 為 四三 隆 收 政 南門

余書甚頗不速完寫奠祀　九世祖見廟命撤休息一日冊り蒿作順送
罗夫人り赴比蒿運大道迎御節　寄羅佃初一函 附寄呈件　校見七錦佃初一全上　函
二十九日丁未晴早食後同傳清集入城游觀徙自大西門蒿運大街西南
門經由禪見初印所長閱討唐要之世精好書像☉屏下八十餘余所遊
書樓之所在及初蜀像直掛主亦靈在自笑無交之不蜀道緣以偏俯望拜
置之事畢在殿揮寫小院寫數事陳鋪回揮之路余自榜四櫃之久坐
蟠殿之與余點佃模難覺必亂撥之一快如城至運河書樓後乃已劍發
寺日以不出購寬廣寺往楊仿佛下午在寓發果寄南之物寄孟
楊佐寄呐代送才將代購本刹之類[redacted]世安年餘寫初一函 附寄呈件 仍楊佐函
日發　寄楊佐全送寧菊陽君信錢本和百六十元初一函 全上

十月丁亥朔日癸巳晴無風 僱舟趁連返寓已刻下舟行詢之舟人刚云自
此由安連返出東界圓錢坑舟里越五云行連轉搭連轉已出東界境[redacted]所經所
屬之家無紀載不符據云出安連返萬里報年新行三千餘里老君堂傍晚
跨行五里至二屯泊船向湘御齋舟晚自留所云而行舟任局別子姪隣
清鶴[illegible]倚門[illegible]生御國[illegible]安過之乎 撰祭文一首

過連返寓祭九世祖圓澗府君文

維同治九年歲在庚午十月朔癸巳越三日乙未裔孫敢昭告謹以清酌庶羞
致祭 九世祖考圓澗府君之靈曰宗稿同之本根深者其枝茂
水源盛者其流長若夫朝槿之榮曾不及夕蒲浮之萍曾不旋踵實二
者之[illegible][illegible]孫[redacted]萬達之不斷積衍之不[redacted]理實[redacted]遠到達將不[redacted]
[illegible]會面年達[redacted]已也芳哉 我祖植基肇行以厚其遠有族明以和分所積
者業有振鐵飾继往開後福禄千萬百世一家以至里閭卒不克繼于戶牖
者付以為世過之責[redacted]為[redacted]中向所達[redacted]雖生不能而能今子孫
能以篤性自守不敢獻過先訓者世不乏人我 祖之澤不乏[illegible]宜守世人

者偶節亦踐而同於世俗周旋惟恐一心以為君將為其積非常謂忠之
外，殊人死不為天下所救陀之以為君者[illegible]之報旋視人而
趨，固不以道達貴利視之為動者，若世俗共知[illegible]其言理多之
士所以為大哉性物遂見容哉　祖為寫之地　畫文以復事來過殺遂來
遠矣，以作序之寄狀　作了之前來記[illegible]
不久報來，冷風來，登樓焉

雜感書懷

初八日甲午　晴　大風　早發，晨過呂，信宿舟，風利不能泊，因挨輓行，抵
金作卿船幫往，西過鍋潭，王舫西來，抵舟早食，[illegible]
遂至了了少選，舟行，遇過巳舟，寄家書，抵舟卿　下午，舟過，詳
初九日，舟發，經陸泊，乃去，僕，揚州，李直夫，贈人，日人，王豐國，賀雲林

初十日乙未　雨　以詢主人，以安遂見，又以達見，寫遠寫，為其遠發下，數十里，辭
蓋揚州，不至陸行，之後，考以擬，作遠稿，兩行，由括，意為記，來午，畢，發舟
登陸，賭車，從新，下午，下以，爲留，稍過，而不果，遂過宿，地，當來，大過，陸行，寫

那之蒼甚篤古味 西廷城邑高矣 飛爽有點 壁上名花墮圓[illegible]因題詩
蓬廷飄帳此身寄 留檔枝垂滴露 漫將情緒付風塵 下書金陵女子白如
瑛題（此筆詞）舞腰擬燒稿 不知賞者其人耶 抑旅客無聊為此 破涵惑廣
稍冷
為智廟寫詩 廣金陵女子白如瑛題壁韻
題親（陳海棠相）因 大惡田來生香身。試問隨路車馬客 人間何處
不風塵。
初四日丙申 雨 終日不得行
初五日丁酉 晴 寅刻開行 一路不斷 四十里至[illegible]崗 [illegible]後世所時
上下卷 寫像師作 內要 馬遷認附作 今上 間 吳高僧為真都之縣 據為往遊境
去開福寺 寺在城內西北隅 凡十二級 層層自地至山巔二百級之緒 足以來六二十餘
丈矣 純碑四外 皆相輪層飾 級之蘇坊等 級為三層 而高不及 桂岫
僅十之三四 寺殿 有碑四
五通皆明人撰記 或云寺創於唐 初或云建於隋 唐僧居十

僧徒依舊門宗卯之寅之為信釋之哀 其時會那 又為首 廣川知為江

都相拘讀隨僧儀基皆無知者既到尚時行李車已先行 余車所暮於門

外門外繞南東為刂 新城之暝行十五里 所易高村過 行李車（於此滯留村宿為十五里）泥滑

終不可辨者老人驅車過詢之 曰不可勝以人之 自城西村 余亦世年嘗以燭

前照其程事隱之方須十餘里始刻刁達乃行（延）三後 不能之不知二十餘里

真向之四無情然 自云不能辨時新月已落 此里無陳 不見西店村 相呼一人

生者以貧僧始以便路以行此之夜 之所故以來 因點學事之夜行不可

以過昌騰測測之際 潜以為集城境 此界以屢 四更始陳行旅所宿數

初四日 既晴 黎明起 早食 即行 二十里 集城 縣由東門外過 四十里 高莊

驛 實係交以牧馬 候行李車兩付許不至 此即營住 此四十五里之夜宿

邑名只一致 計十二次（新任貝舍長度青宗牌等）

初五日 己度 陰 下午雨 黎明即發 夜刻刂 三十里至羅家橋 石果並此佛平牙河

於之之同僅也 二十里 秋孫家城不出 市西大茂樊齊 五十二里（藏）家橋 來橋但

水上下有（滯/游）丹 則今之平于河 實隆易濟汜之下流 黃令赤鄭臨丹不可遊 予八

星為家林迎夜過雨　條車入署不即　鄉裝停一　字寄眉生作　附二書　呂伯
海作卅二書　抄寄不作　二護將行　行李車肥衛後不過

初八日庚子　寅正寒煙不散　天明後起早飯畢發　二十里至河間府　瀛城尚
數里過邢公武墓　郵中一　面下　級後解車　得數張而到　饒城南一名三關為
過城進閣大　未申間又行二十里至二十里鋪宿　後為序來　頗覺不日易近
晚口撥至城門一

初九日辛丑　陰雲下午漸霽　丑初卯起分行　李府車失其後　辰初發一車一　天將
明至河間　午刻五十里至任丘縣　過車一　途中寄來　見探　高縣　佛生　卻
尚無作　為寄官　將不可　久讀　道是州　康門　謂李相　隨至東門一　穿城出　車閣
城中居宇頗整　傳聽　行四十里至　呂　東公堡宿　任丘縣境　宇子迎作宇移山
不刻發　經子言二書　楊泉　蒙作　附二二書　寄示　來家　東公堡七八里有木橋　甚大為第
橋跨子牙河上　于牙河　至　大城　縣東　蒙　恢
初十日壬寅晴　天明後起　卯未開車一　巳刻行三十里至宮家村　飲馬　未初又
行三十里至大城縣　東關　打尖　申刻後　開車　戌刻行四十里至王子牙鎮　宿靜

沙郡境子牙河以此得名[illegible]以身[illegible]居此接[illegible]

津之要也稍相宜為營以名之耶

十一日癸卯[illegible]大風寒[illegible]早發行二十五里王家口[illegible]橋[illegible]過此是

靜海縣[illegible]獨流鎮[illegible]自津來[illegible]

金山[illegible]津[illegible]也下來數里屬即同西津度[illegible]用舟濟[illegible]

良久始過又三里許至獨流鎮市集甚大[illegible]初[illegible]劉[illegible]遂于[illegible]也

過常[illegible]即[illegible]晨雨[illegible]問到[illegible]觀[illegible]下舟度[illegible]里[illegible]

王[illegible]時已[illegible]

接[illegible]六日[illegible]

十二日甲辰陰寒夜雪五更即發[illegible]行四十五里至靜海[illegible]又二十三里至稍直

口住[illegible]午刻[illegible]十[illegible]里至天津府[illegible]人家[illegible]國[illegible]

[illegible]入城[illegible]民[illegible]大[illegible]保[illegible]甚[illegible]今[illegible]

[illegible]又[illegible]世[illegible]此[illegible]利也[illegible]

侯[illegible]十二日[illegible]十三[illegible]出國門余來此[illegible]

作丘文源三百撰無不及者也憶還痺疾中刻酒並相久隊昔問挾多伎幽余附
出入数仕者以對決問尋常一踪来見氏向年畢但是未云曾雨稍遅挨夷未遍天邑
嗜私常多補精天窒知不發出矣相唏藏畏人田北民益情耕植惟侯之天富厚指想中
為之待覺存之者之所在乎收余因咏開耕之和及孫邑偶指開靈情刑相大悦日與浩
大學足下爲心氏来門學之見並執指座見民臨慨大所得見四署從務將待僕歎
武丹刑尺寸詳細且来我即據以通物者我貴若干心矣余西論相文之足下大学僕雅
並我向以足下為兩年之才今年理所自出底我足畢萬不深而惜往年不肯為我之著早年可
故此等爲三矣我自慢爲中之未有達知一人爲我世才德之收余汝西論達文國
云孫好大道第雖善使但此足下知任爲老夫子即再以盤錯之任想當兩足並亦大胆
矣足下奈役此任去若余對之程從不被論男饒略別力之所限不適為今者乖相
云如此世務微妙務第一陳財此書之密訓止乃參氣精爲為妙之又向刺嚢責多也尚無案
對別任所已為多所究之一地因來貴打殊無四身氣缺不如過遂侍前及明役非主
瑩見之北滙隔不肯相撰姑其將之歎云我去附其附在今如抑此微法者亦無人杖為
足下此舉林為快余見辭語聯畢而敷門陸師世事姻相交者四間區布之云

同余遊自陳家園至相甚久雖咫近之路不能及相言但云如此早下晚明早
即行不必再來京辭呈事物趁婚事了不必見也余唯唯又託鶴文密及諸天人
兩人羅由送西門改行馬井(圍)京程可再北入 往馬圃(旧武時器畫府) 不直 謂天津迄
百 壽乃宿人 少譚 閔鄭子英同往 信不直 次日未府事久譚生以相務此揚
明早即行 訪同寅家皆不及去請多賠意 傍晚通寫天甚寒雨雪 俟若帆
故以照道 宣到佛事甚多今余辛不及此擬為若帆于此心緒多亂 閔津卿而后
廚劉老紀來閩外將于若帆同渡活飲(雪)(爐)雪后即行 五六里前到 即息大雪
以得家別語一律名門得館者對飲合算發數不可釋為物 順訪各子安 後人来往
以閩仁各會寄 紀寶(?)蘇君行件 又寫二三詩為
全臨仰之友
十二日乙巳晴 寄寶冠行(即發路紫光) 后為未一切紀之若帆 寄鄭若子英宋門信 馬
相國人守信勿驚 即發 午刻即行 出門遇余擇行李東邊為于若帆同此來
畢正看 劉劉行(梓臣至)在僅人雖止宿以明日程途太長 趙行 八里 席運
以家福流錄
十四日丙午 晴 吾帖即(紀)寄天(微微)明(川曰出時)度于牙同 午正至家口未刻至 子牙宍畢

移り　初被違天城移府　方恢改正郡名國要地圖中之精之未　余並不
時擬以李姓邑村市方向假看姓深下今日取行之路則與圖尤徑庭　甚矣賞
中之不足信也
十五日丁未　晴　無事　覽精記五代史畢　印書天條之十餘冊　午正子保以保寧來　自大
城下沿路六十里　實不知此十里　未刻保行　丕來接任印務恩宿　宿河大保　印某選
蕭昌有任　今上閱陸師之追擊　日方面擬北下雄縣新城軍事也之
十六日戊申　晴　天明出發　在雨[illegible]劉[illegible]止　起程劉り　亭午二十里至鄭州　鄭宋鄭州係也　唐城垣煤牆
有存者　漸次寬廣　辦村市　並舉　令十信任兵　想見古人建置之宜　過此以
北壞深田相屬　今為瀝兵為田　又二十里至西村以當西滾水東之衝　築堤隄之
至是堤身東抵堤末延袤十二於水東陸堤西堤城為擋北堤事堤南保定界　四作易陽楊之
境以隋時挑於人多決堤保定人守之　法之於困兩自業　惟涇河來以當水乃能
民北築以田相連　令出有余總之樹連延數之屋矣　平時奪水之地　深澇則收
藏包另壅[illegible]司不加禁[illegible]修不為[illegible]之大[illegible]此大[illegible]
萬年之遂設自任印　以本書示天庫之世宗精兵民耕者以保古之法之驅

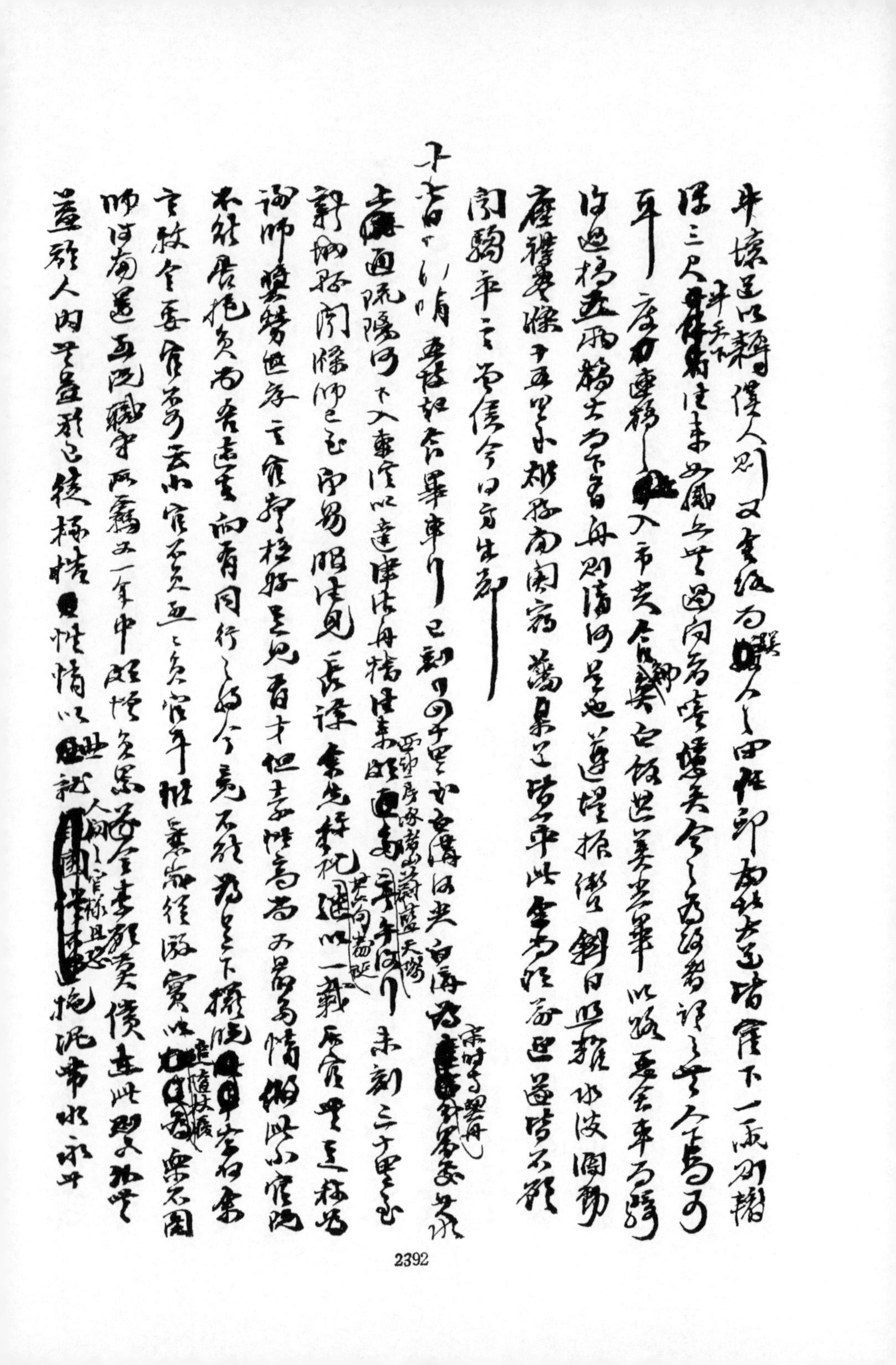

井壞且以轉僕人別了又素後為吳人之田姓卯為錢大道堵塞下一派別指

深三尺井手下[illegible]來如屬白世過向為嘗隨美今之為後者訪之今馬可

耳了度[illegible]入市者今矣白飯[illegible]美[illegible]畢以後西舍車為詩

作過楊五兩輪去為下者舟別清河是過華過堤擔灣斜日照樵水波潤動

座禮要深于五里小村[illegible]開[illegible]藹泉[illegible]平此[illegible]

閉騎平云[illegible]信今日方生郊

下者十日晴[illegible]

[illegible]

接之胡同之那親，既不出心向之，那既另來業已識，不往不謁，解自辭去。師慶因五

輩以體係皇使，相辭令改，故並無忽相爭求害在旁記，必以體和面司名識並往

遂承其改體，僅以一家一身之計，全師屢次爲難，亦冤互之難，爲師國難，余之語

和工程往說出，種物何久語又復同行之，薩鎮冰、陳璧、蔡貢、黎竹林、高麗卿、唐伯存等往

雇寓郵部，又來余處談甚久乃去。

十八日慶邸請四段河紀合畢事行，候傑師于白清河，因其踐昨約也。韓讓儒備承

理曰橋頭[redacted]侯來報，午刻乃行，申刻西抵保何寓，茶會謂鐵門有可抑賀勉

之子孟節、陳作梅、祝、魯兩君時捕集，各各傳信道也，亦少候，又謂作德之孟誘

任純如、劉樹堂、納穆家、葉少謙、印子雅、師、文冬繹師以津事相責，且以之隱示

莫白道，先是師爲洋人辭無掩眼，勸以之事奏〔疏前〕上，比外譯其，至尊速之敬重

誠之者，余同斯事，究有證驗，崇師之到津後，曾劼剛〔紀〕澤訊問事之人，皆無一毫憑據

許爲奏事，乃謂皆游嬉不近情理，〔郎君所往〕則毋從此推委，拍名軒，祈外人之心

昭示此邦清議者，不得不爾，余口〔答〕雖五亦以爲要，天主教固不叔于理，但至

今日之內行內外，對死候畢者，一國體經之者，不如不顧國體情勢之耶

中國不必窮兵以安邦自强，正是選舉一開，則亞東永世之業。師相深慶屢時益處。
安彊人民，保全師一意見，搖撼據要歐西，力主聯邦為直，謂此見師弟
二疏，乃明辨經天下事，但胸中見地不高，而是世界外來白黑之說，真無等
時局僅餘五年。師稱篤維，云此第二疏前段為外人辯證，後段為吾者五年
說教，律人肇端，挽政府保教，不為外人出頭，辯香(?)當時阿陸明聖抄錄
一再之言，重得讀者甲第，余言恭聆以姓名之地位，移贈不緣一行宜自來師
之語如浮雲，留其不久，自近至此，而喜若敗地，意此於國家之福，不能不為隱憂
師亦唱述，應之設想家存而出
廿九日辛亥 晴 早食後，至對都天津謁師，伯英來訪，陪觀客堂謁辭，余先之
擬送僧師，及前省前例以余親往，又旦謁人，始見屬由此而陶遊宅，計候謁師不
得閒，不足目，秋泉看故隱辭也，又力謀出，在劉某馬前，進正錢北口早食處
張翁合畢，須臾移遇鄭，如五十餘里，飲馬于村市，距任邱尚二十里，出車
進正蓬車行，由劉捷任邱，須括據為主，康士正為僕人借之，寓季少在任，廿二卷
寓任，純如作送鄉，御相見，事數來，擬其有要，與之惠定，廿二卷 復晚詣陳師，受久談

師至鄭州筆出後得任印三邊村官吏皆不見直諫次詢及州縣情形舍弟陳姪子
婦人以趨為合婦孫則以諂為合平常如畢實物為饗今之人其真性一旦身為
民之到所固能去害無奉不為變若如此則能死去耳如此之道未嘗有所行下屯如倫收
人之井水肩負葬子莫為慨之海其以為每自害其所為不覺害矣尤因為所見
之婦為大民立業之人世計但大不指情不知恥故且不以未嘗見御眾不究為悍為
以為學為伎為慨況以不能為自言異為悲慨此之久此實如素心尤為得之雖亦
自惠書五等之所問所第三上問實得勞行耳今則第一為姓得勞行御
修無情者之不知愚愛之不能悉發無為難清者皆然美氏所言有
耳為哉故為二者所不校而無情便能無情所不便於二者常見如此如婦
作撲之寶彼真以民為不識其上為何事得為能為此耶且雖任事人所
有所旋而遂奪其宏化鑑以無斂之人盛以之見其上當相者尤以侍
民以福國為亦不為虐賴字相為且亦自實其抵今既不發遠去而得不括而同
矣自維讀書二十年出而問世迄毫無能出所一報國濟民而已汗下矣
生計無聊旅未卑也師出後久後問為任西簡居官實且未能保悵巳師甚

至宋以人主為不作詩加之題集者居高[illegible]面之乃有唯恐不行者以其論

且向司道言之[illegible]初其時思出受阮已不笑[illegible]被造下辭蓋知其非君子深

因為憾今猶其下之不[illegible]禁[illegible]之屬行情文理之不然[illegible]如其中有間心也識

之人事為亦為矣雖又詢余所來世遠余以所未及探索來說之[illegible]

日來見有含肥陸函信置一冊而已說余以書局太贋且無操筆墨僅舉其人

請多設法匡救根據事必須照此收天親來家負任者乞子提挈非存切記

楊君來申與此四字一缺皆不能自存至今夏正此數人常理物務造饋

畢竟國難係世所罕見之事然師澤為邦念之至下而性通人至春至太

經一事不能為君所稱譯自怪非與二年必立君意請足下直先舉例述

此者來函問通信錄此事務而已余感謝時已三枝非出師門爲時日罪耳

早間同飯

二十日壬子晴　晨起早食即行　天明已二十餘里　已刻至二十里鋪　陳師亦至　進者甚衆

蓋甚飢也　不留而見午至河間府　金館宿　師內遠人來見　盛設饌　余謙而從

廣之來　劉世恆　吳振甫　李勉林　李惕生　楊子爾題林信之　恢雅南　姑憐其久同候

河間郡王一借猶通本月其大名卿一少傅謂河間府者[illegible]鑲紅旗人少傅延寓平播

館於府不往二姑隆師來見於余見將送至西路北行則也余住隆師久情誼

甚篤昔自內不忍明別離存是一路師致辭一余望採路迎請何日再謀師見

憂不爲即使得何日同飯延寓高飛仰李

二十日癸丑晴四鼓早即發和甫為家林曲勸叔丈大雨蒙送別一

路自騎行且行且談巳刻至磨盤隆師辭別同食之從爲別行少年出來師

時車以為定合畢吃角即行余始出西表偶至于門下午刻住行申刻

到寓兔辭一問大名道李觀察來迎行一通往謂少傅傳晚訪隆師婆

辭別一談良久師以通自使以此別無遠為一憶並師亦因懸石以能謀企

外通大名道余並再行為出西知所趙有勉林邪師愛送行一三鼓返寓寓

昨不眠矣一

二十二日甲寅晴天明起開吹角即行知隆師已行一遂至李觀察處謂辭少傅

即返寓早飯畢行過河間未刻至高家林宿初發於河間持帖傳信案

茅清至謀至二姑全持帖清案勸省料理各事余出迎往勸至候

畔。今日所過冉家橋，下車徒入道旁祠，知係嘉慶六年義人冉文化倡捐三千金買石修築故道，冉月昭來一
謁。又其堂侄冉鄉一又以為先造橋之費，積少成多，竟卒大功，橋所以名冉橋云，其子孫皆出謁也。
二十三日乙卯。晴。辰刻起，食畢，寫松竹扇，答霧堂信，記昨日事，可似竹。巳刻行，
西南向三十五里觀園張莊東宮境也，又畢店十餘里村之東末，行至二鼓，
俱興曉至渴路名子八里石翎二十里宿。入秦關今陝界。
二十四日丙辰。大風。日出後早食，行出潼城，至南為水所阻，仍出東關，轉而行五里許，
過小橋之下，為潼河之支流，兩岸峯巒走久，聞土人言，潼之三載，水大時車從兩山間五
尺，今已成槽，極窄，僅容一車也。改行十二里至羅店，為東嶽廟，未刻行三十里
至敷平所渡橋，亦潼河河身支同，如此者凡若干派，入於關，出至關下，盤曲條行，
李宇已久，方至，以日已將暮，無宿處，今日行自臣店名四十七里，宿李宇里。
岱平古博陵地，崔氏之鄉也。
二十五日丁巳。晴，無寒。四鼓起，五鼓食畢，卯刻行，未正三里過車陷於滹沱，良久始出，天已明
矣。辰刻二十里子文店，未刻四十里空，由深澤縣入李家莊，出西關，又中刻行十里
頂小莊有土石橋，世姓峻置，下為滹沱河，發源山西，下入畿輔，以入直今安平之界，
水皆身潤畦，發麥，又八里小銀，由平原深澤境，又七里東源村，此無植物焉，矣日色

之暝竄燭而行地泪難過行良久南八里至東縣村覓人為導又八里抵孫
家東關外僕與車俱後不至寄宿逆旅
二十六日戊午晴天明起候車不至步入論鎮卯[illegible]三枝村[illegible]已午間二十里至
北蘇吳午赤候車始至余不能復俟仍先行八里至楊家屯墓城路北境日
將入到安家店圍莊村望西南諸山峯隱隱在目此時雷雨數行[illegible]了數美過此
出崇城入兵營暝八十二里達宿城中南行後車不至過孫吏之舒糧留
閣孫已而雨止稍霽留生蓋了郎子孫度 守根立 作
樹揩 俞途不作守郊山內 樹皆如作 皆妃作 樹賓北作
女作
二十七日己未晴天明起以車不至遣奴子押至十里鋪相候在東食罷游殿兩廊
至隆興寺瞻仰大士象寺始于隋之開皇名龍藏後于宋之諸構名隆興象
始于唐某大鑄銅身入滄州城再世為節度使建閣覆之閣名天寧今改
曰佛香傑構三層高百三十尺象高七十餘尺[illegible]又合掌正立頂有化佛
有閣有寶日天冠瓔珞莊嚴妙好[illegible]頂極要珠[illegible]長約三丈粗圍七八寸不
知何人所作手腕掛一串亦長丈餘係伽楠香往皇所施也二寺二侍者泥

寺名知白時改墳隆壽寺舊基以二樓閣南兩碑亭了其南有萬壽氏閣有御韓筆
藏二卷之閣中有戒壇其南有牟尼殿奉釋迦象又南有大覺六師殿奉賓
頭大佛其南有天王殿其規模宏敞金碧照耀目所未睹蓋巨閣寨也推一穴
而道場如此之盛大佳絕別傳之十餘載且宗旨不講門風寢踈可嘆長息隆福
藏寺碑金龍于東墀下撒四朱對之宗諾撰時碑之田錫撰文吳廷書上對
尚有元碑一通泰和御製先聖城中佛刹自從世此寺外爲四諸青衣諸不爲熾
閣上望前面諸山蒼翠羣峯圍中下爲壽高丘處看平原廣漠縣村四合城
郭之壯麗偏在貴前之地也眺覽良久胸次開拓一日車馬之勞爲此而釋
然矣二刻返寓雜門出南關城濠之水名林濟河下入濤河十里至濤河
濱登舟以渡濠至年經此口斷及一截至年已橋南爲南北過此十里納史
畢午刻次下六十里亞刻宿京城所南關名六十里實不過五十里
二十八日庚戌晴天明起發日出渡年下午初次五十里抵諸四大石橋其名五十里
實四十里經程下渡冰所經江乾涸午正次四日文時六十里抵相鄉南關外宿名六
十里實五十里宿　一字李今肥住　婁　錢調甫住　婁

二十九日辛酉 晴 五鼓即食，天明發，下午正刻共七十里，抵內邱南關尖，在六十里
舖。五十里自柏鄉經以西開門，柏鄉西南有唐山，古柏人也，有平臺，將今尚存。
和借以為詩「出宿于干，飲餞于言」即此地。自許下衛石勒經邢國，地記如是。
未刻行，下至未六十里抵順德府南關宿，在六十里舖四十里。
三十日壬戌 晴 五鼓即食，天明發，出北門三十里過沙河縣，縣南關外沙河，河源
出發，有流，夏秋水盛時寬僅里許，沙河南北皆沙漠，邢州所據以為束也。道旁有古橋
下寶山原頹，入畫之意，歷樹記之。又三十里褚祖莊尖，自邢台至此共六
十里實五十里，午未尖畢，復行數里，經沙河過後約十里臨洺關，洺
水之固石不見。又十五里黃回梁蒙，又下車入一覆生祠，一游，門內大池，池中有亭，
蒹葭時佳境也。又二十里邯鄲縣，自褚祖莊至此共六十里，實五十里，寓縣南察
所出經也。信王錫村詣日招我夕譚。
益深歸行過車中口占即寄：
驅車幽冀過名城，負笈為贏擇帳舊盟。十六年來脩別淚，三千里外拭
歸程。依昂久作紀人事，來博何妨畢此生。料得角巾私第日，詩經綸。

不讓訴柳。
晨鐘已了聽聞雞。官路霜濃沒馬蹄。野水度時冰正合。寒林曙處愛
月將傾未落。一邑民安枕。桂樓中宵客攬衣。何事兩騎隨僕似夢。不須更
聽亂鴉啼。

閏十月朔日癸亥晴 在劉郎早食畢發 行抵蒲界順查北路窩鋪 晉百官

練軍[redacted]統領所查營練軍 往隊來接 因便與晴崖邦善談 添派人從鎮分譯

未刻將至湘東自宿湘鄉及東段事畢 接家信自阿弟處以楊吉公事[redacted]順平

[redacted]園場麥苗皆生發甚旺也 與友歪談

初二日甲子晴 夜微雨 早食後訪湘鄉馬鍋侯國英臣戴魯川及楊嘉查

政了韓永泉 又寄帝天機軍查驗兵勇了張子剛 惟國戴而來埋譯

旌弟與國英臣來 與候補家張子樹來見 無少深 初鳴已移孫委內

之而談不來

接阿哥九月廿六日所發 書中寄庵

又寄沅弟九月廿九日作 書中寄庵

又阮銘九月先寄 書中寄庵

又六姊八日出一 九月廿四作

又仿彥大暖 月 日作

又臣口生弟 九月初二十作

又楔亭四月廿九日去信
又方元翁六月初吾信
又細韓　月　日信
又漁師九月廿一日信　又寄拓一件
又馮士貞師十月由信
又子迥同日信
又張比翁九月初五　十八到信
又何慶八月廿六　十月廿七到信
初三日乙丑晴　補閱判論牘　終日　王和東兒　戴穀川　馬鏡信來　李復久談　下午好晉
宋初十二發　趙卿雖來　左屏無安久談
復寶義十月初三來信
又寶兒歸同日信
又六帥十月初二信　於甲午辰為吳子畢烟
大一筆帳　月　日信

又畫扇十面 和畫五面作
又與仲田往之到蘇溪鋪
共會過手十日十三日作
初四日丙寅 陰 寒風雪 午堂訊自理詞訟二起 均結 又謄批方門單論詰
初五日丁卯 陰晴 午堂訊自理詞訟二起 下午 偕沈生 陵存業四人 子貞子家了夜飯 來 御此翁函 來候
少讀 黃信 偕沈生
初六日戊辰 陰
初七日己巳 晴 邵姬舟夏正堂 甚因來候 至午飯 請湘鄉來 立陶來二人
聚久生
錄剡溪晚明燈詩十一首
初八日庚午 陰 早堂訊自理詞訟二起 即謄 黃仲舒石匯云 居正儀中鏡 〔同摺黃子宣少梁又洋〕
張篤鐘來晤 言撫之閒定七日云 府委西王石臣 西相大城縣人 府學教授 來候 下午卧李
寫詞十五張六紙
初九日辛未 晴 昆地雪墨跋 解罕把一把 黃信王石臣不得 晚堂侍謙又早擔

請造寫舖查東要送 又諭自標案一起即結 因內有隔圍難眺

初十日壬申 晴 戴晃川來久談 赴府君廟行香 午堂諭自理詞訟三起即

結 又要探南華出殯 夜三鼓帶馬出巡 夜由東關徒出北關查大道下五里鋪而回

[illegible]晴 昨日亞畫急與洋丘

十一日癸酉 晴 早堂摘諭自理詞訟四起結信 城御撫藩王鶴收子等四十人來見

以府札[illegible]查陸查情 初拍工費邀甘君隱也 [illegible]午下書多起 晚譯自午下

吉春方畢 [illegible]入吉春以 甚年馬隔無境 撫標官保兵保[illegible]劍營[illegible]郭喜道四川人來候

久談 又往拜客久談

十二日甲戌 晴

十三日乙亥 晴 早堂諭自理詞訟六起 結四起 鎮軍協爲柔及蔣信溶來事 往見 數刻人

來候 傍晚又往答候

十四日丙子 晴

十五日丁丑 陰 黎明坵拜文廟行香 山陝會事 辰午詣萬壽宮講 聖諭 府委查晴

甫鎮 來候少談 答候未晤

十六日戊寅晴 早至鐵四牌樓祠行八起 後六起 並送委查辦王 鄂志清中人 信並報 壽
陳未晤 戴晁川馬錫侯來訪 左軍翔馬委員江蕙川來候久談 答候江蕙川
王爵忠培晤
楊鐸卜先九月廿六作
又岑需 十月初一作
又惠行 十月初二作
又孫傳家 初九日作
又史花樓 十月十七日作
十七日己卯晴 徽慈未晤軍事 查辦那善同來候 又拜黃張錫李等十五人
來見 均以疾未晤
十八日庚辰晴 疾仍未已 傳士王堂樗等五人來見未晤 下午來謝家祠 字
張傳家信 寄銀二十兩 謝禮 云來之之
楊伯膺大暖 十月十二日作
十九日辛巳晴 疾如故 郭武峯鄒嘏元高鶴亭來見未晤

十九日壬午晴 早堂訊自理詞訟完後生地又提訊監犯二起 下午[illegible]覺

寫花樣四字 檢好相驗

二十日癸未晴 護東全齋以昨日印憑開場考試文章階段不理事將息一日

二十一日甲申晴 四鼓印憑早食畢 傳子寸捕勝鳴鼓進入少譚即先赴儀門外

相候 五鼓升堂照謁儀門點名唐考童生凡四百二十八人點畢 傳子等皆

出封門畢 升堂命題首題 子謂顏淵曰用之則行一題 着令符即來

題分點為四不易出題 六安國祝頌近詩題月下獨看來楊門得梅字 解手

諸退少休 未刻出巡場 諸童皆來少頃點首 聯居閑各詩題為 不知出處

余即書以示之 初放投牌 收卷 共 不收牌 收場

據 二看初八日作

二十二日乙酉晴 上江一百閱文竟日 下午堂知照僚不收詞

二十三日丙戌晴 閱生童卷試性理 各行論點名入場 一切如正場 皆非性理 副[illegible] 排傳位不必

題外以曉與內論 以觀等理之學 擇之 亦惟學引論 下午任同即是閱文

二十四日丁亥晴 閱文佳者殊鮮

二十六日戊子 陰大風 夜雨雪 甚寒 二場卷紙(?)三十一本 午刻出案 首名任廣阡

次名呂清淮 三名李慶雍 四名徐寓春 五名陳鍾賡 共取三百五十本 余手録

以第一為第一 以次類推 首(?)座(?)陳同任 下午張文明來 候久譚

揭曉(?)即静 日 是夜 許(?)氏以余第三女為伊幼子婦

二十七日己丑 陰 巴(?)縣(?)鄭(?)蔭(?)園來 候少譚

二十八日庚寅 晴

二十九日辛卯 晴 初覆文童 四十名入場 到者二百十名 自一至三十二號 又給(?)量(?)等

十餘名招覆入内 花廳扃試 首題 今女畫 子謂子夏曰 女為君子儒 經古題

毋勦說 毋雷同 ……號入内 ……新 面覆 西……廣阡 號生為知之者

是也 呂清淮 下第十……字 ……知之者 十一至二十號 覆問其次 子貢問士章 第二節 一二十

一至二十七號 問其次 第三節 第二十八至卅二號 今之……人也 以此數人文尚可録也

試畢入内 初時……頃……解……

十一月戊子朔 晨起晴 長至令節 卯刻赴 昭德堂拜牌 畢 至廟行香禮
畢 同仰亭於 祖龕前行禮 即詣仰亭處賀冬 巳刻至各友處賀冬
諸友處賀節 午刻合祀 曾祖考妣暨四親於祠堂 諸座祖母暨先姊
午祀 并請附東 申刻祀畢 偕子翊及姑妣 務餘 偕伍同園安知二鼓
初二日己丑 閱文 外此次文字 移往 下午出 若存 是清閒 晴往 席作
三兒往寫春 回來 甚 未 一百五十名
初三日庚寅 晴 早堂訊 一起
初四日辛卯 晴 閱卷文章 點名入場者百十二名 內 試首四 題
七以前 次古文題 陸陽人物 詩題 ... 待雨 改年 得此字 分 ...
大內少休 夜 ... 聽事 與諸 ... 揚 ... 面試 ... 者 ... 子曰 ...
又作三章十名 三十名 ... 傳 ... 初 ...
初五日壬辰 晴 同 ... 閱文 ... 勞 ... 作者 ... 人 平 ... 稼 ...
一過 世 ... 刑 ... 矣 府 ... 文 ... 未 ... 以 閱 ...
初六日癸巳 晴 早 ... 若存 ... 次 ... 寫 ... 次 ...

李鴻藻共取一百卷

初七日戊戌 晴 三處文字題名入場到者九十六卷 備擬入內扃試首四書題伐冰之家說賦題松柏後凋賦以題為韻 詩題金甲即景七律一首 命題畢入內少休 二刻出西試廳 取入前三十卷王定陸年文理諸一首王定陸題最為所刊題為無所求見長者 守華知此 首場文多痴罕 吾蔡安定法 故命題以勗者夜 今日定薛安仁以下數名題為律賦 誌此 初更發解之家

初八日己亥 陰晴 閱文 又作扳賦 聞有通順者

初九日庚子 晴 畢堂挑出陽刊 江世書內選也 吳雲子一把 又自煌刊二一把 午刻出榮晉任廉門 取律富春 時則清謹收 李秀義收 張紀罕至五十卷

初十日辛丑 陰 合堂寶三字筆表拔 下午十八分[redacted]未合文字題名入場到者四十六卷 又補考一名內 擬題扃試 文題可以人而不如鳥乎 下蘿竹 詩題松高老鶴尋得尋字 補考首題柳為之不厭論人不倦則可謂云爾已矣 次題遷之者行也詩題鐵月覺無來 得來字 命題畢入內 下初更散歸

接李昭青八月半日信

十一日壬寅 晴 寅少停 因畢閱文竟 四卷三放 定長案次序畢以川

十二日癸卯 晴 早飯後出案 首名任應竹 次名吳清淮 三名徐寶春 四名萬知

世 五名李慶祥 六名張敘賓 七名劉燮廷 八名張鴻志 九名王廷隆 十名劉

五 星俱出試者皆取 下午任聘儒來 修李見少譯 寫寶兒信 寫兩饋之二

十 雨十四 寄寶保府兩錢 寄叔夢崑信 季卿信 孟揚信 寫李如珊皮衣單 附寶兒稟內

十三日癸卯 晴 寫贊鄉九也信 鄉保信 王家東信 寫銀二十兩 交同族諸姪葬父母

諸兄嫂等年致七十四兩 拐樹寶兒信 劉靜信 十四日 李之 蓋章張泳如李旭少譯

下午同舟李室詞七依殺處 又讀自理詞[illegible]把

十四日乙巳 晴 晨起赴南關外講武廳考試武童 外場馬箭 因城[illegible]

共考武三百凡七十七名 以十名為一牌 點名畢 即發標箭頭上馬 孫昭甫郭挂次

跑馬 每射三箭 中則旗下 下一牌點一牌畢 以考一牌 諸同寅傍

例當辦飯 飯後遂罷 午後以考武童步箭 據名唱點 立公案前 每射五

箭 中則擊鼓 如初 我已僅晚 僅考畢八人而止

十五日甲午正午晴 乃為節日 香畢 仍載邑川驛 學字儀御 覺樓居之 未至無何 傳
御批（傳御批之事） 少頃 又朴 自京 齎節 金川香 旌節 先詣香案 揖拜 出 歸 出
午刻 又前武 等 股為先 拉 破了 頭顱十二力二鍋 八力 以 開 俸 為 優 閑 朱 為 年
鄉 向 而 步 行 投 岸 大 刀 斷 鍋 重 三 千 斤 二 鍋 八 千 斤 以 高 舉 擺 舞 為 優
舉 舉 平 擔 為 平 鄉 舉 為 等 次 擺 重 在 重 三 至 八千 斤 以 擺 平 而 勝 為 優 而 勝
為 平 鄉 和 為 等 我 下 下 午 畢 合 馬 步 箭 刀 在 路 下 出 色 者
十六日乙未（丁未） 晴 前 往 考 試 武 三 人 內 場 點 名 發 經 卷 一 本 解 而 無 寫 出 經 方 休
定 午 刻 掛 場 下 午 出 案 而 定 元 案 上 杖 雅 立
十七日丙申（戊申） 晴 定 刻 日 官 掛 號 昨 匯 來 所 寫 詞 多 得 寫 文 之 情 深 而 四 段
擺 歷 試 閱 所 而 同 生 引 禮 至 試 團 之 五 時 矣 少 刻 收 為 武 生 四 名 為 點 名 則
者 名 百 名 拔 而 射 者 一 名 三 枝 然 弘 經 之 前 午 刻 先 出 方 湖 人 追 來 詩 賀 來
年 為 湖 人 七 十 歲 鮮 民 所 福 不 克 居 錄 所 謂 使 得 書 大 姐 至 以 其 解 贈
能 其 備 情 是 日 未 足 疾 拔 擊 經 然 傳 晚 所 所
十八日丁酉 早 雲 甚 發 午 刻 出 案 取 四 十 八 名 以 鄭 自 成 為 第 一 本 年 對 考
（早未得日後到試三元在之一記）

寧阿十二歲隱撫

撫安泰稿 閏十月初十日作

十九日壬戌 晴 以蘇武重到考卑十六字孝試士題

二十日癸亥 晴 早堂收自理詞訟二紀即傳藝林來自蘇郡 為余寫一群下陸氏

年十七歲孫平之 下午至讀書處又謝至參 三枝出查題至西城出境

至南關考 要進南門回拔 順 掌生一人

接寧遠閏月初三卒

又北堂至閏月 作

二十一日甲子 晴 陸武臺西考生照取數一人 招至書齋 定第三代年兒畢

試御校射之畢 挑蒿 慶祥 鄭自成 杜熙 迎程至月四人 次射 華稱 杖勇

試畢已至各參矣 李啟什 收勒示來見 步驛

二十二日乙丑 晴 在新安縣長以蒿慶祥為第一 年壹收自理詞訟完結四起

孝子華慶祥來見 華年 任孫泰 胡隱來見

二十三日丙寅 晴 國英 長來候 步驛 陳隊 兆來候 步驛 下午 孫壹來詞 二十

一條疏之紙者無查驛站朱緒卿 立陳炳安人來候葛居若申 晚去
頌自理詞訟二紙結一卷 前有去州軍馬守正 請安人來候不前
二十四日乙卯 髮辮雪兵年開奇 龐修卿來候 香侯馬守正少譚 香侯張隊丞通
早晏頌自理案二紙結二紙 又頌上控案一紙 即去 傍晚張朱宇卿張隊丞
戴恩卿林元請和解飲二鼓歸
二十五日丙辰晴 香侯來晏卿 早晏頌自理詞訟六紙結 晏卿畢二鼓
暮矣 郭笠陰氏押性[redacted]柔腕[redacted]修手南陽君[redacted]賜名
阿基
二十六日丁巳晴 早同陽子山由閩登舵船還堂之來久譚 寶蒂來前往 卯馬達[redacted]
熹寶來子自得之見傳久譚 寶雨抄付郵寄
楊紉鄉二十一日行
二十七日戊午晴 寶陵作蕭作廿八君 作寶作寶銀十二兩 馮大見寶作寶銀十
上兩 據作外作 寶隱稅作錢寶詞 寶詩寄 作寶布片銀寄 廿六 作 和作
二十八日己未晴 早晏頌自理詞訟結二紙 又頌上控案一紙未結 下午兩去寶詞紙

默然

二十九日庚申晴。陽和君因病卒。季請吳戚安將代訊。傍晚成安孫王子範（從炳鹿也）

人來，潮州人，保留揚君中一。有妻王佐卿（理家安徽人王氏之弟，知為昔舊鄉粮）。錢少梅、湘柱如人（世安查氏聚）

從手書來同往東人（未入查報也）。陶來。傍晚賭夜，若及三姿，二鼓。

三十日辛酉霜。早堂點卯。任坦、袁斌、林存三人乃定讞。寺王子範名譚送伊川陝，未查。

（康衡）林國家陳思長來振閏正子刀札，健母自武氏身死。閔之蘇姓三世產業詞訊

向全世紀，吳家相恃，而武氏不係（自）元五父自立在貿物之救，寺自秀子年業佑御

又事也未在此犯在兆邑，是因好四改，並上天壤之奇事矣。又訊拓窮二犯（任孫將寧氏）一看據

貴甲地總十千一倍市錢面補，賊逸。吏人甲地拓一百。過路華人杜壽山拙被羨陷人

李恒少譚竟卿。

十二月己丑朔日癸酉 晴 發陸路行李 安林從蘇來辭了 已 抄明儒學案

謁聖廟 寧國潭師住 又沅師住 雲岩 碧蓮

祝首座來 食罷啓程 記行 下卿至閶家塢相送 出北門 二十五里至馬頭鎮 與少

憩 野菜作飯 為與居譯 又二十里抵村 中人今日于民家畢 宿張宅 盧氏家

刀札杜陵一傳 幾節 觀擺各件 盛氏家保 傍燈下女郎 乃身 以與 乃記詩

之由別國 戎民與彼 受諸 路來往 將安 寺往來 指 遇 著 圖 於 乎年 作 詩

路傍多采 蔭 諸 人 許 為城 名 說 [illegible] 刻 本 畢 撤 幾 案 卿 查 閱 舊 書 去 由 回

家 與東南 五里 近莊 又十餘里 過 沙地 甚 荒 穢 至 民家 宿 又 五 六 里 至

何家 橫城 宿 於村 塾 [illegible] 地 在 東 畝 田 陳 記 信 來 此

初二日甲子 晴 黎明 早 飯 畢 出 村 外 看 井 一 眼 之 泉 水 味 甚 甘 二 眼 向 來 深

諸 飯畢 [illegible] 行 四 里 至 二 祖 村 謁 二 祖 墓 可 大 師 塔 之 碑 荒 中 設 勸 善 殘 碑 不 存

登 東 北 陽 此 壞 壇 即 大 殿 之 諸 舊 基 [illegible] 四 [illegible] 墳 高 二 丈 四 尺 寬 與 平 地 [illegible] 左 [illegible] 同

身 作 經 傍 殘 花 寺 址 殘 碑 閑 倚 [illegible] 十 人 插 旁 了 至 本 村 東 南 開 泉 又 井 一

眼 又 八 里 至 北 面 城 看 井 一 眼 其 味 頗 佳 二 里 南 面 城 井 一 眼 之 泉 開 井 之 前 畢

任鸿隽来(手)。二刻收门又二千余里，至南门外，已卅一口又发……王宓

庄因病卅一日，水陆甚昭，工巴邑徼，播土人云五湘地二三千，旅申刻西城

初四日乙丑晴　早起阅闻武氏墓拓，闻儿子妻韩氏代武氏先世人贩王应家，时即

先与闻儿子言嘉，闻者人不知，罢四卧日，嘉仍来对，武氏又另寸醒，人中有没像

等与人嘉好，闻者人得财很多，闻儿子特袁然恨没[illegible]写若遇风对（旁注：向闻者人新说闻者人不问以）

男学广之邻依众以为，闻以此花未经先将缘人择四，又视自理词诉四起，结三起

初五日丙寅阴晴（接到初甫）

初六日丁卯晴　早起视自理词诉十起，钧结，迟暮，燃烛矣。夜仍理旧牍，寄使于内

初七日戊辰晴　阿哥寄日具稿，将稽核，未尝以为应，如昨，前及[illegible]诸友人皆不晚，收禀谈

初八日己巳晴　早起视自理词诉五起，结三起，甫毕即祝之宴，宴词廿一，故厌之，即为

视结一起

接叩静初六(日)信

初九日庚午晴　封仰千总刘凤翔来见，未晤

初十日辛未晴　黄侯刘千总少详、戴兄川来，候少详（字崖），视自理词诉五起，结三起

又接上海第一紀即復

十一日壬申陰 鄧耕友來自西門 信我 早睞豐郭統兵家已回實矣

十二日癸酉晴 西鄉徐氏舉人胡允順等來上壽 應命 又在城鄉門各有來上壽

傘一以後役輕赤復財飲論一以衛素擔累巨款為新近清積旋也盡不了卽

姓傳無情仕 俯仰隔世華一了之 淚滿衣襟矣

十三日甲戌晴 早赴飛自理詞訟二紀均復 馬錫侯來候 老僕馬錫侯舊見伯均不

於以對 卽奉匝來收詞

十四日乙亥晴 明日立春 率僚佐迎春於東郊外 寓張氏堂信 請七書 和聊了 翰郎甫

作書寄鄒十二兩舅 六舅 寄婿處

十五日丙子雪 立春 祭紀鞭春前 天公八旗次到隨事請 合 四鄉農神 祀社為窮民 時出農田 侍 詳明忠宗

委主讞良夫郎修正 雍家秋春保孫家祠 畢午刻 享春偕僚佐賞不毅

春於大門外 入詣諸友人家稱賀

十六日丁丑晴 早赴自理詞訟五紀 復二紀 閱井山吉郎任胡二人來見 送委馬

璞維森二鄉人來見

十七日戊寅 晴 府委言庭珪午 寄函書益人 李侯久談

擬湯伯盈祝告作

十八日己卯 晴 蒼榎主庭千步譚 即邀早飯 并指寄蓮生 訪湘船 作阮 午刻毅

年堂祇白理伺任三紀

十九日庚辰 晴 北鄉小營屯甲地李報 家民郝以洞自縊身死 西鄉張家村甲地李報武

國年自縊身死 晚查現件 擬明日往驗

二十日辛巳 晴 黎明赴下鄉相驗 出西門十里至小營屯 驗明郝以洞實係因貧懸

忿自縊身死 並無別故 取供結 已人領 一概省釋 巳刻起行 二里大營屯村 十

里泥河村 三里下莊頭屯 二里下屯村 五里上屯村 五里蒿杆子村 五里張張村 時甫

午正 中營莊民寶畢詣驗 武國全之係楚忽自縊 亦有緣 情形正同 嘆民生困苦至此有

司牧其鮮能不惻惻 白二人取供結省釋 全案了矣 未刻回 全壽寺寄 五里九

龍口 五里上屯村 十里泥河村 五里于家屯 十二里張家莊 二里樓子村 一里下屯閘

尚稍入署 時申刻 特着

接常州閏十月六日信

二十一日壬寅 晴 早△△△△寫少△步謁 午刻歸印 行禮拜壽 賀△△△事 晚

因回署未能往△△謁之杖

二十二日癸卯 晴 下午提自理詞訟二起

二十三日甲辰 陰 西鄉河底甲地主楊楊盛之子楊奧妮等 外事控劉勝吉因家被火

焚死 晚堂訊結控案併自理詞訟又訊自理詞訟一起 夜起稟悉案開前初稿

接而寄來二十二日報

二十四日乙巳 雨 辰刻早△△記△下鄉由郭△△相驗之 劉楊△訪村△甚遠 △△甚度

路途泥濘 至巳時始抵該處 午初抵該處 中△△氏家內某氏 情和驗兩屍 皆在土

洞坑上 火燒坑內 煤炭引燃 蔓延以致不能逃出 燒一處 因其身性里 左臂小腿皮 肉燒

着 左手大指在手五指△捲曲 燒殘 世有膝皮 脂破中露 肉鮮紅色 一屍背心自後

至頭 性里 頭西東 東壞 [旁注：二尾] 口鼻內均有煙灰 燒破 發現出 其油△亮 與茂完 縮皺

臥 內 惟口鼻眼皮 [旁注：眼瞼] 鼻孔定 [旁注：屍身灶間 燒焚] 縮 兩 赤裂 余疑生人被燒 所 惟割 不見 何以另出外

逃避 研訊 再 △知 屍父楊盛 與劉勝吉 頗識多年 劉勝吉 僅 欠楊盛 出 錢

為楊盛包攬頭 以 每一 年 生 議者 每年 攬 十 年 四 斗 中 米 三 升

近以伊家驛聽意痛甚受先生劉修寄之于劉修羅二十日來代盛悟不血劉修
意怒僕辞貺身格成不允再三而往上洞内了二十日劉修寄自呈將劉修放
理語劉修吉望伊鄉而往致今首晴回了意格成覓紀道令伊子格具呢僕容
並將來洞口格門例頓又送酒一壺往劉修吉倚夜石意所以告僕賢伊子情忍
劉往僕上洞教言離秀之不誰格成往房富寄故并勿知罕受南感謝之劉修州
二十日僕往上洞内格成將門欲往索與馬以文見門口拯頭一把交上覇識格成僕即
言預告離既回雁從余以格成禄晴小錢自政揆大福為二人陪死答當並伊見罰泉
將格成杖交四千又我煙真銀十兩往劉以貨理所往送寒業界已申者矣以來
驛川西行城局惠地已撤耗不二枝抵署
二十五日丙戌晴 午前詣十方諸佛 上陰拜
二十六日丁亥晴 早晨讀自陀羅尼詞福並記住義記 又授覺苑諸處録 午前指祀諸
神隆拜
二十七日戊子晴 因陳陽中久坐 ● 午室訊自陀詞記一紀即持
二十八日己丑晴 宿舟中用飯 兩晉為馬遙 趙湘船來同生朱莊行交 天緣 岩泰 湯地山 松洲

人
嬉接侯少濂
宣統元年十月二十日案年
二元日庚寅晴甚寒秀侯偕此山來賀 薛壽盈 先祖父母神前設祭如禮也
諸孩各家拜歲畢去陽子陽飲于三坂新烟館為樂

同治十年歲在辛未余年四十歲

正月庚寅元旦辛卯晨起焚香已刻晴　丑初時西南風　交午轉風　四拜如拜

天旋中[redacted]庭拜訪以登子同官拜〡　聊以坎下文廟　文昌廟　武廟　龍府君廟　玉皇

閣元帝廟理兩風雷祠城隍廟　火神廟　馬神廟　土神廟　科神廟　獄神廟　灶神廟行

香畢〡回署　嵩峯兄江右沐年課　勤御聯來謁賀　承劉詒祠原甫陽少陵

其部查拜謁立應　全家拜賀日賀諸友　又請諸同寅歡賀　時未順　巫署書午

食　覆在存德四畢〡　阿蒙辛家圖舊業燒壽　放烟火甚熱鬧　香燭[redacted]拜捷奏

手之稻祭西少陵時日集[redacted]前黃與此之會通於兵備〡　三陵聯報

[redacted]　聯古陳年課畢

咸豐甲寅

未生　申　亥　申破　午生　夜　伏卯

盛　●　一　丑　八　八

文　乙　子　丑　賓　女

光　時

世史[redacted]月被索家同堂　此去歲題將文史兵文為第生世其力甚大權首向

阻不能出也　再寄年月上徵當令出宮[illegible]實爲有是事　午後寶廷月日同坐
詩壹亦以奉本[illegible]文應知此亦辛日在[illegible]樸之財去不是人事從耶
蜀林之外雜日　[illegible]雅[illegible]草[illegible]字亂第而六人祇好喜弟如同羅[illegible]怪如常
初一日壬辰陰雲有意　早謁　新春蕭湯　夜到蔡宅早食　家今爲宰便佛閣署稱
賀年遲又未出許氏無侍者一樂[redacted]香斯哲臨孝悝惘悵已　午後宿午
合　夜高頭眩如昨
初二日癸巳晴　早起赴蕭湯　夜到蔡宅早食畢　下午至拜謁　午後登禮畢已暮　茶寮
拜年一
初三日甲午晴　候語潮館翁叔平先生拜壽　候仲芳期陳均不值　張承壽自蘇城來候
賀年卯住處了不值　下午一訪國英屋　張子承[illegible]兄同步觀同街游船到十擔湯
磁山翁蓬叟來便二枝穀
初四日乙未晴　與內子清談[illegible]日可三雞方殺
初五日丙申陰　寫瘦佛作千七言　寫聖教一部　隋上兵杜詩注一部　夜飲茶
中[illegible]人二枝穀　字[illegible]

上脩師足下

去臘初間弟從粵發寄敝年舊詩叢刻謝璧入春以來敬惟福體康強爲頌

賤體目疾忽昏目光諒之兩閱春氣稍生甲乙藏動常時往返更換之忽將近綜

失牽累之 丑托於世慈境內安謐臘春連日雨雪春中多雷世冥未來

四閱月大雨至二十日陸續先後二三月間世雨多爲種植者一時以其種之善之

所舒無虞家之屬及變集蕉散有雜誕水 誕值去世遠移思悟一弟兩之交誰

塞門於詩不見筆墨四十均無僅存之儲 吾社諸老時見往還成莫紹興有一社就吟計因而見

餘年相聚終老伏望吾師推錫于恩旌揚者及局撑路一盞保以將逝樹出山

張本日排 吾尤時小雅不除牽與又將情陳錦吳若曹 龠見吾弟曠拂亦蒙及

時施惠五之年之便之此人每情不能已輒於師前昔山炊業負疚窮滿爲弟

師于保年存發有其內子年豈難過之甚元澤陰祁潤寫闕所懷太寬

閱心其孫為藝精名發以事詩私已遂外生戚黃康復字子由詩名與君世之交之弟

之甚之諒其字有知要覺全力不以斯言為斯矣南詩意之叩離其亟樸重

敬而保緒多香冒累孫年歷若太史社弟王一塵頓首閏之末河南敬修存

將詩稿去了

初六日丁丑晴　班役李報閆武氏案內閆冕子拿獲　著人王鏡押來見　當審不明

初七日戊寅晴　寫閩生子高不容信寄去傳堂寺石橋家今　十七發初兩日寄布

初八日己卯晴　至皇閣門首去候也　房候王鏡押不明　早堂訊閆武氏案犯性相

符推斷署了由所因舊月初八日該氏家備喪虎京帳不如五日掙四刀爭忙意

圖挾割証閆武氏初不允從用刀嚇札陳平小修整了　案情已確　送了收監

檢補　子程擇於初一起　押於一起

初十日庚辰晴　高祀祥作爲人位諮詢　接括戴息研及吉面神去里私了　節制府此正行李除　張之寺撫同葉橋來回

張也柏饋餞穀

接家書九年十二月十四日字五之一函

十一日辛巳晴　寫哥信　十七發初四寄　邊亭信合　豊與五信合　恭陽宇達信　附與五信

又寄信兒　全寄者

十二日壬午晴　陳子將南門建了　詳剝　唱戲不佞官頒匿行寫過第日去

十三日癸未晴　發豐物附信　十七發初四　發合　寄仰信合　寄　并附莊信　寫耿邊嘉爲

一函對山石刻數種擬寄粟香之卸舍者

十四日甲辰 晴 下午詣柳卿送一筆小同 陪壽蹇九等中飯

十五日乙巳 陰 五鼓起 赴祠御門香畢 詣署同 陪壽家祠行香 收小照 辰午旅

未正詣都門 遇雨 寒甚 唐陪壽來談 公事 晚飯 夜雨 又雷 先祠

畢出 同人相賀 又訪危炳 白蔵穀 寅 子陪壽傳小四故 陪壽得好返南相聚半年

不意一瞬 別緒萬千 悵惘無極 酉士已來 晚來見不

十六日丙午 晴 巷候五聖廟 錫玉 寓 相於晚 不 字 寄寓往 十七夜

才餘往 合肥 高聚卿往 寄還 五十兩 合肥 元徽師往 合肥 錫璋往 合肥

夜寄陪壽譯子四故

十七日丁未 晴 黎明起 送陪壽 同舍畢 先往登興 設祖帳 殿安陽 雙燕 午

抵淨河 同舟以渡 既下轎 傍俠稱時未刻 陪壽 別來 所言 陪話悵望 不知 所之

初更也 快服數貝 劉 付以味 方出此中 刻以 隔 渡河 西 請 威城西北 八十里 車 至

家莊 又四里 八里塚 查驗 新 田 村以 畢 前馬 川 西中家 本返 城 時已 節 第

十八日戊申 晴 省委張子載 往慶 安 與 依 如 八 來 候 答候張子載 南 仰 仲 氏 王 壹

榜等數十人來見　以余新之非日通華僑　該衙大被利益　此爲余之最生怪僥幸

村中溢送扇筆等　云指之賀成卯之不已

十九日己酉晴　陽蕭國來候　少頃　崔世憲胡隱來見　西崗永明村來報　劉與喬

劉子氏被王和和投死山於其邊　董士李文甫詞蔑沈上投李之說　自陽董之說

韵情　照死無賓國帰日記

二十日庚戌晴　西各所相驗頃候　張蕭國　張永功及其弟子更姓永功一人　少頃　即詣

屍所驗明劉之死實係被擄身死　並加羞辱　押山下千証　當場取供　面西易辭

入牘馬所甚稱爲療　仲士王鶴鳴來見

二十一日辛亥晴　早食後　至寓之　譚序　午前　向卯未日過直　座客此間向

觀示以相慰之禮　但去歲　蒙恩忌辰　乃此朔明之禮　御製宣儆之迹二千年

正月孝全成皇后大事二十七日　卯內　首奉　上諭　問卯之禮　陳用素服掛珠等　謹奉　如係奉

特派皇后之忌　宣宗朝　不必作五向卯常儀云　文宗以後每來宵奉遵

則稱宜之　踰時　伏思　國祚本屬素禮　自當援　御遵迹　改用素服掛珠　以示敬

訂

楊宗堯　九年十二月初三寄
又學之　九年十二月十八信
又拔可　九年十二月初七信
又剛甫　九年十一月廿六信
又楊師春　九年十一月　信

二十二日壬子晴　早起[redacted]晨興看報於館與群華一紀閱其所撰世說書於林殷何蹤
王滌蔚熙派兵役學人蔡敏卿　又劉三政事以本世（王和生）蔡祝此行因信發遂用淡描花佳
世界雜　又訊自理詞祀一紀　南陽律[redacted]民　王錢捧著來見　[redacted]謁辰生任于雲上樓
兩植齋昂信石吉　余自籍祝衣寄已後五矣　安得不為此兄我耶　下午地邦
好藏此書來代籤留於館無窮（寶臣送謝　天津人）書　有嗣鍾子藏（養子臥是人）協行來見　夜稿藏
此書之釋　新任寧緒任[redacted]事候　張丁只　守朴來見

二十三日癸丑晴　下午李詞二十四於理八於此訊自理詞得三紀　又秦頌劉　長沙李仰
情

二十四日甲寅晴　早合肥拜神廟秀　又蔡候任寶生　精書　又蔡僑鍾子蕃

不值 府委周菊生來見 祖詒 侄壽賀 少譚
接廣州十六日信
二十五日乙卯 陰微雨 偕詩似並爲天匯百兩別 高峰時降其行無聊 高陵之詩代
二十六日丙辰 陰微雨 微有疾 君世生祖妹壽女人誕信代
二十七日丁巳 晴 有疾 張孫山來信來閱
二十八日戊午 晴 有疾不飲食 下午來稍差閱
二十九日己未 晴 有疾 同羽莘來住湘了來見 近又于內宮少譚
接陽京二十六日信 又寄四一抵濟
又仲穆四日信
三十日庚申 晴 瘦石來問 下午揉病臥花廳 讀眼自理詞話日記 徒一把 又題
接電
接廣州二十三日信
又漢師廿七日信
又蔡錫州初四日信

二月辛卯朔日辛酉晴 寅正兩刻詣廟行香 委員代往 辰正詣春秋時祭 行禮畢

往府署回衙

初二日壬戌晴 龍神廟行祭 飭委查看

初三日癸亥晴 文昌祠祿神亦委查看 關帝廟神以辛亥為丙年 並仍飭委員行禮 下午雨 發卯

詞二十一紙 發五紙 又傳訊保正一起

初四日甲子晴

初五日乙丑晴 早堂訊自理詞訟五起 傳訊一起 接評言 李春林 徐泰 一是河人 來候 不晤 下午

至申候 晚晤陳李春林少譚

初六日丙寅晴 早堂訊自理詞訟二起 結 山長武酉臺來自都拋見候

初七日丁卯晴 四鼓起 詣儒學 先師廟行禮如儀事 天未明禮畢 石刻君

候武酉臺並過戴寓川久譚 亭午接武酉臺并戴寓川馬鈞信 張隊如欲咨

另發

初八日戊辰晴 五鼓起 詣儒學 社稷壇 神祇壇行祭禮如儀事 禮畢少休後

詣龍府君神廟行禮 以去歲之雨暘 應時 以答神貺

檢舉函中說官課明山長等師諭人照例舉報五所，實樹以藥五千
者，其以為多矣。使汝井然自當田可耕耐之，借以借字如出師迅署。下午丹崖來
詞十三闋，殷五哥
初九日己巳晴。黎明起，借僚馬赴文昌宮行禮如儀畢。早晚理詞稿三把，結二
錢。正擬問向外發帖，陳宗嵩一張姓一朱姓餘倚伊地主，時傳聞人李
保林、劉家八十餘持馬槍刀乎將田地，張登五、朱雅芳齋奎之弟，繼陪賀等迅往行
局於閩省東門等語，當大怒立傳各團迅如期迅赴局前趕李保林等到，詎為總
值事清並認又安素挑舉，立命局丁隨同眾擒獲李以撫人
動煙。傳縣署嚴本要張鄰近各團民向該方之官司須不加甚苗族多為保常無醜
巨暑如天百計防範，從來怠事，於此風日熾，余到縣一日，曾嚴加約一年，未已為他今又有
此舉不可不嚴加懲創，以挽風俗危機。請飭員責令下獄並申明律例示諭城鄉
初十日庚午晴。同僚以詣廣南，遂詣張仲清澂、吳錫人、倩膝未歸。過橋來，經久談正
二鼓乃去。昨府逐送李保林下獄，收其黨張焉、角宥，拜稿切獄，懼戴冕、何開
以告余，知其不法之人，則為訟之再三，種案往詢，寶信，傍晚，復戴冕、何川

不暇少坐來者填咽仍出榜諭之而已

接阿子正月廿八日信 寄孫園扇課子經等

十一日辛未晴 晨起查核 張仲清 瞿耕甫 少潭 早堂收自理詞訟六紙 發各地

回有往代者程小涵 光榮四川人 由書吏任都升 理仲何[redacted]即任 余[redacted]往任一載 保私自要之家人

同邑有恒石昌 小豐 擬修寓所以余細務[redacted]遂為唐立卿 以其往相度 仲元王

鶴鳴來見 以節孝祠 忠節孝弟 生息 程招付之 此祠前人久為[redacted]

[redacted]設 計自元及今未[redacted]忠義孝弟二十餘人 節孝者百四十餘人 又請旌

而未請旌者三百十八人[redacted]採訪 續請者百三十八人 均為請旌 祠中無牌指設

祭 時秀才以後 廢制建思 官指為經久之計 適有詞訟罰款二百千 遂舉辦

生息專為兩祠之用 以王生忠鳳常掌之 而立案以備稽考 天都軍時寵

張子熙來見 以李但林事 余未之評

十二日壬申晴 早堂收自理詞訟一紙 即發 是日為鐵構比期 各役收數甚難 不及

十分之三 余以錮習難除 要禁之際必加卯催征 以特屢餘私心隱之 遂不如此

但匆諭而已

十二日癸酉晴 遣何令家人往常熟行計無使新齋之隊人為斗樑改陝西局長
什物務後人來 下午料理寫詞五葉鼓磨
十四日甲戌晴 早晨讀周禮詞經首記物種
粧稿屬記之作
十五日乙亥晴 黎明起拜先為兩日秀峰宿[redacted]以[redacted]本月澄水牌祠春祭病未親往
天時久旱不雨 喜雨頗有稀者 甚守土吏奉祀事不懈之答耶 遂詣西衙神祠瞻
開之龍錫祠補行祭禮 龍像已在別矣
十六日丙子陰雲仍不能雨 早晨讀周禮詞說三門雜記
十七日丁丑晴
遷年 廣聽十五日往聽原三戚臣宅三間[redacted]左右廂二間又陸屋十餘間相可棲息
十八日戊寅晴 閱程中涵十五日書 須知事未定彼時止此 遣奴子押粗重家具二車
黠縣 聞井蔭事相隊來見 聞康府聞井仍收世觀民情踴躍十分 本日初一天時[redacted]
和照改勅上諭令已滅三十餘 又商府所聞十二以一律鄉城 余以此等經營一年 心力瘁
瘁因其有益民間以利殘用慰 下午料堂寫詞九段鼓一冊

十九日己卯晴　回備伊石來報種植棗桂桑柿兼食先若存者新民種壽之九案奏行覽

二十日庚辰晴　郭松林其帥郭寶（軍門）來送此事候　郭軍門擇出城迎之丑西一分館

久談　回　下午郭善臣軍門（寶昌，深陽人，姦壽陵）來候　即郭寶擬郭潤余寄文權陽致（蓋郭君奉左李江二人各在使陽）

仰蓋去寸　家兄書識殊破除東氣全無寄無俄快醒譚甚暢　二鼓始去

（荀子君葛居左故仕蜀）二十一日辛巳晴　荷喜鄭日峰（經九）來候　天柘軍幫帶王欽先來候均譚頗

往意之均不暇

二十二日壬午晴　早查訊自理詞訟五起　詳紀文慕庭葛養性人一紀　葉康伯陽來見言赤

備回閘井戶來飭令待隨時燒造完成請發補偹也

損質卿二十七往收到松壽白孝

二十三日癸未晴　早起赴西鄉驗收桑樹南鄉驗收井以備桑樹石刻回日出西門里

許家鋪上村（葛驛行）又里許家園城村又二里至高陳莊三村棗株均已栽植惟園城不實李

泰平地在下南陳莊與南關新化鋪只距東大路匠渡橋西北門外馬厩海西南一里不

磨裡村又三里至南漆營桑均種齊又二里到宗莊又三里八里家井戶張葛蔭壽

風俗率迎所閘井永深甚眼尚淺二十餘家民情已親樂桑業亦齊晚歸五里發

居村四里來小居井戸寧壽隨來迎〻村落打共筆談騷井世深澂田不能為地

本不宜井探臣陪使節〻甚矣宦役〻要也三里陟家莊手井戸陳本讓臣因外題井

源路收帳壽香樹木源莊戸井香倫者二里附村營宴維士盡其來迎臣共家傳人役

會筆談〻十二里安城鎮維士崔睦峯崔燦然等來迎臣村老少喧譁人收

來謁井戸崔彥文崔燦然以為物崔燦然等金佳讀易行牡村不里許即

臣井世佳姓今居者安生停四里臣下萬任井戸錫穩秀可井臣元明返安城已篤

遂宿於村居

二十四日甲申晴大風晚寒整隊行東向循漆河岸而進四里屯頭村五里上七垣民揚壹

安稿二里即漁洋上工華脩淺雖稱稿漁洋即此也四里下七垣五里武吉村井戸王孔方施

工來卒見筆談以筆燒相通詢〻甚欣感言井於甚明未莫利余森慰勞〻待行

四里郭俗村折而東北行五里論武營又五里盡家莊溪東行三里至家店臣返齋

村鎌少休直送淺至南旅〻亦返如來見之於初九日探未備一路平順而〻世莊人役

會筆談東行五里坡石迄字井戸李隆言久方臣同看井驗此水深甚好又二里西陳村井戸

素以來閩別一戸從殿兆戕閘井六穀而村案又二里東陳村井子石明所開井成而將壞

未往聽又折西北行五里申家莊井戸申氏寬井取泉之區可觀卒欲指六下當種烟葉

此其地之利未包可摘會聽畢事北行約六七里至城返寓日正午矣

種阿子初更作

讀荀子議兵篇

二十五日乙酉晴 食後風夜雨微澆 早臺課自理詞訟四起擬稿自對所諸批余謂是所擇莫柳此粗了

業輕犯法者少為之之令習于農一年未來夜收政為指其不共所屬戒令人等為

論怨語道了

二十六日丙戌陰 下午晴 雨日久昨甘霖及寸麥可以復蘇雖尚嫌少耳 早臺課自理詞訟三起批

一起

讀荀子疆國篇 天論篇

二十七日丁亥陰 下午晴 已刻詣像屬赴李御之宴憶行好禮畢耕報之前事了 截

應以馬仍儀未候以余有之此之信而雨恐賢郡送隆孝妓未路暢之之意

下午蔭傳之不直

二十八日戊子陰 早臺課自理詞訟四起均擬又付諸供自之地 下午新臺詞十三起

三張　前任守備周羲臣來　便悞摔子情　徽洞歸」

二十九日己丑晴　微寒

接阿哥初三日信　交傳子發

又答劼剛初八日信

三十日庚寅晴　早堂問自理詞訟二起未結　又審後納贖罪犯一起　回任千總梁美儒壽

見未晤

接質卿廿六日信

又奉少荃田宮信

三月壬辰朔日辛卯晴大風　督陝把卦多康了宵出時事

初二日壬辰陰下午有日影復微見　太原府君忌辰焉

讀荀子正論篇

初三日癸巳晴　早起赴東華居出神廟日香主值也　早書讀日課詞作文一二條了

記　寫年中石經（宗舊西通）　王經第了經（初四日[illegible]）　下午升堂文訂西疆駐日程

初四日甲午陰　早書讀日課詞課三紀經之紀　寫陽第經　寫近經（初五日[illegible]）　學士經

至楊經明發　西林經（初六日[illegible]）　[illegible]自[illegible]四　陽有經[illegible]經[illegible]不經

經[illegible]善讀經多為亮[illegible]　下午[illegible]東十[illegible]　奏[illegible]書已　[illegible]

接[illegible]正月廿日經

又[illegible]初二日經

初五日乙未陰（微雨）早書讀日課詞課一紀[illegible]

初六日丙申陰微雨　赴東北[illegible]書[illegible]林[illegible]刻早[illegible]早[illegible]東門中

里居[illegible]一里東[illegible]先[illegible]二里[illegible]

[illegible]以[illegible]一里王[illegible]二里三里

步東西井二口尚未開東北行三里經李條莊縣沈鄉所開井至村東北水不甚旺止溉十畝
集山(?)又東北行二里許至南開河傍岸有井十數口此西井十二處之縣桑亦種壽縣舉
思惠行真縣井係里正東玉曹又東北七十里至吳村又東北十里至南角城又北一里至北
角城入村店中食畢復西至姚家營二祝村復至楊陽祥來見爲縣行縣本處之
開井之主運者先李之縣王度忠李連連者先井成水不甚旺李之縣王度忠井最
開開水甚旺又李家井在第之縣名爲三井以致遠告之二居住當二井未開北行五里
許至李家營井王連蘭李連井水甚旺其溉地四十畝三把處處盡不能盡之便
水灌地惟種花並李家營肖生城邊移者又東北行二三里至小角頭村縣李
金鄉井有王連蘭井同又真北行至孫家橫城相接過孫家橫城即何家橫城東村
西縣王德又更有井水甚旺收溉田四五十畝均之便水種花民情甚樂又王孔瑞井一口甚
處之縣再北行即張家橫城縣整文何趙陳趙趙永壽趙梅趙大儒趙大謨井
水深張何橫城諸井亦溉二三十畝以來井主使水灌地村鄰張觀喜稱爲余謂
此井主之地使水之足宜予潤鄰田既不棄地利亦和睦仰村之道風感化地歡呼
折而東南行過雨遇張橫城南里許即張武莊莊縣張錫光井水深甚旺灌三十畝

下縣泥滑巾民牢扶掖相攙過殿又東北行不及里至張家庄村主張卿雲一
父子來迎跪地陳謝詢悉又詢其劫苦守者水涸旅從鍋灶井又東二里至二祖村縣
楊福清村長張御亭持相偶時已暮入二祖塔院借寓復呼燒磚匠子詢所經之績
看與拆城壁磚數已盡須備二塔作
初七日晨雨大風午後霽整隊起程合肇孔二祖壇理與南行二里作縣為陝
營井水甚好又南行十餘里至東武吉村村主張思鄴李青陳劉玉平李國錦劉永輝
李萬春來迎李青法劉玉平劉永輝等之首餘正勒不准隨恤胝民情甚篤擁與
送行甚遠再三辭退之乃分兩南行二三里至陳家莊遂過縣陳不良陳六青陳家莫
陳家陳陳三寶陳不才井水深涵距東吉陳家陳三寶井已沉陸為流沙所壓又
西行半里許家莊遷看井又西行一里村家莊遷看岑縣川至村東南角二里許
縣府聲井水不旺西至柏南縣封作棟封又至國楨井水甚旺入村井已封逃徒
至下村整少伊所開五口西南四口又村文旺一口均在村北西五里以天雨未往縣後
與川直至里許至大逢莊又至劉家莊莊井主村逢乞張學賢安中林來迎井
均己淤亦以雨未及詣縣又西行又至四里至行尹村村主張陽林王孝全來迎縣王孝全

未得金陵李井水描收不飽二十放不懸 辛集天望下井六日作阴林辛公整未悵中
辛日申丹以道遠復去齊迷未懸 計此行查懸東鄉 將成猶至十口以壽自二
月初動工時僅止三四里 不意維修懸畢 西南則石及十里 不察村 又麥南則十里外
生窩積盈 東西若干間 又十里南西門 又亞邑不減 款九州 查懸押犯畢而
返入
初八日戊戌 晴 下午升堂審問八犯 釋放二案 寫備師信 廿八發 王寄
初九日己亥 晴 早堂決自理詞訟三起 均結 又晚堂審若干 所結一起
初十日庚子 晴 寫初静信 允以女許字吳李子 即寄 三遣 並寄度姪 郭縣等
十一日辛丑 晴 下午大雷雨（夜雷雨） 午堂審自理詞訟 所結一起
十二日壬寅 晴 早堂提自理詞訟二起 結一起 是日祭鄉 雅壯（前數次祈以來）猶因雨不足 民情殷寔
未申 依此在房庭
十三日癸卯 晴 早堂提自理詞訟三起 均結 下午升堂審詞十二案 驛早發 查收李亭書
彥彝王承作来見 未值
十四日甲辰 晴 請 郭春瀛来見

十三日乙巳晴 督催鈔各庫門青 早畫課日課第一號即停

十四日丙午晴 早畫課日課詞記二號即停 閘井茶來約陳來見 數日同陰後雨十餘日矣

十五日丁未晴 立夏 是日接戴佛帽 奠紀於家祠 奠獻此櫻桃元寶等 此當 進酒尊茗

第叁號來為己 早畫課日課詞記四號稍停

十六日戊申晴 早畫課日課詞記五號 接四號 下午到壽寧詢十六號接點五錢 另諭發一號

[redacted] 接郭甲賜飲 慶有 壽源之 陳福壽請湘船作債

十九日己酉晴 早畫課日課詞記三號 庄集新蓬遊生來見

二十日庚戌晴 庄保壽蓬遊生來館 早課 課日課詞記七號 接二號 兵部侍郎王政來見

二十一日辛亥 夜雨 早畫課日課詞記二號 接二號

接史石樓 二日函信

二十二日壬子 昨夜雨至今停即止 巳牌 午間 蒙諭有 不允 雲門威儀之 書院 是日會

接廣將十八日信 上承書內

二十三日癸丑晴 皇上萬壽 四鼓起 借同僚赴明德堂拜 辟畢 觀演劇三闋

歸寓 樂方為丰日也 往來後所

二十四日甲寅 晴 早堂讯日理词讼五件 [illegible]祀

二十五日乙卯 晴 早堂 讯日理词讼五起 内一起系高史河东村与河西村小屯村桃村储杜村

[illegible]时诉案据拟集年限断令河东村两浦[illegible]

二十六日丙辰 晴 [illegible] 早堂讯日理词讼五起 系[illegible]

二十七日丁巳 晴 大风 作守道来[illegible]叙官事见以[illegible]入津也 写[illegible]作[illegible]

[illegible]十八[illegible]

[illegible]师[illegible] 补得[illegible]

二月十六日辛[illegible] 正月十七 谕函[illegible] 福[illegible]安和[illegible]十余七八 师母大人[illegible]

正恩[illegible] 知[illegible]手信[illegible]正月间 两[illegible]一子[illegible] 盛德[illegible]

[illegible]国[illegible]先[illegible]知立下支私喜尤以 恩门[illegible]何下[illegible]

师[illegible]兼[illegible]吃[illegible]共[illegible] 不[illegible]一二[illegible]也 五[illegible]月初六[illegible]寸[illegible]家

兄[illegible]计[illegible]已达 钧览 [illegible]季[illegible] [illegible]

[illegible] [illegible]年 [illegible]入春[illegible] [illegible]

[illegible]日夜[illegible]心神[illegible] [illegible]代[illegible]

免除缺年[illegible]時收函 五[illegible]再三持疏留五十疏附拙本並筆可知意旨

吾師 序恩十年中官 五品 春廬 民社 此須先 艱 友[illegible]積 文筆 生 [illegible]

當 身 先 半 五[illegible]自問 雖 屢 叨 恩 化 之 地 而 事 未 [illegible]

平 生 [illegible] 不 敢 [illegible] 康 [illegible] 東 [illegible] 再 書 [illegible]

[illegible]

[illegible]

[illegible]

[illegible]

屬貢監處叙 去冬秋精 勿忽 御筆 [illegible] 此不一

二十一日戊午 晴 早起讀日耳曼紀八紀 續二紀 [illegible] 師 [illegible] 信 [illegible] 下午 [illegible]

其詞亦極 [illegible] 義

二十二日己未 晴 讀日耳曼紀 紅三紀 [illegible] 又以 [illegible] 兩 [illegible] 七人 以定和亂 又 [illegible]

卷 [illegible] 院 孤 [illegible] 民 [illegible] 每 [illegible] 每月 [illegible] 年 [illegible] 館 [illegible]

委需妃止嫁尚總之女夐係入宮余久聞一事筆惻自冬著作不人過世莫族氏後唐
所人無罪不如以恩釋嫁華件以西府人但於我心甚悦四年常以不向咸國書國
閑此也此款一年來四扣下劉總考書三十條千萬不笑時無所無下益決計不能
如改尚空事自下月為始務寬其實債又見空餘三千兩之外尚債之者八萬世
釋子令因以余作內聯款之再兩千如入場第五河款書子五十條千讀成康表子五千
再書齋二十生息每月四厘之兩將此債先之八兩隨駐撥畢先定毋十兩作為
官物銀貸兩款並錄該之三年名一聯合釋並令每月初一早日署官於行書四號
下發改撥兩款經以撥存館其自傳已議議並懸年總以發送即來秋齋西省諸款
理為要　二舫學情甚多言　慮雖王承辦書見　老僅西學師兩際將均為頓
接覺之二月三十五日作
又二月六日後　月　日作
又兩季春二月初四(?)作
又時德頓(?)　月　日作

能靜寫記

日記三十五

四月癸巳朔日庚申晴 黎明起行香 無雨事 早堂收自理詞訟二起 又審案若干 研究案牘

巳刻赴明倫堂宣講 聖諭廣訓 大雄寶殿嘈雜 張氏制王政要見

初二日辛酉晴 下午雷雨甚壯 夜又雨 自正月至今雨數次皆未盛 不足農用 頗望新澍

小滿一日過此不能種棉花 而民間以棉花利大 且多年未種 企望孔迫 余日夜默禱

竟如願 君年謂可賀 為之一快

初三日壬戌晴 金和尚 押花宗海太自前放伴團薛桂森戴家內之袖生張金榜 備伴毒死

再三藏匿 不肯到案 去冬經將伊侍下押追 始將張金榜送案 予於月內又數次限

金榜令其赭釋 而嫁逝押卻 屆期林自以送案救以防案無贏 前月廿六

日諭侍下 為其書退 仍押 僅張金榜到案 再釋証卧 昨晚忽病 案無勝訴 今早

遂卒 其死固由於病 然押者未及 余心甚不能坐 自今以後 凡因案證拘押

訟極有獲 悉惡任種院之心 無究他行 不得不為 無擾因觉之 中夜捫而愕然 而一年

來獄無案 難免重自問 此等人相大身盡職 殘人軀 謝柳予何無 繳

過所事樞之法 下午聽押花尾 又抄案室詞 於怀駐之處 又聽傳二起 守卯事……

初四日癸亥晴晨赴馬神廟行香 早食後訊日經詞館記
初五日甲子寒陰微雨 早食後訊日經詞記一紀 子壽比多業東飛差 回陳蓉作知寬免之得
子信內未載月日惟作二月廿六函寄之新正別作仲春下澣矣
接陳蓉二月廿四日信又接二月十六發寒山
初七日乙丑陰雨黎明起詣南關外 神祇壇行常雩祭禮[illegible]亭午以長孫
生祭告 家祠行禮先遣東鄉來秋萬民傘扇並及之白萬民 東鄉沙營
與丁行者長香達來九面仲民可傳人來見默傘一柄一對聯以却之謝全
速回勝營姓擁護付日記
初八日丙寅陰 寫寶廷信 崇廷信 貴生信 安林信 寄師箋 府縣內菊生來見也
謹 下午答信閱肅生來修
初九日丁卯晴大風 巳刻至東院官課生題 不見之審為追名揚 帝既子生刑上已詩題
山中雨日取閱 警以經學 點及獎學畢與武孫堂戴公行馬鴻信緣也
晴陽 年姪叔自經詞記五紀 傳日記 下午升堂審訊土匪 騎一接又驗傷之地 極惡
全年之惡久謹

初九日戊辰晴 我那拳拳慎之譯 早起讀自傳詞話二紀好花 新述文牛作、唐詩來詞

詞之譯

初十日己巳晴 寄侍郎函 接寄信知芝英嬸係六月初十酉時生 八字 辛未 辛卯 庚午 乙酉

接寶兒九月廿二日午 又閏十月五日午

又四月十六日午 又二月十三日午

又六妹九月十三日信

又鄧正庵函 月 日信

又李少石 初六日信

十一日庚午晴 早起讀日經詞話二紀均經讀 下午往武勝老戴處見川馬留侯

張雨蒼 王秋丁 張叔官飲 初更散

十二日辛未晴 新述武生 墨齋祥來詞話

接四兄二月廿四日信

又寶兒三月初一書

又虎孫二月廿五日信

又三姊二月廿四日信

又鄧寄雲二月廿六日信

又鄧廷之三月初三日信

又黃彥甫　日信

又薛南林三月初二日信

十二日壬申　晴　大風沙　早堂訊自理案二起　結[illegible]　寫庚如信　即發　下午[illegible]

十三日 ... 發二姊　又訊自理詞訟一起　即結　又發[illegible]一起　寫[illegible]信　寶田信　吉林信　[illegible]

接鹿丞如初三日信

十四日癸酉　晴　[illegible]

接鄧靜　月　日信　[illegible]

又張[illegible]二月廿六日信

十五日甲戌　[illegible]雨　[illegible]

[illegible]　早堂訊自理詞訟三起　結二起

十六日乙亥　晴　[illegible]　早堂訊自理詞訟二起　結一起　又[illegible]

此案蓋已訊明係陳傳名捐石運隆死照府批（以明為）仿撥候照陳卻年措辦錢以資危借貸
不外奸盜二事　餘今露富余知亡親友族此請照　時見王氏名聯上下完整　且固忙于
讓氏同弟之妹相安為年　亦四年前練　十年年前無雖撫孫人　年日如目下因無子不安
記遠程相為數十年　以此法出此舉　不足王氏門當　見其夫家在鄉好多　王氏曾同住
門下筆枝叶主門旁　海出晚飯之後　且保同陸王相付相頂出遇　出累王相和同窗入倉
陳作序主　不至記先其此押供書　查即遂既分開府開知以此法出此辦置　李日侍府允祀後
加研鞫　蓋此訊雖翁為撥匹承辦詳申發

十八日丙子晴

十九日丁丑晴　早出汎自理詞訟四起　結一起　下午出堂審詞　結投　結不能清二起

二十日戊寅晴　府尊李晴甫太守顧府經未候　雅住談了　石理　客如靜作益友祖甲等不多

錄方物　京師　又張清佐　謝助

二十一日己卯晴　早出汎自理詞訟四起　結一起　因偕吳才九來候名擇甲官
了暴隆同偕佐晚諳　兩儀空無人　又候靄亭　張存岩　出橋　石直　張存岩來見
少讀　客雖和維　拉情緒　第八子　字霸二　出　吳才九佐晚諳來

飲之精穀
二十日庚辰晴 蒞紀以次女嫁許氏字方氏奉移東坐祭 家祠 遂以前年使
二十一日辛巳晴 早至縣署理詞訟二起 結一起 下午赴衙謝兒媳氏歸 馬南氏來控伊子馬秋
秀在南鄉下濠口村某之妻內弟傷身死 即為訊供 以無責問 煤令覓白從人馬隱子
並嚴傳案 不得揖了兒妣 即來再訊 又赴縣署理詞訟一起 即結 敬秀來謁 擬丟 李侯
少談
二十二日壬午晴 李侯來談擲不暇 因以平常事接加之人事見 少談 早至縣署理詞訟二起
結一起 下午至學署問丹依設八絃 馬南氏之子馬隱子及兒妣來案 訊知馬秋光之夫
馬指之已經服死 指證為南氏預控無意 止說家並馬秋秀當場指為平兩僕認命
供的馬指之以詐騙
二十三日癸未晴
國書之慶先生來見弟二過去
二十四日甲申晴大風 犁明起 赴南鄉下濠口 相驗馬秋秀身死案 即刻 以查馬服屋
隔村二家李樸 午刻抵濠口 中宿於民家 訖 先集訊事主鄭給干證等 訊馬秋秀本

保壯人是日由岸村赤身行抵該村之人死三者方一誘送其鄰着寔宮氏也只投下喊救
其內銀號何事悉無恙死者振頭已因半月則被自死即此究不待傳令之矣案懸了
悚而一經搜騐所學內其之鄰說當得真果矣迷以此遂謠所矢且定區前此匿有僑
之銀伊時路旁之屋歸乃取給急騐釋其等人審署村銀款急緊審勸食即取來
道倘來新保務安輸少時道中見猶死報來時已出前帯星早指牟撒往日內
雷播　酉刻撤城
撫藏子高二十日五六作
二十六日乙酉大雨因二年時紀衛沼曉以定寸　是日錢釋即期以有雨急救民間掌忙
忽比
二十七日丙戌陰時雨時止
二十八日丁亥時晴時雨陰　早堂訊自理詞訟二紙結一紙看後庭共一紙未畢申刻而止　下
午堂加以痊來之　寫李多在印落　帯定南作　金上
二十九日戊子晴　早堂訊自理詞訟一紙即結
三十日己丑雨甚

五月甲午朔日庚寅 余賀以紀日壽至拘牽 恩勅借用珈珐請 聖諭頒以傳

皇

初二日辛卯 晴 午[illegible]比[illegible]時[illegible]二千[illegible]未完余先以短雨[illegible]因[illegible]秋收

歉之際此[illegible]又[illegible]精[illegible]年[illegible]月中來此一[illegible]今鄉向[illegible]之[illegible]世[illegible]

辦[illegible]不[illegible]任[illegible]不[illegible]上司[illegible]余獨以上[illegible]以清[illegible]之[illegible]今五月[illegible]掃

起[redacted]蓬[illegible]比[illegible]五日

初三日[illegible] 晴 早[illegible]目[illegible]三[illegible] 下午[illegible] [illegible]

往[illegible]任程小[illegible]

初四日[illegible] 晴 早[illegible]向[illegible]

接[illegible]三日初[illegible]信

又寫[illegible]三日[illegible]

又[illegible]日[illegible]

初五日[illegible] 晴 [illegible] 午[illegible] 先[illegible] [illegible]

晨[illegible] [illegible] 下午[illegible]

未能延宕而止

初八日乙未 晴 接熊雲逵擬先運郵寄也

初九日丙申 晴 早未祝自陵詞詩完 [redacted]

初十日丁酉 陰雨 早未祝自陵詞詩三紀 姑二紀 西劇論中隱諫之語 是真歌 子曰未哉

教學 國手子 筆不同形字疏 三意歌 御選也 故日記之 詩與西永閒附發星 為記

畢子武訓堂來 語不久 明 事半功學字詞二成 自然賢 五拾 早日遺來之雨 ……

箱付郵寄印

初十日戊戌 陰

接孫四月廿八日信

又初十五四月 信

又得仍照 日 信

初十日己亥 陰雨 武訓堂來信久謹

十一日 庚子 晴 早未祝自陵詞詩六紀 姑三紀 下午招武訓堂 戴晃川 馬德信 請細酌來

張御史候初擬戮　是日延大臣枉顧　尚輝

十二日辛丑晴　早晨閱白摺詞話三紙

十三日壬寅雨下午晴　（寫新紀翔遺帝居詩紀）擇詞詢參考事　手稿鳴等　間拜蕭事　如傑等詢　摺　於一遍　如

聘書無餘　是日送臣　手稿吟如等事術　下午送駐臣　文武生入學詞　聖上優賜如事

十四日癸卯晴　早晨閱白摺詞　從紀　西府經上村來　指示先生家子身紀

十五日甲辰陰　留明紀上鈔來　歷月　寄並殺事　下午函（下餘舟村和照紀寄　可謂待處國政西梧道）倡家書　未夕月照林殺

二程經禮乃殺　是日照了雅者送行

撥李仲石衝中官行

十六日乙巳晴　早朝赴軍宮室　陪見西境　謁宅　又謁于日館　又陰諮存東府

詞府君神祭　詩家遺以留志

撰賀壽辭和十六日行

十七日丙午晴　早往送學師門　回　由任經　辭　任西撤二十日撥印　王芸老來　函

見者有情朝人已　撰語二冊詩集序之一首　名曲樹般　等已（又敬從信經一紙　回拜撥松去紀　存其如寄）

十八日丁未晴　下午陰　早晨閱白摺詞詞上疏擬撰（拿任內）業成寫　奉旨　尚嘉之

所借來破者自理之案，錢與紅紀兩案，將去任原被兩造訊質，始覺事中之力

為法之以辦此意 此外不能者，應將事兩比平等情，並無寬免可則□□如案

之卷矣 下午蒼姻以生任正百端，衙民向投狀以節訟為戒，印召之

是日遣南陽君來 視見主家，並叩安息之事，申刻歸寓。夜宿於村舖 新住

下午到城

十九日戊申，金坡偕程小鄰來，候光澤忠如參從人 攜卷 少潭來去，亡刻吾偕程小鄰久談

荷洲來，論寶生之言，之道所感 下午邀同舊鄰友小酌，以論書法

閱洪江考信錄六卷 大名崔述字東壁，號東吟人，精於古學，為前作所擬考信錄，凡中修辨其 病史乘之論評，皆破除傳以正其妄，為考訂之獨可貴者也

又閱考信錄三卷

二十日己酉，晴，午雨。巳刻送印，知任伯，自帳取之一載，果有條，日有春永兄尾

之燈，燭幾燕窩，風中不能轉，程山今乃釋，有云所底年之未，刻程小鄰來，候

寓，與論其應對之事，戴覓州馬鈞信，諸湘鄉來，久談。余將日間晡小

飯，以仙人劍氣 寶寶定作 賣書

閱禘祀通考一卷 其序辨禘為大，下論禘使通用之時 魯僭禘祀 而之設 ……

之說，性山數擬，以寧遇其不相合知，制禮之深，精五聲之者

又三代古翔年一卷　宋嘉祐王正月帖拓周正和尚人定自居

又煙畧本　三言二戌掛田鈔書交物稱一名馬陽生二段

以上二種以交戴寫年

接頭第五月十七日信　要在寄申

又寄至畧日看二言年

二十日庚戌晴　下午接戴恩川馬鴻儀信晤存在朱堂行發御解信二枝發

二十一日辛亥晴　程小韓來信以井事告之計畫可在年內月有一日來滬為會偕

下午發御解信復電二枝發

接二十日家信已安抵部寓

又復姊初七日信

閱古農物以迷書一卷蔡迷著　靜御滋和衛以世以冊

二十二日壬子大雨　仲士偕以功工鶴寫來信久談易見粉吹年懷御忽　下午散

戴恩川馬鴻儀接信二枝歸

接廿一日家信

二十四日癸丑陰　寫家信　致馬人兩發　閱申兩年事相隨李見　寫子高信　閱近代字體十第卯

袁洪濤代寫帖二件　寫楊亭亭扇作寫細指兩紙　方衡人兩石生放之等也

（拍口長示 家二品）午出拜客　候張文琛來送行　下午答候張文琛　又候瑞卿辦　又候

程小韓及其兩友一馬一阮　又候馬錫侯　又候戴堯門　又候[illegible]安英傑　又

候任達陛　又候紳士張廷楷　王鶴鳴　張蔚園之子　又候黃孝翔　瑣娟　又候

程東亭　約辭帖　程小韓久談　佇不得（楊貴生四月廿三日行）

二十五日甲寅　雨　紳士王鶴鳴來談　余以贈別之物俸款撥交宋石齋（字子廣）即李兩翁

作保黨　即交與李韻湘繼黨　候張蔚園之子張鳴志來見　程小韓　戴堯門

馬錫侯　任達陛　殊士張廷楷等以次來拍久談　此千總吳英傑來見　此人

穆第家代抄稿將畢　為五科亞曾書來見即辭　書切以為足知之

二十六日乙卯　晴（逸蘇楊林四月行）　韻湘解纜來送　午刻成行　擬先至大姑蘇邑府　四

少停　途間塞也　同行者大有還有　以今早自[illegible]如任云今年于安塞

也　路為此少住　宴舍出城者送李門以行　送者塞途　同集協文武亦出閣

外相候　下處少停即行　紳士二十人設席相候　余於此以次拜米椀

奐勤候見一舉人（[illegible]）來相識　前日來送就一發案名其叛　今日獨候之

甫接觴再拜此如昨佛拿詢其始到六伊看何等事年僅七八人會商
藏為第十一日之食時未必得益處盡也總之無其緣分難甚緣之轉或將
數從之遠於之首靜愜謝不及又為第三稿此卽野外局事職者趣矣
行動皇諸御醫治玉疏側撫使下車無語弗得收斷休於樹蔭下侍寶熙
言又不到乃行至劉接信仍傳振翊宿傳收寶熙上卧
日接寶熙辛五百件
二十六日丙辰晴早下午微雨發明陵寺寶熙君繫行李餘罪多車至局車十二刻已院前
侍者午刻後行以陵外班曹陵於道行酉刻至陵門雜以陵內七陵宮闕
明陵罷其人事不能詳時又將雨菡比於至高處未泉二十五丈
二十七日丁巳晴下午大雨返局梨明晨僕撰記已刻有四刻五東陽明照數行兩撤
寶熙由此到元陵御後之陵宅內有門外接西廊年一寶順早於道
又返寶寶熙作寶家用四塞又返書稿畫石食又附寄作寶家四件食
又四勝作又畫楊作寶四五件食又巨石作又學之作又安林作諸山水巷郊寶熙庭
與寶熙訪劉不三枝

二十九日戊午 陰晴相間 傍晚微雨 黎明起 食畢 寅正二刻 上車啟行
曉發 自高陽寨 西北行十二里 黃村 又四十五里 廣平驛 [illegible] 又二十五里 肥鄉 [illegible]
東關外中飯 行三十七里 傍晚抵廣平府 寓南關大街 蓮周寓 後訪
譚 自孫南 (之來十餘里) 北至廣平 府 定 數十里 至 [illegible] 沙 磧 草 [illegible] 之 [illegible] 周
宅 [illegible] 由 [illegible] 來南 [illegible] 此 [illegible] 平 壤 [illegible] 之 二祖 墳 [illegible] 碑 皆 入地 [illegible]
肥鄉之 [illegible] 民家 棹 楔 [illegible] 及 [illegible] 不 復 [illegible] 之 [illegible]
之 [illegible] 常 [illegible] 如 [illegible] 二祖 [illegible]
肥鄉 [illegible] 之 [illegible] 矣
三十日己未 [illegible] 大雨 [illegible] 風 [illegible] 謂 [illegible] 久 譚 [illegible]
[illegible] 人 [illegible] 人 [illegible]
[illegible] 周 [illegible] 知 [illegible] 來 信 [illegible]
[illegible] 以 [illegible] 錢 [illegible] 來 [illegible] 人 [illegible]
[illegible] 千 來 候 少 譚 [illegible] 太守 [illegible] 同 [illegible]
[illegible] 高 [illegible] 及 [illegible] 太守 [illegible] 人 [illegible] 四 [illegible] 人 [illegible]

康節僅久隱其學博宗不名一家未聞深徹但專考數百年

暇窩三談野鶴

六月乙未朔日庚申　晴　黎明起早飯畢　候鄭邵公君周子元　錫陳仲英人
吠江等來初亥余同寓少僕　伊侯來君候客　余遂行　謁塞國郵寓
命車騎從余於閣外　擊一切如策　馬出東門游蓮亭　亭在城東北隅　限
清畔中隄星隄　連溝外地　而亭翼然立溝中　溝邊寬廣　水縈洄之　墉外專此甚
堤有柳爲林　為亭出入路　亭前楹之外　除地圃以石闌　高柳抑天　雜花
紅紫　闌以外荷葉數頃　白者花　水面風來　香入肺腑　蓋余於來游歷此
亭爲殊勝矣　口占一律　燈之　流連既久　僕夫促行　出亭循北堤上車
騎旁西北遵循河行　河水西滿　望堤柳年流關而默　遠白為兩水相自
流而下　河身有數孫柔橫宿旧河矣　十餘里至石官村　始為縣所屬　車至比門
石亭渡流河矣　四十五里至閻村　由此而南陽村渡河而北　順流趨而渡西行
旅河河報渡村會　水擾潮有座　夫車刻行十八里　河水未至已向水車度
比及河干　則阻流渺渺　渡車及數河頭　艱度　夫禪為難　莫車華騎皆踐足以
馬上見株不文阮過河　遇朱芭汀續馬樂等　皆在于城閒於之宿余權院
行數行而過　穿城門而出里鋪　已及昏　大雨　泥水不可行　道步人遶村徑

未刻至焰巷蓋投民家宿　家中樸甚　里置榻露卧車上

慶平游蓮亭汀

雉堞城闉古治州　百頃風荷繞郭周　岸樹含山江峽鏡　亭高共

水雲流　模糊變幻成幽覺　心事年年悶繞舟　何日南窗容寄傲　挨園

紅紫常留洲

初二日辛酉　晴　黎明起　移驛行　四五里車行漆道　易騾以騎　十餘里　辰刻抵蘄

國甚亂闌　西有之左西行　家祇暮南來紀　扣門而入　屋宇幽隱特甚　明揖出

將少停

接此地四月十五日信

又寓字達　日信

初三日壬戌　晴　易騎黃昏不九十三里　晨起微急　張氏外宗也　宿書兩信

申初　惠年逢故人劉　舞如蓋　洋下上兩　答不知人　若發　家報皆泣　以指傷

指人中始醒　竟日昏不食

初四日癸亥　晴　唐山城内宗湫澤特甚　扶我下外臥[illegible]

攜寓足初二日作已竟舟子臨清

初四日甲戌（子）晴早（傍晚）大雨（雨）慶兒殿 香雨及院（家丁）歸滿城等來自保定暑之中

論事已了

初五日乙亥（丑）陰 慶時陽傳燠頗見白鶴方餘行

初六日丙子（寅）晴初雨 慶兒殿

初七日丁丑（卯）晴 那老來 吳三甫來 來函之

初九日戊寅（辰）晴 昨往徐作范以事伋以便來明

初十日己卯（巳）晴 寄少芬書述遊子房竟屆□詞

十一日庚辰（午）晴 慶少雨

十二日辛巳（未）晴 若儂吳敬甫 郭子晉（建士）鄭如人 少淳 若儂偕徐石大字人淳 藤

陽亭 錫秋偕友人（李麻同知）名淳同案額遷居僧舍之樓對暑寓雲多以相

讓祀西樹之辰定屬多爭兩宮畢至城東北角開元寺一遊期李雨楚

四二人已先在寺達開元中至寬濶今然殿外皆墾為田矣一塔距寺北㦸

望許丈梁麻之中彼此相識便不識人自稱曾同寓生良久覓古碑獨寺

同遊偉齋和純來行世圃　吳良甫來答候
接豫卿五月十一日信　寄壹黃帶蝴蝶袜
十三日壬申晴　早飯後同季雨訪五世毅步　同南門外有河神廟中蓮花
樹往說之先至一華嚴寺一步至樓主翁姓竟屋時居宅也同赴廟之
額之匾花樹之叢嚴嚴不修剔並廣有僻處園勝寫嵩多者世稱最陶
步行見賴勿出　張陽庵來答候
十四日癸酉晴和陶　疾雖已而懶食不知味食畢輒思卧　下午訪張
陽庵於其居內外屋四進三座間伊好占課居余不及往慙先行而歸
入廿七稿屋
十五日甲戌晴　暑甚九十一分　傍晚赴任筱沅招飲同世李佩林劉木齋
入本諭　香泉稿　諭律臣大令　錫錫　吳仰鄒楊　約吳麟甫往客不能食劉譚飽
接家函五月初十信寄胡自沉官中等語一月到家報甚詳　四月初十日發函也
又閱歸陳氏五月初六信
又四聯五月十二日信寄陳陳府等以等四十初履也

又疊五月初二日作
又悵惘如四月廿六日作
又疊擧伸五月十三日作 字皆寫涼適齋
又歸夢林五月初十日作
十六日乙亥 晴 諭律臣來 偕久譚
十七日丙子 晴 夜大雨 早赴昭君侯 諭律臣 不直 筆信李佩林少陵 李佩林出京後 下午 諭 信
傅沅叔久譚 出其 字 吳宛之女史詩 快見示 女史 儀徵先生女孫 張仲遠之
有懷如之詩 氣清逸 有林下風 張氏中外羣從若孫若壬均以 圓友世寧
家亦只要之 傳冊 出吳氏 屬 拉 因屬 諭律臣 二哉題
楊恬居五月廿日作 字亦料齋
十八日丁丑 晴 寫題湘舲作 印跋 下午訪傅沅叔久譚 晚飯後偕以只讀一本詩之
癸丑冬 早至後門李雨枯 出西門外一眺 風形柳棗之下 護國寺一主 韓氏
建都宣殿 樓樓 楚一兩者之餘
十九日戊寅 晴 夜徐大雨 先農壇訪府志 夜祭
二十日己卯 晨 雨 下午 訪壽

二十一日庚辰 薄陰 寫西陽紀 陰雨

二十二日辛巳 大雨立秋 雨甚內外室廬數作相繼 屋中積水成池 跬步不可 寫字

歎無涯之亂 不知何[illegible]無有盡期 從何來 罵著 經此逆境 與家人愁坐相對

寫劉蕺山集跋 校之[illegible]文 高識前君所設 偈 雨中將半 積集瑞圖[illegible]

奉撫順日報 有此兩之後 今後不可問矣

正 答臣師書

三月初八日 寫贊一株 由鄉邁正稿 筆 冬不得亡 向來寫 福聲

病體尚且順揚受暨任 粗隱 尚書收閱 醫豐稿時[illegible]雨水而後至此向

三四日[illegible]待陣寫遞 五日[illegible]今陵雨時陣陣數說 為西境高者[illegible] 利博霄地

天何之[illegible]漸水之灾 起有億萬矣 孫邑代人何及補[illegible]五羽九日鄉事[illegible]

以家[illegible]為人力不為救之物[illegible]明依府城內於住五[illegible]並永樂軍縣亦於廿六日收行禮

寫通貞居停泥水灌 莫能不通 五四中昭甚 況困堂今[illegible]未近者莫得取之 二十月[illegible]

[illegible] 所寫未接承行未被事件[illegible] 紛 社民生利益[illegible]

[illegible]

師飯陶識制以賦之 五廊逸書章以篆[illegible] 為雲矣

如蒙賞官項正耗，清旦（尚欠內項）並雜款三千定可了，至于挪款一千，餘…… [redacted] （身時……所指……令……可康……不易……）

宦……主稿……挪款……何……百計……為……不……款……忽……陷……為……自……哉……漠……

（蘭陽任道印）……為……陷沉淪，志抑而不伸，唯有一俟庭令，稍療，始詩舊〔補……〕

隨函附陳，聊舉歲時，序理恩門，諸凡祈鑒，臨楮十萬，手啓，祇布，遙請鈞安。

程前 不另備。

二十二日 壬午 晴。寄……師作……（又作……）隨手……作……

贈任筱園太守 進寄隨羨 遊

羽翰佳陽客，山水有清樓。雨宴暮城……閣，樓堞亂依前，南峯古宗嶽。

大雅主壇……重到閩，碑存，……氣……玉。甄陶欽清，此生……韓諸

徐……詩（汪伯 伯陶 星海 諸君子） 文史互諧，……研窮穴深，窟……吟，……

在虛，採葉……帝，……亦真安。既吟乃……因悅庭根，……亂年。

得所棲洞壑，野夫獨寄道，轉居出……，風烟寄蒂流，揮灑……

活夫子，高臥……雖強，岸……一指，……向……行……龍風，病……

高軒再降臨，二……飈，……九折……為……一……

勝撲儘嘆年久飢渴。屢借日去救。推挽西園北楂首賓鼓換鄰鑼。但忠

失俸給。癈眾逢靈扇。妓藉者直宗語。特恨當日心。予贊金憐憫。此郭宅推翁

四達要保障。上手課耕桑。寸土應或賤。陳予誇彌遠行。仁其安所讓。歸為歸朝風

鳴。秋香徃侯。夫人安晚蘭工詩仍和存余詞見倒三星峽。曾在植房峰。徵徽足前

齊。寧籍氣道上。幽庭地千里。放眼[illegible]賦質撲藏畫花。神前悟千歲。何時

策吟足。溪韜許相傍。望歸一真可樣。過老蘇所書。衣扁湯灑濤。何以營

春韶。繼詩函濱美。他年侍高唱。

孫任小匠未開花

二十四日癸未晴 下午談安良甫薛八不暇。赴任筱沅招同唐鍾子慕 [illegible]族人

章子 培段為應度 稿為向某人 藹謙及三發筱沅向余言論此例極其筆之佩其所 [illegible]爽

筱沅王豐不想

二十五日甲申晴 閱康節孔橋碧峰荷有水竹一[illegible]。請東雨招山策驛法游益

以坐車。戴二子同往出棚行數里水阻車不通。招騎過二子均徒步而行 沮泥

數里渡一小河木橋數折。高橋東路水深不能。過橋至樓下村拜[illegible]

渋谷溪川岸柳相續云許不絶不劣景色境頗幽雅此所庵鎮守三層塔
及老樹手植之松有之村名一所此別ニ有勝景翁筆少些老僧解説不返問表日
此處等見乃事段數余雖以御案内之皆第籍行返未到頭獄
採任彼迄未日作

二十四日乙酉晴下午陰 訪信濃村 観元貞卿 親固中守山岸同出又菊夫子根北侍 不吸 小北長門
新寓張陽兎也遷議擬明日移家是猶如父業陳也下午帰
二十五日丙戌陰下午晴 是把以移寓根生 先祖先入新居根候未午 神
主入宅本陽君午後姫及諸幼皆到凡諸寓修竹未了家居了未下午任彼
迄未賀少谷具良有来賀不吸
二十六日丁亥晴 未刻出候新府並若侯 任彼迄不宜 未侯米良有少謙 又侯
三章子 精不分不宜 是日廻天白経天
二十七日戊子大雨

七月丙申朔日己丑晴　先妣方淑人忌設供

　搖長生吾日三年明信

初十日庚寅晴　游李村李苦侵讀　題任筱沅聽吟園詩一首　下午訪任筱沅太守三詩兩

任筱沅太守為其家人吳宛之女史舍傳聽吟園徵詩及寄傍居舒目箱

韻三十二句

玉簫金管弄宮商。紫霄丹鸞鳴瑤方。人間不知有龍節。肉味三月識韶忘。聽卑長夏到吳國。里蝶橫飛雨如織。寒戀十日擁節鶴。一帙雲箋動新色。那州郡傳人中意。海虞夫人文史高。雲鬟玉臺下瑤樹。方瞳湛湛烈霞殺縱。翡翠秋連日生手。紅酥纖手錄文為口。共說蘇長此對隨園。御笑蓋平情尊酒。南國陰有芳為才華。蘭閨蕙締相與詩。素閱秋女垂檀園。瑞署遍子天壤。聽此文天籟自鳴瑤為鶴知。九歌清風息塵埃。秦樓千古風尚有仙霧生小為遊。我家曩昨傳海門。高樓臨水明朝暾。相將獨坐學覺魚。猶勝塵俗心神存。尚聊姚海白如練。為儂寫花作翔舞。臥聽春色嫋星洲。於鄉無言不相過。

初三日辛卯晴 以兩局陸路不通擬來行取任邱之鄚家淀雇舟沿溯河至津門
採訪寄五月廿八日信之胡程陵專弁回營
初四日壬辰晴 有人相告趙州殿之補存殘兒是此州去冬出缺 知識中無親隸
皆勸余入省圖之 余見皆卿言之甚急 以非素志所有多飾辭以謝之
至晚不往從院則以余同調六人五人之補又極所難甚早以為此缺必可予旁
最余與競之者一方知其不然 比往不差而為余抱惋 余睫之日存利其留
次之十餘年 余需三載 直此時彼失存何以為情 且余無志於此 諸君必了
為戚之指衙武亞應以謝賀余實感其意 戚 贈之引答 下午赴任涵院拜領
馬與猺而捷之 作陵 謹書暢三拾佛
初五日癸巳晴（採寄之四月廿四日信） 遂搭船揮 行李見月到鄚家淀質舟 張陽專信來阿
初六日甲午 年 余擬是日行（已出行此祖先） 過莫家過境見車 不得而止 早飯因李
雨 茅騰不為 閱象桐瑚族 高將九大餘長段又縫皮席毛疎背園後大
春秋經殊覺足觀 若往張陽應少讀
初七日乙未晴 傍晚雨 速佈徽夜旦 早出東門 試馬自東門至北門 馳驟三

返直至家行過藩佛祀之行路遲至度下乘舁進安慶申出平介醒
歎竜頭睛轂敢身數收狀帖再覆其錯在伸揣勒田禾之穗送之
入口見其門數畏來亭之蔣也襟襪貪食酒哉天府之所貴高矣下午訪劉
東甫久談詳敘附攜詩說四年說畏卯之安濟寧門遂爲訓心得敬宗安華鄉
記余已學博學判世詞誼世詞誼相不明聖門學奉事之貞宗學奉不師若
並稱君最雜燭接文刊卷第人所未者[redacted]昭明為之亭林先生所著翰
山之記五[redacted]書以爲東野相起平陽郡湖也于案至行日頭西東相看
初八日丙申雲多陰晴早食前于家人別察騎出東門末數里即爲平之近東
行少南折行多十二里至段村八里孫村六里郭之束六里安莊十二里洪張鎮遇此
即任孫境矣十四里劉寨村西亭東溪渡其地在任孫東北十八里李家庄以南
水為促村盡渡來劉家舟渡之路迤邦家河傍河東至申刻昭門出
劉寨村南坡入南河即任孫河之大陸[redacted]澤河收之所歸光緒枝七八里南北各二三十
里一望清水淋而收[redacted]雲舊果穗露出土人云冬春酒中此收時屋久皆積雨下申
蓋日今年為之出收此何年為丰申矣十四里許北村東坡平港墳起又八里

東那家灣六條拐擺兩岸生涯滏陽河直東中隔一埽耳泊舟處皆船商
亭旅客居自那家灣至姑姑廟李家莊舟已戌舟名云翔玉頭芭小路
僅爲數十里而傳至十二擔蓋此河又名西河爲天津和順廣商號店素了
路每年入夏水漲方能行駛通以兩月租勸而撐舟人居之以舟作何生年
寫
初九日丁巳晴下午陰遲李何魏下舟守寓便第一件要局到舟行五里花家
莊後拐擺十五里白家窯隆手轄十五里牛家橋八里辛莊十五
里折鏡子坨村五里耿家莊橋過此守要擺三里辛莊五莊橋甚低
舟主席運不能行入北河即寧晉泊之近三五里河陰河莫名
北之河之滏陽河之如南有高義河内諸湖之水逕河皆匯此相聚之五
里至寺莊六七里安家泊舟較甚五富
初十日戊午晴陰略一里許至十字河北沿之水由此入滏河身較大自此以下
土河下陰河坑呼爲下西河十五里辛家莊橋十五里孫賀莊三
里蘇城閻那家灣此過南橋數來年水高而未傳舟卻過

至是則艤艇以待矣亭舟出村過楊柳青天津欲求小舟雇東下營換

舟至子牙李家莊舟在離子牙由兩岸不入百姓家李家莊六十里西南子牙鎮

二鼓登舟五刻舟行十二里復行二十里新河地方時已中夜

十一日乙亥晴順風五鼓出五十里固城村廿里李家莊莫州轉為水路以至

於保楊柳青舟行不利自此至天津舟在楊柳青停子牙河六百餘里僅十五餘

舟到為舟夜到舟行四十五里進河莫州轉四十五里獨流鎮兩岸泊時已二鼓

不泊黑夜過河水道至河世棧如此此方小河下河穩定以五里過白洋淀地聞之難渡

陸平行路多雇兩岸[illegible]年稅像亨譽以下此高陽趁為利尤為樂

泰道年因並稽[illegible]下河即子牙河滹沱之流咸豐七年改滹沱由藁城一帶入滏陽河深州河間以為滹沱合流矣

十二日丙子作雨微晴早發六十里至圍陵藁城莫州出境再望高阜雅想

備無可二十步北望已區實矣過市集甚繁多賣白桃數千株好人云深州

三屬未知是否然已住矣十八里深州武邑縣界四十里至范鎮深州武強縣十二里下

馬頭河間府獻縣轄有過渡距此十八里范屯屋宇頗多十里鐵燈竿橋時已

暮矣又二十里至臧家橋有河間獻縣兩縣交界大道也十年前曾經過此

十三日辛丑　早發[illegible]店　大雨　晨餐二十六里　過馬橋　獻縣轄　五里河　富莊驛
獻縣境　十二里商家林　交河縣轄　交河縣東四十里　十三里[illegible]河橋　二十五里薛家窩　二十五里
劉固鎮　[illegible]縣轄　交河縣東北四十里　二十五里　長新店村　順天府大城縣轄　十五里
宿楊林泊舟
十四日壬寅　晴　晨發　十二里南趙扶　十二里姚家馬頭　大城縣轄　大城縣東十餘里
二十五里子牙鎮　河舟[illegible]　十年隆[illegible]光家[illegible]　此縣東屬靜海　縣轄
屬大城而[illegible][illegible]年　論二人則[illegible]　上靜海轄　[illegible]　天津府　青縣　河西[illegible]鎮子
牙河之説　[illegible]任舟少停　[illegible]　二十五里王家口鎮　舟行甚[illegible]　十二里　六十[illegible]
自此以下兩岸皆為[illegible][illegible]所淹　一望汪洋　[illegible][illegible]　[illegible]
[illegible]　十八里獨流鎮　[illegible]口泊　以上皆[illegible][illegible]
十五日癸卯　晴　晨發四十里楊柳青　小泊村市　[illegible]二十二里　[illegible]以下[illegible]
[illegible]直達　八里　天津府[illegible][illegible]　任舟　付[illegible]　同[illegible]二[illegible]
[illegible]　[illegible]　[illegible]　[illegible]　[illegible]
十六日　[illegible]

十六日甲辰晴 早入公司 旋赴游陀衍市 至东门 中辉归 徐松龛函实
连日一新 喝问候 雅刘君池 公辉 青石缪辞
十七日乙巳晴 早入公司 拟谓吴以图谕日昭已不便 改访孟居亭范子
华不值 又访苏子芳 久坐 闻子家 觉民陈雪之旗 李和家蔼兰 寿信 所拟致 其
此世矣 下午拟书与信 别出十余年矣 久谈而去 广文来
振青称 本日初十日信
十八日丙午晴 早入公司 谒李少荃相国 与谈 三人同见 以两书年事
吴侯又以余事谈 然尚别案匝函为已 出晤丁晴日笔 西刹 令郎二子 形
官话 为侯之初 谭又侯将物在 已孙鹤卿人 之事 少谭 西写 匡达稚夔程战
园视剃毕 同过缘 写房 夜行去 丁晴卿来不值
十九日丁未晴 德何再到发署上谓 官绪何不请见 候清小南 视家君 请来 程叔久禄
中人皆不见 谓海关已陈子重钦 之素人 久谭 不似横吏 谓天津之丁
栗山署司恒月舫 顾人 皆以辛辞 而萧无甫 久谭 无甫言 李补
续奉讬 四 和卿李相 以为济司收卷案乃 子刘 以案事存其后行

訪李嘉樾並向蕭肅等字第四幅置老夫子詩託即以其居官

直隸人為彼他不過為他擇人二座用之今請寫東郭中書不與何

吉祥楊那[illegible]云云大理正之寓所以寫書錄西晴余同作事則在大局

正無奈哉之雅納西刑生人陵董思萃藕儀之煙正是正之寓用之深歎

又候寶澤川（新天津人）（明經人）不值又候劉研坡（丁亥進士）（同里人）少譚過寫雜識周子

宣來留飲在殺雜談由此乃都門近新聞

二十二日陰申晴蔣如石來久譚巳刻赴衙門君赫上值不見候紀其亭（候補道）

不值又候徐福之來（安徽人）（候補道）不值又候周衡劉西懷（得興子過之旗籍）

索魯卿琪（丁亥舉人宣寶府人）謹寧之子孫亦亭錫忠（無錫人）（塔振）晤劉西京又候毛五峯

（其昌同鄉人）（知縣候補）少譚又候何騰（蔣壽）日防同知久譚直晤聯保甫（福建同鄉人）又候馬

松圃不直又候周衡盛耀（姑丈）瑞人不直晤又候寶光倩甫久譚陳

子重何騰生（補）來候不晤下午到東街買物

得張仲奇世兄函傳遞函

二十三日己巳晴盛耀（吉堤）來談祝表亭來談不晤下午訪楊蔭三、、

與祝裴亭親家同見久談 李相詢礦事甚急 問余有鄧某能為謹愿
又問玉牧在彼得民望究竟有無政績 余曰無人不道弟錢 李曰祇恐不
要錢亦要好官 得了良吏更問無犯者甚好 擬何向請來見 意甚愿
其稱要真心知愛民而又才具耶 余模糊應之而已

二十二日庚戌晴 早食後往祝裴亭久談 又偕遊天津邊一廟一茶坊不得
又往應敏齋（以前任江蘇臬司候補此間） 又往楊見山（以江蘇知府候補此間） 均不在 訪嘉甫久
譚 便訪庸盦緝廬以正近先生豈條師一色為案計閱年 又往馬石泉名
直 到津海樓訪花子華一談

二十三日辛亥晴 至督署謁薛以其太為未投刺而返 往將歷石泉久談 又偕
津道丁親家久談 以督轅將來尚無定說 下午再至督轅謁薛未值
返 到同鄉盛耀卿處同人快同座 劉康嘉沈 唐 沈康均不識

二十四日壬子陰 楊見山來久談 寫順德家信 寄五弟信漢亭彝翁（附與李金檝）信
沅信 今發 寄勇卿信 寄王書兼李人年 吳稚信 學之信 鄧伯信 寄四妹
拆下 二十五發 今寄常熟家信 寶之信 芸林信 附書 信局

二十五日癸丑晴。訪楊息山久談，以所得華岳廟碑見示，此宋拓，内三行一百

有半行君字缺，錢竹汀跋云，諸人跋其臨僅剝自半行君字[illegible]微人

果足也，向以果藍林家所藏相同某氏見山以為宋拓耳，然墨[illegible]

遜。今來見此碑，而[illegible]真價也。蜀中午飯，謁吳退樓，抱山[illegible]

下午西窗。夜[illegible]保、[illegible]大板侍子、[illegible]子番、容[illegible]加西[illegible]

二十六日甲寅晴。順風。早起，檢行李下舟，亭午舟發，滸水[illegible]甚壯大，清

河[illegible]北遷[illegible]城[illegible]三[illegible]河野[illegible]子牙河遂合[illegible]今[illegible]通[illegible]

[illegible]近[illegible]楊柳青，未刻過楊柳青，[illegible]入清河，水色清[illegible]

[illegible]五[illegible]南[illegible]十八里[illegible]三十六里[illegible]清河之[illegible]自東北[illegible]南舟

川[illegible]自[illegible]過[illegible]經直西[illegible]乃[illegible]北七八里[illegible]

村樹[illegible]田疇[illegible]水牛[illegible]闊[illegible]五六十[illegible]里

[illegible]村北[illegible]地[illegible]繞[illegible]如[illegible]色

[illegible]

二十七日乙卯晴。順風。[illegible]大風雨。早[illegible]十[illegible]里[illegible]三十里[illegible]橋[illegible]

蕪三十里保定府八里莊青口舟入園也仍由清水中行至張青口是日西刻抵河道中至保定府

野村苦不得離但言久舍舟而渡之南亭風大作章陽望青山柳一排立水中

遙遇風所奪不然留宿看蒹葭蒼蒼集八寶經此地之過風景然

二十八日丙辰晨寒風雨驟寒甚扶擁被而眠早發雞鳴即泊

而進隨行二十餘里至關日內後始行雄縣東保[illegible]寶莊所行由此至

西新安過而小泊此間為高陽通舟可渡自此至保定府陸七八里

皆瑣屑指值西新安行十八里至趙北口過橋村而泊去米陸行自此為

北為北岸[illegible]行自此為西岸貫永興縣見之蒲葦而無自然之蘇矣

二十九日丁巳晨雨下午晴夜復雨順風早發向楊柳口入西岸三十里新安

勝繞城東南三十五里楊芬港入野田行二十五里至勝芳北門苦茗行城十二里

馬廟三十里東安楊柳青西此地是為岸一二十五里仙人橋五里

下河泊

西翰弟之遊意搖讀馬氏撰館

三十日戊午雨早發阻雨時止然不過千里亭午方到西沽閘甚跟上岸

是日下午晴余遊大屯之山岸而歸寄徊而歸泊居都蔭
積二十日寄作遣懷祥柳專無和
又季雨同作
又翻湘夢日二十日作
又晚歸如和夢日作
天題湘娥　小作

八月丁丑朔日己未雨 富察行 丙番 馬遞 那桐學行 那彥圖行 樹家行 博倫來

來 拜孫揚城同館不者來與那令日來到

初二日庚申雨 辛日晨雨濕濕一屋居穿破 夜所至 富貴家行 西三番 行局

以贊孫新翻閱見九寓 以筆馬濟人全眠 住晴霽再出

初三日辛酉雨 晨雨稍止向晚 下午 復 溫標行 傅信來 未爲行 往貴人

之久譚 閻錢信行來與往復久譚 並過戴順堂

初四日壬戌雨止 下午 復訪 錢信行來久譚 拜張謂黃寓 閻錢謂

南亡和家所不已 傅日 前兩年矣 午刻出 復黃初亭不晤 謂陳作梅觀察

達少所家久譚 言安徽省兩江 同年九人 張劉保 東屋招憫淺

潤韓 有存了不來種 殊戰 黃集 韓見 觀二場 省鄉 以爲矣 謗君 得爲難

一身了計 獨不還 要處去子 問人 那向那獨 閣下無礙 年餘亡事 既到 何能

兩萬動之切 近人情 不是 若然不如之 張 再言 佩伯 亡二 察笑 滿高也 謂 范當

果投以人 謬為 久譚 自言 署長 穿漏 甚為見處 閣下 時察上久 好好 過入

謝家以畫陌枕六 撫臨 軟館 例 并云 少 年之 李 大 在 相識 文 瑨 館潤 甫 方 伯

見函卯說訪如鐵帛甫三株取寄回高教籍寺存將 勞弟補訪如國正郎程

了事函肖時閏月向了存數若楼不得數年今亦拘于此若再寄存以于早識

要論存數即早識亡見為此故閑偕之意半年為于哀亦尤并

黑閣未嘗竭盡人力事志延請物資等綫豪氏輟搗不置又詢近況

素以貧數又頗以為累先訪求留一鐵今日[illegible]因為不令訪見其是事何將

每如能移地可積者碑益然向此憾溫惟今暑事多不過一年半年

民情及不能得知何利可與何處都有些作口擬口邦早識了遠又頗國[illegible]

[illegible]函志閣閑下才等立有[illegible]難有近七太史閑下可以要讀云云

寄上四[illegible]出係[illegible]寄少讀旋寫[illegible]事亦至訪如事

同寅以謹以閑下讀寺存誠取服以世假云云[illegible]寄

謝伊[illegible]

初三日[illegible]

西[illegible]

在[illegible]

微雨寫晚香亭同扶乩某為馬叔朱女士詩行[illegible]名譯初寫陶

初五日甲子後衛[illegible]候黃[illegible][redacted]不直又候蔣慕[illegible][redacted]彭謂

衛[illegible]揚不直候曹雨亭久談[redacted]李[illegible]金洛不直又候史[illegible]亦不直

候湘府如蒙又候吳雲閣[illegible]沈竹齋鶴相不直程[illegible]下午同[illegible]步

游天街

接家書六月廿一[illegible]

又寄[illegible]六月[illegible]信

又寄[illegible]六月廿六[illegible]信

初七日乙丑陰蔣春生來[illegible]候[illegible]久談[illegible]楊朴臣[illegible]

又候劉[illegible]又候陳[illegible]不直[illegible]久談候[illegible]不

直[illegible]陳作梅[illegible]不直候李少石久談候陳雲[illegible]少譚候

[illegible]不直謂[illegible]久談候[illegible]回

[illegible]不直[illegible]寄[illegible]家作[illegible]

接[illegible]六月十五日信

初八日雨寒陰 程穉少穎來 寫伯靜信附十二葉 附家信 徐小元信十二葉 莊容臺（？）

訪季老候之談 擬移書齋 不知何以為也 下午兩兒來同舒步 會至杭（？）坊 不（？）

過謁南雅 過寓 晚食 陰雨（？）城北花家 如何相宅 尚寬敞

初九日下霧晴 早食後出門 候何梅閣室諸人 惟晤及鶴生（附註：暗號 江蘇人 清苑撫標） 少去

下午至（？）室 至逢壯（？）亭寄書 昨夜已傍晚 送二十六兩 東鄉二十五兩 擬往南

陽寓等來 遂出 從生看 同至仁（？） 看東鄉 又過寓 陳作梅家 晚飯 為

畢子談 後至東局遊 不日已往多（？）子方

初十日晴 下午雷聲雨 張寶卿（錢塘人）來 季老候 陳伯山來 君候 王皋署

謁見 訪季久談 復拜（？）久談 又候錢何師及同寓人 惟晤薛蘭（士隆 蘇州）

人佐新 繼（何寅生 周錦佐新） 又久談 又訪寫看家人 擇隣 如何過寓

夜 李少石來訪久談 並尚寄來 季老候少談

十一日已正晴 晉候繁王初（乃宣 嘉興人）（字科正南御） 不直 候譚夢誠（侍武人）（僕補之） 少談

候何梅閣室 程子勳 陳（陳蕃 宜興人 府經） 楊保東（陸與錫人） 遂至道至新居

少坐 陳作梅來請談 康住久談 家方回旋寓 汪贊了來 候朱筱竹來

字條余命作字書條四桃雅見聚等 十二番 李人
十二日庚午晴 去行輝來若候少談 [illegible]星矢結惜 左勘事四人 一番度 事候少談 候佐紀
一日不直 樓恩山彬意 無動世孫 不直画寫 諸生等各談自於古書輝以論
觀二銅壺一同画寫
十三日辛未晴 撰同約者 雙旨 鄰烟行早出廣東寫上謂且照注意之恩香畢 注鏡画
度 知人不識 等候注鏡画幸侯筆文蒂均不真候録自前少談画室
下午到陳作梅處呆登即著所假金葉之刻本即解辭而避技書而避
御不得候為之所各談 又提李少不久談向御前新已和新疆伴熱
烏魯木齊等處之代役墟土 郡縣首遇劉敘倚綂非罕出閑循儀劉首
欲御廣均未命允 應録於仲安採録同座李經亭 又衛奉夫人 葆宗臣 述
入画判 歡謙 二十殺
十四日壬申晴 注意之來話久談 楊保亭來遂候 陸鶴雲來言候久談 下午
少顛相來久談 儒唐張來 傍晚同於相清保 北門外修園屯局看花未至隔
請閲木樓會等 觸自拜 攝 感動入園久坐

華心苑采樵號白人徐達遠萬石館考

十二日癸酉晴　黎明趨朝早食畢同楚卿至書院（十二日寅金理）檀司送畢至西苑出沿路藩朵

送文昌者又至前有客送行　是日晤□識同御同寅雲眉日讌讀（余姚人）拜福

鄉（雲嶠蘇州人）嚴仲之（唐照江寧人同知）首如義陳雨蘇州人（同知）華已到通寫字用箱

角作字緩大雨（晚晴記雨絲）寫書頭頁作（即日發認界印序）下午出游東年

十三日甲戌雨頗寒　同御余陶仙比信（余姚蕭第八子葆侯李庭杞）申信人譚

張師言十四日卅八作

又余師傅十五日作

十五日乙亥晴　蒼侯陸搆雲久謁並藏宋（蔣年陝人錦堂之侍如陽）又侯首如義（如陽）

（蘇州人同知）華陸且壽之又候仲衡（雲嶠蘇州人上西）華陸請存梅又候余陶仙久譚

通寫　下午縣縣事年時字存盤母明存藏序邸合寫印倉元九一區

十六日丙子晴　早飯後畢賀丘叔文家鄉翁陪張梅親家母受久譚其郎君

服讀之句庭政項倉勅以而前陽請錢師六來惡刀至壽之受久歷　廖占竹

未少譚

十九日丁丑晴 [illegible]

[illegible]

及包[illegible]祭祀及官署者康熙[illegible]晉[illegible]以[illegible]若[illegible]其[illegible]太原[illegible]日[illegible]

[illegible]朝守四十一年 聖祖[illegible]以[illegible]致此彼此[illegible]

[illegible]若[illegible]十六[illegible]太原[illegible]清理[illegible]國[illegible] 聖祖垂詢[illegible]

[illegible]太原府[illegible]千[illegible]一人耳[illegible]孔之[illegible]有[illegible]敘[illegible]

之[illegible]李[illegible]之光[illegible]以太原[illegible]禮[illegible]私人[illegible]

之[illegible]於[illegible]國內之其[illegible]今讀[illegible]文[illegible]

至[illegible]十年[illegible]

光[illegible]太原[illegible] 聖祖之[illegible]十餘年[illegible]

一[illegible]

也遠[illegible]一二 聖祖[illegible]

[illegible]

之之四十一年[illegible]文[illegible]

太原之[illegible]三[illegible]

[illegible]

照例須每月致知一人一家書五載年來同以類從觀孫國所讀之書及學歷

前之翻閱廣搜集當時諸疏太本以捐之始來以備研鑽可考證事實之要最

若補錄徵引諸集諸所載證太本安置於詳付於後儒書之上

再中以見前賢遺著蒐羅廣識博圍之便取之春暮必遊金五蘇州歷下寺往還天津

僧寮同遊佛殿建八閏月畢即改延此樓早晚方各請冥學則回頭

書一冊誦之靜坐冥香極識不敢罪任性妄念禱之耶

再賴早有拜

復帛動則 公子

省三十日陸奉廉翻供家面解然後年青三年日手函情辭悱惻讀之接筆千里之

外切雅歸府一何為戚然之祖爲及秋供姓　侍奉寄福安願信多不暇固然再先

師爲精神

得益承健　頤安買之腫之甚得已金並但未審未閱君此室静悟之殊耶　老而更陋

並許民之迹雖經寓日陋闌　二先生學業行爲精密　新生兩郎並壯勇　新年甫於嘉

芳年既有新知之史之惟自以爲無可寡先生甫付後請之屋毋患之心極藉敬意

歸而與五兄弟圖稻粱等米麥者爲居之地擇越九日風高之時乃與五兄月十
九郎第二十六歲行富屬之稱修長府城六日向二拾廣大廳西有[illegible]者七月
初病訖時早至隄雨不通逆滔隆冬年間以達津渡至閘頭月初修史事通保劍
王僚處邪紀宗細衍而有丈宗可以暮箕除墓屏群善之秋然後既合勝
雅奉孫之目至歸書掩上游向令也以咫相待辭之功[illegible]像異之[illegible]五書性
以和土地[illegible]
趙如一缺之意即詳論歸之五
河知為暑歸之存職而[illegible]之事和以不直高知義中勤為君年之行[illegible]之先事
足地君業職之申[illegible]尺既此坐平所語且尤而謀之世其實者嫡人早歸而試
首故詳物辭術震迷來歸宜家一身[illegible]其邦存以足或列有
意知五往知哉之孫[illegible]到巴凌佰國世衍如軍歷之從也補缺云之諸公不知中
之以無禁然天下事詳而列[illegible]擇壽去使[illegible]則勞力度[illegible]五江湘作遂二十年矣
也尚不知[illegible]年生[illegible]至妻老[illegible]陽且
餘之形者鉄者以英其實為營之以序養生快行好[illegible]五[illegible]
此[illegible]即亦傳裡之地[illegible]無年且為紀以序而以琴字之不御事安用之房

聞吾兄七年來[illegible]向之旅居已二十所居[illegible]優秀之交遊[illegible]

劉嶠之[illegible]官遊別已四年矣，其[illegible]无才[illegible]印[illegible]

[illegible]陷已不此如隱舟深[illegible]任恩勇之[illegible]時已不得[illegible]

[illegible]目下[illegible]騰尾相[illegible]

當時之所善[illegible]人生[illegible]

師[illegible]不思[illegible]

[illegible]十年[illegible]

而三四[illegible]

[illegible]

二十一日己卯晴 早食後謁錢潤甫方伯久譚 又候龔蘅梅 四子孫出清杭來見 又答候胡寅
陳季緝來 雲錦處江人 少譚 并携蘭亭畫 壽刻過寫
二十二日庚辰晴 早食後至布市中閩寄書坊於寶來君一史書值世日印或云寫
達金元四家畫 錢南以宋甫録硯刊萬不真矣 陸作梅緝來來不直
二十三日辛巳陰 寄門下作 謝昌錄 謝倉坊伊作中 下午訪莊河少譚 李可石來送帖
謝石直 黃可莊來候少譚 繫下初來久譚
二十四日壬午晴 趙湘舲自石砌來省懸程 是日來陪久譚 午間屆候陶寅諸人 又
偕余陶心雲 趙湘舲久譚 下午余陶心來久譚
孫順德寫十七日家信
又阿弟十二月初三日信
又孟娟七月廿二日信
又仍靜七月廿九日信
又舅生七月廿八日信
又戴崑川 馬鋭臣 八月 日信

又戴良甫八月　信
又鳴岐山七月廿六日信
又王鶴儕廿四日初　信
又王鶴儕六月十七日信
二十五日癸未　晴　晨起作書寄鄉舍　候李少石不遇換帖　午前往從容伯訪船
船主朱魯行傳信集及少穎赴白雲飯　下午發芷汀坐船二時乃去
二十六日甲申　晴　至儒署謁錢公作少談　飯以為賦勸律　余與留看所作詩　錢為
定稿年了　答信贈初受　出南閣借談以實送錢方到　下午返寓訂
談與年侯少談　下午至詩會陶佑不直訪蔣　李少石不少談
二十七日乙酉　晴　李訪儒雅林教　知作白年貴相要　又訪佐梁山久談　二年接余喃仙贊五初注
李亦看書飲　下午至和寓訪先去　余陪二人二時去
接明寓十六日家信　寄副小毛和服
又物寄丙十八日信
又濂師初日信　附寄之喜亦少豐揭日修為之所

又作沈士遠信

二十八日丙戌晴　寄順德家作□□　下午　吳光宇　攀泉八人來候

二十九日丁亥晴　侯吳光宇（共同寓程）□□偕史復王畫舫訪周健菴（乃大作兵人同年衡之勢）均少譚而偕行

袁之交又少坐　下午　周健菴又同御張庫侯（錫壽陽湖人）來候少譚

九月戊戌朔日戊子晴 見賓興榮青 郭少亭 齊中合肥人 新科 任穆山親家來 告任協少
謙少韜膽來 汪芳了事久譚 侍御坊李向渠 金匱縣人 遠宗 清苑縣 八年卿 指同產業數
蕭韜旋人隱寒子 新翰 陳小鐵 元禧 杭州人 新翰 陳鶴堂 陳偉堂 及番此五人 二姑殺鶴青
來寓久談 三姑手了 撰杭州重修忠義孝弟兩祠祀典碑
移寓通州 初九日辛
杭州重修忠義孝弟兩祠祀典碑
見之初定既識宜福訖 皇帝乃丕茂聖治 中外臣民莫不翹翹然以仁孝
風俗敦施於化下 厥豐風俗正夫近歸了之 時當以崇節揚道 孫忠勇節孝
李何將來段讀書為其大算 到及致之 杭知杭州越為仰甚將百年忠律定
先一日在武曼路萃祀了 劉 繹春秀特合曼以射日孫諸廟祀古備獨忠義孝
弟兩祠祀關之以教千年 忠義孝弟祠於樹學宮在節孝祠則艱於至正
千年地震成豐年 氏自 度贖此遷之以愛雛相特旨祠而豐祀正過兩旁以祀則
神位俱奉不得與尚祀者之位都近小民懷壞垣入居之聖方圖鞏費三層樓之
廣子萃手接地益懷其考久之 適方立定墓祠宇掘鑿筌家 茂色妻及窆

文章之忠義孝事而祀者[illegible]人 前參贊安元二人 明四十人 國朝三百五十八人皆
君子之儒學戴君憲清[illegible]宗周以後享祀及拾遺者處時年齒之貫籍姓諱
大名備述今爲改使錄之并錄詳敍筆指節之詳是崇色中華者百
二十五人未爲此之入 同 吾鄉豈稱人士藹然請爲之記則擇術 國家崇報祀典
所以興修敎民於國文觀紀其爲之也有見國鄕儒者知念能以若發以爲矣
此宗之夫氏世來藏於此郡從此如君仰長老有以敎以爲詠之耶人爲
纖爲無理日勝收一家之年不足好學數人而子弟爲傳聲之士一邑之中聲者
郡之吾節黎列[illegible]少世鍼諸之矣其勤發之有景稿郡下其致情延蕃[illegible]所節
是以天下之教先於郡身而推之家國天下此所以爲道也儒者一旦登郡民上而後
本末之明修諸身家而深識之日生實皇占作者書堂是以書院祠庭
延手書也彰善癉惡懲勸之風聊可以頤文之之郡行於民俗日學不忘見民俗之
成郡邑士夫以見有司之事相勉若我已郡之鄕楣華揭時紀祠之與
慶產里之民讀書知所祀者賢而不忘善之爲乎而之君子益脩明之[illegible]
以推移爲大徵之所爲而矣

初二日己丑晴　寄青照家信（附芍卿竹如伯平）致鶴卿信（附致青石莊）
接照兒寫自山西山西家信
初三日庚寅晴　早起訪聚若之署衙齋　候陶真卿譚　君候張彥侯莫遇諸
鶴雲久譚　寄照兒家信並托張住照也（附致叔姪）　張筱臣信　賜岑五信（附令姪）
初四日辛卯晴　韓和齡來久譚　黃小松來　來候久譚
接楊見山自山西寄作並對口談
初五日壬辰晴　赴張外照依馬門　下午步白城隍廟衙門西衙　晤姚伯昂都要
楊楷一聯　下午陳小鐵來久譚　鍾方伯攜日前同寅物托過以甘年不見
初六日癸巳晴　早起至舊署方回寓過酒[illegible]見月錢方伯少譚　候黃雲齋（未遇）年黃侯人楊林
（陳臣）久譚　晤家福楊福內寓西廂　韓和齡未至　汪應之姪弟來同飯
下午發字　黃子壽來長候久譚
接照兒自二十日家信
初七日甲午晴　葉蔚卿來候久譚　寄照兒家信（附寄西）
初八日乙未晴　沈竹翁（爲月旋卿人　請定同知）來長候久譚　候園小松少譚　又候同寓老人　午飯

覃日集 濮金壇人 候補知府 拉飲同座 陳蘭錢 吳元孚 恩小松 邢嘉泉 陝人 候補知府 郭少亭
青華班伶人 壽我之十人 來劇戲 至 並有秀芳 譚 英侶 陳秀兄 靜卿 聽 明日
延卿來辭行南歸 留與冷商 即發 西遷攜此信 令數

初九日丙申 晴 重陽節 家居無登臨之興 室內獨坐而已 下午至市中 見有賣鴿鳥者 冠孔雀四頭 五六寸 鸚相倚 惜尾為籠所損 金翠羣羽 聞自粵中攜來 西利乃得之 又來鸚鵡學鸚鵡 不及歌

初十日丁酉 晴 陀表峯來 少談 下午 陳少石久談 以委議 方蘭城公事 范孝一帳 為鶴圖 以佩文 桃李園圖 一幅 筆也 又見劉本 山水一幅 與舊 傍晚訪 恩小松 拉飲同座 章蓀亭 吳元孚 羅仲兄 廣西人 候補知府 郭少亭 至二鼓

接順德寫 初四日家信

十一日戊戌 晴 譚靜庵來 同至坤門外 花塲 買菊花十餘盆

十二日己亥 晴 溫東伯來候 湯幽山 補侍御也 為 來候 託買鴿鳥者 購鸚鵡一隻

十三日庚子 晴 夜下雨 西書撰以篆文日抄一部

十四日辛丑晴　袁開第（以後山東人都務）來候少濤　下午賜之初來　侯久譚

接寶廷八月初十日信　又寄九月十八日畢函

十五日壬寅晴　撰李少荃相國五十壽文成

接楷聯初十日信　已到臨寓　家屬不日即來

賀太保伯相李公五十誕慶壽詩序　代作

十七日癸卯 晴 早合向訪□□□不直 訪寺庄行少談 過□□久坐 撫南以外
　　□也□□布安如座彰也 及鐵十兩□文 輔從 等者種物
十八日甲辰 晴 也□□□□ 借住持如少談 □之□□陰陳祝家去子弟明 過前少亭 於□賣石局
少坐 候茶□□□談 借去者來者意 借於維兵向一座數也 □到於前
李雨了子 持理□□余意□□時 □借□□立祝模 黄意相合 可有
且意生因何黄 而□□宦 候者少石之談 候具少枝不明
　振明寫十□字 宗作
　又國雲 事□□
　又□有□嶋山□□□作
十九日乙巳 晴 在雨 薦早□□家 候薛春之並候陳□之之談 □候□□□□
徹昌之 市有□□□人詩□ 又□候□□返家 未□行傳□□來同吃□
　撤 下午同過□中 傳□□
廿日丙午 晴 也□ 早□□門 □陸□□之書 □ □□□□家作 □□□□家作 □薛
　薛安□作 □□作局 薛春□□來 候之談
二十一日丁未 晴 早食後薦□□□□□來□又□□□□家社□□人□□世□

蝶生 及惠去後伍貴之壽 情更失月深 至於旅 寓卿 勉撫之人 文信過

雲峯久謀 又已至者 夜留送陶 悲慘甫 今尚因知 未看信 陽作福利家

未補來明 字體佛信廿三第 同郁作 以為陽不得不 請客暑稿 吉程書程以

候之

海帆生相國師

八月廿七夜奉 初五日 鈞諭敬承 種切 不獲 [illegible] 保任 物宜參稿 而

澤署清和 且為稀 勝我政 訪之遠 [illegible] 之雅 [illegible] 適 二郎氣 胸膛之 [illegible] 場

是退下流 南陽劉 別些斯 患目下扶冬氣 雨宜穀於 公並行以助陽升墜參何

不可使 [illegible] 師母 [illegible] 清存隆些二段未寫 [illegible] 年 [illegible] 雪 [illegible] 相 [illegible] 信之醫者常論

今只之 [illegible] 撫 [illegible] 之久則知人家戚材 [illegible] 若 [illegible] 方求 [illegible]

[illegible] 甘 [illegible] 那 [illegible] 子 [illegible] 國 [illegible] 並 [illegible] 年

[illegible] 事 [illegible] 術 [illegible] 慶 [illegible] 祀之 [illegible] 家 [illegible] 信

置以世 [illegible] 下情 [illegible] 後 [illegible] 許 [illegible] 制 [illegible] 請

邀 [illegible] 首 [illegible] 何以 [illegible] 五任 [illegible] 所 [illegible] 刀 [illegible]

晤阿氏上河數句意為虞山祈保護之[illegible]彰件自知其所有[illegible]在有[illegible]

奈向以一良家不以未意者之[illegible]頗以降向以理[illegible]業[illegible]近有[illegible]門[illegible]師之[illegible]

五日而合上[illegible]作[illegible]成不過能以數步[illegible]年以有群之在[illegible]打[illegible]日

律[illegible]輔頗向內[illegible]家人立[illegible]者之[illegible]來者雖[illegible]門[illegible]

[illegible]官之遲早自向以經[illegible]材[illegible]不角之也[illegible]甘[illegible]

[illegible]失何爭[illegible]不以[illegible]以[illegible]雖光[illegible]年[illegible]

[illegible]之搜之念[illegible]之[illegible]不宜[illegible]

向[illegible]園[illegible]緣[illegible]

[illegible]

一切[illegible]之[illegible]不[illegible]家中[illegible]之[illegible]以[illegible]請[illegible]

[illegible]眼孔[illegible]家[illegible]

而[illegible]佃[illegible]

二十一日戊申晴 午初[illegible]人 [illegible]張[illegible]

[illegible]未[illegible]商閱 神主奉之[illegible]知[illegible]子[illegible]

主叙東三押行李離去卯刻南陽大同仍將等候十八方刻四五六方發到也
晉客來候晤不來　宮子物聊作廿三日發李春　葉益甫　向筆泉夫人來見　存經
接接孫十二日信　又叶季翰海陸之函
二十一日己酉晴　丙皂署上謂久談以案撤李珍趙胡屬之隆平宮香樓築談甚晏暮
之欣家孫人呂桂韓泳瑜來　臣家人訪英　丙晤金壽榜陸詠安　張恩泉松久談　謁綬方
何為再導尋之來少談　吾信葉益甫不直　俟少石久談　丙過署謁陸觀察久談　翔孔
丙壽晤之離西行撤孫雅讀伯史晤以釋氏十三層一部　下午過訪胡醫師韓
讀雲伯來談　縣理雅尚晤面
二十二日庚戌晴　吾訪韓讀霄孫作徒此寫少詩　宿任蘭軒見路達安徽人宮壽仍觀山　信
申刻趙秀澄　隆平孫　復日本信梅仍作　宮上宮同孝作胡宮物聊作　又路為陸寄信為林卿
御信全上　劉丙函　楊穀山季人　去郵函　李信
接李從行廿二日信
二十四日六平辰晴　賢署宗壽丙前日並以下迎新東閩外八榜翁本與經報下刊　又和
署東貨文譽使存湘為李等不直　西東呈行李之詩　應陸鄉雲季人談

二十五日壬子晴　撰葉潤臣翁刊詩序跋一首　未畢　汀來　黄子壽來　談少頃

葉潤臣觀察家刊詩集跋

同治壬戌之冬　慈銘到京保定　謁觀察葉公潤卿　即出其詩五卷　家郵寄後

出[illegible]東南湘雲先生所刊詩以示　因以年自序志之　到辭不獲　別而其詩詳讀之　蓋

翁益風人之旨　敦厚用意綿遠　言則可感　[illegible]年讀書之異人　竊思觀察

之才識　當典章藻為佳　以際有事之日　出其知能　足贊一世　序讓侍從不獲之

業　世君等同之所仰　後宜先生首以為勛為與之　惟其傳人　[illegible]仲尼論所文

夫之學　已言滿天下　無以過行　[illegible]然其大夫有德者　[illegible]野之貴歟

禮辭充之隙　聖人與稱之　其如海世舊文持論之從此所美　其安有待君之　已言出

乎身加乎民　行乎遠　是皆君子之所務　[illegible]為門之所尚　有家之功　言則

英氣高格之門無愧而必發　為身能立身而後以其餘　其言足以不朽　是旨歸為詩

蓋年[illegible]之詩[illegible]　觀察奉若以刊行之　與其事于寰宇　[illegible]

行乎上下　其足以保家長世　[illegible]用以之　陳氏[illegible]矣　[illegible]以文[illegible]

德傳無事之議矣　觀察[illegible]身之[illegible]也　[illegible]一[illegible]之文[illegible]邪

二十三日癸丑晴 午刻南陽君乘換輪至自邢台道經豐慕相見 聚益 汪賁之來

讀稗史

二十四日甲寅晴

擬寒光寺初秋即作

又邢泉塔 予五之子同作

又鄧蔚山 同作

二十五日乙卯晴

二十六日丙辰晴 至泉台史館辭新館遂至一隅 晤其子畧若一日 並晤范觀察丞 久譚

又候曹君侍甫 張一雨 秉性蕩齋兄 山谷人 少譚 又候深懷伯 不直齋 又候李少石 久譚 而下

未至行陳黃之丞 亦少譚 傍晚下陳希曾丞 久譚

二十七日丁巳晴 陳稚雲來候 畢少耕來候 賀來又小譚 君侯衛柳泉 高世俊 墓人 少譚

六月己亥朔日戊午 金風寒 接鄧何來援作日記題 朱芷汀新

接馬松圃 月 信

初二日己未 雨雪甚寒 下午霽 清晨即知字由清苑站來石家 僕輩換擇作備下午

啟下雪東之駕西行

初三日庚申 晴 早起 食畢 行李車未已刻 開行 丹朝 十五里南村 又十里大□鎮 店 又二十里 陘陽驛

與地物為之 借店布置 以路上 時已未刻南□□郭□四十五里 有陽寨住 此路口再送

初四日辛酉 晴 早合驛 辰初上車 十五里方順橋 時前二刻 八下 即在方順河 初兩□下流為英之唐河保定

至中世為又 十五里十五里至□□□十五里 新都縣南關 也 抵望都縣北關外 未度 路 官 為生 作 字 呈 見 示 文 字

初六日 接 物 務 南 接 物 作 兩 奉 通 午 未 後 行 三十里 清風店 又十里 定州 □村 東門 度 清水

河 深 河 下 底 也 舍 車 渡 大 車 全 當 底 渡 涉 過 河 日 已 暮 又 十 里 至 定 州 入 北 門 下

城 中 宿

初七日壬戌 晴 早食畢 辰初行 二十五里 至 明 月 店 又 二十 五 里 新 樂 縣 時 甫 已 未 信

行李車 久不至 宇揚 見 山 作 字 澤 為 辭 報 二 種 初八 日 由 新 樂 來 下 接 來 消 息

李 肖 見 國 度 新 樂 縣 卯 卿 詩 伏 城 驛 不 遠 四 十 五 里 發 車 給 令 從 東 鄉 橋 上 行

爲十五千西行里月上下一條村餘馬詢之主人則爲二十里處馳下戌刻即到

雇懷駿元遂而眉陰矣驛食之帳覆店以家傳車

初十日甲辰晴（以趕日奔馳上下偕為此鮮酬川趴蓮）早飯畢已辰正矣上車出门二十餘里抵陽鋪 又二十餘里西府

時甫午初飯四下五里實三千餘里耳 實如子所接車 自臣下事功天寧閣

瞻禮白足入大方丈參玉御象 乾皇時物自大內也 未刻出府 抵金靈武山之金

在門側僧房要申刻 自青定门十里渡滹沱河 車盡水大而涯兩南北二股

北股更深之而南股尤甚 新何同那渡屬 蒼千里鋪 宿 莫事便作寫

龍山石刻二種 印八卷（此蓋係在石墓拓）驛小山作寫 人山中龍之一 鈔 畢 宿家

宿家作 駒印八卷

十一日乙巳晴 早飯畢（在刻）東门十里至府南二十里鋪（約十餘里又）又門府店 又南二十五里 由入正定城 又五十里

里至正定城 午時午初未刻門至府十里（府南）鋪至此在五十里實六十餘里 凡行凡二時

達計每日行十六七里 未畢 未刻抵門 二十餘里家村 即於寓下處 又二十里下至

西

將晚到閣住於小店 留店候張曦亭（保壽 金山人 恒州府勇協防）久候 並作書 交店周趙驛

下榻 首隆正房內 張曦亭者 佳人請

修筆人 筆

初八日己丑晴

寄王張臨樞弟　諧山居人　孫延爾叻一卷去　寄兄　嘉卿隆平　供詞一紙　字句稍作　叻恩樹家信一

蔡允修　信　接閩陳字兩屬事提案等先是九年十月向隆平人石頭僑等

以勒村民張見等及字寄人李大異等硬擄嘉屬僑等逼取番銀洋寶等情

勘明捉李蕭勇姻等撫隆平字寄兩部全踰來發本年四月及寄兩使四年度

以前辦捉地畢咨照會　行札飭全部旋據字寄人馬貞等[illegible]正月

初十八字寄人節後等并以市取張希隆平人方得四從向已等好捉拿二名

據隆平人徐得安等聚眾劫掠向陸並放火燒房將同人張根保燒傷

情據等供據[illegible]隆平捉人全獲正二十九日張根保因傷身故

字寄[illegible]和[illegible]並[illegible]向隆平索[illegible]不向西八月十三日字寄人李且[illegible]

請派等十八人以捉[illegible]供[illegible]等控詞[illegible]扶[illegible]兼傷李[illegible]向[illegible]放火傷

不等因又字寄人[illegible]張以[illegible]供[illegible]聚[illegible]向[illegible]放火燒傷伊寄同人張根保等因

又字寄人張[illegible]以[illegible]傷[illegible]等控[illegible]燒傷伊之張根保身死等詞[illegible]

九月初二初八又同[illegible]司[illegible]發[illegible]字寄人以[illegible]隆平人[illegible]各[illegible]

札飭隆平捉案[illegible]及[illegible]該[illegible]字寄[illegible]提[illegible]請[illegible]李[illegible]提司速

昨所辨之萬卿提學所擬人犯已經會同審訊，亦呈閣皇覽以定。兄孟余所
奉諭旨以張柏保被燒殘傷係十八日相從是日伊村具稟時不一同相驗，直至苗日方
未到案具控。又李洛年首呈蒋於時係自白，張柏保方在屋外，移案自以明知伊等燒
房，及至入房內復燒，失記時，一衝即出，何以被傷如此之重，其中必有藏挾。惟張柏保之
死，究竟由誰燒，惟此人不能不兼，此兩造知亦所屬一齊提案，一面拜訪寫李撤，明日再行
追審。看張樹聲再議，於初一日傳集證佐候案，已改正向日前追。下午赴張曉亭
相國同拜柳橋侍郎山東章丘人，方能決擬，於送傳筆對隆平人及後，係伊要詢
詳細。諸後費，親風雨在本所接審，其人訴辭擬稱張柏保於十六日自行燒，自被燒
審傳之之，亦一同之辭，確者可為佐，並形情理亦無疑，已明，兩人共相久候，為之一證。二語頗
朔
初九日 西實晴 辰午候晤柳橋，久談，孟程侍署梅精舍，二櫻較已枯，根書卷庭鑑
翠竹數十竿，海棠一株，以紫薇隱之，觀前又一小屋，新白扁窗，東一廊，曰搓為前
而後屋之，曰中息鳩，□□□□，屋內度青光，緒園雅座，嘉猶酒處，為之云不
足想盡得案，別後再以為得未見有此，新赤李出土之於趣，李公慕慕綠一幅通野

大道寺啓城東柏林禪院道妙和尚道場也真際禪師瘞左殿西真身五七層下
第二層有陶瓦象一尊全青色 衣帶如生了了瞭然象甚工緻 鄭象面目
接 糊象以刻石象三一嵌北壁二置壁下 推想雲層廬佛地山茅屋一楹 [redacted]
廿 為殿心寺漏碣伏壁西楹旁高家有吳道子畫水西壁作平波東壁作大浪
洶湧了了揣摩稱文水觀收 寺之真贋殆不可知矣 正殿八角有大士象八尊不主 [redacted]
[redacted] 宋廣慈宣康慶元年和 [redacted] 寫 太后也此如意樁金佛道姑主位傳
奉敕陶附下元明碑甚多有二碑背大書 舉記錦陰風翼六字不知何人作
華嚴經寫絕特二楹仿耿絕筋光武稱帝之驛紀平棘人 [redacted]
五云兩碑未立也有若茶關門上相傳為純府第兩處監寫菩提樹俗所稱
也寺僧僅三人語向氣自色未注眾生雖世尊寺不能撰矣 道寫柳樹傳到慶久
譯 下午別去 怪保曠寺少譯擬明日向西寧晉往驛也
初一日丁卯晴 寅元徵師作 物帥作 午 刻上車赴寧晉東門 未初
出[里]堤村頭 又十二里換馬 尽又十里黃退鋪館處 又十里至 石閣 賀 小店 易衣 寧晉令堡
君 遠迎 蓋可 署下 橋家 飛東 傳言 香多 楊壽伯 楊此人 同飯 寧晉亦春秋楊氏邑也 立

漢府三爐兩不隨水路寄香坪頌齋　寄張曦亭信 內寄馬

十一日陰 夜晴 往明府定寓各處已畢此處留候甚面宮餘隆平不到 出南關即渡

渡河當會水 行約八里度兩河水淺絕河南過河爲村名沙 民村約十里東陸村過此東

~~中即隆家莊北華陽六里小齋村 內隆平 文六七里 度沫河 河橋也 乾涸又三里過櫶午河 橋 涸 橋南有碑字此~~

水名櫶南河即沖河之 石門道 妻櫶沫河在櫶河之北 南午河在櫶河之南 櫶河上源於金陣 東 海下 流南會

午河 此名櫶南河即櫶午之會流不爲沫河之羨也 有八又里抵朱村 安時寓朱刹 黃岸寺

二十里度浚水六國史記作魚漾新鄉安縣浚水在內此境也 又门又六里抵隆平縣 按之今諸志文

從具[illegible]相近 傷作 又寓[illegible] 下榻公寓撤務 委員張櫶亭來見 少譚同隆平人語[illegible]之外 西趙書集也

以爲證 寄張曦亭信 余以兩邑諸藉爲段案條工程地段之事 所勘不[illegible]撤 [illegible] 全勘

西午[illegible]安 寄南隆[illegible]委員人語解[illegible]有[illegible]所勘之要來見周折 不如[illegible]都呂

謝[illegible]修作函寄之 內寄寄馬　寄寶[illegible]作 內寄寄素 以上[illegible]　寄保定寄作 內寄馬蔡

十二日晴 讀字段[illegible]同年張櫶亭來辦具文[illegible]川　蘇四人來見 寄王和之信

寄孫[illegible]作書[illegible]柯碑文又[illegible]文字四[illegible] 內附[illegible]作 戴[illegible]川信 內寄[illegible]

任筱沅信 內寄寄足 下午諸[illegible]余以此邑有唐之業寺碑詢之題不能知道

隋縣志查閱云左衛縣之王罗村李祖陵所在也志修於乾隆間載其全文
則此碑出土無人知也李庠查閱河北節度村名霸王塚[頂]因掘得碑之時罕此處以祖陵故
名號慶 實深其子 寄張曦亭作 兩跨之事是
接來曦亭十一十二兩信

二十日庚辰晴 黎明候沈渭川石漁張曦亭再行 是日訪耿家莊全動不到 早飯畢乞
劉子靖在安陽同行 以阻水另乘另轎 出東門 東南門十五里至南關 廣濮河南
北二渡之通縣東也 河水泛溢 撤東西東北行為南遶 另此以小舟載轎度濟 水約半
里許 入村過濮河橋 乃東北行又三里 闌河村 又約八九里至牛家橋 又對岸河上矣
此村遼經河不堤 至後過橋西東 遇洧東北行 又七十里至于寨後過橋西面 又四五里至師
子墳 塘村又過橋西東 下榻 行八里至東東陀村 後在堤行五里後想家莊 所慢情
中舟避水 障圍裕被約五尺 此堤高所堤之地 寫祭牛羊碑 初致函張曦亭
仍在閭新立正同飲至三鼓外（曦亭同下榻此處）

二十一日辛巳晴 趁早度 具闡新泰回車合畢 借行物 堤之去 啟家莊橋之西南二
里許 隄旁先 至濮河東岸 老堤下 數單珠等被蝗 侍原次即 勘老堤東南斜穿去

人所指之舊堤矣余以輿行不能細勘遂循堤步往其近老隄一段尤為低窪
之南有水溝一道隆平人云此亞如堤實寸與溝相仿伴村復因溝墊故依傍立與寧
晉人云此即嘉慶五年隆平人所築彼時[illegible]水自北來始築此堤水從西南
來年向北自南來俱又將東此堤歷年平剗以致依傍又前進里許地勢比此不
可行寧晉人將舊埝由堤外取溝[illegible]東舟以祀東南舊堤高大處[illegible]下舟率挽行
步數十武隆平人又將舊埝由堤內陸行以祀寧晉人所築新埝兩造爭訟或
處余笑階曠寺上岸下舊堤至新埝上高廣均不及又循埝隱地行約二里
許渡由西南高向東北復由東北而東南[illegible]見埝與堤之間頗為積水[illegible]
[illegible]隆平人云此即潰口放之被此新埝擋住余察看止是寧晉地並無
河形寧晉人云此是伊等決堤淹入之水余與[illegible]之意少南有一土阜為新埝畢
寧晉人請由此為南至舊堤之東南段以[illegible]器請登阜許之約一里許至
處二舊隄相距約高廣皆丈八尺相一丈以東(皆有)隄西北明半里許兩堤中斷(寧晉人云此即隆平所決之口)堤外皆水寧晉
人跪請下舟復步視余下舟回視兩全不見斷口塞蹤不作矣舟傍隄行二漾口[illegible]
寬廣堤平剗並從水流漫之入堤之外之水[illegible]上接隆平所屬營村又隆平

人云此即潛河來路，余寓齋亦甚狹，收屯長流河橋及順河堤上亭而甚高爽

午相覺心勿安，又行一二里，始上巴嘉度，即至先茂下舟處，于曦亭及二令君見

陸步雲行至耿家莊，訪張根保，身死，房屋畢曬，至耿家橋寓，寫字讀圖（已未刻矣）

軒設飯以待，食畢，倚西窗看人請令姪物，極寓景，遣去，戲曬亭，江蘭軒下舟

（路上由潛河）由潛河下駛十字河口，直指行凡十五里（經寺王莊橋即上月中揚候從此上岸也），抵新對岸，登車至陸平人家之堡求宿（來）

宦莊橋柳遂渡潛河，屋宇亦甚整齊，同人皆餘，余隨從行，約五里至習陸一祝

問之主人，則南距堤塘正已二十餘里，中隔七八村，舟其不可行，謝遣人，初昔過此十里河

登車行（西行）二里至蔡汪香寨，甚大，過此，舟又二十五里至劉家，巳三鼓矣，下榻汪君姓（方）張

曦亭偕李文謙孫伯安行

十五日壬申 陰，大風寒，下午晴，正刻方起，張曦亭已行矣，汪蘭軒於便宜留一日，送之（不安）偷昨

晚戲，堤塘形勢，為一國民之萬稽非惟意

揚任府院十三日作

十六日癸酉 晴，辰刻啟行，三十里至劉家風寨，東門聲妄以徵，午正行，三十餘里至

柱頭，申正一刻至林中少憩，候日未刻至趙村，傳張曦亭名謝，拂寓豐隱

接省寓十二日家信
又同年九月初六日信內附五弟書 迎壽矣
又壽臣十月信已得 無甚禮帶矣
又初錚九月廿日信
又省垣九月初八日信
十七日甲戌 晴 張曦亭來久譚 示以所繪圖 甚奇絕 摘古能臨摹以為此書帖
校 下午 候孟柳橋久談
閱雕丘雜錄十八卷 國朝梁清遠撰 清遠字邇之 真定人 梁相國清標之兄也 中順治丙戌科 入本朝仕
至侍郎 其書為巳紀之初集 逸年間以陸子 及讀書隨筆 頗清安可喜 其人則
好學嗜古 尤為參考 宋之元書 足正要 金史 名雕丘雜錄 乃每卷列為一名 山民閑除
藤亭隨筆 情話記 以四卷 筆舉之類 其所居雕橋莊在大冶郊西 以為古之雕丘 所居也
十八日乙亥 晴 孟柳橋來 偕 匡鼎堂 接府四人 來侯 談久譚同飲
晉抄並廣平長與同年也
致柳橋所索文稿去
接省寓十五日家信
玉劍尊聞十卷 國朝梁維樞撰 維樞清遠父 任兵部 國初為 世說 倣宋臨川王劉義慶世說新語
所紀皆明人之行 分條列之 文學 方正 雅量 識鑒 賞譽 品藻 規箴 捷悟 夙惠 豪爽
容止 企羨 傷逝 棲逸 賢媛 術解 巧藝 寵禮 任誕 簡傲 排調 輕詆 假譎 黜免 儉嗇
汰侈 忿狷 讒險 尤悔 紕漏 惑溺 仇隙 增惜 自新 凡三十六門 增惜 自新 二門 而缺 一門 書

止一二傳者雖稍收斂，廣濂孫携其墨碑文辭刻画真誤中了發，宗英寓不可不思之事
也
十九日丙子晴　徐美生（讓江西金谿人　來未晤答）來見　洪靜亭（江寧人　仍未晤答）張根亭均來見　連日傳
中人證不可通，因在府署見知此案多認屬於咸豐二年兩造人具立本地，控袁陵
寫兩分本年壽一兩兄弟又本年陸納（平房）折全寫壽（氏）平保寫壽兩（領）刷折全陸平民塔
口供惟從不相符，又為一笑。曲據控兩控兩造之，仍令兩造全勘，其時陸平人合
勘後並將令陸平人將意控借寫保日宅其人將新捺平改寫其人逐勘為陸平
人不逞，多認係二三年前所立（天寧）契收以（閑）據年於後無（本年）又控勘訟私助亦作人不
矣詳鈔來兩日院馮以防訴訟，正案皆先查（事）者糊塗欺行之罪也　晚飯燈議亭
未便之人訟也許私自全視
二十日丁丑晴　早各會畢（候）張帳武　乃至升堂集兩造研鞫，余以沸白紙訊陸平人
據係所查契所載大陸洋，余之大陸洋所查甚廣，兩仍復清浚諸同實為業地
大陸洋又據為清此列個據不可據為清河陸平人不能叢集，又以産指為業
豐二年兩造全勘所勘等載所獲名只寸，給時陸平人於黃路間點將偏産
據將以理時忽指為清據，再三諸問，陸人初為嘆之，並無世誤及張，余突論以此事

往復已二十年矣亦不曾　平空斷念先哲道其眾細想諸般根據明日再供
遊退蔓嘯亭查明有效再三稱佩云今日查堂上直不敢問以公何以往來俟
聯步與會日口題何年耳
二十日戊寅晴　再對張曦亭話語同坐內堂茶話更有降人問以昨事記請回
也必稱屢嘯傷再往對會日日再思之先其奉訪知府根深之九龍等傍自焚
寡人之言賞識非也傳出經理令驗明訊供此時舊案寡人必不理又思再遣
將年重查情節齎奠字根本　寡人已上屆對此辭枝附而或不以煩動其
乃是寡人先之以嚴詰續之以温言自午至晡畫日辭窮昨事也寡人等人李
玉深似近愚朴遂屏退左右令之入內再三開導論以西京民二十年前之事已多
訓誡由其上陳民世辭不敢矣謹當存記生加冥冥事必為籌謀之一并不知陳已述此事不在悉
思彙而背之矣全知其意動又刀之之事遂直陳退省稍為接譯協陳等情誤
云云既得其情論定欲院諭查辦之人明日經刑查直陳備奏杖罰昆季已二度
矣
二十一日已卯晴　早今日午張曦亭來復坐內堂話談為寡人大眾訊以昨事曲深耳

從不知要歸乃由稿假徒去隆人滿識甲濟河壽堤究竟有無係可憑依據此迫家主之年原然齋隍決口備築新堤手續甚為遠數甚隆民難無辭不過為頭兼事以為防禦地藉稱村保來為便遇滿限再自其條余亦許為再三開導等擇證之審察此案甚直多從許之且甚之隆自臆測著之為之吐好為之服余亦急此案以由直西論相不能平此何斯以利害為論則隆民獨於不之之斋子坐視其秋成不為之為之林其豈可如是通知章夫四老召曰余為明見隆曰為難但因之地二三尺收田水余無支收陸書遭海侵若得隆河迫彼要之一段上自獅子境應下至十字路止挑深三四尺外水一條則行際雅撬自可存勝過歐審衛之處遣余鄉兩個時出同出夫挑割的欠擬其中限因論再其形。

兩由於一樣

林氏之柳鶴去日往賢孝寡居著文之獻母清兩老人碑文無近文母分碑無多異雖中甚功一

二十二日　雨夜晴　盡家事

付工主付

賢柳翁之毒要幫午鄉張儀拿欲勸其內妻合婚書造其為

已今將宮氏首先呈告之者偽等押在

後已方訊張相信一節余亦要西洞被生伏恩慮訊隆氏聚於扑堤燒房一節

甲民恐扑堤因其村無所為何等不及知燒房可案其事可非陳倚隆氏之村之

羅鞫訊卯將寗氏李和潔等供為報並免究陳氏上請寬寗氏訓告之冤畜
以刑迄擬訂已二十年[illegible]斯經未結閣下均已蒙追斟異不揭示寬俟使之釋
然相親忍俾長在冤之爭看必合法所行甚即刻遞許其請今在場恩想明
早再訊

二十三日辛巳晴下午雨雪甚寒已刻張曙彥以同內臺多康生向昨訪之何
寗氏世系有陳氏作此之人不容隱匿語諭言久均在是非偏者疑信居民
追憶已申未關議之再三村諭查以寗書匡堂爭招才令被不可付訟共得見挨
執調書細作為省同訊其實之情以[illegible]是其說投明日嘉[illegible]

二十四日壬午大雪宮寄作[illegible]驛[illegible]甚[illegible]之傳莫重委無稱橋之樣[illegible]已[illegible]
釋將名直[illegible]之[illegible]傳了下年云[illegible]業外人[illegible]不[illegible]之余論之[illegible]信張根[illegible]
謀面同查言大任[illegible]之少談云[illegible]蘭幹[illegible]至無[illegible]未定余以天寒之
世侄[illegible]之[illegible]不[illegible]不覺之[illegible]合[illegible]中叙張[illegible]之 擬[illegible]
樣[illegible]二十八日[illegible]作

二十六日癸未晴[illegible]寒之[illegible]對[illegible]產[illegible]同[illegible]蒙[illegible]時寗書[illegible]其事之[illegible]陞[illegible]

趙叢章之人紀不甫枚蒿孫本華之苗擇陳平母人困本書是怪多多八次之生
生畫傳馬畫書之至又知村人聚張而不敢孫陳之生長任且傳之人母壽杨知孙守
學習門求保信請寫示事畢退至曦亭讀余撤得海蘇還哉佩之辭
余忘以書擇自爲詩　汪蘭軒來候少譚
二十七日甲申晴嚴寒汪蘭軒來辭未見內陸參匯少佯又候張曦亭淺談
俞季穆見寄信之且再不得之語之擇金章來稿索三千之四十折八件此年來
死委之政前爲但張多數人年事一一父付之即千日不得擇養之來急能掉拔
允其請
二十八日乙酉晴擇金章來書竟要柳橋書名譚義勢能少假張曦亭亦來之
柳作少假此事後只得撫其辭之擔不能允
二十九日丙戌晴天氣少和擇張曦亭辭之並示以余稿張且疑且歎
蓋內常芸杨信同鄉之余爲各稿昆未轉允之畢生君務芳所送
能焚之一辭耶亭年同科孟柳橋招著蔬皆家常風味不盡請尊張正其
不可之怪日官假明日欲出陸仙館太歡果勝爲難下午信張萬安辭

日行間皆陝驛為之 宜館每從作新腊 更移穩來值追片 君曦亭林

一路 戊饑餒至二諸從救齊姓如於帶之事因故有行

能靜居記

日記三十六

十一月庚子朔日丁亥晴　夜劉伯張驥亭來送行　[illegible]以擇書甚真摯　譯稱劉言早
食畢巳刻登車　未初至栗城路尖　由食畢巳申刻渡河　行夜二十里至此鋪宿
初二日戊子晴　寒甚　是午錦和五時即起　天尚明登車　行數里即入棧道　又二十
餘里過丘嶺　午刻南過渡河　過[illegible]午所至　午未刻至城中尖　申正二刻到
唐武子在[illegible]　二人金陵人　與余同寅　諸葛識之交　來候主僕　即往若[illegible]少談　[illegible]刻行　城中未有古蹟也
顧廣培　王錢有碑在大公館　未及訪　[illegible]未行　張城驛宿　對館有車　口占一律

今日得句一律

奉檄[illegible]題[illegible][illegible][illegible]狀律返途口占一首
驅車振衣信來輕。揮鞭摩雲西去城。盡日觀看忠煙波夢。驅馬人隨萬里情。
平野有村千樹合。古河無水一橋橫。誰令高蹟留之地。極目窮原草不耕。
歸路漫漫雲兩村。到來古驛已黃昏。重尋窰曉龍摇舊。使館風多酒不溫。
危程生真須[illegible]。此心直路媚豐猿。何如之頃[illegible]。水和中成[illegible]。

初三日己丑晴甚暖　天明早食畢即行　行二十里過一村以東木道涉下流入鄭河

又行二十餘里，渡河抵城便時正未，又上舟至停泊處，西傍岸牽挽一[illegible]年
至新興縣，出東門外中途畢一〔停行李來〕，申刻至[illegible]逢先行二十五里，以[illegible]日[illegible]
二更盡，往來四號。
〔六言〕贈岳秋梅別駕詩
吾宗夏去子叢林我輩書〔且以秋〕書几案。養竹栗欄為〔鄉〕。燒豚御。以袁
識蘭地也。之洗濟林密。隔藂興雨。
初四日庚寅晴。天〔大〕曉，早食畢登車，一十五里已初抵[illegible]，出中食畢，游宋韓蘇二公祠。本
韓魏公祠春園閣右堂遺址，宋熙二朝為也時為行宮，傳華藏公雲濱石豈庭際
虞原其九名雪浪軒，是也中有歲睹諸行宮，獨守寶淋以之黃承寶改建二
公祠為祈其亭榭，門左右額右頌，世為內中任直為西折，隋女樹年雪浪名
一碑〔名懷侍〕，碑撰畧隋為毀，文聚舊以記〔記〕，碑首最後甚為畧親，物以人重，何為者耶
矣。題一絕句，而出，即中書唐刻英祈，欲信雨後刻石高不及四尺六寸，刻此〔行波伯主陳襄等題名，至五年本文秀毛氏之際，而閣於此〕
〔元〕經營之制，游畢出如了擇李之鎬，余東趣祁州，探篇由東門三里東廣寧村，又
過元老莊，午至村場，與西州又行三十里，出定州界，入祁州界，又十五里至祁州南關

二鋪早行下雨
宿鵝橋共七十里二六六十里　飛雲洞在賞石已收 碑帖今何在。千年雲浪存。雖超元字界。亦非誤靈根。

初四日辛卯晴午大風正刻早飯畢游藥市又有[illegible]鶴塋在南門外為王庫中
殷無華蕃三月冬十日南[illegible]若廣畢華五年雅此閩華建之詩皆臣相[illegible]載不[illegible]
華[illegible]直叢如康閣閣喧填騰鬧賣日夜不絕藏錢布之大勝[illegible]也入[illegible]尚貴[illegible]
[illegible]像種菜王廟前鐵橋竿二高約三五丈盤以龍甚可觀下午晌候旅牌一訪
董元宰為兵之事從此早晴遠宜收[illegible]

初五日壬辰晴風寒夫役起辰刻早飯繫程車穿城出西門西北行十五里陸村又二十
餘里江家村[illegible]又約二三里過河則定[illegible]日了下[illegible]又約十五六里至柳[illegible]村[illegible]
畢[illegible]三十里[illegible]順橋宿[illegible]

初六日癸巳晴辰刻早飯畢程來雨甚里[illegible]江[illegible]出[illegible]下車[illegible]
雅[illegible]日子[illegible]調[illegible]升[illegible]又[illegible]甲即別[illegible]年[illegible]當寬之中[illegible]
廣中[illegible]如[illegible]不[illegible]不[illegible]見[illegible]中[illegible]
為[illegible]手[illegible]求[illegible]決此[illegible]一[illegible]手矣
[illegible]宿此七百[illegible]一[illegible]

又陶子方四月廿三日信
又潘□□五月廿五日信
又楊□十月廿四日信 已到函轉冊
又周翰青十月廿四日信
又陸存信 日 信
又鮑子年九月廿三日廣州知信

初八日甲午晴 以鐘鼎會帶來示來書見寄

初九日乙未晴 早寫畢 復陸存齋 並附陳擇呈少譚 謂花無語陳簠齋錫蘭磚搨 以此墨亦復是搨也 而其所累加附畫寄 極見推奬 又復周翰青 以其大著返之 又復朱梅行 吃屏如九少譚函寫 先將鐵湖人通行 下午至方伯處 直地出

西鐘 復陳伯山少譚 又復鳳林西譚 又復陳鶴年不直

接張儀亭初五日信 言余年形冒日甚

初十日丙申晴 復陳擇呈少譚 識 謂賀錢方伯升官之喜 大得路途余入志局為介 慕余辭之幾再三 且云因免從學 中 關下爲廣此舉以文推弘案一正耘斤 識知此句

不足久留但頗知頭緒引起一頭緒使後人有所據耳所鈔奏稿僅止此而黃為
語合肥相邀入直擬於久譚〔時許竹篔〕余家內地圖詳甚見詢時時答所有略未所見
桑年六十六元可又還原局之事言前何謂大內蘇府又往奏款未入不直返家
十一日丁巳〔晴寒〕寒早起飯前早食畢赴外署奏之又至同寅款曾〔亭〕蘇午歸李少
石來久譚　午刻登和光祖館羽尻　下午同子實至信來請
十二日戊午雲未有晴晴早梯　陳鏡帆來久譚〔余石〕錢子圖為叙譚　陳以惠
鉄新補人[illegible]姓以鮮禮兩余見經營煙張方剩而猶未為害
携家兒九月廿六來齊　來前函廣納余家門續書未到云云兩一函
又附第八月十六九月廿三兩信已掣家書
又六弟九日　日信
又寶廷之十月初六信
又書山弟十月廿六信計寄先不出
又擬弟九月初二六日信〔寄經濟六丁信附呈陳昌〕
十三日己未晴　寫寶廷信　寄山弟信　又山弟信〔十六附家信〕寄寶觀行〔十四寄〕畢

文林袁來候
十四日庚子晴 寫翥生信 劉直慈先生信 兩書附家信 謝鄭仲信 兩書寄達業 寫四延詩
朱蓮汀來談 寫照家信 兩書以李寄函 金曾卿信 張北叢信 兩書附寄家信
十五日辛丑晴 督館恕谷畢劉瞽遐鄉家問依稀民調芸府 不辜亭午滿夜 文正
藩署 李少石約赴錢恩山 之妡詩約聚會 八年未曾識之 家居更華陽沈子樸 子 射虎 白梅
又文亭函予借國陳通山廬山瀑布圖 王石谷山水 詢佳 午刻返寓 下午復陸
稚下久譚
十六日壬寅晴暖 王養和 陳竹香來候 遽同至恩予寧 還祝蔭來晤 又復泥直翁侃侍
清渠少譚 又候匡鈞 地不明 又答候果文林少譚 返寓 又市中買而物畢附
回 下午訪陶麻久譚 初情陶 寫子寄信 兩書王李通承
十七日癸卯晴 遇旭所賠 土与志之 來不直 定人詢俊寫
接家 十八日甲辰以 種往移寓街
二十日丙午先生 日 日作
又鐙少 日 日作

十八日甲辰晴 早食後香住酒樓招飲不直〔旁注：與張揚子翁雅會、侄少談、新從江西〕 下午陳小鐵來候久談 廣月笙來少談 陶[illegible]來久談

十九日乙巳晴 候陳伯游 郭秉來候久談 譽蒼來少坐 答沈子梅 許小蜀 王稚杞等八人 汪穗初 黃[illegible]揚四人

鍾秀園 青衣與之來候 晚易實甫招飲 無宗 觀其藏碑帖書畫 鄂秋來益 偕來觀 岑子

喬來候少談同飲 是日接蕭司札 急速來局會議 抵暮 偕子喬至其寓會 寓中六人

岑子由[illegible]寓處談及自往以言 聞為張蓮卿〔旁注：香住〕 理譯往述行

二十日丙午晴 候陳伯潛不直 香住來候久少談 香住並子喬並過陳小鐵 已來然乃我調又識吳

倚虹 喬坪[illegible]人 以走向[illegible]恭甫過久談 黃子壽以函邀及伯弟 謁方伯 面晤少譯 候

吳[illegible]

將軍不久談

二十一日丁未晴 正踏勢青雲臺來 晴九 札司 諭筆[illegible] 少談 又赴候 [illegible]遞寫

二十二日戊申晴 工部郎中達元 也來會 錢方伯 花廳請陳觀察 恩霁 陳小鐵 李梅 [illegible]

宴[illegible]加國 六部 諸公請 柴奉等 議 茶館 為書賭 蕭崇 陰子壽 同 北京堂 府邸等 隨家

及各樓 並偕陳 偕 [illegible] 姜[illegible] 觀地宅 諸盛 飯 來 刻 府 將 又 去子壽 處久談 酒 寓 倚

晚下雨中一川 撰 跡 [illegible] 來 由中

致黃子壽 來 出 作年 論 通 過 民 倒 申〔旁注：[illegible]〕

子爲先生足下昨示尊著藏輔通盤何利爲中之陳筆措置之要捧讀再再
五體投地口不容歎此中一段細分析之業矣其中山陵寢另立專門鄭務從筆
職官選舉財產遺時段可爲專表此道爲第一第二等國羅天文之志則其下之說
係人物之繫頗設藝文之紀載宏綱細目處處均燦[illegible]下豪傑倜儻伏
[illegible]邀墨倘復好向於不厭迎奉教晉之未国首呈所及教而不自量
謬夕深討宗邦難免多歧端[illegible]殺爲閣下陳之窮思安定捻終所傳者
以爲省志似之作中之臣字已備此也今對於論宮事等旅客省第示尊王之義於
本中字志而未當備後先列陳等等表似未免以世本而偏爲禱異常達原意之先
國成表而以是之卻意說以國附表則易見界而成表請以地用列之而年表揭
先全而後其先地而後人似于體裁稍合備以藝文金石殿續不在先於郡縣州陳章職官選
舉等等列易此三略爲錄置之表後國上可其一處地其年前置於揭之國
此下似宜設村城之目前爲物產數以分劃所轄境界而各專之閣字以歸之
前其須自爲度其須諸山其沼閣陵其次居口其次物產而今禁之說李文貞撰村鎮
錄以爲長遠之多禁以爲傳致之當是某某全編某國條之主祀其說是通又氣如候

風俗之厚薄不同　然諸地志率鮮術成文　於採土穀衣寶之中　收錄不能不慎
其一專書以紀一方之利害　如使河備考　直隸路胥閩氏小令藏者甚多
水利自宋元以來歷經論水者如林雜乾之　其尤精者　是於此諸宜仿其遺例
得其中之條　尚言日本之專門　內以專地之段為內首河渠　下遂度為各圖次令
圖次諸水原委倣水經之體　以水為綱　旁以沿數沿水利法事次本　都邑次之為
以標向序學術之　其一建置官職政之家　記載最為繁瑣　其官府廢則不宜隸之
雜紀　前代舊制　不宜隸之學制　其價所則不宜隸之紀典　其餘書隨書紀等書
諸等條例情不宜收之為之設政二門　則其他情不可缺　列以朝鑒錄
其雜敘以為有志於斯者也　其事者則以簡略為主　太西公所論人官日且詳也
之有建制　時為設法為設　會雜注重　則或為正文　或為附見　名曰宜　指出者三事
之職官之舊[illegible]所以標貳職業成固當事固為大司馬之屬　則城池守兵於兵之　職者
之沼以逮官司司禮官之職見於天官　則古秦漢以來皆也　或者第主於政一門　稱
職官志內之官制　為經政之有為附見彙集為事　經為專政　其次因職　故為編纂
沿進於錄程然既即為戶政為附名　原於積然辦實添成孝諸事局　豐推其新

特假之下其次華北洪學校為轉的乃樹擴廣實情務至於北洪學由中院而學
於學校之下次第擴備精研碑版爲其政治以彰德似亦宋兩之足其一端
本其說明以范用秦以來大事似可仿宋古程譜大事記明王禕大事記續編之
例為大事略而大事異遇其稱本朝國朝事改以便之以制度法宋遂整政以動作
獻為前大事互相考證以求得人其一郡縣沿革志之下可另附圖宜仿李申耆先生十
六朝疆域圖每代各為圖一凡古地名略之而考證郡縣按舊考之之士處差下五
金之金圖亦可為孤行之書其一方輿建志皆係前事似宜另編前之前其一
金石略(考證)碑版屬之文足補正史訛闕者著錄之(識)並宜按為前文之今且列聖
宸翰三字之墨寶為列傳門中之官務御製碑碣為正傳此亦宜於此豈寶書
[illegible](詳)續其制我行宮籌書但取其摭漏之失其一古蹟可另爲一目考其沿革
諸所繪之載此諸志各圖別以自(以)為一目其一前傳人物之下宜即於以派寫其名賢
前此人才土著和同與前女青流寓者宜據數附見至舊存縣國朝人物學形
遺物其目或附入列籍之未以示聖朝褒忠之典識表忠臣男女其一藝志一門
所未另處為前民傳即移某略錄傳之別判出之一類(選)則其名為首未宜以其序

侍御壽詩帖畢 南書房明年 先生去北我之心眼別向忘始不揚身陋

勝達左右以代口陳 惟大雅裁之 不一 魯世兄

廿二日己酉 晴 陸子聰(瑚 任淮府)等人來 侯少瀛 汪貴之來 侯久譚 下午並去 向一行去

子壽 少鐵久譚 子壽甚佩李子[illegible]世存之論 以段[illegible]爲其易例[illegible] 侍晚飯 [illegible]任從往

勝 [illegible]

楊載 子高 十月廿四日作

又戴亮川 目 十六日作

又趙桐孫 初二日作

又王鶴鳴 初八日作

又張曦亭 作

二十四日庚戌 晴 下午忽大雪 早[illegible]赴江安會館 同二[illegible]孝廉 自[illegible]以下皆[illegible]也 飲

宴罷 侍晚飯 歸

二十五日(立年)辛亥 晴 [illegible]山少譚 赴[illegible] 江安會館 [illegible]詩

景蘇 任 劉[illegible]爲一席 [illegible]陳少[illegible] [illegible]

君之常了 妻據字 於伯衡 首辛人 葉念儀 不常 來書數 訪廖山久談至一

時始去 蜀馬齊角 字四兩條 價若 贖房

揚張肥堂 初百信

二十六日壬子 晴 早食後至 候同宗教人 即至局 再小鐵受久談 茶設晚 於此南之燈

並家居 年來御館 許居西湖 譯五五之 時始將歸

揚白等十月卷七作

二十七日癸丑 又晴 林十月邸 同仰余拜抄 錄等求據之 來信 四 壺訪廖米道之年常談律

家譯快 二百萬來為通之 吾候戴照堂少譚 即至局 傍晚 訪朱笙行久譚

送訪田煮之未直

二十八日甲寅 晴 陰雨 雷 來信久譚 已刻至局 下午 子嘉 稅使 傍晚返寓

二十九日乙卯 晴 早食後 吾往同宗教人 稱未直 已刻至局 因子實來候少譚 傍晚下午子書 子齡 小鐵

子嘉 江印 再同 因陵 同至書坊 購 王曰黃山谷集 為傳 等 詩 ... 計三種 夜

為子申 將子由 宋新板十三經注疏一部 來東詩一部

十二月二辛丑朔日丙辰晴 絜齋祠記 早入都畢 公署閱卷 又君侯同寅 數人 [illegible] 又君侯

王壬秋一 招同新城人 董[illegible]遊山 表西傳 午刻入局 隋唐[illegible] 嘯初印 千字精華一部

初二日丁巳晴 整理書籍 已刻入局 與同年[illegible] 宴西傳 寫阿[illegible]作 [illegible] 答[illegible]

鑑[illegible] 陳承 [illegible]寫其子廣南 藁[illegible] 四本 [illegible]書 子[illegible]來 [illegible] 小[illegible] 不[illegible]

閱方作送[illegible]也 [illegible]

振[illegible] 月 [illegible]

初三日戊午晴 君侯 [illegible] 居[illegible] [illegible] 寫[illegible] 戴[illegible]

君子閣 久讀 [illegible] 又君侯同寅 數人 [illegible] 午刻 入局 [illegible]

[illegible] 來信 [illegible] 南 [illegible] 千[illegible]

同 [illegible] 查初[illegible] 蘇詩補註 [illegible]

[illegible] 林[illegible] 文字記 [illegible] 折[illegible]

[illegible] 五種 [illegible] 四種 宋[illegible]

[illegible] 一本 [illegible] 鄭[illegible] [illegible]

[illegible] 人 [illegible] 人 [illegible] 也

初四日乙未雪霽 晨起想昨日鄭義鄭毛脩鄭述祖等紀故
不到者見從前來信於飲食定陰陽之兆參核生死
旧友人 下午程考 宗緣師行 大雲寺見 此國中之師行 全歲
張拱極十一月十二日作 又將十月初五接縣 墓事
又得徐千里廿二日作
又寫晚 日作
上大和國師書
九日 [illegible] 入冬以來 懷 康寧 闔 清泰 爲此
頌祝 是年 晴 間諸 偶 通知 今林 移住 於 寺 嘗謂 世 時 和 意 居 恩
遡六人 補 寫 師 吳 宗 白 居 士 諸 不從 世 宗 禮
於中 [illegible] 國 陽 以 甫 故 南 隱 得 不 覆 雅 得 擬 疾 之 果 在
遠 剃 爲 是 戒 居 友 師 情 况 佛 雞 犬 之 惡 業 識 來 事 精 回 不 作 人 間
來 事 誦 三 藏 以 振 其 氣 智 微 力 弱 殊 白 顧 我 不 足 爲 學 人 一 新 以 中 主 此 仰
託 邊 近 一 切 如 雪 爲 學 業 其 宗 之 休 師 居 作 院 命 以 事 諸 處 [illegible] 不 住

瑞[illegible]節下：一別[illegible]寒暄，[illegible]重來，[illegible]廣大門，[illegible]

自[illegible]舊餘屢屢[illegible]，[illegible]遠隊[illegible]所說，[illegible]之[illegible]

掛之大山以後，[illegible]一紀，其是老之大[illegible]耶。[illegible]人者之，相[illegible]精[illegible]

功且之實，政事更[illegible]，去何所之，青春[illegible]，百福如之，長為

子遠前勝，[illegible]承之，並極見專此，函賀新[illegible]

上黃花園中函書

[illegible]禄壽人[illegible]，[illegible]年，[illegible]

康泰，[illegible]清[illegible]，秋[illegible]君子[illegible]，[illegible]稿[illegible]精神

是與[illegible]，天[illegible]人不如[illegible]，游宴何[illegible]

園門[illegible]時[illegible]，[illegible]陰，[illegible]

何日[illegible]，[illegible]手[illegible]，[illegible]情[illegible]，[illegible]

[illegible]，[illegible]秋[illegible]，[illegible]

班隊一[illegible]，[illegible]時[illegible]，八識[illegible]

風[illegible]主[illegible]，[illegible]而不免風隊[illegible]，[illegible]耶[illegible]

四知堂圖書展以煩憒日甚屬作短跋聊塞其責因對詩此中安無
歙書法仿北魏碑而小
初五日庚申寒 早刻丁而同里劉心愚（蕭子嘉久候）侯稚亭（稚亭已往）來候 又同里吳稚生 李文寫生 與季陸伯年
讀 下午訪小鐵 振飲于知味館
初六日辛酉 宴世寶 晨刻下面學同何來候少譚 留飯 帖作附錄（附錄後作） 更易作
陳寶琛題作 會 下午訪朱華行 [illegible]之 [illegible]不曉 也 寫字 題 [illegible]作印集（[illegible]）
字安格作 行書（行書）
初七日壬戌晴 已去 （送山左陳區）而 朱道行來 譚（下午又陳作梅與其如雲）同精椒 年屬作一通 又某 [illegible] 小帙 黃
尼云聞 車亭 之 程 論 畫 分 藝 曹娥碑 二千 余一冊 皆 [illegible] 拓本 宋
黃泉 爵 集 蝶 三四 為 不 [illegible] 燈 于 吳 門 兵 [illegible] 今 則 世 以 [illegible] 矣
楊維真四尺十頁千九百作
五 陳 吾 袁 生 月 日 作
初八日癸亥晴 [illegible] 日刻 西 而 下午 [illegible] 同 [illegible]
陳小鐵吳起 不同 [illegible] 巨 旋 偕 而 （小石 程 杭州人 黃 宋） 右 千 一冊 一 同 [illegible] 詩 日 完

雜初伎鸭

初九日甲子晴 至倉中 桐西也 陳度淮御史 鄭子石直 出西門迎候新任府任夜歸同

汪君陳小鐵吳雨農朱蘇舟等過飯 作四世公祠送賀年到五局 丁稚舟

來以新稿所寄來復不直 傍晚汪君倩人謄 作題星樓張小帆藝苑第二

圖三首 夜陪鶴老專人謄

題張小帆藝苑第二圖為沈正梧繪作

九龍山下草堂天。雲起樓邊澀畫眠。三十六聲春氣畫夜。有人聽聲正如年。

一天綠氣滿晴時。樓閣鐘鳴正未遲。墨寫院外娥萬香清。淡而有儀玉手持。

吳儂家有百人樓。如秋林野之想。若自雅韻其情真色。好如曾本是探候門

初十日乙丑晴 程偃如早飯 日出早飲 鄭番已到館 晉侯卿和之觀皐七年

左侄鶴卿 少談 午到五局 傍晚返寓

十一日丙寅晴　陳惠伯來僅少譚　巳刻至局　下午李少石來訪久譚同至黃

壽家

[illegible]甫　兩六花

又訪伯循　罷

十二日丁卯晴　陳任先來　久譚並偕任小沅又偕同寅叢人均不直一　巳刻至局

傍晚至任小沅久譚

十三日戊辰晴　連日甚寒寒暑表約低冰點二十餘　巳刻至局　志平來　率以同學會不足之

累於數人恐力不能還姑依那一般辦法　傍晚過寓[illegible]而刻

大義覺迷錄　黃曉峯刻以贈同文一部　[illegible]于二百餘歲程[illegible]

門之祖十餘字　李翰諸標部　名不留無功　以經書如[illegible]本　擬請一清以[illegible]

以[illegible]來函

[illegible]九日[illegible]

十四日己巳晴　早至畢君陳同寅處不遇　巳刻至局　下午[illegible]來譚[illegible]

[illegible]周[illegible]來譚　傍晚訪[illegible]久譚　[illegible]一譚

孫長生十月廿六日夜

又錢侍御信　行

十五日庚午晴　早食後巳刻散局　蔡之定、榮來信少譚　西子壽家譚

寫戴吳兩行楷聯　補廟聯作（印春、晉殳）　再補僕法從沅村楊所了書　又

復園雪峯携不見　亥刻返寓

接蘇一函（二函）　已作

十六日辛未昏雪　辰巳間晴　而雪氣不止　此後南方所無也　聞塞外[illegible]自去歲置氣

復蘇州天定之臣凝信（下）[illegible]故不信開口西移之[illegible]四集　已說鐘呈味日品營

亦異觀也　本家伯度　謝煌隔一函子來陰　錢自陝順化來　乎年撥子壽　小錢恆

韓及臣鋻亞來　少頃下午散　訪伯度不值　遇之不晤　許勉循和故

返寓

十七日壬申晴　巳刻下雨　李贊三來　侯少譚　許勉循（宗老）來　傾少談　寫物極作寫聯

一印（印春、示金石月）　得晚平　子壽函來　六六　夜初更返寓

十八日癸酉晴　黎明起　早飯畢　赴薦泉三殿鄉秀　若侍本家伯度不值

答候吳元炳少譚 巳刻即歸 下午子嘉來久譚 又刻出候任筱沅少譚 傍晚返寓

夜任佑(?)如初(?)容(?)來訪小譚

九日甲戌晴 巳刻赴局 陳照萬與同鄉(?)案 錦(?)繹(?)[illegible]

謁(?)一宦夫人 [illegible] 詩鈔 [illegible] 為恭(?)勞(?) [illegible]

一套(?) [illegible]

十日乙亥晴 早起至署 謝(?)客 呈(?)畫(?)封印 委(?)午刻赴局 沈子梅鑑(?)

與軒(?)伊(?)葉相國之兄 仰(?)省(?)在書幕 來訪 徐仰(?)宸 為(?)縣(?)拔(?)四人 諸小蘭 鑑(?)子蓮 戴(?)爾(?)冀 樂(?)四人

來訪少譚 下午赴陳(?)陟(?)泉(?)談 旋(?)下(?)赴張(?)筱(?)沅(?)招飲 同座 恩(?)季(?)峯(?) 程(?)[illegible]

李(?)問樵(?)大令 二鼓散 返寓

振(?)閱(?)銘(?)竟 日 作

又張(?)縣(?) [illegible] 日 作

又張(?)詩(?)箴(?) 日 作

二十日丙子晴 去(?)看少和 又(?)往(?)候(?)小李(?)問樵(?) [illegible]

候宋(?)桂(?)孫(?) 又看(?)候(?)同(?)寅(?)數人 未(?)午返寓 先王(?)母(?)忌(?)辰(?)設祭 畢 午正赴局

韓景軒來山東札為石局書校勘照白撫入也　陳照為王李蜀方面加減參時
出錫生韋文甫來訪　傍晚訪葉仲少譚又訪江書之略紀錯少譚　初月
遊園　寫周鈞甫信　師鄭題
二十二日丁丑晴　到陳譯盦寓修庚之青商濬為定方　午刻到局　屠仲允來候少
譚　接臨所得武梁祠畫象　初種全翁不宜寔庄香家室宜在官廟世局祥福
園全謝子墓藏本另粉數十年一石曲處移少為粉手刻函四之東本翻宋之相毛
于翁帝及有楊角四軼正人覺更窮矣　傍晚偕陳作梅訪宮少譚　初放遊篇
二十三日戊寅晴　候任仙不直　長子照來寄往候不直　又會懷寔上下江同衙
四更四十餘人　出訪任筱沅旁向識游甕生　潤之等迎者　陳緯生　時文蘇州號榜知府　華津到
何鄰　復園小彩少譚　傍晚返寓　和審　夜正復與久譚
接寶之十一月廿八日來書其後之函寄一紙
又香本月初三日行
又郵李兩十月十五日行
又樹人廿日四月行

又郵李壽十月廿八日九日作

二十四日乙卯晴 巳刻至局 至子壽處久譚 晏光之來 便少譚 傍晚返寓 是日同

春近集 狂枝淮南鳴玉樹 說文斠詮又一部 又得佳硯一方 白山雲藹

西洞種也

接查楊橋 寄傳寫煙雨水詩鈔一部撰集 其邑章卯前輩所作也

二十五日丙辰晴 巳刻發西佛山信年 午刻至局 訪子壽 拍飲 張孫延亭丁長

十朧詩 不再發了的 和前韻

接羅靜十一月廿二日作

又郵仲十一月廿五日作 石翁

二十六日丁巳晴 立春 祠堂薦春餅 巳刻招祭行禮 至家神門神五佳年 張延

亭來 作久譚 至家 贈禱胙 東劃 候錢 星卿 翁撰字物錄小張了可 寶人 午生 士林 星卿子

晡午出發 與堂叔仲甫 張伯小樵子 少譚 寄信張延亭 去譚 候為仍 去譚 申刻至局

和放丘小鏡丙寸 子壽久譚 返寓 寫星卿作 附錄作 山八首 字亭七 柚菁 樵字六卿作 冊八歲 家作

接伯靜十一月日信 定明年三月十六日遣史子煙來廣

二十七日壬午冬至陰雨午晴 早飯後赴江安會館候鄉祠省陳作梅房東同行出票

范（先賢）文正公、朱文公，以會館奉兩先生也。因坐觀劇，兩省人打來劇觀，申正而散。初甘谷偕

寄親船價錢帖帳房作（廿八日發，安慶省寄件） 寄于寶之作 杭州作（廿八日發，附翁作） 家信（廿八日發，安慶寄石馬涌）

二十八日癸未晴 周小松來候久談 夏上賢來候少談 唐午樓偕謙同座 即於而南信

往石及唐又譚 下午答周 答候張小鐵、羅伯允 亦請吳子昭、張臣亭、葉敏甫、陳鶴雲

吳元宗、李向辰下秋舒諸人於府中 二時散 擬合肥相國壽聯

合肥相國五十壽聯

五[illegible]周太保佑相 本公以封疆 厥學年百八十

泊[illegible]盛[illegible]作[illegible]凡[illegible]起卅七人

二十九日甲申晴 [illegible]

同[illegible]久談 [illegible] 陳[illegible]

出[illegible]久談[illegible] 夜[illegible]陳[illegible]家[illegible]

接寶之九日廿六日信

又紺孩四兄十月廿七日信

又右六年第九月廿四日作

又唯去師 日作

又戴子高替 初五日作

又用鈞甫 九日十二日作

又為郭卿 十一月廿七日作

三十日乙酉晴 早起合軍 再赴署謁賀 又再謁陽曲保翰未去見舅 寄康杯

園行 白石馬迹 雨剝鏽食於 先祖 祠前以地狹未能 極 影

携去柳橋 日作 寄題房彥證譯下

又馬相國 日作

賀合肥相國七旬嘉聯

壺觴香周太保仍相合以對於嚴顧享年百八千歲

洎乎盛唐陶西坡 鄭李以鐵數其德凡當國卅五七人

同治十一年歲在玄黓涒灘余年四十有一

正月壬寅元日丙戌晴天日開朗氣象清淑 五鼓起盥沐畢焚香拜

天地拜 至聖先師拜 十方諸伽梵畢食後天微明赴督署稱鶴泉

道署以次賀歲皆以宦秩序立內堂賓相主人答拜即出已刻返寓於

先祖前行禮叩畢命合家稱賀 揮筆書任子流年課

壬申年壬寅月丙戌日敬占流年遇兆得

天地否 戌父 申兄破 午官 卯財 巳官 未父孫

易林辭曰 一應 一 一 八世 八 八

奉發帛裾與我無隱各奔其國歸宿其宅 文 兄 官 財 官 文

外交文書互有雜不當人多事勞動之內交文書雜空爲伏多紛亂無交應神 四爻日月如出

閏 正文 覆星財爻兩旺應神沖破之文書之外 帳年流二爻發空居 倶出空墟空虛

午未月見喜

辛午陳鶴雲來賀年 少譚 陳同寅來者數十人皆未見 下午出賀客數

十家 拜明伊喜之 拔佃孫少平之敘 傍晚晦薄暮合五家

初二日丁亥晴。在劉杞嘉樹早合單，即出賀歲，經日來沒。[illegible]偕蔡任筱沅來

一下午。昨譯書二葉。傅霽亭、李少荃、沈子梅相繼來。下午偕嘉樹晚合山樓

賀歲，事畢即歸。

朝行顯例帽筵鼓。鞭鞭事物畫日勉。鄰樓樓園池水上，綠樹如蓋

西危晚。

初三日戊子晴。在劉杞葆早飯。午刻鍾合如往年——下午一點往安合館觀劇（偕俶相）

[illegible] 初五日庚寅 自明日起稱觀旌旗鋪張陳設為一時之盛，因賞壽節宮宴

[illegible]子偉人 前伯幾日而操窟以宮宋籍任筱沅稱繼細雅之府下見集而相交久

譯英國某報圖傳總理陳孫某英友某人去譯廣之久，不甚是未前時敘時

蓋甚甲氣亂已病甚，某某亂性不能行，退出家如故。去馬子寺[illegible]久譚（初四日在[illegible]君[illegible]）

初四日己丑晴。在紀早合單，即院署備諸人謂賀迎春[illegible]以山備[illegible]

祝卿倆歲，卻平[illegible]偕同儕一齊可之人之境過有[illegible]確[illegible]不

往盡一色本[illegible]佚[illegible]九貝陸分會館自入座賞下錢各若談十六席堂上二十一

席左右九四席 賓主已二百五六十人，加以僕從[illegible]自[illegible]之執[illegible]者目[illegible]

接著帝之人屢人耗盤[illegible]懽之[illegible]來者西城十人[illegible]梨園子弟百[illegible]人旬衣[illegible]搆[illegible]以[illegible]

尸外者不之計[illegible]曰外[illegible]千人之氣[illegible]向[illegible]日[illegible]

可慕[illegible]悟[illegible]燈[illegible]可難一提[illegible]不盛[illegible]

[illegible]直[illegible]疾[illegible]

接[illegible]吳[illegible]少譚

劉[illegible]午[illegible]歸

接[illegible]過[illegible]若[illegible]何[illegible]

高[illegible]

初二日庚寅晴　早[illegible]相君[illegible]不[illegible]文[illegible]

歸　[illegible]阿[illegible]日[illegible]家人[illegible]下午[illegible]家休息

初三日辛卯晴　[illegible]久談　[illegible]久談　[illegible]午[illegible]

[illegible]少譚　同王朴臣[illegible]午[illegible]劉[illegible]

[illegible]西太守[illegible]

初四日壬辰晴　君[illegible]信[illegible]清卿　大[illegible]人於[illegible]少譚[illegible]

不謹而孟守出，又莊公處不直，直逐為 下午著候王相國，不直
初八日癸巳晴（後傳小山十年十二月作）夢午赴江安會館，自句以下不直，鄂州公宴，為相國上壽，約入席者凡百餘人
相國壽，劉宴，不傳晚散。又候王相國，不直
初九日甲午晴。早會畢，答候諸友，午間與盛子壽小聊，又至譚，又不聽戲，一
生集恩寺茶，賀鄭楊孝廉正第，又去不直，至西屏山處久談而歸。下午出
至市中，向伊墨卿採樹二首，又至吳荷屋處，得真碑本一部
初十日乙未晴。晨赴諸公宴，飲畢，江安會館，因寫自句以下圓扇，晚歸
作收易州鐵，訪衛生，晨事畢，下午殺陽家，昨收易州鐵，命頭來看碑
印拿，忠甚以為異，歸日為有是，筆氣極生，為假，可以服償耶
十一日丙申晴。游子壽宅，智卿、仰翁、寶彥人、李守自、倜夫來，晚仲伊卿來，候何子貞，不值，宋少坪亦去，宴洲廉伯
為子壽小飲，來少坪，子壽同余去而甚，悵悵且思去事，難論，雨晚到去，處世加
叔甫翁，歸來，其任雅，為不謹，直為，宋問子作十五首，宋子壽名字樹模，兄作，不陰
荒生。赴陳楊，雨極飲，因李鄭子盛、張子華上相挹翁、馬翁等四五人。下午李先辭歸而出
陪佐些，又少譚，過客，極陳子盛、辛勤亭、方翰之、宋識、孟事張西、吳梅甫、陳鵠雲

陳霖生來 談二時去

十二日丁酉晴 凌晨起赴譯署 李少譚 語畢 署 近署 道來 順又至 措署

謂見時每飛相意世謂擇□□□□□□□甚 其局中某某日 曲大減色 將在

局卿寺局極 相去甚近 局中一切商訂之事可似寺 壽卿 將此過 地圖六部

帝言已概稱西西之 李君云 走局自隨 左人 盛事 帳 五程 多人年 限 聯 飭部

務不自然 相見每三策 屬 局 此 行不書 局寺 壽卿 小職之 之 壽卿 持 章世

樂 午刻 至 家 候 李 倪 以下 諸 公 上下 兩 位 回 俯 閱 將 畢 圍 送 到 飯 李 仍 看

年 下午先 訪 散 候 夏 季 卿 法人 為係局婦夏信 初之子 久譚 候 恩 小 杉 直 返 府 誠 再 六 畢

為 局 卿 局 以 之 譯 晃 日 夜 程 候 李 捷 峰 未 敘 為 家 在 老 升 江 西 寺 邑 行 少 譚 始 寫 詠

改 令 張 蔭 漢 士 程 雲 甫 來 初 人 壬 戌 進 士 在 陞 田 任 有 男 冬 到 書 雲 蝶 洲 浙 江 舉 人 六年 在 自 此 任 來 見 少 譚 動 作 極 如

招 傳 同 座 之 章 傳 三 之 陸 錦 雲 李 向 信 寺 等 二 時 散

十三日戊戌晴 至 局 署 上 諭 仍 未 能 至 局 卿 處 甚 好 中 糧 等 近 寺 壽卿 小 職 未 先 談

候 吾 子 昭 送 之 久 譚 君 信 發 回 至 又 君 候 張 蔭 漢 少 譚 又 候 家 去 多 文

候 朱 甘 行 要 既 之 時 母 如 行 近 之 封 局 帳 差 人 時 又 候 江 君 之 久 譚 返 寓

偕魏滋伯中翰同年至翁小藏劉滋文至邸謁陸祝齋久談 返寓 汪貴之來
久談
十四日己亥晴 匡劍堂來 候萬艘亭 汪紹興人 來 候李少石壽 候陸久談 匡菊光
吉來 出同早飯 候易春卿 吾經寄西歸 日十六字 簡錄方訥久談 候陸雅
生久談 候任筱沅久談 返寓 康劉 弔 來 久談 陳鶴香來 少談 趙擇亭
二日未時接印 寄雲帥二信 十五發 交李郵 陽湖信 何研同行
接寶兒十年十二月十六日家書 廣東全省
又 寶兒十年十二月二十日信
又 修帥十年十二月廿四日信
又 鄧 月 日信
十五日庚子陰雨雪 習作數字 早飯畢 赴撫署衙參 冬節 未刻至藩署謁辭 少
談 候陸雲翁少談 又候周寶數千 辭行 不晤 下午 傳清 來 在五谷生壽 往年
十六日辛丑晴 早飯至臬署 道署謁辭 均少談 出至局 辭小鐵諸人話別
又至糧署謁辭 少談 即出 往 少談 又候陸 少談 來人行

睽睽使命促到孫不可免　自巨和修易斋題　滿者自恨余為　余以何日題物

不能那經　且事例〻　又往同宗舞川韵平岳寸分醉近寬論　陸羲叟少談又往昆山以畫示藏圖一幅為嘆又往　唐易如人　諧梅生　來

往久譚　夜赴稟緣寺拜假　二鼓散　又訪任姓王少譚

二十七日壬寅　雲　下午晴霽　賫候澄　中琥久談　趙蔗僧見　方伯以公事相委也　午　往畫平生少談

午返　寄李少石　黃子羲　陸小鐵飲寓中　陳仲山來同飲　下午散　往任姓王

陸鶴雲　往來久訪不直　往任家晚久談

北阿爺　十年十二月　十五日作

又那香雨　十年十月　十五日作

十八日癸卯　晴　陸鶴雲來返川　丁聰蘇來返川相少談　亡刻發舟　川出西門　二十里

唐莊　五市　斜村界相為境　申刻渡川　十里藍祥　二十五里姚村宿　宿無為境　時上燈

故魚易冥　平來送

十九日甲辰　晴　西物界有峰川　八里至西即村宇為　過此即為境　望西山上晴空晶路中

有白雲冒好綴二字　不知何解也　又十二里龍門　本地勇丁來迎　又十林里來目田路

三十里奉天兵帮人來迎　又十里　見地城州判那步峰　廣衡　江人　號西　在　日

河南翻譯人 胡宗李鵬展遠書寄 之 書到 取公館交後城門花門神爷出入
寫業薩史院 鄭孫李三人後來見 少譚去 接見諸友 本年田明三條來見
下午寫家信 二十五號 寄丁度香
二十日 晴 寫年譜 至死雪花山莊 壽陵 庭中有古松一株 鑿地開齊 表其
年 是矣 要之 以於人乍遇 恩不能言 早食後 侯 同寅諸人 又訪 闌之寺前
妝楊女花 以尉李黄四人暨其夫人 太夫人 傳櫬要作币 禮畢 唯之 首次並識其弟 並藍 菁
來 傳言久匪寫 理事同知 楊久亭 詠 石門人 來謁 少侯 趙君 沈鳳鳴 天津人 來見
少侯 寫 修師信 廿二號 初州作吾 書
上滌師
去臘兩奉 移賀歲 聲請 崇候 ... 燈節前一日 奉十二月廿一 鈞諭 敬寫 ... 侯休私
諸...

明心境相忘之義，到時奉持恒守真，庶可勉與此心不相違，自覺閑靜之了無形中

乃世間一境界，如水中風來月影，初復無復月體，昔吉德四十年[illegible]

白牛印[illegible]大慧與[?]的十不動心之說，是至極[illegible]之[illegible]以自誡微師

其境，知此為修之耶[illegible]正月十日[illegible]

[illegible]

老[illegible]

知在一[illegible]

西之

跋[illegible]附錄

[illegible]

丑 冬[illegible]

[illegible]

[illegible]

國於本日光上告皇天后土久之又以嵩祀休徵貫通古今而為大成民
赴有國了哉之以光宗揖讓廢不身護南歸謙然好矣計雖如揖而致學孝圖
中國正為恩向反自十日邪至中外仰恩示以異為妙之說遵之則姦師篡奪
年不決搖撼之心力雖此何哉之鄉且南中道負日以實助窮和而所仗一家權
毀授據世界有盡知也之則前射指說明上版概乃復踐身下海將來為何
為先把姬金此若秘密孫之說祇見鉄不知理仙世論何方皆為舍宗為本意遙
身食之奠出於二途廢轉形中睹制者一日從兩友忠告殿發款惠函又拜呂帖耳隨
之以吉矣乎難世界所說時節國緣如人能主如是此是之而一毛難許事定年
竟之理不循之力運役南中有之殷勤輔書赤閣下知者而後詳著吾未學越不輕易
見黯然而擲任往陽川老日之條新聞日蜀祀家今年實退事滿輒狀未世
奉閣下而身在中所不書者為升待決陳為也
二十一日丙午濟舍遣剌賀諸國寶開印之事諸人亦遣剌越夜至將來明撰
城隍神文
覆任祭城隍神文

羞與同科人之理，因有殊政，違道則[illegible]道，則此有何之？雖民非固難，捍持其庫之

也，國家奉[illegible]實置白則[illegible]民志固[illegible]，非殊人非國家與強硬實務

之也，[illegible]法不遠謀，不可以則主之以時為宗[illegible]，丑奉[illegible]書未紀者

臣其有濟[illegible]暴器，以[illegible]禮[illegible]紀[illegible]大神，職降之罰以[illegible]

以保佑育民，[illegible]理[illegible]之[illegible]，[illegible]施之[illegible]，[illegible]之不聽官[illegible]，[illegible]

祥[illegible]之[illegible]，動厥心以企[illegible]之[illegible]人，[illegible]

二十二日丁未晴。[illegible]城隍廟[illegible]，神[illegible]，宮[illegible]，[illegible]

[illegible]不在[illegible]，[illegible]各[illegible]，[illegible]門神入[illegible]

[illegible]即[illegible]，[illegible]上[illegible]，[illegible]

幕友王晝卿[illegible]，[illegible]以[illegible]，王[illegible]，[illegible]人，文[illegible]

[illegible]，[illegible]，[illegible]來[illegible]回[illegible]來賀[illegible]。[illegible]

[illegible]

二十三日戊申晴。早[illegible]獄入犯[illegible]獄中[illegible]大木[illegible]，[illegible]孔[illegible]

[illegible]犯[illegible]一[illegible]以防[illegible]以[illegible]刻[illegible]有且[illegible]一[illegible]則[illegible]年月不[illegible]

往轉側於近地利力發之々 候楊子蔣之譚 又值出友周小江 鍾書處 撰述之務 遍訪人
少譚返寓 防屬出來 自有恆
二十四日乙丑晴 晨起赴文廟郊外香 文廟門前氣象開展 松柏森森 為殿庭及
兩經於 仿香畢 閱城上 東西二門 南城有火神廟 北城有真武廟 均在城上 雉堞
完整 增壇包磚 惟西南城間有失修 磚石傾欹 亟宜補葺 以為扼守 城上
望 要陽諸山 欝盤迴秀 視諸邑之山不俗 鐵龕碑在寺內土地祠 真宗碑
在南城下 陸無翊 老子道德經 蘇季芸 考 亦在南城下 處以亭 惜已殘闕矣 乙亥邑
寫 東城游都督輝 段 晏應年人 未值 少譚 仲吉 青睦園 平山 戲衍 棚樊 祈討 俟補育
來見 少譚 下午謁 往同宴 明守備馬佔營 遊士 拜劉邢 步懌 侯年同知 務之寧
來自田炤 三游都督輝 少譚返寓 錄如張滿漢大令來見 久譚 借晚去
候孫荊溪 久譚 據 廿一 廿三 寄信 又令考之十年前作
二十五日丙寅 晴 成集 早飯畢 出城至陸王滔 誘貴人 西関市 看鄉武 出騰 城內出関
縱 值 原於川 八里石門 又豹子八里 不畢 各 延 尚泰寧 縣 從吳清吉甫 人 安 廣 戍 福
林 擇輪 少譚帘出 泰寧 縣 設 雅 龍 隆 初 之 泰陽奉 好之 成 來自 若 識 陽 寢 戴 十
俘 縣 泰陽 看 岑 年 岑 右 三 貂 甚 膏 向 以 及 郊 何 內 務 府 土 屋 萬 之 破 野 劃 方 斜 餘

承固瓦　陵上碑樓隆恩殿寶城，由鈴房看西暖閣寶座，事事和閣無牧此地者
攜以周回視之。侯其中穿馨，三月初十（此係景陵及丞西南門三里許，在南西八分）不同。陵前有山，向南石
國語三里許，有昌陵稱郭雖然各受五丙門如黑許正西（出坐龍居，不能高曌，而不召）州府居於作居。五升坊，錄報此
刻木二人司之。其地已在青椿界內，過此即向椿，再過為紅椿，三椿以內稱伊揩衣之
處為已以內，向不乘轎馬。午正，後添向看石牆甚高，不能登，遂回寓。陵之
官府左馬，向僅數見子貳公二人，騎座不出，三年一回理其事。鎮者，泰恩銀國公
紫禁軸，別之，於泰恩輔國公載密，內外應門，下來入理其事，家實姓依
姓蘇，蒙漢只一個，便須探利，以任總管，驕者衛之。蘇不作事，武使人役家不辭
公府有長郎教執，得將村備，氣象殊不同。笑，西頭過此西二三里，即泰陵門以內
陵十餘里曲下。陵寢圓牆以內凡二陵，泰陵、泰東陵者，昭西陵相帝
后。昌陵、昌西陵，有嘉慶都帝后，圓牆以西，慕陵、慕東陵，乃道光朝
帝后也。午後下山，雨少息，遂視殿南高山，嵯峨，聞土人云，此為華寶山，未詳。後
有興隆口，未過，此處不見村舍，約十八里至梁各莊，車館矣。寓寓者皆生
二十七日辛亥晴。辰初，御藍仲生宋楨衍、元甫、王衍臣、王高山、姜觀人

早堂訊得第一起 自理詞訟一起詞訟 章卿之來信久談 直撫紳士陸穉香

眉生 蔭蘅 鄭香筠 蘇海橋來晤 陸眉山 吳敬 朱見少談

二十七日壬子晴 紳士虛晚園來見辭之少譚 早堂訊自理詞訟二起 午後楊文

蓀久譚 又晤候委張之久譚 回寓 戴鋤臣來自省局 合肥之意令來 寓亦來局

東也 周小江 鎮番 來信少譚 寫家信 共六發 寄玉春 三財出西 闈 御覽 詩冊

梁爲諱情 寫雲巢信 鄒爾 吳聯甫信 卯簪寫 寫如寫

楊省寓二十五日信 云已請補 加

又發張季白初八日信

二十八日癸丑晴 同寓李賀補 餞之 李來晤 午間 出 行 臣

領 下午審詞 六換 又訊自理詞訟一起詞訟

楊 任 出 者 蔣 蘇 八人

二十九日甲寅晴 寫程 節 信 李少石信 寄 丁 發

二月癸卯朔日乙卯晴 黎明赴早飯畢 詣 文廟 文昌宮 大神廟 龍神祠 月香館●
至此判衙自代行 遂過陸奥祀前下輿閱蘇字之書字德經碑形止石幢高度
丈餘 剝蝕甚多 返寓 午後至署 與五鄉●地保稱數百人 書院地狹稍也 事畢
答楊文蕊及 案牘之 又少 譚 返寓
楊 南花 廿九日家信
初二日丙辰晴 午刻至署 以 錢軍清公來候寓中 不能返見故也 客去 信稿文藻
時之稿 帶 出署 余擬照日進一廨 返寓 寫家信 初三發 交張祥十七者 寫 寓兩信 初三發 附李書
●寫 寄 香少石信加頁 初三發 寄丁
楊香少石芷信
初三日丁巳晴 寅正起 詣 聖廟 ●●傳佐 丁祭 ●祭 ●神 社稷畢天 將來併返寓
午刻 稿進官廨 白 居三 查案 陂陽府 前有古碑 此處時稱之 是南市亭 亭東
南市小園土山上僅一亭 亭旁立一碑 刻亭額 又 手寫山亭記也 亭東 又有小平
臺 眺望甚遠 亭基 于北隅一處 南為 小亭 鏡 以望 亞 覽 之 勝 正廳樓西 向 兩翻
又三間 不甚宏敞 幕友書字 兩邊左二 室 之 居 在 于 中 全局 之 房屋 頗 為 精

皆顏魯敬非吳新石可　因寫賀年賀未畢　[redacted]

初四日戊午晴　黎明起　詣社稷壇（平陵恭代）代祭　神祇壇向委詞臣主祭　殊為省簡相承

未正至宛畢　下午候　因貴詢步　晤楊子蕃久談　晚書聯條一紙

初五日己未晴　穉孫聊步幛來見　渠委上陳軍孫瑪病　始委其理也

初六日庚申晴　寫伍筱臣信（寄馬）即發　寫家信　全發

接君寫寄四家信

又伍筱臣寄四信

又浣寄一初六信

初七日辛酉晴　早堂課自理綱紅二紙　誦佳一紙　寫初靜信（初九日發　寄臣君馬遞）

初八日壬戌晴　早堂課自理詞紅一紙　印信　寫家信（初九日發　寄樊和）　黃子壽信　陳小鐵信　寫

還信致君乃稱　全發　下午斟堂案詞　與張駿一條

接（古濃）初七日家信

又黃子壽十一月廿八日信

又陳小鐵初日信

初九日癸亥晴 早堂錄日程判記二起拘提 又發信一紀

接李少石初六日信

初十日甲子晴 因寒清除積算畢 遣輿役往迎南陽君來署團聚

寄家信第十一號 附謝禪 任筱沅信 又一函 內附寄李鵬辰來見名條

接君宜初七日家信

十一日乙丑陰寒

接阿哥正月十六日信

又曾劼剛正月十二日信

又李少石初八日信

十二日丙寅晴 早堂親自審詞訟一起 即傳婁山村仲士王符五 張鑣 任延敬瑜 來見

少淳

接任筱沅初十日信

十三日丁卯薄陰 午晴 午刻南陽君來 祖先主影 未易生亟 主敘書

晚上迎春安東廟內 迎南陽君入署團聚 下午開堂學韓四段 未完

錢年軍游擊文月亭（附正，武舉戊午之孫）來，後久譚，因寅及幕中諸人未賀生辰，答候

諸幕友

接李宮保處十日某(?)信

又黃子壽二十六日信

又陳小鐵（和丞）三十日信

李作傳(?)沅十一日信

十四日戊辰 陰雨 下午答候諸同寅，御手(?)明(?)禮久手，蔡錄(?)波處少譚，晚堂訊

自理詞訟一紀(?)即旋

十五日己巳 晴 黎明起，早飯畢，即日赴白溝河會勘，第年(?)人工程，倉(?)差(?)雅(?)新

城、容城兩縣界之白溝河結(?)寄存儲 西陵守護官軍僅(?)餘米石，官俸積米

從(?)米等七色（一千餘石）自江淮河運內撥給兵(?)丙(?)粟米三萬餘石，自山東河運又幫撥（餘由運河撥）[illegible]

（入白溝河接運）[illegible]後易州縣將入倉，再由倉陸運者至一千(?)餘里，由(?)入易州城，由(?)[illegible]倉陸運 西

陵兔(?)鄉門移(?)放（白溝）因倉撥所易州之米，以地為新倉，所移向此兩撥經費，每年不(?)貲(?)

隨後(?)地計費十八(?)千，標準(?)飭(?)因倍之，一萬(?)兩所有年計發不行，今來年請

薦官辰刻兼見臨發時與吳史雲門（楊第山宴 先往翰南家辭）來信（謝一紙）復書令其赴往雷甸一面
出東門，未刻行十五里（晉興北易州界）北京村，又三里至朱家村，又五里至北楊村，過此卽出
易州界，又十五里至定興屬之高里店，未時已正刻，午飯後行五里蔣村，又五
大徐村，過河（十五里 古城）卽入定興縣境，又十五里至定興屬之固城，渡易河，卽拒馬河也，時將申初，又
楊村，為三十餘里，不能至，其時（別有一）頗……因取泥河繞至楊城，却不如再往宿此
臨近雅房閣宿，俱宜無燈，共自師部（四宮八）少停少遊來看，俱宜謹
十六日庚午，天氣風和寒，早行時微雨，早不畢卽霽，御甫路甚滑，東南行，過徐村三
里雷家莊，四里至涂家莊，八里至楊村，五里內張村，七里大北店，三里韓村，三里楊村，交
時午初（儘）三十餘里，以路難行，不如五十里之遠，是村亦定興屬，渡拒馬河南岸
北岸渡河後鋪一家，係於鋪中（未）午後行，度河（宮城鎮）四里西各莊，四里城西村，五里（大侯台）侯
日七里西（鑒）六里河村，四里北王村，二里王家營，四里（將抵高河為北）新城，宮城兩城交界之白溝河鎮
時抵申末，（夜白溝河為東京萬年官）稱茶燈萬年客棧來之（開店）廟，易州，旅館，房屋亦西寓居為也，小倉向陽，頗精
潔，宮城令查枝香（從見兩次）正為子委吳史雲門，交來雲門之漆詩，劉南如來吳王
酉村（書寶武官人 總補巡捕）皆來見，久談，楊侯新城縣知縣同往，此後書價安雲門王酉

村久譚 秀倖全校秀少不直 新城牧吳翻餘未足少譚 傳晚當至寓中一視焉

吾君國孝生何石家慶六年 而水沖毀 陂建此 距今剛七十年 廣有良壽大有

萬年永慶八大殿五殿九間 豐收盛傳示殿 三處向不等 皆作地攤圍牆之

此只寸存者 歷任諸賢不知何以任其到此 宜乎之莫能過問 可為一歎

十七日辛未晴大風 早起訪吳季門尊之譚 吾倖吳翻餘未起 又吾倖全校秀少譚

午刻接吳雲門至兩村 全錄吾吳翻仰飲（京羽）兩人先回 吾年勸題再擬批 奉吾

所遣移料畢 返寓入座 飲至下午始散

十八日壬申晴大風 早起稍不在中（晚記）後遊白雲觀路步 春氣殊宜 草木

解蘇 宛然為之暢悅 此地當南北衝道 憶前來見自桃花過見 牌匾已新城事

吾此今不復在何術者存焉矣 訪吳季門之譚 同時諸工人計議估需二萬餘

經為之處說 午刻赴全吳兩府接飲 同座吳煌泉 序稚庵（地某勞之見）七十二二二

返寓 吳季門來言 覓一直隸譚 信大城縣須為二千餘 余以為加吾亦未嘗賦

接此地情形 餘全為之謀債 復得減省大半三千金而門矣

十九日癸酉晴 早至吳季門處譚 午前後得傳之（寫）門全吳兩府宗 久譚返寓

（解申季又往路上剃麻巴 怪擅所見 後公芳翻某偽也）

諸人賦詩送之 午正登輿出彰義門 度廣寧門 西南行 過盧溝橋 抵長辛店宿

東高臺五里史劉村 按在宛平縣轄 又七里南宮村 五里佟村 七里楊村 渡拒馬河南

岸仍屬涿州 五里寶鑾村 五里小李村 十二里高碑村 六里抵白溝 憩高碑南新店

衙 宿此 房舍即楊忠愍公墓祠 行留謁 祠有諫草亭 刻楊公兩疏

親筆稿 初字皆剝落 可惜也 墓在城北半里許

二十日 早陰晴 黎明行 半里皆沙地 度拒馬河 過白溝河 渡清河 向南行

容無境 抵安新縣店 不見居處 兩竟橋 皆據異記 午正至定興 未刻入門 例

此得伯寅李樹屏數書 新楊以前蒼屋 濟師 二月初四日在江舊寄書來

作五函寄撫恆劉蓮帥 晝力一歸理 師那 知五頂恩通 肉載後

尊帝知遇 致自向不肯書一字 只以報稱 此書皆鄙之 因夫路何言

夫路何言 寫李少荃信 詢濟師之虛實 附賀詞 廿一曉寄去

接幼樵初八日作

又閱鈞甫二月初□ 二月初七兩信

又李少荃十六日作

又陳作梅　日作

二十一日乙亥晴　夜作函過多不寐　早忽瞻夢師居予[redacted]

[redacted]聖門弟子[redacted]之嘆其師則有簞食獨居之程而吾人為羣主行將千里

奔馳無暇情之譏　予生居今世[redacted]且一官羈帶何啟緒情直鬥

若渾江西乳政[redacted]安福屏蕭劃直可自愛之情非有所指

璞存函已　早起得合肥以陵工制麻並見七八日不可遽遠　忽起相題　午刻出西門

至田墅[redacted]莊渴[redacted]清鎮年少譚邊日永勝寺題所已殁小制麻山芳竇偕月

抵清所　並順內務府印中　富崇階基　中軍游擊李月亭　瑄蓉　申都統貔

日病毛子捧兵部主事舉為蘇四人共之文官吏部遞罷其業　來見少譚[redacted]

二十二日丙子晴　早幸訊自理問訊人地　接三款　寄伍爾既作　廿三日夜寄人　陳士鐵作上[redacted]

接李少荃二十一日信

二十三日丁丑晴　早幸寢訊刺麻山芳身死案[redacted]一段　下午錄寄字詞十二張餘三張

[redacted]費隱山胥劉卯甲　字曰宇長人舉人　來候　李侯劉卯甲　王雁直信楊子氏

少譚　又和李恤為年谷李國石巖　新抵如同王小魯　金慶山東人　來見

少譚　閱滌師奏議錄數首　衡甫小兒仍理筆墨　是日早為[redacted]游
罷中一花園看[redacted]石秋了下午息覺麻扶了簽押房坐定信樣背之以為
述其筆意自如非天人中人不能至此吉祥止止主其處為宜人[redacted]別致聖眾人[redacted]
[redacted]為是苗房何樂第五舉姚生陀其指目早一娟美　細知之　寬　未見莊
皇帝廿年一又閱部稿每日來看加點之信[redacted]名見章子所發信并告[redacted]
為刀見京業本已已備奏又廿啟　留董斯生作　補註　任復臣之　上
按部兵戒十年十月二十八日作
又董斯生　裡言作
又任復臣十九廿一作
又吳薇稿　作
二十四日戊寅晴　吉信至小舟不直　西華院預別生童[redacted]去後又鄉都者一節
[redacted]看字書詩記　早出臨寫正幫　晚　二林二
[redacted]記　又致德信一記
二十五日己卯晴　早出寫行日記　對江山記　林之記　又致傳之記

二十一日庚辰晴 早起練自理詞訟三紙 即去信 又寫信一封 致調甫 子存 [illegible]
夜朗讀稼軒來 京寄梁明人 近日著軍事處所編纂事件 余程生未容道
稽甚嫉初留作
二十二日辛巳晴 午間抵切體乾 李雅生談 義諸兼友
二十三日壬午晴 早起練自理詞訟五紙 詞讀 未刻寫青萬恒見 偶久談 與彼華
即於白條日晨書 下午靜起章詞九條段落 撰聚條的文 宮部附其字作
稿畫惕 五月二十三日作
又陳小鐵 作
[redacted] 鞏晚太傅謹來正為陳生夫子文
戊十日 黃昏中驚聞張師 驚聞 師尊薨逝 往吊內推裂膽劇道尚傳我
奈何自庚午冬 富春驛匙師南斷 見師尊神氣更飄心 黃雲蓋頂 儀
話不好偽傳 彰色 醒 以幾年 武 情 嘗 理 無 息 憐 懶 痛 春 免 為 遲 嗚呼 今
我何得乃竟有此醉痛 傳我 師 爾 今年六十有二 嘉余 知其 十年
案燭之隨 畫 爾 為 用 大 國 家 民 生 在 師 尊 功 勳 浩 蕩 濃 並 遺 世 [illegible]

男[illegible]慨於世事，事守[illegible]陵[illegible]大，郭之[illegible]何[illegible]遂[illegible]何問，正[illegible]之以吉祥

[illegible]在吾矣，而世[illegible]尊天人，定[illegible][illegible]，獨不忘[illegible]

[illegible][illegible]之[illegible]兆，鴻[illegible]待[illegible]之，寒暄[illegible][illegible][illegible]，[illegible]天

不[illegible]，胡宗太息[illegible]哉，[illegible][illegible]且[illegible]一[illegible][illegible]人[illegible]內[illegible]

[illegible]括白正夫[illegible]之，方[illegible][illegible][illegible]援[illegible]之思[illegible][illegible]天[illegible]

[illegible]之弟[illegible][illegible][illegible][illegible][illegible][illegible][illegible][illegible][illegible][illegible][illegible]十年[illegible]

[illegible][illegible][illegible]理則[illegible][illegible][illegible][illegible][illegible][illegible][illegible]門[illegible]行[illegible]人

[illegible][illegible][illegible][illegible][illegible]詩[illegible]，[illegible]才不[illegible][illegible][illegible][illegible][illegible][illegible]不[illegible][illegible]補[illegible][illegible][illegible]

[illegible]平[illegible][illegible][illegible][illegible][illegible][illegible][illegible][illegible]，[illegible]人正[illegible]三年[illegible][illegible]

門[illegible]旌[illegible]主[illegible][illegible][illegible][illegible]千里行天[illegible][illegible][illegible]千載之下[illegible][illegible]

[illegible][illegible][illegible]遂[illegible][illegible][illegible]失[illegible][illegible][illegible][illegible][illegible][illegible][illegible][illegible][illegible]

[illegible]之[illegible][illegible][illegible][illegible][illegible][illegible]向[illegible]陵中[illegible][illegible]之[illegible][illegible][illegible][illegible][illegible][illegible][illegible]

[illegible][illegible][illegible]之[illegible][illegible][illegible]

附[illegible][illegible][illegible][illegible][illegible][illegible]

月之二十日自滬由基隆登陸趁飛機赴東京起 師尊出洞如
臨飛時一身不能自主 攙扶良久始得登機一路 攙扶至半途 [illegible]
師尊於車馬擁擠之中送至東門外里餘不可情益為別 [illegible]
情景[illegible]日知一念天心出塵劃[illegible]既不得奔問病中情形如何
目程諸人[illegible]偕[illegible]等之絕妄想出發契然出於為之為人不知耶
晚來無理由舉所禮源師神性氣哉形同土堆自問此身猶無樹立之
親聆[illegible]劃[illegible]遺言至重輪續一時未能即還[illegible]未可痛學亦為生日
師尊以下均不能忘痛過甚思 師尊為代一人亟程[illegible]之恨所莫老
弟子頗有堅卻世問塵劫 師尊至天之靈[illegible]已無寬[illegible]難
聖賢遺教本冊以[illegible]擬為之性理聊聊衰情兼療取發未畢之心
諸家札撮章證經指示人可常存自謀陸一切事為存信[illegible]
外並發文一篇祈禱之凡遇為求

二十九日癸未晴

三十日甲申　晴陰　昇堂看視喇嘛出芳案印結　五視自理詞訟二紙　結一紙　完陳

仍梅往　丙來函送

二月甲辰朔日乙巳雨 習儀執事 天廟 文昌祠 火神 龍神祠 行香 登南城眺望 萬木新

黃含孫苗煙 景無以思情 無形諦 亞下返寓 黃昏早寢 損十之五

初二日丙午晴 早安徽日課詞說三紀 續一紀 子騏傳所 次陸以書在 卯發 李少

辰後歸了 陸以織作 陳春行 宣

初三日丁未晴 甚熱 方食矣 正刻 平傳佐赴康邵 祝先農壇 行耕耤禮

初四日戊申晴 後寒 衣小毛袍 早安徽日課詞說五紀 得答

移陽來 言初七日 王 謝師 原日五六 其城張蘇紹帥 亦與年兄陳單 食寒 中途而

四點鐘又甚病不食 者舉夜 訳 早間食何 見客 無 直 和 初三日 皆安好 初四日 早

調首右通 下午 [redacted] 見 遊學 以無於久 為主薛科甚愛 茶樹之為可勝 世之事 再到

將同 [redacted] 客閣新花園 為政聲繼緯 陰陽儒作 舉爲成十堂 抱佳卯用

積子移於再為歷 陽印開縣記 溫樹不與 可成劉義起 舉者在措 孫等

須章之 問成人也 文劉修舊加日書 吳若抱 人心惶惶之 關後署事 云云 又云

政權之缺 師說 原日出二時作 印知會阿哥 德見甚喜 私拜之以請上事不甚

雖為急 二度中過了 大慟也

又閱書十六頁，並示僧臨邊摺稿

又閱靜軒一首　夜子讀孫文動見李入覲

又看少府初六信

又寫紀鴻信十七日信

初五日己丑陰

接張公益二月十八日信

初六日庚寅　夜御雨　支日田說三書見　抄錄聊步韻　卸上除所奉四書見　早晨讀周

閱詞江四紀　詩二紀

初七日辛卯晴　早晨讀周易　閱詞江二紀　抄績

初八日壬辰晴　早晨讀周易　閱詞江二紀　抄績　看信　抄步韻不讀　候楊季舉　季卿　少

讀　候蔣樓南　蔣孫蘇如人蔣十七日到　錢月甫壽來函　少讀　候陳（鍾玉）炳三　少讀　假館　家　方婿　時臥

四　直寄詩重賢獄附館　蔣樓南李孝標少讀　下午丹墨寫詞四紙殘盡

初九日癸巳晴　署（俗語）惕鐘殘樹閣為宜易了那　又於書前茶樹樓欄一株離亮

步卞　僧性清盒江淵煙信

初十日甲午晴 早查辦自理詞訟一起即結 又月亭輕來 復久譚 方增陸來 自求罷即寓陳宅

接勿靜二月廿六作

十一日乙未晴 早查辦自理詞訟三起結之三起 下午安家莊地方來報 寧王得了事余了 內自經身死事 四起查驗 又訊自理詞訟二起均結 又聽傳一起

接任侯臣初六日信

十二日丙申晴 黎明起赴安家莊相驗 出西門 五里過荊軻山 有相傳荊軻衣冠塚 殊不（？）又五里過南大門 又五里半壁店 過此下輿騎 約三四里至 陪??東紅門入門 西南行繞九龍山 山麓夾道松樹甚茂 更林中黃瓦軒峯 五橋巨列 泰陵聖德神功碑樓 神路也 闕一水未近 詣瞻仰 行三里許下大紅門 為宮門 門東西一便門 由此出 下轎 一路石度北至大紅門 為一觀 門外石坊闊廣百餘丈 中石麒麟二對 左右石闕三時五闕 白石細琢工麗無比 闕南大白石橋跨水上 直南小山名之曰影壁照圍 為按東西各一尖峰 名東西華蓋 形勢相齊 雄洵天造地設 洵帝王之宅居也 過橋乃轉西行 約七里 西望山直山下 泰陵在其北 東南向 樹密不

見樓殿，無異圍牆，僅設行馬而已。往後登水岸四行甚艱，約十里至諸葛亭
轉折而南行，山濟中地名莊莊鼓濠，掉掉鼓去名即樓帖南方又高，穿山而出，轉濠
靜指山川，奇秀如入武陵原仙境。濟中為水行，水來自西北七十餘里頭寬（即白沙河又名武水之源，水出西山）
廣而陂不及天行回盤曲，沿北山林麓，忽又直清南山林麓，水漲時呼激石碎（中合平坡武夫関至武甲梅門此地也）
根盡處勝流，岸望甚歎，江南泥江未識，登杳水世而行十餘里，至林畔石村
又南行五里至安家莊，時日亭午，休旅氏飯午餐畢，詢縣城，宗主人云因貿遷
是處泥重，懸多無御自適，將至筆人跪報者輝，以兔撲略來畢已審劇矣。畫過
直東行八里至堯山，以石陵臣始名之。七里至野里店，五里為水之南，又七里至石樓
村，有石山鶴耙山樓在村東北，依四圍西南諸山屋疊至筆，迥乘絕倫佳妙
江南不知也，雖及哉矣。過此村（以上諸山皆天地）乃至崖，東北壽山而出，八里至神石莊，出嶺峰（北之大武河村）
迎誼石寒也，甚幽，十行時，耙落善，又行山徑十五里至諸葛莊休旅
神祠下，月上憑眺良久，下山，又十里至此，遊樓坡二下矣。
十二日丁酉，晴。指年老太夫人來學詞，由廟觀前過，借問宗人子姪，下午升堂
携西歸，至日初八日作

又作小記初十日作
又寄子馨 作
又陳小鐵十六日作
又蔣信石 作
十四日戊戌晴 早查理詞記五紙 鈔四紙 接長作以孝靖妃墳為住稱壽園寢誤 當是擇[illegible]誤
接子寬還廿五日作
十五日己亥雲 點經紀諸微陵輿帝初稿書五稿竟
接坪弟二十四日作
又戴石川 作
十六日庚子晴 寫信致沈信 聊齋 寫寄子馨 陳小鐵 蔣信石 以作完畢 午刻延陳康
知朱莊江飲以春妊季子陽方氏請為寶[illegible] 席徐請家持騰承 為之篤
暨稚祖為書擇了 以將塒家 寫信轉告往 聊齋了了
接獲陽生十三日作
十七日辛丑晴 唐[illegible]全 劉書常來助相模不誤 廿年 往見謹成立 夜集 雲門

婿弟來自有垣園僅久談

十八日壬寅晴天色晴和 黎明起 召僕先至門久談 卯刻為長女冠笄 辰刻

祭告 先祖父母於正寢 巳刻乃請性來行醮迎禮 奠雁以見入見內子於門中

午刻醮女柔 未刻送女柔函 以正寢西方氏使行禮以刻館西方氏壻為[redacted]內寢申

刻宴婿恒孫鶴陳蒙家 戌刻飲散[redacted]家 約逢了來自金陵久

談 六枝 召僕劉中堂來何

樓[redacted]二十六日手筆

又問為首初七初九兩作

又寫之首卅六作

又畫楊初百作

又薛安林二日卅九夜作

十九日癸卯陰雨 方婿子謹來談久談 乾新婦將寓可書 寫經夜後作 即夜數人

下午同遊子謙談

二十日甲辰陰 早飯同遊了子謙談 早晨偕論外程所亦宜甚地盤橋畢過

路程寄之溪

二十一日乙巳 晴 夜刻赴道御書房道路橋梁地盤自東二十里鋪涂以至家庄地斷

東門車行東密繳北已末（五里王里西二里七甲子三里麻房莊遵化山南村五里二十里舖四里芳杆）午中勞駐轅舖寅蓋道堂行此行入境及半

里看橋之下水當自翁家村下入北面水過橋兩山南北夾道稱為門山以村時如

門也循北山看村鄧山南村過此村稱為西南｜過南山嘴看村鄭麻房莊磁

堡村兩村間看河稱為洪水下至城村北邊看河喀鳥水了分流也尚河下有國樹村

東亦村東高村西高村自白廟行自二十里舖至此凡三十四里停白蓋下為八點無事

里三分派總管人承修所并弟人田敬野人二無繳方春者夜西戌世界以

夜之看之最近至西高村時已酉刻洪高車東北行二十里道城戌刻至

二十二日丙午 晨最霧亡午大晴 卯刻後郊御橋查道路出南門（讀為）五里至山村停留

覽旌烟蘇荊仍五里草家莊五里北青村五里西高村探差道轉東北

行過柳林莊此兩轉而東過青碑題鐵甲將軍之路行嘉慶十九年

欽山發　之墓可看大墓碑有享城倚道直者什塋家以鐵甲欽不

知年氏姓鐵甲將軍之碑舊有文此古陵迄今文錢者

至白洞村香寺在白洞慕氏寺中有之碑一通假碑三通過白洞不獨不存也
休寧縣北門外御道牌樓自此以西為禁地易縣我國林行拔　慕陵牌樓止　皆自
西高村至廟凡廿八里自慕分二路每路寬三丈又二路每路三里九分又一路十二里鋪之
柳繩界至白洞村西周圍長方百六十丈傳稱為慕陵隆恩殿自陵
而折回入大紅門出東紅門休憩寺屋時甫未刻仍由西門過城申刻至晚
堂設自理詞訟二紙兩摺
擬件底稿二十五行
又寄子箴　行
又黃柏軒夫人　日　行
二十三日丁未　晴　金鑑　早寫錄自理詞訟王起活二紙　下午丹若寫詞云錢戴　以
擬勞以自省　閱文牘至夜
二十四日戊申　晴　廣昌訓導王庚佑卿來見少譚　下午清水教諭沈克勇召南　訓導張錫侯
又訪揚來見少譚　晚寫錄自理詞訟二紙　摺一紙
擬寄楊　初一行

二十五日己巳晴 [下午峯西溪 邀試五場] 五坊記丹墨題 易味廣文臺入場 [易如二百三十人陳功八千餘人 庫易象如人] 錦嶺吟門 易如呈題 別數汶

題文 子以異書陳詠呈題 [詩經春江秋鶴匯] 乃忠汝成文 子曰吳周良稼人也 亭詩卷煙雨 白楊新

廣易呈題 以新迴郵 文棣子成章 許郵 財不舍此書 二首發隱解 六甚印

非不及甚二三解

揚李少石 二十四日作

又 錢良山 二十四日作

二十六日庚戌晴大風 寫陽易作 [卿叔] 幽雲路易卿作 戴禹亭作 潘星壽作 [六上] 寒路

卿信卿叔 [寄李少石] 李少石作 [寄人] 錢良山作 [寄人] 陳叔 張敬先作 吳子壽少作

西湖圖一張 陳小微作 六上 子為新來報 于姓井中有兒人不知去路蹤跡 狂瞎

二十七日辛亥晴 無夜 如試世煙嶺 五坊記 題華後少作 寫一五種楊信印發 不遇

二十八日壬子 晴 後晚出 紫 如屬棄呈 寄楝臣 沫水棄之 史同寫 廣易棄了 園諸 來 記

二十八日壬子晴 子為新人來摘驗 平堂訊陽又訊自陽詞訂二紀 以完甚未季羽

二十九日癸丑晴 寫印舞作 和易 戴兒叫作 諸湘姆行 驢 印發 馬達

揚李少石 二十八日作

又陸如鐵曰反

又鐵曰如曰反

四月乙巳朔日甲寅晴　州試初覆　正場起點名　州取一百七十五名　不到九名　陳取六十五

名　廣額三十九名　場題　擬昌黎封門　易卦四書子題　未行也　行求安臣　積文題　安重六陸

詩題　滿地春風掃落花　陳取四書文題　未行也　行求平易　經題　涵接遠夜

詩題　半岩花雨落繽紛　廣額四書文題　未行也　行不由朋友　擇交題　我任乾坤

詩題　落花流水春風去　三覆　第十名面試小講題　五六人　州取（臺）八名　面試小講題

六七人　二日放頭牌

初二日乙卯晴　早出諭目理詞訟二起　結一起　下午過二三鄉　陪旺了讀　黃鶴　照了府子謂

初三日丙辰晴　應府考生　伴（攻）錢被人個擇便負者　　訊理

初四日丁巳晴　（晚）早出諭目理詞訟二起　結　存新案　如屬等宋撫臣陳水皆擊　廣額試

初五日戊午晴　州試二覆　正場起點名　州取九十六名　陳取四十名　廣額二十七名　天

順林門　易卦四書文題　及愚民無不為之　詩題　山長見以蓮　陳取題　後十名

物　詩題　春山詞於斜　廣額題　開人不敢不為（識）　詩題　落山草氣來　通場試

題　尋碑野寺今生鑑識　以題為韻　作賦者十七人

初六日己未晴

初七日庚申晴　早晝訊[illegible][illegible]來[illegible]時北[illegible]來齋以[illegible][illegible]姪[illegible]持[illegible]者[illegible][illegible]借
辭[illegible][illegible][illegible]礙　下午出[illegible][illegible][illegible]首觀摺稿　詩收張[illegible]　廣雅手諭文
初八日辛酉晴　熱甚大風　夜作雨　[illegible]試諸處　[illegible][illegible][illegible][illegible][illegible]　[illegible][illegible]五十名　詩收二十四名
廣雅二十九　早出謁封門　[illegible][illegible][illegible][illegible]子問之曰　子入太廟每事　詩收[illegible][illegible][illegible][illegible]
又[illegible][illegible]雨試[illegible]詩以和　[illegible][illegible]向社之年　詩收[illegible][illegible][illegible]子問之曰　[illegible][illegible][illegible][illegible][illegible]詩收
[illegible][illegible][illegible][illegible][illegible]　[illegible][illegible][illegible]小詩[illegible]以[illegible]　廣雅文題子問之曰　大宰問於子貢之年　詩收
荆卿奏園入秦　[illegible][illegible][illegible]詩[illegible]以[illegible]通[illegible][illegible]作詩[illegible]詠[illegible][illegible][illegible][illegible]　作[illegible][illegible]
[illegible]

初九日壬戌晴　白石[illegible][illegible]留[illegible]　[illegible]全　[illegible][illegible][illegible][illegible][illegible]　白[illegible]　[illegible][illegible][illegible][illegible][illegible]　[illegible]日[illegible][illegible][illegible]
[illegible][illegible][illegible][illegible][illegible][illegible]人[illegible]被[illegible]為一[illegible]內[illegible][illegible][illegible][illegible]二[illegible]千　[illegible]校其[illegible][illegible][illegible]
[illegible][illegible][illegible][illegible][illegible][illegible][illegible][illegible][illegible]滿溪[illegible][illegible]　[illegible][illegible][illegible][illegible]自[illegible]門[illegible][illegible][illegible][illegible][illegible]
也[illegible]下[illegible][illegible][illegible]
[illegible][illegible][illegible][illegible][illegible]　初[illegible][illegible]
初十日癸亥[illegible]　[illegible][illegible]訊[illegible][illegible][illegible][illegible][illegible][illegible]一[illegible]　又[illegible]訊[illegible][illegible][illegible][illegible][illegible]地[illegible][illegible]　又[illegible][illegible][illegible]

村童相迎送筆硯札身於案頗佳　下午出至蔡姓家宋樓訪張學士[illegible]
十一日甲子晴　[illegible]相臨之刻始[illegible]過泉子廳南北奉事　謁清陵成之
謁西過南至金堂文貝子之久謁　午刻至半壁店料廠午正凡畢　至公府謁
見守護西陵大臣載宗室[illegible]蔡公[illegible]　蔡來見　載年一懷辛亥[illegible]好女
且家不能出一辭　少停即出　西行入東口子門　出西紅門東便門　過泰陵
歎其精　徐西行　八九里至梁格莊　由儀守營稍北以備嚮導[illegible]
傳旨西行　稜六七里出門子嶺　不甚峻　嶺西稍三四里至金坡村　折而南
行約二三四里入官道　憶此名耗家　嶺內郡連紫荊　石亭雖好德村高二三里
時已薄暮　俄知郡通筆來見　西城安郡四叩頭　亦發札身孔　道出縣郡
四了頭　並飯　入夜　下二鼓　老方丈鎮後縣　郡通筆生借讀　返龍
華館　過夜　下丁巳三時矣
十二日乙丑晴　辰刻起　早食畢　自翻華鼓月　查白[illegible]　至顯德堂　巳刻
至　慕陵　旺精外殿　白送[illegible]　午刻神石於場奉殿休　卷[illegible]地[illegible]
踏指度　白二天雜由洞村　少譚　下柳林　抵馬頭　少憩　遇禮[illegible]下

久談飯畢，由西高村返城

十三日丙寅晴　巳刻赴書院，官課生照例出題，亦照例○○，午後○人知

之，並又有示，諭生員觀新撰文案，以為人不可無古學，知古學須

加習讀以博覽，是日帶郎之人將來必有作者　午后歸郡也

學業　讀蘇文之學　是日為福生部澤如撰壽

十四日丁卯晴　下午雨　夜　福生是夜如里

接陽曆三月廿六日信

又抄例　夜

十五日戊辰微雨　黎明起行，書此帖事　為福生平文僕往地盤，文為白

下午赴溪股家，家亦回，明早即回隆也　夜宿溪州地　頭村

溪州地盤僕三更

十六日己巳晴　黎明起游馬等，移院亦回，早飯畢，即起程，赴來久

宋棺自東而來，我亦有人，兼且等，以至杖主床，所以為之扇之燈旗

二幢二與棺上時，要皆壁故，節行官役為舉，地方官等立保也

途由向道遠城半途來蒼率來傳午刻至城者妻只設宴賛率
晩案宿牧名解 阿惠宿院阿都督 來謁少譚 同去 午後畢 往由向道
至赴地盤未刻抵寨子村訪孫安存處少休 邀林先生譚申刻宴畢
返程地盤外插入蒼桐隨爲盤惡門設筵罷乃返 傳晚候行
出經陣誠收 上軺陸卿 及二郎九公名將遠寓所
十七日庚午 晴 習隷字赴地盤來返 田家所刻收門送至 出路驛站陵度 口門也
以拼石爲伏貂 兼通可供採 至遠至寨子村少休 易燕接城 閲報作覧旅二百間下也爲
揚如輝 了悟近
十八日辛未 晴 臨孟頫日課詞話二紙 接一紀 又臨隸傳一紙 又學詞一括
臨鐵良山十六行
十九日壬申 晴 早臨孟頫日課詞話二紙
臨和尚三月廿三行
又李世在十八行
二十日癸酉 晴 楊文蓮來候久譚 午臨孟頫日課詞話三紙均讀 又臨隸傳一紙

又允微師 初五日信
又吳竹莊 閏月初四日信
二十日甲戌 雨 季高自沅津相見將手函陳各人不能離 寄士貞師信 程伯同發 寄專
接六姊 三月廿五日信
又根齋 十四日信 已在來中可見
又馮士貞師 四日信 蘇姜李耕軒 平寄人帶之
二十一日乙亥 晴 早書狀 同日謝祠設記 下午撤去
二十二日丙子 晴 以姜勸辭不復 曾申有南陽原以泥 親為安不二隨者
接陳小鐵 二十六日信
二十三日丁丑 晴 姜敬
接馮耕伯 二十三日信
二十四日戊寅 晴 以姜少雨 寫李少石信 為代修陳勇 寄人 葉錢子山信 全上
接陳敬民 信
又錢子山 二十一日信
又六姊 三月初二日信

又寫兌十五日作

二十四日己卯晴　寫六轎作（廿七日發 擲梭）　寫兌作（廿七日發 丟蓬信局）　疊疊　稷亭作（廿八日發 專人送信局）

二十五日庚辰晴午後作雨　痛　尚不能作信　頃把初事踐運山壬年船

接湯伯令二十一日作

二十六日辛巳晴　張欽差來　痛少緩　不能入眠昨

二十七日壬午晴　下午江陰帶來事函丁憂一事　寫周鎮甫作（初九發 專遞）

接錫堂兄初十日作

三十日癸未晴　母前任子西拜鄧家來見少譚　早晨訊自理詞訟三起

拘禮

接李少石二十五日作

又錢民山二十六日作

五月丙午朔日甲申 清晨微雨 即霽 上午向日食 梁啟超詩 至廟等各門各段

率屬往判 諭各李静軒西直 巳刻率諸僚屬往林蘇以定如前事

初二日乙酉 五樓大霽雨 底停 午刻往底 赴卸各處 新街李静軒 加判邵曲衡

少憩 未回 即山 赴未刻歸 晚查訊自理詞訟三起

初三日丙戌 晴 巳刻至東院 宣講論文生 月 ... 詩 ... 矣 詩聚 晴 ...

如修 ... 諸生文 今日 ... 已矣 詩 ... 再 ... 樹 ...

賦以 ... 為題 ... 七律一首 晚查訊自理詞訟三起 結二起 此事 ... 已三段

矣 事 ... 不 ... 詞

接 ... 四月 ... 信

初四日丁亥 ... 雨 早查訊自理詞訟二起 結 ... 二起 下午 李雨

來 同 ... 為方 相 ... 不 ...

接 ... 三月十一日信 寄 局 ... 人 ...

又 ... 三月十七日信 寄 ... 諸 ... 一 ...

又 ... 接 此 ...

初五日戊子 晴 端午節 辰刻 ... 廟行 王 ... 天神廟 ... 如 ... 日 ...

六八六 又為崔尚書題祠屋 客宗微甫一 午餐 邀家眾及諸友

壽

初六日己丑 陰 夜雨 下午 招 御史伸士 徐輔臣 佑儀 莊人 宋輔臣 光甫 生 蘇佩之 嘯河 舉人

李健帆 卿稀 華人 甘鈞 畢子剛 達傳 萬甄香 翁 陳靜香 晏生 詹春階 煜

龔南禧 黎明 陸郎山 吳隱 共十一人 集飲 談讌 盡歡而散 下午散

初七日庚寅 大雨 寫 馮稼生 信 寄人 醵壽 寫 左季仟 印書 和 王雲

初八日辛卯 晴 早黨課自撰詞話三紙 結三紙

初九日壬辰 陰

初十日癸巳 晴 早黨課自撰詞話三紙 封信

十一日甲午 晴 答 楊刑 札 附 奉 卻 壽 北 宴 接 吳 鈇

十二日乙未 晴 早黨課自撰詞話三紙 封 信

接 梁 子 函 一 件

十三日丙申 晴 黎明 起 赴 園 廟 中 燒 香 上 供 事 下午 出 寓 謝 客 拜 歸 家

十四日丁酉 晴 晚 黨課自撰詞話一紙 即 發 私 擬 壽 語 致 文 函 學 行 稱 壽 之

十五日戊戌　晴　黎明祀門竈薦事　寫陽字作二百十葉　又楊作同叔
寫李少荃相國夾字等（此外又有五六字等　另送）
十六日己亥　晴　下午雪雨　午刻焉不食祀　先祖於祠屋
十七日庚子　晴　早飯訊日裡祠　往一行兩積　游田湖門　訪有福村百伯
寫瀏陽陵客作（此日甚謝謝作）　慎福久事多譯　慣稱無義久譯　慎事靜度不直
日寅辛事悟久譯　此有神事自無釋
十八日辛丑　晴　辰刻早飯畢同子頌登舟　啟有居門　出城南門徽東　五里至小
河（於北岸行）　又十四里平望村　店大田為早飯　又十里清水橋　過此出南門　五
里於雲莊五里大臣村　又二里北望鄉村　与宗興宗界　又七里西茅村　又一里姚
村　出村在東劃　而東向橋門　東向　二里三井木村　以上皆宗興境　於為南行
徽西十三里至莊　安居懷（有塘深聽六畫耕作鬧）　十里府城　宋山　帶諸宗福地　有謝家上祠
橋迤頭　下有碑石未及觀　又三里園頭村　又七里斜村　宿時甫酒祠
橋如舞　早住
十九日壬寅　晴（下午雨）　黎明起　早飯即發　西南行　十五里脚村　度溪河　又三里李家村

又約七營告此處情形　大約十里不得出北門　時甫畢午　解案牘相因　長計

座未刻　請危客坐久談　又謁陳作梅親家相久談　倦作詩已不直　候贊

手書陳小耕久談　留吃並明了發辭　下午謁孫懽甫方伯親　入久談

又請幕府諸少談返寓

二十日癸卯　晴　早飯後修作記山久談　核批稿等不直　又候陳豁軒亦不直　候作

梅見久談　候李少荃而中丞亦至署　候李雨亭又候唐少談

返寓　下午見客陳小鐵來拜羅少談　候厲伯符少談　候錢子密少談　至寓見

地方官理批稿　睡後又書小鐵詩　候待並邀子穆來談至二更後　寫日記

核批稿四日六日記

又至諸將營[illegible]日記

二十一日甲辰　晴　下雨大雨雹　黎明至貢院謁學政　居于松同[illegible]　萬篪軒

居住少意　至方伯處辭行久談　又至[illegible]訪處　同園[illegible]同見二更後返寓

下午少睡　幼未畢　候萬篪軒少談　又候任執如　劉翠轎久談　又至陳親家

久談　至少不出久談　傍晚赴蔡之於錢同處　少談二人　二更後[illegible]

來字寄子春兄中鐵試劄　三竹返寓

二十一日乙巳晴下午雨　少穎孫來函知初十日雅易午正科村尖見南橋方為雲樓者中觀燈門　遇長安道雨李不甚大雨而至　西王姚村寓　與門回信宗來為家書江民道鴻望今讀疏源左圖說文均甚精為國方齋乃要那圖付寄金陵一郵　報中來積

二十二日丙午晴下午雨　卯刻發　至大臣村　村民李芹如祀宗同村印璞　不甚白用刀割蹈腳足手敢龍柳報案　余乃作晚堂驗訊　二刻畢　即門　午未撥回

摺　罷　任

又擬十月初七初八初九十五の任

二十三日丁未晴　晚看驗傷記

二十四日戊申晴　早看訊　自理詞訟　四起結一起　留擬十月作定館事寄兩　廿七　丙午

二十五日己酉晴

二十六日庚戌晴　封印　恭上慶結祭　恩賜一甲　回來之本見　午刻過

撥去丘祥筆の簿山人日作

又薩安林印二方作

二十八日辛亥 晴 午前微雨 客葛子鶴陸小鐵作 徐小沅作 字窗 楊壞三方

兩 李少石作 錢卿表至將出前 早起 課日理印證 三印 枝二枚 字薩安林

作完 交陀招 叢 遠要將出前要之館

二十九日壬子 晴 陰雨 早起 寫稿 唐易稱命書一紙 又寫石葉致民第一紙 客 子壽印表 來寫

三十日癸丑 午雨午後晴 早起 理詞證二紙 內嫁